陈方柱调研学习丛书之六

调研习作比较

陈方柱　著

DIAOYANXIZUOBIJIAO

比较 · 鉴别 · 提高

COMPARISON · IDENTIFICATION · IMPROVEMENT

中国文史出版社

图书在版编目（CIP）数据

调研习作比较 / 陈方柱著 .—北京：中国文史出版社，2017.1
ISBN 978-7-5034-8616-6

Ⅰ . ①调… Ⅱ . ①陈… Ⅲ . ①社会调查—对比研究—中国 Ⅳ . ① D668

中国版本图书馆 CIP 数据核字（2016）第 275071 号

责任编辑：蔡丹诺

出版发行：中国文史出版社
网　　址：www.chinawenshi.net
社　　址：北京市西城区太平桥大街 23 号邮编：100811
电　　话：010-66173572　66168268
印　　装：廊坊市海涛印刷有限公司
经　　销：全国新华书店
开　　本：787 毫米 ×1092 毫米　1/16
印　　张：24.25
字　　数：405 千字
版　　次：2017 年 1 月北京第 1 版
印　　次：2017 年 1 月第 1 次印刷
定　　价：42.80 元

前　言

本书名《调研习作比较与提高》（简称《比较》）。

有人问：你为什么要撰写《比较》？

我回答：为了起死回生一部分尘封两年的残稿。

2007年6月和2009年1月，拙著《怎样写好调研文章》（简称《文章》）和《调研写作分类精讲》（简称《精讲》）姊妹篇先后由中国言实出版社出版发行。到2009年底，××部管理干部学院两年多时间，一直以拙著《文章》，后来又增加《精讲》为青年干部调研能力培训辅导教材，师生都反映不错。2010年3月，管理干部学院邀我为其青年干部培训班学员讲授调研写作，学院某处长邀我为学院编写由院长命题的《青年干部××问题调研案例评析》（简称《评析》）一书，做学院调研能力培训专用教材，随即为我提供该部近年汇编的两册内资版××问题调研文章汇集，××出版社出版发行的《社会主义新农村建设百村调研汇集》1部，另有2009年、2010年学院青干班调研习作41篇电子文稿，以做专用教材题材资料选用；篇幅为30万字左右，写作提纲由学院审定；9月底以前完稿；送该部教材评审委员会评审，通过后，请我主讲。后来，我按要求和时间完成四稿，36章，40万字；学院初审时没有异议。然而，其间因种种原因未能出版，学院处长电告我说："《评析》被否决，与内容无关。"并同意由我自行处理。

我们通常认为，任何著作，其权威性都来自其真理性，与作者多少无关；代表性，也与其资料来源是否全面无关。凡是深刻揭示了事物本质和规律的经验和理论原则，不论其资料来自何处，都具有普遍性的指导意义和参考价值，这体现了个别和一般的辩证关系，是任何人都改变不了的。加上我对《评析》自信，很快就把《评析》的2/3内容中，绝大部分××方面的实例，换成非农实例，以《创新调研写作三十六讲》（简称《三十六讲》）为书名，作为本人调研写作专著第三姊妹篇再次由中国言实出版社于2011年8月出版，剩下的1/3则待字闺中。

2011～2012年，我以自己50年调研及其写作和调研写作理论研究的积累，在编著出版《领导干部值得一读的调研类文章写作规范与例文》和《调研写作能力培训速成》的同时，收到不少青年读者的调研习作，尤其某大学一位青年纪检干部同时发给我两篇纪检监察先进集体的典型经验材料，要求我给予比较并指导。就是他所提出的“比较”两字，撩拨起我对两年前就搁置起来的《评析》1/3 残稿的回想，那个 1/3，不就全是对 ×× 部青年干部 41 篇调研习作的比较评析吗？还有对 ×× 部青年干部 41 篇调研习作与路隔上千公里，时隔四五年的共青团湖北省荆门市委干部 7 篇习作的全方位比较，那些比较，对于当前许多青年调研习作者也同样会起到某种启示和引导作用吗？

想到这里，我眼睛一亮，既然我对青年干部调研习作的比较研究早已开头，何不将其进行到底？现在只需把手头的几篇青年干部调研习作做进一步的比较研究，再对它们进行有针对性的调研讲解；如果再深入一步，就可成为有一定理论深度的比较研究讲稿。合计起来，不就可以成为一部讲述调研习作比较的专著，成为我的调研写作专著的第六姊妹篇了吗？

决心定，书稿成。我接连不断编纂了调研写作比较研究七讲，连同前稿，共为十四讲，共收集全国 8 个省市区 17 个县市区调研习作 143 篇，其习作及其作者数量之多，涵盖地域之广，和调查研究的领域之广泛，均为其他同类调研论著所罕见或没有，较好把笔者的调研写作理论研究提高到了一个新的水平。

有人会说：什么调研习作比较，不就是拿青年干部的调研习作“说事儿”，没事找事吗？

我回答：请勿这样担心和责备。本书比较研究的所有弱稿几乎全为主动提供。主动提供的 ×× 部青年干部习作为组织提供，明确是给我为其编写教材和讲课使用的，他们邮寄给我的书籍、资料，我一直保存齐全、完好；20 多份电子邮件信函，除了完整保存在电子邮箱中外，我还在计算机硬盘中做了专门文件夹保存。共青团湖北省荆门市委的习作，是主动提供给我为他们进行有针对性讲课使用的，已作《文章》附录问世，成为公共读物，至今没谁有异议。2012 年初，无锡农工党给我提供的调研信息文章，一是与共青团荆门市委的做法一样，我已给他们面对面做过综合性评讲；二是他们的调研文章全是上报交流的调研信息汇集，也属公共读物。西安市地税局更不一般，全是我给他们培训讲座后现场考试的试题习作。某大学纪检干部和大学生村官提供给我的习作，我已经给他们分别做过交流，明确简述了我的基本观点；现在的比较研究，更为深入细致，这是我与他们的口头交流所不能达到的，现在的公开发表，对他们学习调研写作的帮助可能更大。几篇从会议交流中获得的文章，主要指第十三讲同一人物在不同时期和场合的先进事迹发言材料，就都是公共交流读物，无论优劣，我都是在帮助他们做宣传和交流工作，至少不会损害作者什么。最后一讲是笔者两篇总结荆门市调研写作发展进步情况的习作比较。所有这些比较，都是交流，是互动，无论对于弱稿好稿，还是弱稿好稿的作者、读者、编者，都是一种友好交流和互动，是一项一举多得的有益的文化交流和理论探讨活动，都不是无事找事。

而且，我对任何弱稿作者都信守“三不”承诺，即不公开作者个人信息，不进行人身攻击，不涉及敏感问题。全部比较研究都主要采用科学方法，限于学术范围，遵守法律规则，努力进行和推动友好交流互动。

有人会问：那么什么是比较？

我回答，比较就是分析研究，就是鉴别提高。《现代汉语词典》认为，比较指就两种或两种以上同类的事物辨别异同或高下。有比较才能鉴别，这两块料子比较起来，颜色是这块好，质地是那块好。比较做介词时，用来比较性状和程度的差别：这项政策贯彻以后，农民的生产积极性比较前一时期又有所提高。做副词时，表示具有一定程度：这篇文章写得比较好。

有比较才能鉴别，这就是说，必须有两个或两个以上的样本，比较才能进行，这就有个选择样本的问题和选择的原则和方法：

1. 比较必须有两个或两个以上样本。这两个或两个以上样本可以是同类中的两个事物，比较它们之间属性的相同，或者属性的差异，也可是同一事物，从不同的时间段或地理位置上进行比较。

2. 所有样本中，要有具备积极因素的样本，可以通过比较，明确事物发展进步的方向，这样的比较才会有意义。否则，就没有意义。

3. 比较要有相对统一的标准。不能没有标准，不分优劣，也不能搞双重或者多重标准，即对于这一样本是这一标准，对于那一样本是那一标准。

4. 比较要方法科学。比较的方法很多，有横比，即与同类中的不同个体比；有纵比，即同类或同类中的个体自己的现在与过去比；有单项比，只比一种属性；有多项比和综合比。综合比指既有多项的综合比，又有横比、纵比的综合比。所有比较，都有动态比较和静态比较之分，都要灵活运用，相机进行。不能认为只要是一把钥匙，就可拿来打开任何一把锁；也不可认为只要是一把锁，就能用任何一把钥匙打开，犯教条主义和经验主义错误。

俗话说得好，不怕不识货，就怕货比货。比较，是个很简单易行的方法，朴实而实用，其作用和科学性都不可低估。

有人问：到底怎么比较呢？

第一，要树立比较目标。我的目标是坚持比较—鉴别—提高，达到发展目标，将比较进行到底。不以奖优罚劣为目的，而是要提高自己，提高他人，引发更多的人相互比较，共同提高。

第二，以弱稿为重点，进行多样比较，全方位比较。总体上看，本书比较研究主要有差差比较、差好比较、好好比较、好稿弱稿综合比较四种。本书所区分的好稿弱稿，都是相对而言的，划分并非绝对准确，请作者、读者、编者都不必过于介意。所有比较都以写作方法为主，只有少数涉及思想内容。在上述四种主要比较方式的总框架下，有的为专项比较，有的为多项比较；有的以横比为主，有的主要因时期不同而进行比较，或者纵横比较；全书各讲，都是对内是所属各篇章的相互比较，对于全书，又都是各讲之间的大范围、高层次比较，使全书比较形式丰富多样，精彩纷呈。比如综合比较 ×× 部青年干部 41 篇、共青团湖北省荆门市委 7 篇调研习作，发现了当前青年干部调研文章中普遍存在的 7 种通病和导致这些通病的 6 种原因。横比的，既有同一地域相同题材的调研习作，也有跨几个省市区题材相同或不同的调研习作、文章，分别都比出了差距，比出了精彩。再如，比较某省一位大学生村官一篇新农村环保习作，竟然发现不同省市的 3 篇新农村建设中的环保文章，问题、原因、对策大同小异，同为“旧对旧”，又跑题。比较同一人物（法人）在不同时期和同一时期不同场合的 3 篇典型发言材料，前者比较出“五个一样”“三个不同”，后者比较出“五个不同”，可说是比出了精彩。

第三，坚持从比较中找问题、析原因，比出新思路、新经验、新理论，深化调研写作理论研究。笔者认为，尽管比较法也属调查研究中一条重要的科学方法，但在很多情况下，也不是简单粗糙地比较“一次”“半回”就能比清事物质量高低和本质差别的。因为许多事物的质量高低和本质差别都被许多表面现象掩盖着，没有五次三番的反复比较和透过现象看本质，是难以取得准确结果的。我们对 ×× 部青年干部两年 41 篇调研习作的质量比较，就是如此。最典型的，就是本书第五讲比较的有关北京市怀柔区农民专业合作社9篇调研习作中1篇初被划入二类的作品，在后来反复多次的比较中，被提升到了一类。由此，通过对这9篇习作的多侧面比较，还引发了对当前调研文章中普遍存在的布局、结构及语言表达上的诸多问题进行较为广泛深入的探讨。这就是我们调研写作理论研究获得的新收获。再如第二讲，比较北京新发地农产品批发市场6篇调研习作，所比较研究的6篇习作是××部青年干部两年41篇、5组习作中唯一没有一类作品的一组，但它有4篇特点突出，编者抓住这个突出特点，深入探讨其所以未能产生较好作品的原因，以及调研文章主题开发与点线面结合的途径与方法等，可能会对提高广大青年干部的调研写作能力产生较好影响。此外，还获得了两条新的认识。一是这6篇作品标题各有特色，但都未写成好作品。这就告诉我们，所谓“题好一半文”只适合写作能力较强的作者，对于一般的初学调研者，则要倍加努力。二是从这6篇调研习作都不够成功的原因看，学院对青年干部的调研能力培训办法在许多方面有待改进。再如第九讲对无锡市农工党3篇习作的精细比较看，当前一些初学调研者除了要加强调研业务培训外，政策和法律知识的学习也有待加强。所有这些比较出来的收获，都可以说明本书是笔者调研写作姊妹篇专著中一名特色鲜明的新成员。

第四，又经过近三年的沉淀和多次试讲，不仅给《比较》增加了两讲内容，还增强了我对《比较》的信心，更加相信广大读者、学者、编者会喜欢和支持《比较》。我为什么这样“想”和“说”呢？有朋友见我出版第一本至第三本书时是每两年出一本，出第四本、第五本书时是每年出一本，节律有点频繁，建议我应该多一点沉淀时间好。于是我就采纳了这个建议，还把《比较》当作最新的讲义，曾多处试讲。2013年7月，在西安市地税局试讲三讲，最受欢迎，该局还以这三讲为主要内容，专题编印陈方柱《调研报告写作讲义》培训教材使用、传播；我也特意编写了《比较西安市地税局54篇习作》，一方面反馈给西安市地税局办公室、人事处，让他们作为调研能力培训成果使用和保存；另一方面，我自己作为《比较》第八讲纳入，进一步丰富我比较研究的内容，提高我比较研究的水平。也是这个沉淀，使我有时间把《比较》的形成和试讲信息于同月底，到在杭州召开的全国第十三届公文学术研讨会上传播，得到不少专家学者的赞誉。这就进一步增强了我对《比较》的信心，把我的又一新作《比较湖北省荆门市20年与30年调研回顾》也加入其中，使《比较》由原来的十二讲增加到十四讲，还分成上下两篇，更为新颖独特、厚重笃实。不仅为调研写作理论研究创新了模式，也给其他写作理论研究提供了新的尝试。

第五，希望广大读者、学者、编者喜欢《比较》，参与比较；既比较自己的习作、佳作，又比较他人的习作、佳作；把自己的习作、佳作与更多他人的习作、佳作比较；反复比较，多次比较，三番五次比较；在比较中借鉴，在借鉴中提高，在提高中发展；从现在起，一直比较、借鉴、提高、发展到永远；永不停步，永无止境。这就是我《比较》的目标，并将比较进行到底。

作　者

目　录

前　言

上　篇
北京—湖北荆门两地48篇习作比较

第一讲　综合评析当前青年干部调研习作普遍存在的问题……………………2
一、问题习作………………………………………………………………………2
（一）××部青年干部习作………………………………………………………2
样本一：北京卓越果品专业合作社调研报告……………………………………2
样本二：从新发地看北京市农产品市场准入制度的实施情况…………………5
样本三：怀柔区农民专业合作社调研报告………………………………………7
样本四：把农技推广和农民教育纳入农村信息化服务的建议…………………11
（二）共青团湖北省荆门市委青年干部习作……………………………………14
二、习作评析………………………………………………………………………20
（一）习作基本情况………………………………………………………………20
（二）调研习作中普遍存在的问题………………………………………………21
（三）普遍存在问题的原因………………………………………………………34
三、提高青年干部调研能力的思考………………………………………………36
（一）博学…………………………………………………………………………36
（二）多问…………………………………………………………………………37
（三）深思…………………………………………………………………………38
（四）明辨…………………………………………………………………………38
（五）巧言…………………………………………………………………………39
附：十五篇习作样本………………………………………………………………40
第二讲　比较北京新发地农产品批发市场六篇调研习作…………………………94

一、样本……94
新发地农产品批发市场经营情况调查……94
二、习作评析……97
（一）新发地6篇调研习作的基本情况……97
（二）好标题未能产生好作品的原因分析……99
三、调研文章主题开发与点线面相结合的途径和方法探讨……102
（一）要着力开发和发掘主题……103
（二）要广泛深入收（搜）集、补充资料，大量占有第一手资料……104
（三）充分和恰当运用最新资料，锤炼、深化、升华和表达主题……104
第三讲 比较北京卓越果品专业合作社十篇调研习作……106
一、样本……106
样本一：关于北京卓越果品专业合作社的调研报告……106
样本二：立足社员需求 创新服务模式……108
二、习作评析……113
（一）北京卓越合作社十篇习作的基本情况……113
（二）十篇习作存在问题分析……113
三、在调研习作中用好事实材料的思考……119
第四讲 比较北京市郊农村信息化建设八篇调研习作……123
一、样本……123
样本一：加强政府引导 努力推进农村信息化进程……123
样本二：加快农村信息化建设的思考……127
二、习作评析……131
（一）《加》文基本情况……131
（二）八篇农村信息化建设调研习作的主要优点……132
（三）好标题，怪毛病……137
三、调研文章的标题制作……138
（一）标题及其分类……138

（二）标题的作用……140
（三）调研文章标题的特点……140
（四）调研文章标题制作的原则……142
（五）调研文章标题制作……143
第五讲　比较北京市怀柔区农民专业合作社九篇调研习作……150
一、样本……150
样本一：农业专业合作社调研感想……150
样本二：关于当前农民专业合作社自身建设存在的几点问题及对策建议……153
二、习作评析……156
（一）《感想》一文基本情况……156
（二）一篇反复比较出来的一类习作……157
三、布局、结构与立意、语言等文章要素间的关系……158
（一）要正确、鲜明……158
（二）要集中、单纯……159
（三）要深刻、新颖……159
（四）要积极、向上，符合时代潮流、人群需要……159
四、调研文章布局结构普遍存在的问题……160
（一）千篇一律……160
（二）内容割裂……160
（三）繁文缛节……161
（四）内容重复……161
（五）垒大堆……162
五、规范调研文章布局结构的原则……163
（一）贴近主题原则……163
（二）单一主题原则……163
（三）立项简要原则……163
（四）科学合理原则……163
（五）严谨稳定原则……164

六、调研文章结构要“三美”……164
第六讲　比较北京市怀柔区农民专业合作社九篇调研习作……171
一、调研文章中普遍存在的语言问题……171
（一）冗长拖沓，空话废话连篇……172
（二）病句连篇……172
（三）随意提出“新观点”和妄下结论……173
（四）叙事、议论秩序混乱颠倒，语无伦次……174
（五）粗制滥造，漏洞百出……175
二、调研语言要“四美”……175
（一）准确美……175
（二）简洁美……176
（三）质朴美……177
（四）文采美……177
三、调研写作怎样过好语言关……178
第七讲　比较北京通州区农资市场八篇调研习作……181
一、样本……181
样本一：北京市通州区种子经营情况调查……181
样本二：北京市通州区农资市场情况调查报告……183
二、习作评析……189
（一）《种》文基本情况……189
（二）通州农资八篇习作的特点和优点……190
三、调研文章要注重突出地方特色……196
（一）什么是地方特色……196
（二）调研文章为什么要有地方特色……197
（三）怎样增强调研文章的地方特色……198

下 篇
7省区13县市区95篇习作比较

第八讲 比较西安市地税局54篇工作总结习作及部分点评……………204
一、54篇习作的基本情况及初步分类……………204
二、54篇习作的几种通病简析……………206
（一）文体形式上的通病……………206
（二）思想内容上的通病……………207
（三）逻辑划分上的通病……………208
（四）“2013年上半年工作总结”这个考题，引发时间概念上11种不同的错误表达……………209
三、好的习作比较……………210
（一）习作样本……………210
样本一：西安市地方税务局2013年上半年党建工作总结……………210
样本二：2013年上半年工作总结……………214
（二）样本比较……………218
四、部分好的和较好习作点评……………219
样本一：《李千阳2013年度上半年工作总结》点评……………219
（一）原文：李千阳2013年度上半年工作总结……………219
（二）样本点评……………221
样本二：冯小永《2013年上半年个人工作总结》点评……………221
（一）原文……………221
（二）样本点评……………221
样本三：贺娜娜《税收科研所2013年上半年工作总结及下半年工作计划》点评……………222
（一）原文……………222
（二）样本点评……………222

样本四：《淡明华 2013 年上半年工作总结》点评……………………222
（一）原文……………………………………………………………222
（二）样本点评………………………………………………………222
第九讲　比较无锡市农工党 28 篇调研文章…………………………223
一、无锡市农工党调研信息文章的基本情况…………………………223
二、样本习作深层次比较………………………………………………225
（一）样本习作………………………………………………………225
样本一：无锡市三甲医院医师现状及执业环境调查（简称《甲》文）…………………………………………………………………225
样本二：加强保健食品安全监管的对策建议（简称《保》文）…………………………………………………………………230
样本三：推进基本药物制度在基层实施的建议（简称《基》文）…………………………………………………………………233
（二）样本习作的基本情况…………………………………………236
（三）《甲》文在文章写作技术上的毛病…………………………236
（四）《甲》文在思想观点上的毛病………………………………240
（五）《保》《基》文与《甲》文比较………………………………241
第十讲　比较一位大学生村官的新农村建设与环保研究习作………243
一、比较样本选择………………………………………………………243
二、三个样本……………………………………………………………244
样本一：新农村建设下农村污染问题初探（节选）…………………244
样本二：对新农村建设中环保问题的思考与对策（节选）…………252
样本三：加快柳州市节能环保产业发展的对策建议（节选）………258
三、三个样本的基本情况及其比较……………………………………260
（一）三个样本的类型划分…………………………………………260
（二）我对二样本的总体评价………………………………………261
（三）样本三的特点和优点…………………………………………264
四、调研写作可以抄旧创新……………………………………………264
五、调研文章要做到“陈氏六要素”齐全……………………………265

六、怎么找到调研文章的陈氏六要素……266
（一）动用一切可以动用的手段……266
（二）利用一切可以利用的时间……266
（三）寻遍一切可以寻找的地方……267
七、怎么写好调研文章的陈氏六要素……267
（一）要做到心中有、笔头有、眼中有陈氏六要素……267
（二）要高水平用好六要素的加减乘除法……267
附一：记叙性文章材料之三个六要素说哪个更好……269
附二：事实六要素论……274
第十一讲　比较两县一区三篇发展战略研究文章……282
一、样本……282
样本一：认真做好“五个文章”切实抓好新农村建设……282
样本二：掇刀崛起新谋略……284
样本三：京山县统筹城乡发展的战略构想……287
二、三篇习作的基本情况……291
（一）三篇习作相同点多，可比性强……291
（二）三篇习作的不同点……291
三、样本比较……293
（一）《五》文的“四个没有”……293
（二）导致《五》文“四个没有”的原因……298
（三）克服和避免《五》文毛病的措施……298
第十二讲　比较两篇纪检监察先进集体典型材料……301
一、样本……301
样本一：××省教育系统纪检监察先进集体申报材料……301
样本二：责任重于泰山　工作只争朝夕……306
二、比较……312
（一）《申》稿的主要毛病……312
（二）《朝》文的优点……315
三、比较研究遇到的两个问题……318

四、“虚工实做”与三分二化法及其运用……………………………………319

第十三讲　比较同一人物在不同时期或场合先进事迹典型发言材料………325

一、典型材料的种类及其相互关系………………………………………………325

二、先进人物事迹典型材料与其他人物文章之异同……………………………326

（一）与文学典型的不同点……………………………………………………326

（二）与新闻通讯的异同点……………………………………………………327

（三）与人物传的异同点………………………………………………………328

三、典型材料的特征………………………………………………………………329

（一）鲜明的时代性……………………………………………………………329

（二）普遍的指导性……………………………………………………………329

（三）完全的真实性……………………………………………………………330

（四）很强的政策性……………………………………………………………330

四、样本……………………………………………………………………………330

样本一：回乡创业谋发展村企共建新农村……………………………………330

样本二：以企带村　共建社会主义新农村……………………………………333

样本三：盘活四大资源　发展彭墩经济………………………………………337

五、比较同一人物在不同时期的先进事迹典型材料……………………………339

（一）一样注重打上时代烙印，代表前进方向………………………………339

（二）一样注重突出重点，特色鲜明…………………………………………340

（三）一样注重把先进人物的先进事迹融合在先进集体典型经验之中
……………………………………………………………………………………341

（四）一样注重画龙点睛………………………………………………………341

（五）一样注重艺术剪裁………………………………………………………342

六、比较同一人物在同一年的不同场合的典型发言材料…………………………344

（一）发言场合不同……………………………………………………………344

（二）题材不同…………………………………………………………………344

（三）作者身份不同……………………………………………………………344

（四）文体不同…………………………………………………………………345

（五）结构布局不同……………………………………………………………345

第十四讲　比较湖北省荆门市20年与30年调研回顾……346
一、样本……346
样本一：荆门调研30年回顾与思考……346
样本二：从《荆门研究》的成长看荆门市调研写作的进步……356
二、样本比较……360
（一）两文的相同点……360
（二）两文的不同点……364
（三）两文的另外两种联系和区别……366
后　记……367

上 篇

北京—湖北荆门两地48篇习作比较

北京、湖北荆门两地地隔1000多公里，市情差异很大。我所比较研究的调研习作的成稿时间也相隔五六年，然而这些习作存在的毛病却大致相同，这就说明这些毛病是当前青年干部调研写作中的通病，值得引起重视和解决。本篇就主要抓住这些普遍存在的问题，从多个角度进行比较分析，查原因，找对策，供广大读者参考。

本篇将北京、湖北荆门两地三年48篇调研习作分七讲六个专题（第五讲、第六讲为一个专题）进行比较研究，每个专题根据其内容情况，主要选录1～2篇问题较多的习作。个别的，也选录1篇较好的作为对比，确定一个侧面或侧重点，使对比更为集中、鲜明，以取得新的理论认识、新的经验和写作方法，更加丰富调研写作理论库存。

第一讲为综合评析当前青年干部调研习作普遍存在的问题，在全书也是选择习作最多的一讲，共选录北京习作4篇，荆门1篇，几乎全为问题习作。为了全面、深入剖析当前青年干部调研习作中普遍存在的问题及其原因，这一讲中总共选用了两地全部48篇调研习作中40篇次实例，也就是说，这一讲所用实例，有不少是在所选录的这5篇之外的习作中选取。

第五讲、第六讲总共只在第五讲中选录了2篇习作，其中为一好一欠，构成鲜明对比。因为两讲都是围绕调研文章的布局、结构与立意、语言进行的专项比较，篇幅太大，所以分为两讲。其他各讲，均选定并围绕一个侧面或侧重点进行，且篇幅适中，这里就不细述了。

第一讲　综合评析当前青年干部调研习作普遍存在的问题

本讲主要把××部管理干部学院和共青团湖北省荆门市委两地三年青年干部48篇调研文章集中在一起，通过综合分析，弄清当前青年干部调研文章中普遍存在的主要问题，以及这些问题产生的原因，进而对症下药，探讨解决的途径和办法，以提高广大青年干部的调研写作能力。

一、问题习作

（一）××部青年干部习作

样本一：北京卓越果品专业合作社调研报告

根据党校学习安排，2010年3月30日，青年公务员能力建设培训班第一组全体学员，围绕农民专业合作社建设与发展问题，赴北京昌平区进行了为期一天的调研。通过现场参观北京卓越果品专业合作社，与合作社管理人员、技术人员、农户进行座谈交流。在了解现状、分析问题的基础上，提出了进一步促进合作社发展的对策建议。

一、主要成效

北京卓越果品专业合作社创建于2007年9月，其前身是北京昌平十三陵果业协会，协会成立的初衷是推广农业技术，为农民提供市场信息。随着发展，农民更需要组织建立产、供、销一体化经营和服务的合作实体。2008年初，在协会基础上成立了北京卓越果品专业合作社。目前，合作社已经发展会员1278人，涉及十三陵、长陵两镇的31个行政村，通过各种服务为当地农民带来了实惠，得到了当地农民的欢迎拥护。

（一）不断促进了科技成果的转化。合作社将当地各个产业的购销大户、加工大户、技术专业户等按自愿、民主原则组织起来，为农民统一提供种苗、传播技术，拓展销售网络，形成科技、生产、加工、销售一体化的产业链。通过合作社这个载体，将教育、科技与推广有效结合，真正将产、加、销诸环节有机衔接，实现技术资源的合理流转和优化配置，促进科技成果的转化。卓越果品合作社还成立了“农业技术托管中心”，托管项目包括锄草、打药、施肥、剪枝、摘套袋、技术指导等，需要托管果园的社员只要打一个电话，合作社马上调集人员、技术和农机进行服务，比外雇临时工减少用工成本近一半，而且管理质量有保证。这种服务方式被社员形象地称为“农业技术小时工”。目前，合作社已建立了50人的托管队伍，共托管了69户社员和农庄的780亩果园。

（二）切实加快了农产品标准化生产。合作社为农业标准化的推广提供有效的载体，为农产品质量安全体系的推广提供组织保证。合作社通过组织分散的农户实行统一生产标准、统一操作规程、统一产品质量标准、统一农资供应，积极注册产品商标，打造优质知名品牌，推广绿色农产品的生产，极大地提高了农产品的质量安全水平。北京卓越果品合作社成立后，根据社员的生产经营需要增加了农资供应，农业技术托管、产品销售等服务内容，并注册了“皇硕”牌商标，统一了产品包装，建立了网站，申请了桃、枣、苹果三种水果的无公害认证。

（三）持续提高了农民的收入水平。合作社是由产业大户或购销大户牵头组建的，这些能人利用自己市场信息灵、销售渠道稳的优势，积极引导农民调整产业结构，提高农产品质量，生产适销对路的农产品，稳定和提高了农民生产的经济效益。合作社的返利、分红制度直接带动农户增收，合作社向入社农户无偿提供农技、市场信息，低价提供优质种子、农资等社会化服务项目，间接地节约了农户的生产成本，也促进了农民增收。北京卓越果品专业合作社成立以来，在10个村建立了农资服务点，由合作社骨干社员管理，实行统一购买、统一使用、统一配送，保质保量地把农资产品送到社员田间地头和家里，降低了社员的农资投入。合作社成立销售部，开展农产品经纪人专门培训，培养和建立销售队伍。针对本地区休闲采摘资源丰富，合作社专门组织一批客服人员，配备专用车辆，引导和陪同游客到社员户采摘、垂钓、餐饮和认养果树、菜园。合作社建立十三陵地区爱农卡服务中心，持爱农卡消费的游客络绎不绝，当年合作社为社员销售果品38000多千克，每户平均增加收入近万元。

二、存在问题

（一）人才缺乏，影响合作社运行水平。目前合作社成员大多是农民，文化水平普遍不高，合作社的主要管理者共 6 人，其年龄偏老，知识结构、经营管理水平也参差不齐，服务农户数量接近饱和。据合作社管理人员介绍，目前还有许多农户希望加入合作社，但限于人手和能力，一般多婉言谢绝。合作社的自身条件也难以吸引到高素质的专业人才参与到合作社中来。多数社员只关注农产品的销路和价格，对合作社的生存发展以及如何经营管理较少过问，影响合作社的整体运行水平。

（二）新技术培训较少，与科研院所沟通还需进一步加强。从调研来看，合作社的农民对新知识、新技术的需求是迫切的，但目前为合作社的提供技术支持单位偏少，高级技术专家来得也较少，农业生产中的问题和农户的技术需求意向得不到及时反馈，与农业科研院所沟通还需要进一步加强。

三、对策建议

（一）加大宣传培训力度，全面提高合作社成员的综合素质。进一步加大宣传力度，多形式、多渠道、多层次地宣传中央、省、市扶持合作社发展的优惠政策、典型合作社的经验，吸引更多的农民加入专业合作社。通过专项培训资金来培养一批合作社管理人才、一批以会计为主的合作社理财能手、一批以生产技术为主的种养能人，一批有经销才能的中介人，为合作社的发展培养造就出一批实用人才。

（二）加快服务体系建设，为合作社快速发展铺路架桥。建设起必要的服务设施，努力实现各级、各类农民专业合作社联网，搭建公共服务信息和网络营销平台；优先对合作社提供农产品、畜产品的质量监督和检测服务，提高农产品的安全性，增强他们参与市场竞争的能力；要积极参加和举办各种农产品展销会、洽谈会、产品发布会和知名品牌评选活动，为合作社开拓市场创造条件；支持有一定实力的合作社拉长产业链条，围绕加工、销售等环节兴办经济实体，使服务由生产、经营中的某个环节，逐步向产前、产中、产后各个环节延伸，实现对农户的全方位系列化服务。

（三）促进科研院所和合作社对接，加快农技推广服务。农业科研院所应该在政府的指导下，以市场为引导，通过合作社掌握农民的需求，充分利用自身科技、教育、人才的优势，通过各种途径，开展新技术、新成果的示范、推广，进行农村农业技术推广服务。在实践中，农业科研院所要与合作社充分合作，将指导合作社经营管理与指导技术推广结合起来，将公益性推广与经营性推广结合起来，因地制宜地开展工作，从而克服独立性不强、农业科研成果转化率较低等缺陷，促进产学研三结合良性循环，实现农业科研、教育、推广的有机结合。

样本二：从新发地看北京市农产品市场准入制度的实施情况

——北京新发地农产品批发市场调研报告

2010年3月30日，我跟随××部青年公务员能力建设培训班，对北京新发地农产品批发市场实施北京市农产品市场准入制度的情况作了调查。在一天的时间内，我们同新发地农产品批发市场5位中高层领导和多位商户进行了座谈交流，并考察了市场中的蔬菜、果品、水产、肉类交易大厅以及农产品检测中心。从我们调查了解的情况看，北京市以大型农产品批发市场为关键环节，全面实施农产品市场准入制度，总体情况良好，为确保首都农产品质量安全发挥了重要作用。现将有关情况报告如下：

一、新发地农产品批发市场总体情况

北京新发地农产品批发市场成立于1988年5月，现已成为北京市交易规模最大的农产品专业批发市场。市场现占地面积1200多亩，总建筑面积近30万平方米，有管理人员1736名，总资产11.8亿元，是一处以蔬菜、果品、肉类批发为龙头的国家级农产品中心批发市场。现有固定摊位5558个、定点客户8000多家，日均车流量3万多辆（次）、客流量6万多人（次）。日吞吐蔬菜1300多万千克、果品1500多万千克、生猪2500多头、羊2500多只、牛150多头、水产1500多吨。2009年，市场各类农副产品总交易量为90.2亿千克，总交易额为302亿元。其中蔬菜供应量占到全市总需求量的70%以上，水果占80%以上，进口水果占90%以上。全年为国家上缴各种税费2000多万元，是北京市名副其实的“大菜篮子”“大果盘子”和地方纳税大企业之一。在繁荣首都城乡经济、保障市民“菜篮子”供应、带动全国农民增收致富等方面发挥非常重要的作用。

二、北京实施农产品市场准入情况

2004年北京市政府出台了《北京市人民政府关于加强首都食品安全管理的若干意见》（京政发〔2004〕14号），首次实施以市场准入为核心的食品放心工程，深入推行进货检查验收制度以及“场厂（场）挂钩”“场地挂钩”等协议准入制度。2006年北京市政府根据《农产品质量安全法》精神，又出台了《关于进一步完善北京蔬菜市场准入制度的意见》和《加强北京市水产品市场准入管理的意见》，对进京蔬菜和水产品的市场准入实施更加严格的相关措施。本次市场准入制度中要求所有进京蔬菜和水产品，须凭有效的产地证明及产品质量证明方可进京。对未取得相关证明的产品，暂时实行入市登记现场检测制度。检测不合格的产品禁止在北京市场销售，并就地进行无害化处理。据我们调查的情况看，新发地市场是北京市特大型一级批发市场。新发地批发市场的猪肉交易过程是北京市实施食品放心工程，对猪肉、蔬菜实行市场准入制度的一个缩影。市场准入制度就是在进入市场、市场交易和退出市场三个环节进行流通领域全过程监控，确保符合质量标准的食品进入市场，不合格食品和违法经营者被清除出市场。

在市场的检测中心，我们看到：市场利用快速检测仪对蔬菜农药残留等随机抽检，发现问题及时处理。市场专门设有蔬菜农残快速检测实验室，每天检测样品超过200个，20分钟就能检出有机磷等农药残留的含量，平均检测合格率达到98%左右。此外，每天进入市场的蔬菜还要提供产地证明，一旦检测出问题，要及时通知产地监管部门，从源头查清问题，追究责任。如果连续出现问题且没有改进，相关部门就会引导行业自律组织，启用“联动惩戒”机制，将问题商户清出市场，这一举措起到了震慑违法经营的作用，净化了市场，很大程度上保证了首都百姓的吃菜安全。

近年来，新发地市场对猪肉和蔬菜实行了“场厂挂钩”和“场地挂钩”。无论是猪肉还是蔬菜，均建立了进货检查验收、索证索票、购销台账、商品备案、质量承诺、不合格食品退市、商户信用信息公示等制度，商户营业执照、食品卫生许可证、动物防疫合格证等证照齐全。一旦发现问题，就可以会同相关执法部门通过消费、经营、生产环节追溯找到“肇事者”。进入新发地批发市场的生猪，全部来自签订“场厂挂钩”协议的北京市政府生猪定点屠宰企业，凡在市场销售的猪肉都有明确的厂家资料备案。进入市场的鲜肉，市场配有IC卡，在屠宰、零售等各个环节层层加载信息，杜绝来源不明、私屠乱宰的鲜肉上市销售。

2002年起，新发地市场与河北、山东、海南等蔬菜生产大省的300多家无公害农产品生产基地签订了“场地挂钩”协议书。如果协议基地的蔬菜在抽测中发现问题，市场将函告产地政府，多次出现问题将解除协议。同时，在政府有关执法部门的监管下，市场又和市内一些大型零售超市签订了“蔬菜批零挂钩”协议书，形成了无公害蔬菜从产地到餐桌一条龙的专用绿色服务通道。

三、主要问题

新发地批发市场在北京市农产品流通中占据非常重要的地位，也是北京市实施农产品准入的重点部门。在调查中，我们了解到目前以新发地批发市场农产品质量安全监控存在以下需要改进的措施：一是检测能力偏弱，抽检数量偏少。检测中心规模约在100多平方米，专业技术人员20人左右，市场每天蔬菜交易量在1300多万千克左右，受检测能力限制，随机抽检数量200个，仅占交易量的万分之几。二是市场中管理主体较多，管理协调存在问题。目前涉及市场交易中农产品质量安全监管的部门较多，农业、工商、商务、税务、城管等部门在工作协作方面仍存在问题，出现重复执法或执法空白。

四、政策建议

各地应积极借鉴北京市在建立农产品市场准入方面的经验，根据本地经济发展水平，积极推动城乡农产品准入，稳步提升农产品质量安全水平。就新发地市场在实施农产品市场准入过程中体现出的问题，具有一定的典型意义。因此，从我部的职能出发，建议采取以下措施，支持其不断改进市场管理，提高市场准入能力建设。一是加强大型市场质量检测设施设备投入。作为一项公益性事业，农产品质量监控必须得到国家财政的支持，因此，为真正实现北京等大中城市实施农产品市场准入，应积极争取各级财政建立和完善更加完备的质量检测机构，提高检测水平，适应农产品贸易量的日益增大。二是建立大中型批发市场的农产品质量监管的工作协作制度，针对目前市场内监管部门多，存在多头管理的问题，应继续试行在大中型市场内监管部门的工作协调机制，明确各有关部门的安全监管职责，从方便群众、强化管理的角度，开展综合执法工作，促进市场的健康发展。

样本三：怀柔区农民专业合作社调研报告

3月26日至3月27日，根据我部青年公务员能力建设培训班专题调研活动安排，我参加了由经管总站刘登高巡视员担任指导教师的调研组，赴怀柔区调研农民专业合作社建设与发展情况。在此期间，我们与怀柔区经管站的相关人员以及怀柔区渤海镇景峪柴鸡养殖协会、北京不夜谷农家乐合作社相关负责人员进行了座谈，到入社农户家里进行了入户调查。现将有关情况报告如下：

一、怀柔区农民专业合作社总体发展情况

《农民专业合作社法》出台之前，怀柔区农民专业协会和合作社已经有几百家，经过整合后，剩下100多家，其中90多家是协会。《农民专业合作社法》出台后，怀柔区农民专业合作社发展迅猛，现在工商注册的合作社已达到340多家，大的有20多户，小的有五六户，达到**“每个行业都有合作社，每个村都有合作社”**。根据2008年底的统计，平均每个合作社的入社农户有20户左右，在北京市属于比较高的。340多家合作社中，真正按合作社运作的有近100家，规模较大、效益明显的有三四十家，主要以农副产品加工和合作养殖为主，手工类合作社和“农家乐”合作社虽然依照法律不能注册，但是也较成规模。种植业的合作社不多，且规模较小。

近几年，北京市相关部门对农民专业合作社发展给予了大力扶持，市一级每年扶持资金350万元直接切块下达到区。区里成立了由分管农业的副区长任组长，农委、财政局、经管站、工商局、民政局等部门参与的领导小组，每年配套资金350万元，通过以奖代补方式进行补助。年初，各乡镇将本区条件较好的专业合作社上报到区里，列入区扶持计划；年终，被列入计划的合作社通过由15条标准组成的验收后，即有资格获得5万～30万元的补助。每年补助25～30家。

二、怀柔区渤海镇景峪柴鸡养殖协会具体情况

怀柔区渤海镇景峪柴鸡养殖协会在工商部门注册登记的名字是北京野山坡养殖专业合作社，是渤海镇景峪村为发展柴鸡养殖业、销售柴鸡蛋增加收入而成立的。目前，该合作社成员达到130户，其中本村居民111户，占全村156户居民的80%以上。其法定代表人张付霞为该村妇女主任，一直带领村民从事柴鸡养殖，副会长武连军为镇里派来的村书记。我们了解的情况基本由书记兼副会长武连军介绍。

据介绍，由于地处山区等较为优越的自然条件，该村从2001年开始从事柴蛋鸡养殖，2006年成立协会。目前，该协会会员饲养柴蛋鸡达到年存栏2万多只，年产蛋14万斤，价格达到每千克12～14元，是普通鸡蛋的2～3倍，使140多户农民通过养鸡增加了收入，覆盖全村的养鸡户，且带动周边6个村发展柴鸡养殖。目前该村人均纯收入达到9000多元。

合作社的主要作用有四个：一是宣传发动农民养殖柴鸡；二是组织购进良种鸡雏、代销饲料；三是提供养鸡技术咨询、服务，开展统一疾病防治等；四是回收鸡蛋，统一包装，统一销售。通过政府扶持和社员集资，合作社分别投资十几万元建设了

一个8吨容量和一个16吨容量的保鲜库，解决了鸡蛋储藏的问题；投资28万元，补助村民规划并建设了金属围栏，解决了柴鸡养殖的场地问题；通过村书记联系，主要将柴鸡蛋销售给农家乐饭店等，解决了销路问题。此外，还注册了品牌“皮包金”，但是目前品牌效益尚未得到发挥。

通过与农户的交谈，我们了解到，该村农民收入主要来源是板栗和柴鸡。2008年，我访问的农民家里靠板栗收入2万多元，靠柴鸡蛋收入1万多元。除合作社收购柴鸡蛋之外，农户也自行出售。合作社社长虽然带领大家从事养殖，但本人养鸡量很少，副社长武连军不从事养殖业。

三、北京不夜谷农家乐合作社具体情况

怀柔区不夜谷“农家乐”合作社是以官地种养殖专业合作社的名义在工商部门注册登记的，由雁栖镇官地村村民为发展民俗接待而成立。目前，该合作社成员达到22户，占本村从事民俗接待的47家农户的47%。其法定代表人单淑芝为怀柔区民俗接待户的典型，也是北京市劳动模范，是大队主管宣传的党支部委员。

据介绍，合作社发挥作用主要有六个途径：一是通过政府补助资金10万元统一了社员家庭的床单、被罩；二是统一进货渠道，集体采购蔬菜等食品，降低了成本，确保了食品来源可靠；三是统一购买一次性餐具和消毒碗筷，节省人工、降低成本；四是统一定价，减少了恶性竞争；五是通过政府扶持5万元和社员集资，种植大枣、油桃等水果，发展采摘（目前果树尚未产生效益）；六是通过2008年北京市扶持20万元，2009年怀柔区扶持15万元以及社员集资等，修建停车场、购物超市和文化休闲娱乐场所等（目前在建中）。

通过与农户的交谈，我们了解到，该合作社基本由社长单淑芝一人发挥作用为主，管理较为粗糙，社员之间平时各自经营，在生意好的接待户给其他接待户介绍客人时，合作社按照一定比例进行抽成。此外，有社员对在社长家附近修建停车场等决策有不满情绪。

四、几点感受

从调研的两个合作社来看，有几个共同特点：一是主导产业非常清晰，农户之间以共同的产品或服务为纽带联系在一起；二是组织结构相对松散，入社农户之间没有形成完全的利益共同体；三是“带头人”作用十分强大，集体决策基本由1～2个带头人决定，大部分农户完全处于跟随状态；四是经营管理薄弱且较为封闭，外村居民或本村未入社农户看到有政府扶持后希望入社，但是现有合作社班子和社员基本持排斥的态度。根据这样的现状和了解到的相关情况，个人有几点不成熟的想法与大家交流。

（一）修改完善现行规定以更加符合实际

根据规定，农民专业合作社的主体为“同类农产品的生产经营者或者同类农业生产经营服务的提供者、利用者”。这样就将手工类和农家旅游类农民合作组织排除在农民专业合作社之外。从怀柔区的实际情况来看，这两类农民组织发展较快、规模较大,对农民增收起到了很好的促进作用；农民为了自身发展能够得到政府扶持，多以其他名义进行注册登记，如我们去的“农家乐”合作社就登记为种养殖合作社；相关管理机构为了农民取得扶持，多采取放任态度。这样，就给管理造成不便。鉴于农民专业合作社主要目的是提高农民组织化程度，增加农民收入，不是农业专业合作社，因此，建议对相关规定进行调整。

（二）规范清理现有合作社以便于管理

《农民专业合作社法》出台后，合作社建设和发展得到各级政府的大力扶持和鼓励。由于起步“门槛”较低，为争取政府扶持，各地成立了大量的农民合作社。从怀柔情况来看，“能成立合作社的都成立了合作社”。当中不可避免存在良莠不齐。大量的合作社中，真正按照合作社经营管理、有一定规模、能够发挥效益的并不多，甚至有些合作社完全是空壳，在工商注册登记后什么也没干，有的拿到政府扶持后过一阵子连人都找不到。合作社的过多过散过小给管理带来极大不便。农业部门应与工商部门一起，对农民专业合作社进行规范清理，筛选出真正能够发挥效益的合作社进行扶持。

（三）调整我部财政专项扶持方式

目前，我部在部门预算专项中有专门的农民专业合作组织项目。2008年，该项目安排3000万元，其中2500万元用于对各地125个农民专业合作社进行每个20万元的补助（奖励），资金直接拨付合作社；500万元用于我部开展培训、宣传等。鉴于财政部设立有中央财政农民专业合作组织发展资金，每年有过亿元的扶持切块到地方，建议我部对农民专业合作组织项目加强调研，寻找其他支持方式，促进合作社经营管理和自我发展。此外，虽然将项目资金直接拨付合作社减少了中间环节，但是由于合作社账号不规范，经常出现多次退款，甚至退款后有些合作社难以联系的现象，不利于主管部门监督管理，建议予以调整。

样本四：把农技推广和农民教育纳入农村信息化服务的建议

——以怀柔区渤海镇北沟村信息化建设调研为例

2009年中央一号文件把“发展农村信息化”作为加快农村基础设施建设，推进城乡经济社会发展一体化的重要工作任务。发展现代农业，走中国特色农业现代化道路，必须切实提高农村信息化水平。同时，一号文件提出了把“开展农业科技培训，培养新型农民”作为科技支撑和服务现代农业发展的重要抓手。当前，我国农技推广和农民教育工作在推进先进技术应用、培养新型农民、支撑农业发展方面发挥了重要的作用，科技进步对农业增长的贡献率已经达到49%，有力地保障了国家粮食安全，支撑了农业农村经济持续快速发展。然而，由于受科技资源配置不均等因素的影响，我国农业科技成果的入户率和到位率还很不平衡，很多地方还有大幅度提高的空间。基于对北京市怀柔区渤海镇北沟村农村信息化建设的调研，本文认为推进农村信息化建设，有利于统筹城乡发展，实现城乡经济社会发展一体化，把农技推广和农民教育纳入农村信息化服务是实现农技推广和农民教育等科技服务“重心下移”，落实2009年中央一号文件，发展现代农业和建设社会主义新农村的重要抓手。

一、北沟村农村信息化建设的成效

地处燕山南麓的怀柔区，山地面积占了全区总面积的88.7%，自然资源非常丰富，“上风上水”的自然风光不仅让怀柔获得了“首都的后花园”和“京郊明珠”的美誉，更让怀柔有了发展旅游产业、特色农业等绿色产业的资本。然而，怀柔区的山区资源优势，却因为山区面积大，农户居住散，成为信息资源进村入户成本高、难度大的一大“劣势”。为进一步推进农村信息化建设，将致富信息带给广大农民群众，解决信息入户“最后一千米”的问题，怀柔区农委在深入调研的基础上，结合行政村的实际情况，选择部分村开展“农村低成本无线宽带网络入户”工程。渤海镇北沟村由此成为怀柔区第一个实现无线网络全覆盖的电脑村，被新闻媒体称为怀柔首个“无线”电脑村。

北沟村位于渤海镇东北部，全村136户共365人，面积3.22平方千米，全部为山区，板栗和民俗生态旅游是该村的主要支柱产业。北沟村启动的“农村低成本无线宽带网络入户”工程，是在区政府“宽带村村通”工程基础上搭建的无线宽带网络，让农民可以实现在家免费上网。在区政府信息中心和中科院信息计量所等单位的帮助下，实现了全村无线网络覆盖，只需无线网卡即可免费接入互联网。村委会筹资20余万元补贴农民购买了85台配备液晶显示器的计算机以及计算机桌，全村计算机拥有量近100台，基本实现了全村每个院落一台计算机的目标，北沟村无线网络覆盖工程的硬件建设已经基本完成。同时，村委会还对村民进行了计算机及互联网应用培训，开通了“电子书库”“北沟村在线医生”等特色服务，使村民们切实享受到了互联网带来的实惠。北沟村无线网络的开通，对于有效拓宽农村信息渠道，促进农村产业发展，推动农村信息化建设迈出了具有决定性的一步，对于加快北沟村社会主义新农村建设进程具有重要意义。

二、北沟村农村信息化建设的启示

在对怀柔区渤海镇北沟村农村信息化建设的调研过程中，通过走村入户实地体验、访谈干部群众等方式，深入了解了农村信息化建设对当地村民生产方式和生活习惯的影响，得出如下两点启示：

（一）农村信息化建设初见成效，有助于统筹城乡发展，实现城乡经济社会发展一体化的新格局。我国城乡差距除了经济上的差距外，主要体现在信息资源等社会公共服务占有上的差距，山区落后农村在信息资源占有上的“城乡二元格局”尤其突出。调研发现，地处山区的北沟村农村信息化建设已经初见成效。有了互联网以后，有效解决了农村信息服务“最后一千米”的问题，缩小了城乡“数字鸿沟”。据多家受访农户表示，村民可以充分利用互联网了解国际国内形势，极大地丰富了农村的业余文化生活，提高了村民的文化教育水平，开阔了村民的视野和眼界，促进了农村内部和谐，繁荣了农村文化。与此同时，经营民俗特色旅游的村民还利用网络为自家的“农家院”招揽客人，村委会还在筹划建立自己的村级门户网站，准备用来介绍当地旅游文化，推介优势旅游资源，网络不仅是村民们“找乐”的园地，还成了老百姓致富的平台。

（二）农村信息化服务有待完善，网络利用效率较低，支撑和服务农业农村经济发展的能力不强。调研发现，板栗和民俗旅游是北沟村的两大主要产业，是村民收入的重要来源。然而，北沟村农村信息化建设对当地农业产业发展的影响和促进作用并不显著。主要表现在，北沟村村民对互联网的认知和利用效率普遍不高，多数农户计算机的使用人主要是农户家的小学生或者在外打工或上学的年轻人，经常使用网络的成年人少，网络闲置现象严重。同时，使用互联网的村民，多是在浏览新闻或者进行游戏娱乐，对农业科技知识和农产品市场供求等致富信息很少关注。因此，进一步完善农村信息化建设内容和提高农村信息化服务水平，是充分发挥农村信息化建设成效、促进农业生产、农民增收和农业农村经济持续快速发展的重要需求和重中之重。

三、发挥农村信息化建设成效的建议

发展现代农业需要用现代物质条件装备农业，用现代科学技术改造农业，用现代经营形式推进农业，用现代发展理念引领农业，这就要求广大农民不仅能够掌握先进生产技术、现代生产工具和经营管理方式，还要具有现代化意识、可持续发展意识和市场意识。因此，进一步整合农村信息资源、科技资源和教育资源，把农技推广和农民教育纳入农村信息化服务，是进一步发挥农村信息化建设成效，促进现代农业发展和新农村建设的重要手段。

（一）利用农村信息化建设推动农业技术推广工作“重心下移”。长期以来，农业技术推广工作要实现“重心下移”一直缺乏具体的依托，而农村信息化建设事实上为农业先进适用技术进村入户提供了前所未有的好载体和好机遇，借助农村信息化建设，将农技推广工作纳入农村信息化服务范围，进行统一规划和布局，将是提高农业效率和农业生产力水平、推动新农村建设“生产发展”目标实现的重要手段。可以考虑以农业部门为主导，将农村信息化网络作为农业技术信息服务平台，充分整合和利用现有“精准农业”“金农工程”“三电合一”和“农技110”等现有条件和资源，对现有信息资源进行分类、整理、归纳和总结，建立和完善农业信息网络、农业技术系统、农业专家系统等农业数据库系统，开展现代农业生产技术信息服务。农民通过农村信息服务平台，学习和掌握农产品的生产、培育等科技知识，了解市场需求，获取最好的经济效益。

（二）利用农村信息化建设推动农民教育工作全面覆盖农村。据统计，我国30%的农民处于小学及以下文化水平，40%以上农民的科学种养水平亟待提高。另外，随着农村较高文化素质青壮年农民外出务工就业，留在农村的农民文化水平呈逆向发展趋势。由于农民科技文化水平低，对科技的吸纳和应用能力不强，制约了农业科技成果的有效转化和农业生产新技术的快速推广，影响了农民的增收致富。由于我国农村教育资源严重短缺，加上农村地域广阔，农民居住分散，广大农村劳动者不可能都进入学校接受教育培训。因此，大力发展农业现代远程教育是更快更好地开展农民教育培训和完善农民终身学习体系的有效措施。可以考虑以农村信息化建设为远程教育公共服务平台，利用远程教学方便快捷，容量大、成本低、覆盖广的优势特点，缓解农村教育资源严重不足的局面，打破时间和空间的限制，解决农民生产和学习的矛盾，农民不离乡、不离岗就地就近参加学习，直接服务于农业生产。远程教育可以有效缓解农民教育培训的供需矛盾，是政府办得起、农民学得起，大规模开展农民教育培训的有效途径和手段。因此，以农村信息化建设为依托，加强农民远程教育培训，培养大批有文化、懂技术、会经营的新型农民，必将有利于加快农业科技成果的转化应用，实现农业增长方式转变，促进农村生产力的发展，这是发展现代农业、全面推进社会主义新农村建设和构建社会主义和谐社会的必然要求。

（二）共青团湖北省荆门市委青年干部习作

样本习作：新时期农村共青团工作面临的挑战

党的十六大描绘了全面建设小康社会的蓝图，要实现这一宏伟目标，关键在农村，重点在农村，最繁重、最艰巨的任务也在农村。解决好“三农”问题已经成为全党工作的重中之重。改革开放以来，党和国家加强了农村建设的资金投入，加大了农村改革的力度，从实行家庭联产承包责任制到税费改革，再到取消农业税，实行粮食直补等一系列的改革措施，这一切都反映了党和国家对农村工作的重视，对农民生活的关注，对农业发展的关心。新时期新形势下的农村正发生着巨大变化，这些变化对农村共青团的工作内容、工作方式和工作对象产生了深刻的影响，也给团组织建设带来了机遇和挑战。

一、农村团工作面临的问题

1. 团组织结构调整滞后。一直以来，农村团的基层组织设置是以行政村为单位，改革开放前，青年农民被束缚在土地上，流动极少，他们思想单纯，农村社会政治氛围浓厚，团的组织相对较健全。但改革开放以来，随着商品经济的发展，市场经济逐渐取代计划经济，农村的生产方式和产业结构发生了很大变化，农民从小农意识中解放出来，离开土地经商办厂，走南闯北，四处揽活。农村青年的多向流动，使得许多村里只剩下“386199”部队，村级基层团组织成为空壳，同时许多流动的团员青年也找不到自己的组织，尤其是许多新兴的村镇私营经济实体基本没有建团。这些都反映了团的组织机构设置迫切需要调整。

2. 团干部素质参差不齐。据不完全统计，我市农村基层团组织的干部综合素质参差不一，主要表现为：一是年龄结构偏大。团干部中年龄大的达到四五十岁，小的也在二十七八岁。二是文化程度偏低。大多数村级团干部是高中以上文化，初中以上文化占有一定比重。三是兼职团干部较多，我市镇的团委书记中有一半以上是兼职，村级团干部中都为兼职。究其缘由有以下几点：①受村镇机构改革的影响。有些村领导把村团支部书记当作可有可无的角色，随便拉个村委会成员做挂名书记，而不管其年龄已到中年。②受领导对团组织的认识和态度的影响。有些镇一级的领导一心忙于经济发展、显性政绩，而忽视了隐性政绩，不重视对百姓的教育引导，尤其是忽视了团组织对农村青年的重要凝聚力。这样，受上级（前任）领导潜移默化的影响，下级（后任）领导也竞相模仿其做法，致使形成恶性循环。③受人才流动的影响。随着大学扩招人数的递增，许多团员青年都进入大学，却极少有再回到农村扎根的；有的青年外出务工，常年在外，无法充实到农村团干部队伍中。④受价值取向差异影响。有的青年一味追逐经济效益，为“物欲”而奔波，不愿担任团干部；有的青年认为在经济大潮的冲击下，农村团干部人微、言轻、权小，开展工作的受制因素较多，不想在共青团的舞台上拓展。综上因素，使得农村团干部队伍的整体素质难以提升。

3. 团组织资源短缺化。随着社会的不断发展，对年轻人提出了越来越高的要求，团组织的有限资源与培养青年的责任这一矛盾越来越突出。主要表现在：①团的活动经费无着落。新形势下，一方面开展团工作对经费要求越来越高，另一方面团员意识淡薄，团费收缴困难；党政计划性拨款有减无增，而新的经费筹集渠道尚未有效开拓，团干部面临“巧妇难为无米之炊”的尴尬。②团的人才资源优势削弱。随着城市化进程的推进，农村的青年人才不断涌向城市，客观上导致农村团员青年的整体素质不断下降，基层团组织难以挖掘自身的青年人才优势服务村镇。③团的阵地资源日益萎缩。目前，村级团的阵地是名存实亡，就连农村团的唯一一块阵地——学校，也受到了社会上不良因素的影响和干扰，尤其是某些山区乡镇，由于交通不便，思想闭塞，观念落后，经济条件差，导致家长、学生、老师及团干部在对团组织的认识上不能达成共识，存在分歧。④团的后备力量难以寻求。当代的农村青年奉行“好男儿志在四方”，团员青年流出不流进，使得团组织难以吸收到新鲜血液，得不到新陈代谢，成为一潭死水。曾有某村兼职团干部如是说：“现在村里连申请入党的青年都找不出几个，还谈什么入团。”这不能不引起我们的深思。

4. 团员青年思想需求的多样化、多元化，难以统一。首先，新时期，在社会主义市场经济条件下，团员青年思想更为活跃，对新事物、新观念接受得更快，世界意识、竞争意识、经济意识、终身学习意识、法制意识和环保意识不断增强，小农思想不断受到冲击，绝大多数农村青年想走出村镇接受新思想，走创业路，圆致富梦、老板梦。其次，团员青年的价值取向趋于多样化、世俗化，行为更加务实。团员青年在发挥先进模范作用，为社会尽职尽责的同时，还要求社会予以承认和重视，满足其物质和精神上的需求，达到个人、集体、社会的兼顾，奉献与获取的统一。更有甚者为获取物质利益，求得经济实惠而疲于奔命，置当初的入团誓言、共产主义理想信念于脑后，团员意识淡薄，追名逐利，拜金主义思想盛行。这样就出现了众口难调，思想难统一的局面。

5. 团干部队伍管理机制不健全、不规范。首先，对团干部管理缺乏约束机制。①团干部选配前上级团组织未能提前介入，全面了解这一重要环节。②对团干部考察存在片面性和随意性。在考察团干部时，往往听取党政领导意见的多，听取一般干部和团员青年意见的少；听议论评价的多，看具体工作成效的少，结果随意性较大，对团干部的约束性就小。③在团干部调整问题上，上级团组织未能予以应有的重视，停留在不缺人不调整的消极状态，对不称职的团干部没有及时调整，滋长了干不干一个样、干好干坏一个样的不良情绪。其次，对于从事共青团工作年限过长的农村团干部，未能及时加以轮岗或转岗，使他们失去了工作积极性，从而造成：①工作思路不清晰，被动应付的多，主动创造的少；听人家、学人家的多，想自己、做自己的少。②宏观控制能力不强，在点多线长面广的团工作中做到既全面开花又重点突出的调控能力不强。③工作态度消极，存在依赖性。

6. 团员档案资料管理存在空档。目前，农村团员队伍发展缓慢，团员比例偏低，农村团支部不能及时把优秀的青年吸收到团员队伍中来；农村外流人员增多，团员管理未能形成动态管理；毕业返乡的学生未能及时办理组织关系转移，青年男女结婚后，到一方落户，未能办理团的关系转接，形成了管理上的空档，甚至有的乡和村都无团员的档案资料。

7. 团的功能作用不能充分发挥。服务、教育和引导，是共青团组织的三大功能。在服务青年上，绝大多数团组织仅局限于唱歌跳舞打篮球等单纯的娱乐项目。而新时期的团员青年，希望得到致富信息科技咨询，希望提供学习帮助，希望帮助解决就业创业问题，希望团组织能提升文娱活动的品位。因此出现了青年需要的，团组织做不了、做不好，团组织要求的，青年不愿做的矛盾。认为团的工作可有可无，不愿参加团的活动，遇到困难不找团组织帮助或认为团组织帮不了。在活动形式上，以临时性、突击性、奉献型的志愿者活动为主，没有找到团工作与团员青年兴趣所在的最佳结合点和有效的活动载体。

二、应对农村共青团工作的几项措施

1. 创新和健全组织机构设置，充分发挥团组织联系青年的桥梁和纽带作用。团是青年的团，是青年的组织，因此我们应坚持“组织随人走，团在实体建”的工作思路。①建立联合团支部。根据目前农村团支部的青年团员数量少、工作经费少的现状，可以采取合村并组的方式，将联系密切、相互毗邻的几个村合并组建一个联合团组织；在相同产业的村，根据产业性质，推行产业建团，从而有效整合资源，增强力量，确保基层团的工作落到实处。②加强务工青年输出地与输入地团组织的工作联系，切实做好外出务工青年的报名，培训、跟踪服务等工作对外出务工青年实行动态管理。可以在外出务工青年相对集中的地方尝试建立流动团支部，做好务工青年的流动登记，由当地共青团组织统一管理，一方面加强团组织对外出务工青年的管理，做到哪里有青年哪里就有团组织，另一方面也促进团青年之间的联系。③加强村与学校团组织之间的工作衔接。由于缺少和学校团组织的联系，大部分团员出了校门就出了“团门”，没有及时办理团员关系接转手续，团员就自然流失了。村校团组织应加强联系，做好衔接工作，将毕业回村的青年尽快纳入组织管理。④做好宣传工作，积极推进农村非公企业团建工作。由于政府鼓励民众创办实体，因此新兴的村镇私营经济实体如雨后春笋一样分布在农村中，但受多种因素的影响，这些实体基本上没有建立团组织，而它们却吸纳了大量农村青年务工人员，使得这些地方成为团组织工作的盲区。因此，各级团组织应主动积极与非公有经济实体取得联系，加强沟通，快速帮助其建立起团组织，以集团企业、示范企业为龙头，把生产经营活动与开展团的工作相结合，以团组织凝聚团员青年，带动团员青年，发挥团员青年在企业发展中的生力军和主力军作用。

2. 提高综合素质，优化团干部整体结构。针对目前存在的村团干部年龄大、素质低、积极性不高等现状，应着力抓好以下几点：①做好村团支部书记的选拔。在村团支部书记的选拔上引入竞争机制，通过民主选举、竞选演讲、无记名投票等办法从退伍军人、回乡高中毕业生、青年科技大户、青年致富能手、青年种养殖大户等优秀青年中选拔政治素质高、文化层次高、热心团务工作的年轻党团员担任村团支部书记，优化团干部结构。②加强团员先进性教育，完善培养机制。坚持用“三个代表”重要思想武装头脑，强化政治理论学习，对农村团员青年实行团员先进性教育，加强基层团组织建设，提高团干部思想政治素质。同时，将生产、生活、学习、工作紧密结合起来，积极引导团干部学习业务、市场经济知识和科学技术知识，完善团干部的知识结构，使之成为复合型人才。宣传科技，团结带领农村青年科技致富、科学种植。③强化服务意识。要求团干部摆正位置，树立群众观点，坚持群众路线，想青年之所想，急青年之所急，办青年之所需，解青年之所难，这样，才能真正赢得青年的信赖和拥护。

3. 着力推动农村青年中心建设，构建农村青年服务网络。致富奔小康是广大农民、团员青年的共同心愿，因此，全面深化农村青年中心建设，构建农村青年服务网络便成为农村共青团工作的关键。农村青年中心的建设要坚持“五个依托”，即依托强乡强镇建中心、依托青年星火带头人志愿者产业服务队（青年经纪人协会）建中心、依托农业科技示范基地建中心、依托乡镇企业建中心、依托扶贫开发对口支援单位建中心的运作方式，选择青年聚集并便于参与的地点，因地制宜、因人而宜，尊重基层意见，边学习边实践，青年中心建设要使青年中心集学习、培训、致富经验交流、信息咨询、劳务输送中介、维权帮助和娱乐休闲等多功能于一体，使青年中心成为为青年提供良好教育、服务的机构，努力建成青年科技图书室、各种技能培训室、农村青年外出务工数据库、健身娱乐室及多功能会议室等设施场所，形成综合服务型青年中心。努力探索城市、农村联系服务青年的有效方式，推行青年卡、会员卡等有效手段，搞活基层社团组织。

4. 以培训为依托，全面提高农村团干部和团员的思想政治素质和科技致富能力。抓好团干部队伍和青年就业的培训工程。本着“走出去，请进来”的思路，抓好团干部的理论学习与外出考察工作，为建设一支新时期的复合型青年队伍而努力。实行团干部上岗培训制度和年度定期培训制度。主要在业务素质和工作能力方面进行培训，从而加快团干部对本职工作的熟悉和了解，以便更好地履行职能，提升团干部的综合素质。要依托基地抓培训。要充分发挥好基地的示范、培训、辐射带动作用，特别是服务功能，建立健全服务体系，为团员青年提供切实有效的服务。要让基地成为引导团员青年走向市场的向导、实施科技培训的推广和产销服务的龙头。

5. 多渠道筹集农村团组织的活动经费。首先，鼓励农村团组织结合实际，因地制宜，积极创办经济实体。农村团组织无经济来源，经费十分紧张。但工作却要开展，因此，农村团组织不能只想到客观原因，而不去动脑筋创造一点经济收入，整天抱着“等、靠、要”的思想。作为新世纪的青年带头人，我们应该以身作则，想尽一切办法，结合当地实际情况，发挥团的优势，量力而行创办一些经济实体，逐步扩大。为开展团组织活动筹集一定的资金，不仅可以培养一批懂经济管理的人才，更直接地为地方经济发展服务，而且能够丰富团组织的活动。其次，以市场方式运作团的工作项目，以市场竞争方式筹措团的工作项目实施经费。

6. 加强团员档案资料的清理，规范档案管理。针对近年来各地团员流动较大，团员档案资料管理混乱的情况，建议组织一次全市范围内的团员档案资料的清理工作。在调查研究的基础上，结合我市实际情况，出台一个切实可行的团员档案管理办法。强化团员的团籍档案管理工作，要求对所有团员必须建立档案，交由基层团委或团总支统一管理。团籍档案包括入团志愿书、申请书、团章、团员证、团徽以及青年志愿者注册资料，对照规范的档案资料，进行团籍档案全面清理。凡是档案资料不全的一律补办到位。规范团员证制度。团员证是团员身份的有效证明，应加强团员证编号管理，统一分配各地团员证编号，在团员证的 8 位数编号中科学地载入团员的入团时间和入团地点等信息，使流动团员管理更加科学规范。有计划地发展团员。要求各地每年上报团员纳新计划，按照规定的比例有计划地发展团员，既保证团员队伍的有序发展，又确保团员的先进性。实行团员信息计算机管理。要求对新发展的团员统一建立团员信息库，将团员的编号、志愿者注册号和团员的自然信息等纳入计算机管理，有效地实现团员信息管理。

时代在发展，社会在进步，农村团工作的环境也在不断变化，我们只有结合村镇的实际，研究解决团工作的现实问题，创新农村团工作理念，将共青团这一我国先进青年组织有效运作，才能使我们的农村团工作在与时俱进中实现跨越式发展，才能永葆共青团组织的先进性。

二、习作评析

（一）习作基本情况

本讲集中 ×× 部管理干部学院和共青团湖北省荆门市委两地三年青年干部调研文章 48 篇。其中，2009 年 3 月和 2010 年 3 月，×× 部青年干部两期培训班分别提交调研习作（以下简称调研习作，在举例时，不特别交代作者的几批几类）25 篇和 19 篇。19 篇中，有 3 篇重复，实为 16 篇，共计 41 篇。按内容分可分四类：反映农业专业合作社的 19 篇，农村信息化建设的 8 篇，农资市场的 8 篇，农产品批发（交易）市场的 6 篇；按地域分可分四类：怀柔区 17 篇，通州区 8 篇，昌平区 10 篇，新发地 6 篇；按文种分可分六类：属调查报告的 20 篇，工作研究 14 篇，工作经验 3 篇，“四不像”文章（也即通讯写法的调研文章）1 篇，杂感杂谈 2 篇，政务信息 1 篇；按质量可分好、中、差三类，属好和较好的，也叫一类稿 9 篇，一般的也叫二类稿或中等稿 17 篇，差的，也叫三类稿 15 篇，好、中、弱稿分别占总数的 22.95%、41.47% 和 36.58%。在好稿中，2010 年 3 篇，2009 年 6 篇；调查报告 5 篇，工作研究 2 篇，工作经验 1 篇，“四不像”文章 1 篇。在中稿中，2009 年 10 篇，2010 年 7 篇；调查报告 7 篇，工作研究 7 篇，工作经验 2 篇，政务信息 1 篇。在弱稿中，调查报告 8 篇，工作研究 5 篇，杂感杂谈 2 篇。

共青团湖北省荆门市委青年干部调研文章（简称“荆门文章”）是 2006 年的 7 篇。其中，2 篇是工作汇报。文种是工作汇报，在汇报内容中，有些是经过调查研究获取的，有些还是按调研文章的要求归类、总结、写作的，因而一起纳入调研文章中研讨。这 7 篇调研文章，按文种分类，4 篇属工作总结型或经验型调研文章，2 篇属问题型调研文章，1 篇属情况汇报型调研文章。按质量分，2 篇一类，3 篇二类，2 篇三类。两地三年 48 篇调研文章合起来看，按质量分类，一类 11 篇，二类 20 篇，三类 17 篇，一、二、三类各占总数的 22.9.%、41.67% 和 35.41%。从我们对 48 篇调研文章从年份（原来就是分年份提交的）、地域、题材、具体文种和质量优劣 5 个方面所作划分看，前三种划分较为具体、确定，不存在多大分歧，后两种划分是有较强相对性的。关于文种，除了明显的杂感、杂谈和政务信息外，其他都属调研文章范畴。如工作研究，又叫问题研究或对策研究；工作经验，又叫经验总结或经验材料，都是调查研究文章，与传统调查报告并无很绝对的区别。在我们已经划入调查报告的文章中，至少还有4～5篇更像工作经验，只是稍微多写了一些值得注意的问题和对策建议，就未划出。“四不像”调研文章，其实也只是在写作中，采用了一些通讯手法，有的就叫新闻调查，它更多的手段，无论调研，还是写作，都与调查研究更为接近。关于质量划分，相对性更多一些。所谓好稿，不一定就没有一点毛病，有的可能毛病不少，甚至还很严重。所谓弱稿，不一定就绝对地差，有的可能还有一两个优点。中稿就更不确定了，有的可能比好稿更有突出的优点，划入好稿并非绝对不行；也可能存在比弱稿还差的毛病，整个地划入弱稿也不见得就很冤枉。所以说，对于好、中、弱稿的划分，是相对的，而这个“相对”也是有一定根据的，相对准确的。所以也能够使我们的比较研究顺利进行。

总的来讲，这48篇调研文章及其作者，80%以上基础不错，尤其作者，调研基本功很好。绝大多数文章作者及其文章能够把握全局，抓住本质，突出特色，合理布局，体例完备，文从字顺。

（二）调研习作中普遍存在的问题

1. **浅**。层次浅，表面层次，思想深度不够或没有深度。这在143篇习作中极为普遍，不论哪篇二、三类习作都不同程度存在。这些例子不必到三类作品中找，二类作品中这个毛病俯拾即是。如《新发地农产品批发市场经营情况调查》（见本书第二讲样本文章）第一块基本情况第一条为“发展沿革”，简单交代了该市场“自然发展阶段”“规范成长阶段”“快速发展阶段”三个阶段，只有“自然发展阶段”使用了“划出1公顷地，筹资15万元修了简易的交易大院”两个具体数据，其余都是大笔一挥而过。基本情况第二条“重要作用”分别列出合作社在“保障农民收入”“保障民生”“保障农产品安全”和“促进农民就业”四个方面“发挥了重要作用”，全为表面层次上的做法，没有一点深度。第二块写了四个问题，第三块提出了四条对策，也都只一个层次，全都在表面层次上绕圈子，没有第二层次，更无第三层次，了无深意和新意。全文唯一使用了一个海南毒豇豆事件的典型事例，但又没有表述清楚，更没有完整的记述：一是没有写明具体的时间；二是没有具体写明白是否给新发地市场带来了什么影响；三是虽然写了“导致海南豇豆的信任危机……价格立即从原来的 7.8 元 / 斤大幅下跌到了 0.3 元 / 斤”，但没有写明白在什么时间、什么地点、到底是谁的海南豇豆、有多少总量，直接经济损失多少？丝毫未起到深化文章主题的作用。再如《低成本无线宽带接入工程——实现山区农村信息化的重要推手》，也属二类作品，全文五块，近 5000 字，除第三块“做法”分列三条外，其余每块都只分两条，未能展开，使文章显得单（也即浅）薄。调研习作所有二三类的，几乎没有一条做法、成绩、问题是分了两个及两个以上层次阐述的特例，都是表面上的一个层次，有的甚至只有一句话，就完事大吉，再无下文。

荆门文章也有类似毛病。比如《非公有制经济组织团建工作中存在的问题及对策》，所列三个问题：一是团组织筹建工作发展缓慢。没说一句到底怎么缓慢、为什么缓慢的话，而只说了两句不沾边的话。二是非公有制经济组织中团干部兼职严重，团组织工作在时间上没有保证。下面只简简单单写了 76 个字的一般性解释，既没有具体的数字资料显示，也没有典型剖析。三是在非公有制经济组织中建团动力不足。是什么动力呢？精神动力还是物质动力？下面都没有展开分析，总共写了百把个字就完了。对策也是三条：“一、转变思想观念，使团的活动更务实。”到底应该转变哪些观念，怎样转变，转变到哪些观念上来，几乎只字未提。“二、提高团干部素质，积极创收活动经费。”这样两条措施合并成一条是不妥当的。前边是一条综合性的宏观措施，后边是一条具体的日常性工作，合并成一条，不伦不类。提高素质，只讲了四个方面，四条标准吧，到底怎么提高，没有说，实在一般得很。“三、完善组织管理制度，与企业发展相适应。”组织管理制度是一个系统工程，不是一条两条、一项两项、一句两句话讲得清楚的，要讲具体、讲透彻，可操作才行。可是，该文只讲了一句话，下边就讲如何与企业同步的问题去了，这是远远不够的。

2. 旧。观念、内容、写法都比较陈旧，人云亦云。比如荆门文章《认真贯彻落实“两法”切实维护青少年合法权益》这篇工作情况汇报，主要工作成效有以下五条：

第一条是齐抓共管的格局初步形成；

第二条是“两法”实施的舆论氛围得到了积极营造；

第三条是法制宣传教育实效性不断增强；

第四条是未成年人成长的良好环境已初步形成；

第五条是预防未成年人违法犯罪做了大量工作。

什么“齐抓共管”“舆论氛围”“不良环境”都是一些似曾相识的提法，少有新意。“格局初步形成”“得到了积极营造”“已初步形成”“做了大量工作”等，几乎全是口语。

存在的问题三个，除了第二条“不良文化环境对未成年人的危害不容低估”外，其余两条都不新鲜。比如第一条“有些方面对‘两法’实施认识不够充分”，就确实较旧了。

第三条“未成年人违法犯罪依然突出”，一个“依然”就说明这不是个新问题、新观念。加上这里所举的事实典型，时间范围是 2000 年至 2002 年 11 月的，一个突出的未成年人犯罪团伙是 2002 年 5 ～ 8 月抓获的。写文章时间已是 2006 年了，举本市的数据竟是 2002 年的，已四年了，县市区都已换届一年多了，镇乡政府已换两届了，应该说是比较旧了。针对四年前的情况写对策，能有多少新观念、新办法，就很难叫人信服。至于写法的旧，就是老一套，“老三段”：问题、原因、对策，或者“老两段”：问题、对策。写法旧，调研习作也是一样的。从大面上讲，普遍存在。

3. 空。主要是空洞无物，缺乏具体、新鲜、完整的情况描述和数据反映，尤其缺乏具体、生动、完整的典型介绍和典型解剖，没有充分的事实材料做依据，好多都是大话、空话、套话连篇，抽象概括 + 模糊数量词语，让人摸不到底细。拙著《调研文章要注重写好事实和实事》（《应用写作》2009 年第 5 期）曾把“当前调研文章中事实材料不足的情况”概括为“四个有无”。按照这种概括来窥豹一斑，就可知当前青年干部调研文章“空”的全貌。我的“四个有无”是：

一是有骨架，无血肉。如《鼓励探索，重在惠农，在实践中充分发挥合作社作用——关于北京市昌平区十三陵镇农民合作社调查》，大标题、中标题、小标题，宝塔形，排比句，整齐划一，形式美观、完整，尤其大标题中主标题带副标题，主标题为“四四十三”的句式，与副标题构成宝塔形结构，使人看了两眼为之一亮，心头为之一震。但全文浏览下来，却没有多少真实、具体的内容，空有一副骨架。尤其后边“存在不足”摆了 9 条，第九条只有一句话标题，第四条、第七条也没有一点实际内容。对策六条，共 600 字，每条平均 100 字。有的条款意思都未能表达清楚。第四条“合作社果农增收乏力”，还真正说不上是一条对策建议呢，还是一条问题分析。像这样有骨架无血肉的例子，在 41 篇习作中不说是俯拾即是，也是实在不少。

二是有提纲，无内容。如《规范管理、抵防风险、共同致富奔小康——北京市野山坡柴鸡养殖合作社和不夜谷农家乐合作社实践情况调研》，第二块“几点启示”4条，第三块“几点建议”5条，共9条，9个句号；最短的一条连标点符号一起共26个字，不足一行；占2行的3条，其余均为2行半字左右。实际上只是草拟了一个写作提纲，没有增写一句展述的话。类似的文章，至少还有两篇。

三是有观点，无论据，更无论证。调研文章主要要求凭事实说话外，还要求就事论理，要求由一组或多组事实材料，按照逻辑推理、论理的办法，形成一个或多个论证，证明一个事理或理论；每篇文章要有几个这样的推理、论证，形成一个推理、论证链条，支持主题思想，以理服人。可是，我们有的文章就只一个观点，既无事实证明，更无论证支撑，就很难以理服人。如《通州区农资市场经营管理中存在的问题及建议》一文第二块中共列举了当前农资市场“农资经营主体良莠不齐”“农资管理的法律法规不够完善”“经营行为不规范”“农资供应服务与技术服务脱节”“农民自我保护能力不强”“部门之间缺乏统一的协调机制”六大问题，问题是列出来了，但没有一条采用了具体真实的调查资料、数据、典型人和典型事来支撑这些观点。一般化地说说也许是可以的，但真正要用于决策参考，明显是说服力不足，难以令人信服，也不好决策的。就拿第一条“农资经营主体良莠不齐”来说，你说“不具备经营条件和资格经营现象比较多”，到底是怎么比较的？比较多，多多少？“个别农资经营户经营场所、专业知识、仓贮设备及防护措施达不到经营种子或农药等条件要求”，哪一个“个别”？“个别”是几个？怎么个“达不到”等都十分模糊，都缺乏事实依据及其论证。《农资市场需要进一步强化风险防范——北京市通州区农资市场走访调查所感》一连提出五条思考意见也很不错，有一定说服力，但问题就在于全是空发议论，缺乏事实依据，说服力就大打折扣。

四是有口号，无行动。如《关于农产品质量可追溯监管的分析——以新发地批发市场农产品可追溯监管为例》，第一块概况及做法列举了“四个加大……力度”、一个“逐步实施”共5条做法，670个字，条平114字，却没有使用一个准确的时间数字和统计数字，没有对任何一件事的完整记录，更没有一个完整典型，全是空喊口号，“空对空”空放炮和放空炮。

4. 缺。残缺不全，不完整；缺这缺那，缺胳膊少腿。

（1）逻辑结构（构成）不完整。中国地方志书讲究横分门类，纵写历史。横分到边，不缺主项；纵写到底，不断主线。横分到边不缺主项讲的就是逻辑构成问题。用生活实例讲，就如三足鼎立，必须有完整的三足，鼎才可以立起来，不倾倒。文章构成也是如此，否则，就经不起推敲，就站不住脚，就没有说服力或者说服力不强。农业部青年干部调研习作二、三类作品中逻辑构成不全的占一定比例。好多“横分”不能到边，仅两条就完了。前边我们讲过的《低成本无线宽带接入工程——实现山区农村信息化的重要推手》一文，全篇5000字，分5块，除第三块分出3条外，其余全部只分两条，其逻辑构成都是不完整的。

再如《从新发地看北京市农产品市场准入制度的实施情况——北京新发地农产品批发市场调研报告》，全文2600字，分四块，前两块没有划分，就那么随意写，无所谓逻辑划分。后边两块各分两条，就明显划分不全了。作为农产品市场准入制度一项重要市场制度，在多方面均居全国首位的北京新发地市场实施，不论从哪方面看都是一个庞大的系统工程，其面临的、有待改进完善的问题绝非检测能力偏弱、抽检数量偏少和管理协调不够这么两个方面的问题，而且，这两个问题，在所有农产品市场准入诸环节中，也占不到非常重要的位置。比它们更重要的设施建设、制度建设、工作机制建设、人员素质等还有很多。如果把这么两个问题、两条对策合在一起，与主标题“从新发地看北京农产品市场准入制度的实施情况”，那整个北京市的农产品市场是一个多大的范围，文中这两个问题、两条措施所能包含的内容是个什么范围？如果仅以本文两个问题调研的情况来看北京全市农产品准入制度实施情况，要么是以偏概全，要么就是越看越糊涂，多半得不到正确、全面的结论。

（2）缺乏典型或典型不完整，典型事例缺胳膊少腿。三类调研习作15篇仅有一篇较好用过一个典型，三四篇写过一点点典型人和典型事，但既未写完整，也未用恰当。如《卓越果品专业合作社的调研报告》第二块第四条“灵活交换平台”有这样一段话算是运用典型了：被托管社员不仅获得劳力支持，而且果品质量得到提升，托管服务队则实现了当地就业，增加了非农收入。服务队的张之强说，原来自家的果园，10天剪完，现在通过合作社提供的托管服务，不用自己找就可以工作2个多月，每天收入100元左右。去冬今春，整个合作社的托管服务已经覆盖了1000～1300亩果园。

张之强算是个典型。但他到底做了什么、怎么做的，引用他的话到底要说明什么问题，到底说明了什么问题，都叫读者一头雾水。后边的“去冬今春……”这句话更是上不着天，下不着地，简直叫人莫明其妙。引用张之强这个典型的前边只有简单一句话写在小标题下面：“农民时节性、技术性的工作”托管“给技术能人，通过调配劳动力余缺，实现果农和专业技术人员的‘双赢’”与下文均无联系。

（3）体例不全。中西方文论都认为“文无定体亦有体”；否则，就没有文种界限，就不成其文了。调研文章要写得像调研文章，谁写调研文章都得按调研文章的基本体例写作才行。即使“四不像”调研文章，它的主要成分也都还是调研文章。调研文章不论哪一种，它的基本构成都有情况描述、经验或做法，成效或问题，对策建议或叫思考、体会、启示等；对于问题型、思考型调研文章，必须有对策建议，而且必须创新思维，出新策，出良谋，不得人云亦云。绝非《农资市场监管工作存在六大难点·写在后面》（简称《六大难题》）所说：“鉴于自己农资知识的缺乏，没有勇气再去堆砌一些所谓的‘对策建议’。各种建议，网上已是铺天盖地，过多赘述，也恐是画蛇添足。”我们正把该文未写对策建议这个“蛇足”当作最大的缺陷和遗憾哩。我们认真统计了一下，调研习作中，该写而未写对策建议的作品共有前述的“六大问题”和《从新发地看现代农产品交易市场建设》《北京市怀柔区农民专业经济合作社建设与发展情况调研报告》3 篇。《从新发地看现代农产品交易市场建设》全文两块，第一块为“先进的管理理念指导市场建设”；第二块为“市场建设存在的难题”，共写了“农产品市场建设缺乏法律依据、规划，市场渴望一元化管理，农产品销售缺乏品牌”等 4 个难题，却没有写一个字的对策建议。另一篇在第一部分综合分析了合作社建议发展中三个“有待”解决的问题，却在第二部分“调研体会”中写了自己对合作社作用和意义的 4 条认识；在第三部分总结了自己和培训班在本次调研活动中的“主要收获”，对策建议只字未提，明显与主标题脱节。

5. 平。内容平淡，冗长、拖沓；叙述平板，没有侧面，没有角度，没有重点；大而全，面面俱到，平分秋色；什么都说到了，又什么都没有说；没有特色，没有特点，没有味道。语言贫乏，苍白无力。莫说读者读起来没劲，作者写起来也会昏昏欲睡。如《关于新发地农产品批发市场的调研报告》《北京卓越果品专业合作社调研报告》等文，从标题看就没有侧面，没有重点，没有任何角度，两文都写得十分随便，信马由缰，说到哪是哪，尤其前者，“一、基本情况”，先按时间顺序摆了几个基本数据，再按时间顺序摆了三个发展阶段；对“目前”的“三大重点建设项目”和“四大发展战略”均只点到为止，谁也不知它们到底是什么内容。“二、主要做法”，四个小标题算是进行了一点加工，搞成四个排比句，内容叙述也十分平板。三、四两个中标题仍是随意写出；四条对策与四个问题机械对应，既平淡，又呆板，波澜不兴，一潭死水。虽文字不长，但也很难令人卒读。《关于影响农民专业合作社发展的五种关系的思考——赴北京郊区关于合作社发展状况的调研报告》主标题倒是选择了一个较好角度，但五个关系的分立和内容叙述却平淡乏味，了无新意。看完第一条，就可知全文是个什么样子：

一是合作社的社员内部关系。中国是一个熟人社会，在农村则表现的更加明显。邻里和亲友之间总会形成三五家关系特别好的小圈子，小圈子与小圈子之间通常会有重合的部分，从而形成了一个靠血缘和友情联结起来的能够相互信任和帮助的团体，他们是合作社能够形成的最基础的核心力量。调研中我了解到，在“农家乐”合作社成立大会上，许多农户因种种顾虑离开了，留下来的农户其实对合作社的发展前景、合作理念和原则等问题的认识也很模糊，之所以选择入社，相互之间的信任和邻里之间的面子是主要因素。

不少习作导语冗长、拖沓，喜欢从国内外形势讲起，再讲党中央、国务院再讲各部，转一个大圈，最后才写到自己的调研任务上来。如《规范管理、抵防风险、共同致富奔小康》就是这样开头的。写完350字，才写到正文，占了全文2660字的13.2%：

为适应国内外市场竞争形势，提升农业产业化水平，促进农业和农村经济发展，近年来国家积极鼓励、扶持农民专业合作社发展。中共十六、十七届三中全会明确要求扶持农民专业合作社加快发展。2006年国家颁布了《中华人民共和国农民专业合作社法》，国务院、财政部、农业部、国家税务总局和北京市政府出台了一系列鼓励、扶持措施，安排了专门的扶持资金。为了解怀柔区农民专业合作社发展情况，感受党的支农惠农政策给新农村带来的新变化，3月26日至27日，按照我部青年公务员能力建设培训班的总体安排，我作为第一调研小组成员赴怀柔区渤海镇野山坡养殖专业合作社和雁栖镇官地村不夜谷“农家乐”合作社进行了调研，通过与基层农业部门负责同志、合作社带头人座谈，实地考察合作社，深入农户与社员交流等方式了解怀柔区农民专业合作社发展情况。

荆门文章《新时期农村共青团面临的挑战》也是这样，叫人把大标题一看，就知道它是个大而全的东西。全文 6000 字，没有重点、没有侧面、没有角度，让人不得要领。文章没有署名，全文 6000 字中，只在问题第二中有两处“我市”。如果我们把大标题下署上“荆州”，或者“襄樊”“随州”等市团委，大概都是可行的。因为文中所提的问题、所提的办法，加上文字表达，都显示不出地方特点。因为农村团的工作，河南、河北、山东、陕西的任何一个省下的哪个市团委，都可这样写，也都不会有大的错误。还有个“新时期”，新时期是什么时期？跨度有多大？改革开放以前就讲新时期，现在又讲了 30 多年。所以，这是个很不好把握的时期，抽象得很，也一般得很，平淡得很，不过用的人也不少，用也无大错，反正是大而全，大笼统，漫无边际。这篇文章 280 个字的导语，也是太大，太平淡，一个统天袋似的，把什么都包容了，适用于所有关于农村情况的文章。不好，也不错。就是没有特点，平平淡淡，称得上比较典型的大而空的套话。

6. **跑**。即是跑题，下笔千言，离题万里。

一是文不对体，也即文体、体例写跑了。命题作文，文体属命意的一个组成部分。高考作文，命你写记叙文，你就得写记叙文；命你作议论文，或者说明文、抒情文，你就得写议论文，或者说明文、抒情文。文体、体例错了，是要扣分或者不给分的。领导命题的调研任务，一般都是调研文体，不会是杂感、杂谈或政务信息（有的也可作决策参考）。某某部青年干部培训调研习作，老师命不命文体都应该是写调研文章，不会是杂感、杂谈。《农业专业合作社调研感想》（杂感，见本书第五讲样本一）、《农民合作社的“合作”之路》（杂谈）无疑是文不对体的跑题习作，只可算政务信息的《农民购农资有五盼》也属文不对体之列。

二是文不对题，也即主题写跑了。《浅析政府在农村信息化过程中的作用——北沟村信息化建设情况调研报告》，主题明确，文章应围绕政府如何转变职能为农村信息化建设搞好服务、发挥作用展开，主要应写政府搞了哪些服务，怎么服务，服务得怎么样，发挥了哪些作用等。然而，该文三块，每块标题都没有提及政府作用的意思。第一块为“信息化建设的基本情况以及成效”；第二块为“信息化过程中的主要措施”。第一块有一句“怀柔区政府联合中国科学院计算机技术研究所在北沟村开展了低成本无线网络覆盖试点工作”40字；第二块第一条“投入力度大”第一句话写到“目前，低成本无线网络覆盖项目的经费，全部由政府投入”25个字，其他就全是写村里所做工作。第三块为“调研过程中的启示和思考”，写了两大条：一是“目前农民对于计算机的利用程度还很低，需要政府进行引导”。下边用一大段文字介绍群众哪些不足之后，要求政府进行“加强培训”“创建良好网络环境”“做好农业工作者的信息化（工作）”三个方面的引导。二是要求“政府要探索农村信息化的可持续建设之路”，下边也只写了两小条：一小条为“一方面，农村信息化建设，政府投入是保障”；二小条为“另一方面，先靠政府投入的农村信息化建设不是可持续的农村信息化建设”。全文没有一句正面回答政府如何发挥作用的话，弯弯曲曲引出政府作用的话也不多，在全文5600字中，不超过1000字与政府有点联系，大部分文字与主题脱节写跑到别的方面去了。再如《鼓励探索　重在惠农在实践中充分发挥合作社作用》一文，主标题明确把“鼓励探索”四字放在最前边，就应该重点写出具体“鼓励”了几种“探索”“探索”出了什么结果，给农实惠，发挥了合作社作用。但让读者失望的是读完全文，都没看到哪一条做法是“鼓励”和“探索”出来的，甚至连这四个字，都只是到文章最后对策建议第一小条里，“鼓励”才出现了一次，“探索”出现了两次，其他地方这四字的影子都未见到，更别说鼓励探索出了什么好办法、好结果。这不也是文不对题吗?

三是题不对题，也即小标题与大标题脱节，下级标题与上级标题脱节，大小标题不配套，如《把农技推广和农民教育纳入农村信息化服务的建议——以怀柔区渤海镇北沟村信息化建设调研为例》就是如此。该文主标题选择了一个与众不同的角度或侧重点，这是很好的。下面的二三级标题就应该围绕这个主标题的侧重点展开，引导正文进一步表达主题。然而，二三级标题却都与一级主标题脱节，写到别的方面去了。第一个二级标题为“北沟村农村信息化建设的成效”，第二个二级标题为“北沟村农村信息化建设的启示”，其下边的两个三级标题分别为“农村信息化建设初见成效，有助于统筹城乡发展，实现城乡经济社会一体化发展”“农村信息化服务有待完善，网络利用效率低，支撑和服务农业农村经济发展的能力不强”，都与该文一级主标题风马牛不相及。第三个二级标题为“发展农村信息化建设成效的建议”，与该文一级标题南辕北辙，这个二级标题下边的两个三级标题分别为“利用农村信息化建设推动农业技术推广工作‘重心下移’”“利用农村信息化建设推动农民教育工作全面覆盖农村”，倒是与该文一级主标题接得上了，但它们与其“顶头上司”二级标题却不是一回事！全文一、二、三级标题全部题不对题，可称“整体跑题”了。

7. 杂。内容、逻辑、文体、语言，都很混杂，缺乏提炼。

（1）内容混杂。材料不加选择，更不提炼，只要它有那么点意思就往一处凑，反复讲。如《把农技推广和农民教育纳入农村信息化服务的建议——以怀柔区渤海镇北沟村信息化建设调研为例》的导语434字，第一句写“2009年中央一号文件把‘发展农村信息化’作为加快农村基础设施建设，推进城乡经济社会发展一体化的重要工作任务”。第二句写“发展现代农业，走中国特色农业现代化道路，必须切实提高农村信息化水平”。这两句都跟主标题内容没有直接关系，但作者却把它们放在了开头。第三句话重提中央一号文件，写一号文件“把‘开展农业科技培训，培养新型农民’作为科技支撑和服务现代农业发展的重要抓手”，这算是接触到了主题。本来应该围绕这个主题往下写的，但他却笔锋一转，第四句写“当前，我国农技推广和农民教育工作在推进先进技术应用、培养新型农民、支撑农业发展方面发挥了重要的作用，科技进步对农业增长的贡献率已经达到49%，有力地保障了国家粮食安全，支撑了农业农村经济持续快速发展”，这又完全远离了主标题内容。第五句“然而，由于受科技资源配置不均等因素的影响，我国农业科技成果的入户率和到位率还很不平衡，很多地方还有大幅度提高的空间”，这完全跟主标题没有关系，纯属废话。第六句，写得老长，141字（不管他是否符合语法，只看内容），“基于对北京市怀柔区渤海镇北沟村农村信息化建设的调研，本文认为推进农村信息化建设，有利于统筹城乡发展，实现城乡经济社会发展一体化，把农技推广和农民教育纳入农村信息化服务是实现农技推广和农民教育等科技服务‘重心下移’，落实2009年中央一号文件，发展现代农业和建设社会主义新农村的重要抓手。”

这434字，以句号算，总共6句，只有第三句和第六句与主标题有点直接关系，其余4句完全可以不写，或者删去。第六句第一分句，第一个逗号“基于……”写到具体地点是必要的，但与下文文意不顺；第三句与第四句，“有利于……”与主标题无直接关系，纯属多余；第五分句这个判断句“农技推广和农民教育”在同一句话中两次出现，既重复累赘，又语义含糊，与第六、第七分句组成一个较长的复合判断句，只是表达了一个判断，未有明确提出要做什么、要怎么做和做到什么程度，既是一个半截句，又未与主标题联结，让人不知所云。我们认为，该导语内容混杂，重复使用的词语过多，如“城乡经济社会一体化”“现代农业”“农业现代化”“农村信息化”等，分别出现 2 ~ 3 次。尤其“2009 年中央一号文件”一词，按照一般文章写作要求是“通典不用”，在这里却一连三次出现，实属多余。

荆门文章《新时期农村共青团工作面临的挑战》开头，也是内容混杂的好例子。大标题是要求讲农村团的工作，导语却从全面小康说起，又说“三农”、农村改革，还把全国农村的宏观环境几乎都说到了，才最后接触到主题。这就是内容混杂，胡子眉毛一把抓。这篇文章问题第四条，“团员青年思想需求的多样化、多元化，难以统一。”明明是讲问题，但讲到团员青年思想多样化、多元化时，却主要讲的是团员青年思想多样化、多元化的积极面，适应市场经济，勇敢拼搏，更加务实，后边才讲到少数人的拜金主义思想。这一条是用于写问题剖析矛盾的，却搞得问题与成效混淆不清。问题第五条讲团干队伍管理机制不健全，本来写前面的三小条就够了，不知怎么又扯上了后边“工作思路不清晰，被动应付的多，主动创造的少”三小条，这样，就把文章内容搞得更杂了。

内容混杂，还有一种情况是既不分项，也不分期，随意介绍，写到哪里算哪里，胡子眉毛一把抓。例如《从新发地看北京农产品市场准入制度的实施情况》，第二块为“北京实施农产品市场准入情况”，从“2004 年北京市政府出台了《……》”写起，写到“本次市场准入制度……”写到“近年来……”最后又写“2002 年起……”从新发地写到北京全市，从今天写到前些年，从“在市场的检测中心，我们看到……”写到“据我们调查的情况看……”这一大段共分四个自然段，占了全文一半篇幅，胡子眉毛在一起，叫人分不清哪是文件，哪是工作；哪是现场情况，哪是调研资料。

（2）逻辑混乱。前述题不对题的文章属逻辑混乱之第一种。

第二种是宏观微观“一锅煮”。例如《怀柔区农民专业合作社调研报告》之“四、几点感受”，下分三条对策建议：“（一）修改完善现行规定以更加符合实际”“（二）规范清理现有合作社以便于管理”“（三）调整我部（指某某部）财政专项扶持方式”。前面两条是从宏观层面讲的，第三条却从微观层面讲，并且讲得十分具体：目前，我部在部门预算专项中有专门的农民专业合作组织项目。2008 年，该项目安排 3000 万元，其中 2500 万元用于对各地 125 个农民专业合作社进行每个 20 万元补助（奖励），资金直接拨付合作社；500 万元用于我部开展培训、宣传等。这是不可取的。

第三种是观点相互矛盾、交叉。为数不多，但也时有发现。逻辑混乱的问题，在写得比较好的荆门文章《理清思路谋发展全面实现村村通》中也存在。其第二块中的四条措施第二条措施是“积极向上争取扶持”，第三条是“千方百计筹措资金”。这“千方百计筹措资金”里本来就包含了“向上争取扶持”，却在第二条措施中详细写了争取的情况，后边又把它写进“五个一点”，这就交叉、打架、重复了。而且，在第三条措施开头写了全部的资金预算，后边写“五个一点”的办法，很合逻辑，这件事本来应写在规划之后，但后文却在规划之后写了向上争取，争取完了之后又写全部资金计划及“五个一点”，这就颠倒反复，逻辑混乱，这就不好了。

《新时期农村共青团工作面临的挑战》中问题第四条，讲问题，思想难统一的问题，却讲了一大段青年思想活跃，积极适应市场经济好的方面，这也是一种逻辑混杂。还是这篇文章，其对策第二条“提高综合素质，优化团干部整体结构”，与第四条“以培训为依托，全面提高农村团干部和团员的思想政治素质和科技教育能力”，这就交叉、打架、重复，逻辑也混淆不清了。

（3）文体混杂。某某部调研习作中，自己标注为“感想”（也即杂感）的1篇，编者划定为杂谈的1篇，“四不像”（也即新闻调查）1篇，文中较多采用新闻采访稿写法的5篇，利用新闻采访稿写法开头的28篇，采用传统调研文章写法的4篇。杂感、杂谈、“四不像”和传统写法文章不说了。文中较多采用新闻稿写法的习作，有的文体混杂，既有调研文章写法，又有新闻稿写法：在介绍情况、分析问题，甚至在提出对策建议时，也来那么几句。如有篇文章就这么写：“从 ××× 的实际情况来看，这两类农民组织发展快、规模较大，对农民增收起到了很好的促进作用……如我们去的 ××× 合作社，就登记为种养殖合作社……这样就给管理造成不便。鉴于农民专业合作社主要目的是提高农民组织化程度……因此，建议对相关规定进行调整。”在下一条建议中，又插上了这么几句：“从 ××× 的情况来看……当中不可避免存在良莠不齐……”使读者不知它到底是新闻采访稿，还是专题对策建议调研文章，在文体混杂不清的同时，语言也混杂不清。如《农资市场需要进一步强化风险防范》一文，在导语中交代本组人员、领导、时间、地点、调研对象等一大段情况之后，特别介绍作者本人：“特别是对我这样一个初次接触农资工作的人来讲更是收获甚多。调查过程中，对发现的问题我有一些个人的理解和思考，也许是杞人忧天、不切实际，但或许一个外行人从不同视角的观察，对专业的管理也能有一些借鉴作用。”这还未完，在正文中，尤其在写对策措施的正文中间，来这么一句："当我们在北京农资商店调查时，就了解到一家……"调研文章一字千金，应该惜墨如金，哪能这么信马由缰，插科打诨呢？

还有《北京市怀柔区农民专业经济合作社建设与发展情况调研报告》一文，大标题已把文章该写什么规定得很清楚了，作者偏用第三块"主要收获"的篇幅，写了自己个人的思想收获和调查组集体学习调研知识、技术的收获，真是离题万里。

内容混杂、逻辑混杂、文体混杂、语言混杂，必然造成杂乱无章，结构松散，使文章没有吸引力，让人读不下去；读了也不知所云，得不到什么启发。

为了较为全面深入地揭示当前青年干部调研习作普遍存在的问题，本讲列举了本书收录的144篇调研习作中28篇的35篇次实例。其中，《新发地农产品批发市场经营情况调查》和《农业专业合作社调研感想》分别为本书第二讲样本和第五讲样本一；《关于北京卓越果品专业合作社的调研报告》为本书第三讲样本一，并在本讲中引文较长，列举了个人典型例子，可不必在此引用全文；《农民合作社的"合作"之路》（杂谈）无疑是文不对体的跑题习作，只可算政务信息的《农民购农资有五盼》也属文不对体之列，不必引用全文。

在本讲所选样本中，除《北京卓越果品专业合作社调研报告》举例较少外，《从新发地看北京农产品市场准入制度的实施情况》《怀柔区农民专业合作社调研报告·几点感受》《把农技推广和农民教育纳入农村信息化服务的建议——以怀柔区渤海镇北沟村信息化建设调研为例》等都反复列举，尤其《新时期农村共青团工作面临的挑战》一文列举三次。

为了让读者更好地对照阅览，再附14篇重点习作于本讲最后。其具体篇目为：

低成本无线宽带接入工程　实现山区农村信息化的重要推手

——关于怀柔区渤海镇北沟村和桥梓镇东凤山村推行农村信息化建设调研情况报告

非公有制经济组织团建工作中存在的问题及对策

认真贯彻落实"两法"　切实维护青少年合法权益

——荆门对全市"两法"实施情况进行检查

鼓励探索　重在惠农　在实践中充分发挥合作社作用

——关于北京市昌平区十三陵镇农民合作社调查

规范管理、抵防风险、共同致富奔小康

——北京市野山坡柴鸡养殖合作社和不夜谷农家乐合作社实践情况调研

通州区农资市场经营管理中存在问题及建议

农资市场需要进一步强化风险防范

——北京市通州区农资市场走访调查所感

关于农产品质量可追溯监管的分析

——以新发地批发市场农产品可追溯监管为例

农资市场监管工作存在六大难点

——北京市通州区农资市场监管情况调研

从新发地看现代农产品交易市场建设

北京市怀柔区农民专业经济合作社建设与发展情况调研报告

——某某部青年公务员能力建设培训班京郊农村调研报告

关于影响农民专业合作社发展的五种关系的思考

——赴北京郊区关于合作社发展状况的调研报告

浅析政府在农村信息化过程中的作用

——北沟村信息化建设情况调研报告

理清思路谋发展　全面实现村村通

（三）普遍存在问题的原因

1. 缺乏对调查研究的基本了解

这与学习不够是两回事。现在的年轻同志大都是本科生、研究生，学养丰厚，只是对调查研究缺乏了解和实践而已。不少同志的书架上可能有很多的调查研究教科书，关于调查研究的重要性、必要性，调查研究的方法、技巧、典范等，可以说汗牛充栋。但学习理论是一回事，实际操作又是一回事。它是既要学习理论，又要实际操作的。大家工作压力大、任务重，在调研上时间少、机会少，缺乏锻炼，是其中一个重要原因。

2. 调查不够

调查研究，调查是基础、研究是关键，出思路、出对策、出成果、出精品是目的。

调查是基础，调查研究的重点，主要的精力、时间，首先就要放在调查上。可是，从现在某某部青年干部 41 篇调研习作的情况看，全是只用一天（包括集合、整队、乘车、找人、吃饭）调查了解情况，走马观花也只能看得几朵，不少人连基本的必要的数据都没有搞到，更无从搞到完整的典型和详尽的事实材料。一个地方、一件事物，过去怎样、现在怎样；外部环境怎样、内部环境怎样，可能有的同志真正还不甚了解。专门培训的同志尚且如此，其他上班的同志就不用说了，有的可能只是把调查研究作为搭头对待。有的即使到过现场，进行过一些了解，但可能根本就没有拟定过详细的调查提纲，也没有制定详细全面的调查表格、问卷，更没有反复多次、多层次、多侧面调查，尤其分专题召开座谈会、调查会之类，根本就没有进行；有的可能根本就没有到过现场，没有进行现场调查，只是看了些资料，看了看计算机，或者道听途说，甚至捕风捉影，东摘西抄罢了。所以，调查不够是很普遍的现象。

3. 研究不透

研究是关键。什么是关键，就是决定成败最重要的环节。什么是研究？就是探讨事物的真相、性质、规律等，也包括带规律性的经验、做法等。前边讲了，有的同志基本上没有对自己的选题进行过深入、全面、细致的了解，没有深入、透彻的典型调查，就更谈不上有什么深入细致的分析研究了。要研究，首先就要研究基本情况、数字，研究与典型人物、典型事件相关的数据，进行多侧面、多层次、多向的比较、计算、推论、讨论，从中找出规律性，明确发展方向；其次提出思路，提出决策参考和决策方案。你一点基本的调查数据、事实记录都没有，或者仅有一些道听途说的东西，这是谈不上研究的。基本数字都没有，首先就是对最表面的情况都不清楚；连最表面的情况都不清楚，还哪里能清楚事物本质，哪里能够预测到事物发展变化的方向和规律呢，还哪里能够提出切实可行的决策方案和参谋建议呢？写出的调研文章就只能是人云亦云，一般化的东西。

4. 思路不宽

缺乏独特新颖的思路，没有侧重点和独特的角度，多是老一套，大家都知道的一些东西。调查研究的落脚点和归宿一般都要求出思路、出主意、出办法、出对策的。可是，像《农资市场监管工作存在六大难》《从新发地看现代农产品交易市场建设》《北京市怀柔区农民专业经济合作社建设与发展情况调研报告》等，本来都是应该重点写好对策措施的，但他们却偏偏只字不写对策措施，其主要原因就是作者思路不宽。《认真贯彻落实“两法”　切实维护青少年合法权益》一文虽写了对策，却基本无新意；《探索引入项目化管理模式推动共青团工作全面落实》对于共青团的工作，可能是新的，但那个基本做法的概括和描述，就比较一般：一抓项目规划，二抓项目实施，三抓项目评估，大多数人都会这样写。不是说这样概括就完全不行，而是说这样概括太一般了、大家都这么写，就平平淡淡，显不出有什么新的独特的思路和措施。写一些大家都知道的东西，不说别人读了没劲，自己写，也会打瞌睡。文章就没有多大力度和朝气，吸引不了人，打动不了人，不能催人奋进，叫人奋发。我们搞调查研究，写调研文章，就应该努力创新思路，提出新的观点，想出新的办法，给人以新的启发，我们的调研才有作用，才有意义。

5. 撰写不精

章撰写，从大的方面讲，包括题材选择、主题确定、大小标题制作、结构构思、谋篇布局、开头、结尾到语言文字的加工润色，涉及写作学的方方面面。从当前青年干部的一些调研文章看，写作精益求精少，几乎每篇都或大或小存在一些问题。按照杜甫的“为人性僻耽佳句，语不惊人死不休”和贾岛的“吟安一个字，捻断数茎须”“二句三年得，一吟双泪流”的要求和写作精神、写作实践看，差距就更大了，原因就在于很多同志写作不精。

6. 功夫不深

尽管现在青年干部的文化起点高，学养丰厚，但在调查研究上还显得功夫欠缺，无论调研能力和文字表达能力都还有待提高。俗话说，诗书无底，武艺无根；学海无涯，天外有天。调查研究无论作为一门科学，还是一项实际工作，其深度和广度都是无穷无尽的。对于我们每个人来说，都是入门并不难，深造也是可能的。我们每个人的功夫都是有限的，探索和学习的空间还很大，都应加倍努力才行。功夫不深的原因，还受当前社会分配不公、调研风气不浓、民主与法制建设滞后等的影响，不少人心浮气躁，沉不下心来调查研究，所以，功夫就不深了。

三、提高青年干部调研能力的思考

要想提高青年干部的整体调研能力和水平，我们的想法和建议是十个字：博学、多问、深思、明辨、巧言，简称“十字方针”。

（一）博学

就是要博学多闻、博闻广见。古人有由博反约的说法，博，就是广博；约，就是专精。

其意思就是要带着某种问题去博览群书，从群书中寻找启发和论据，以进行专精研究。加强学习，掌握科学理论，掌握丰富知识，是搞好调查研究的前提。读书不仅要读“有字书”，还要读“无字书”，多向同事、群众学习，尤其要向社会学习，即读“无字书”，学习书上没有的知识和没有书的知识。比如风土人情，书上确实没有，但很重要。语云：“世事洞明皆学问，人情练达即文章。”这就要求我们努力向社会学习，学习社会。既要持之以恒地储备知识，又要坚持不懈地更新知识；既要超前学习，又要急用先学。每当承担大的调研任务，就要“急时抱佛脚”，广泛收集、学习当前上下、内外有关该课题的政策、调研信息、理论调研文章等，看看“上头”“外头”“下头”有关该课题的情况，并且“吃透”“三头”，就是把“三头”的情况都要消化，为自己的调研做好准备。

按照宋代理学大师朱熹的解释，“博学”就包含着这方面的内容，“今也须如僧家行脚，接四方之贤士，察四方之事情，览山川之形势，观古今兴亡治乱得失之迹，这道理方见得周遍。”他反复强调多“于见闻上做功夫”。明末方以智说：“物有其固，实考究之。”他的“实考”不仅包括文字考证，还包括实地考察和实践。

（二）多问

调查，主要就是问，要口问手写，嘴勤、腿勤、眼勤、脑勤、手勤。嘴勤，就是要多问。古代王充说：“不学不成，不问不知。”多问，还要会问，动脑筋问。要采取多种形式问，口问、电话问、书面问、用问卷形式问、开座谈会问。要问很多人，不同对象都问到。多次问、反复问，打破砂锅问到底。要事先拟好调查提纲，有条有理地问。调研要有好思路、好提纲，就是要求调查之前把所要调查的一切人和事都考虑周全，并制定提纲，按提纲调查提问。不能脚踩西瓜皮，滑到哪里算哪里。一个地区、一个部门、一个事物，过去怎样、现在怎样、内部怎样、外部怎样，都要问到，问个清楚明白。腿勤，就是要到处走动，深入现场，实地访问。对很多事情的调查，最好要有现场感，深入现场，就更为亲切、真实、生动。现代化的信息传递方式很好，但有些传统的东西，也不应统统丢掉；有些传统的东西是代替不了的。眼勤，就是要实地看，边看、边想、边问，这是计算机代替不了的，这种调查，非常重要。只有设身处地，深入现场，才能有更多的感性、理性、悟性和灵性，才能有更多更好的想法和办法。对于发现问题，就非常重要。关于脑勤，我们到后边还要讲的。手勤，就是要勤动手，做好调查笔记，心记不如一墨，把问的、听的、看的，当时边问、边听、边看、边想的东西统统记在本子上，以便回来后，分析研究，找到规律性、理论性、创造性的东西。

（三）深思

就是要深思熟虑，冥思苦想，想出一个个让人耳目一新的方法来。这就是脑勤。深思熟虑，冥思苦想，绝不是胡思乱想，想入非非，而是立足现实，立足于科学发展观，科学地想象、联想、畅想，浮想联翩，谨慎认真地思考问题。朱熹说："学也，问也，得于外者也，若专持此而不反之以心，以验其实，则察之不精，信之不笃，而守之不固矣，故必思所以精之……知其为何事何物也。"也就是说，由感观得来的知识，必须经过大脑思索、逻辑推理，才能有更深刻的认识，得出可靠的结论。这也是强调认识过程第二阶段的重要性。如何思考推理呢？孔子的"举一反三"和"一以贯之"，既包含了归纳和演绎，又包含了类比和联想，是一种很好的思想方法。孔子还有一个方法，就是"叩其两端而竭焉"，也就是利用对同一问题的各种对立观点和各种事物的极端状态，将其中的矛盾进行分析，以求得正确的了解。这就需要深思。1993年，笔者写了一篇《当前农副产品增产减收的表现、成因及对策》，在湖北省委政研室的《调查与研究》上发表。对当时大范围农副产品增产减收的情况进行调查研究后，发现农副产品增产减收的表现，减幅大、减项多、地域广。我用九个字、从三个方面描述出了当时农副产品增产减收的特点。这九个字，是对几百个统计数字的对比、计算、分析、求证所得，加上几组完整数据佐证，既准确、全面，又新颖、真实，给各级领导一个严重的提醒。市委书记表扬说："这种分析概括好！这就是高水平！"

（四）明辨

就是要明辨真伪和是非曲直。朱熹说："思之慎，则精而不杂，故能有所自得而可以施其辨；辨之明，则断而不差，故能无所疑惑而见于行。"这就是说，经过慎思得出的认识还要经过明辨检验。检验后如果是正确的，那就不必再犹豫，就可以付诸实施了。我们讲明辨，就是要按照科学发展观和一定的历史事实、技术手段、价值取向，对获得的认识进行"两由两去"的加工，即"由此及彼，由表及里，去伪存真，去粗取精”，使其认识更加接近真理。这就需要明辨。1995 年 1 月，荆门市委政研室按照要求为市委领导准备一份出席省农村工作会议的调研文章，通过两周调查研究，从过去几十年农业生产不断出现“增长—持平—减产—再持平—再增长”的反复中，明确地预测到当时农业出现反复的可能性，针对当时农业升温又降温的问题、农村产业结构调整步伐加快又放慢的问题、农产品购销体制改革放开又收回的问题、工农产品价格“剪刀差”缩小又拉大的问题、农业生产条件改善又恶化的问题、农民负担减轻又加重的问题，提出了防止农业反复的事实依据和对策措施，市委领导采用此文在湖北省农村工作会议上发言，得到全体与会人员的高度评价，后被《人民日报·理论参考》用《当前农村经济全面发展的几个问题》全文发表，在更高层次和更广大的范围产生了较大影响。这六大问题，现在来看，也还可令人警醒。因为农业反复的问题，在历史上是反复多次出现过的，现在也可能再次出现。这就是他们明辨的结果。通过明辨，真正把握了事物发展的本质规律。

（五）巧言

这个“巧言”，就是巧妙建言献策，为领导提供决策参考，不是巧言令色的“巧言”。巧言令色是指用花言巧语和假装和善来讨好别人。这里的巧妙建言献策，或者说是巧言妙语建言献策，就是要妙语连珠，语惊四座；要力透纸背，掷地有声，产生轰动效应。从总体上讲，巧妙建言献策，包括把握原则，正确选题，坚持真理，勇于创新；包括角度适当，布局合理；结构严谨，推理缜密，观点与观点配套，观点与材料配套，材料与材料配套；等等。从文字表达的技术层面上讲，就是要言简意赅，言近旨远；就是要字斟句酌，反复推敲，多一个字嫌长，少一个字嫌短；就是要精雕细刻，精益求精，做到字字珠玑，句句良言，条条建议有真知灼见，篇篇文章是精品力作，使读的人赏心悦目、交口称誉，听的人赏心悦耳、拍手称绝，从而达到建言献策的目的。我们建言献策，除了要讲究文采，讲究文字表达的技巧和艺术之外，还要选择良好时机，抓住要害，正中建言对象下怀。中国中央电视台《百家讲坛》最近播出的河南大学教授王立群读《史记》之《秦始皇·李斯为政》，他讲李斯三次向秦始皇建言，连升三级的故事，就很好说明了这一点。李斯出生在楚国一个贫民家庭。他胸怀大志，投奔秦国，开始只是在秦相吕不韦门下做个侍卫。他第一次接近秦始皇时，就抓住时机向秦始皇提出了个抓住有利时机统一六国的建议，正中秦始皇下怀，秦始皇立即把他从吕不韦门下调入中央政府机关当上长史。过了不久，李斯利用第二次接近秦始皇的机会，建议秦始皇同时采取军事进攻和金钱收买的两手策略统一六国，再次受到秦始皇重用，被提升为客卿，进入秦始皇的高级幕僚班子。第三次，李斯当上客卿不久，却被秦始皇当时采取的一条断然措施逐出秦国。面对这次突如其来的厄运，李斯没有退缩，而是大胆向秦始皇写出千古有名的《谏逐客书》，直指秦始皇三根软肋：一是列举客卿在历史上给秦国立下的大功；二是指出这次逐客是重物轻人；三是指出秦国逐客就是帮助六国，与你“跨海内，制天下”，统一六国的大政方针背道而驰。秦始皇一见，立即收回成命，召回李斯，并升为廷尉，使之成为秦国重臣。李斯的巧言，就每次都“巧”在时机上，“言”在要害处。光有时机和其表达形式上的“巧”，或光有能够击中要害的“言”，都还不行，都还不能构成巧言，都是难以成功的。必须二者有机结合，天衣无缝，才是真正意义上的巧言。

建言献策，在我国，不仅古代有，现当代也有，鲜活实例不胜枚举。尤其随着民主政治建设的发展，不少党政部门广开言路，采取多种办法发动全社会建言献策。2007 年 3 月，浙江省富阳市围绕“富裕阳光之城”开展解放思想大讨论。42 岁的打工仔林继斌的长篇调研文章《开发“两江湾”，打造富阳阳光“水城”》在网上登出。市委书记徐文光读后盛赞“好文章，好见识！”一边批示《富阳日报》全文登载，一边费尽周折，找到打工在外的林继斌，并安排在富阳市委政研究工作。2008 年 4 月 15 日，《光明日报》以《富阳：市委书记慧识千里马，小市民一文定终身》为题报道。这都极见巧言的重要。

附：15 篇重点习作

重点习作之一

低成本无线宽带接入工程　实现山区农村信息化的重要推手

——关于怀柔区渤海镇北沟村和桥梓镇东凤山村

推行农村信息化建设调研情况报告

根据某某部青年公务员能力建设培训班课程安排，我于 3 月 26 日至 27 日随同班第二小组赴北京市怀柔区渤海镇北沟村和桥梓镇东凤山村，就农村信息化建设进行了调研。调研采取与怀柔区信息办、渤海镇、桥梓镇党委政府有关负责人、北沟村、东凤山村党支部书记、村长进行座谈，随机走访有关村民等形式进行。现将有关情况报告如下。

一、基本情况

2008 年来，渤海镇和桥梓镇在怀柔区农委、信息办的大力支持下，积极贯彻北京市农村工作会议精神，以“低成本无线宽带接入工程”进山区农村为切入点，积极开展农村信息化建设，取得了喜人成绩和一些成功经验，带动了农村经济发展，拓宽了农民视野，改变了农民生活方式。但在建设过程中也存在农民使用信息、发现信息技能较差、使用频率不高及带动农村经济整体发展水平作用有限等问题。

二、取得成效

从北沟村将近一年的实践来看，“低成本无线网络接入工程”取得了喜人的成效，主要表现在：

（一）拓宽农民视野，丰富农村文化生活

低成本无线网络接入之后，农民的视野就开阔了许多，再也不是鸡鸣而劳，日落而眠的生活方式。电视曾经是北沟村农民过去了解外部，获取信息的主要载体。农民晚上劳作而归后，都抢着看电视。现在回家之后大家都抢着用计算机。通过网络，农民可以了解国家的大政方针、国内国际政治经济形势、农业农村经济发展情况等，拓宽了农民的视野，使农民的视角不再仅仅局限于自家的一亩三分地。

低成本无线网络的接入也在潜移默化地改变着农民的生活方式。以前北沟村农民生病总要到几十千米外的北京市区医院看病，有了网络之后，这样的状况开始改变了。现在北沟村农民如果患的不是什么大病或疑难杂症的话，可以通过网络视频和北京市里的医生进行面对面的交谈病情，诊断开药，不但节约了路途成本，而且也没有耽误诊断医疗时间，既快捷又方便；有的农民还利用网络在家里学起了瑜伽，练起了塑体健身；以前一些在外上学的小孩，为了节省电话费，一周才和家里人通一次电话，现在有了网络，随时随地可以进行网上视频通话。我们走访的几家农户，每家计算机上的收藏夹里都装有 QQ 或 MSN。总之，城里的一些时尚生活方式在农村也一步不落地流行起来，借助低成本无线网络，大大缩短了信息在农村和城市之间的差距，大大改变和丰富了农民的生活方式。

（二）提高农民素质，带动农村经济发展

有了低成本无线网络接入，农民开始更加关注自身的发展。不但踊跃报名参加村里、镇里举办的各类计算机培训班，而且也利用网络自学各种农业生产技术。我们随机抽访的几户农户都反映他们经常通过网络查看中央7频道的《致富经》栏目，查找自己所需要的种植、养殖等方面技术。过去北沟村和东凤山村的农民在种植板栗、大红枣及养殖虹鳟遇到病害、虫害或其他技术难题时，只能跑到镇里请农业技术人员到现场进行诊断，指导防治。有了网络后，现在只需通过网络和农业技术人员在网上进行视频交流情况便可以解决，既避免了人数不多的乡镇农业技术人员来回奔跑于各村，也大大提高了效率。同时村民也利用网络逐渐掌握农产品交易的话语权，以前没有低成本网络接入，北沟村农民无法及时掌握板栗实时的交易价格变化情况，在板栗交易中往往受制于收购商。有了网络之后，农民可以24小时联通网络，随时关注并查询板栗交易的实时价格变化，不但关注国内价格变化，还关注国际价格变化，打破了收购商长期以来垄断的价格信息优势，掌握了板栗交易价格的话语权，提高了收入，促进了农村经济的发展。

另外，网络接入还提高了农民素质，造就了新型农民。北沟村的一名中学生利用网络查阅各种资料，在网上和有关大专院校的老师进行交流，撰写了《板栗病虫害防治》的技术论文，获得了北京市科学技术创新二等奖，大大促进了北沟村板栗生产。

三、成功做法

（一）政府高度重视，大力支持

怀柔区高度重视农村信息化建设，专门成立了区信息化办公室来推动农村信息化建设。将农村信息基础设施建设与农村道路、电力、供水等基础设施建设同等对待，纳入社会主义新农村建设基本计划。渤海镇也成立了农村信息化领导小组，由镇党委委员任组长，并在镇经管站和镇党委办公室指定一名专职信息员和专职网络信息管理员。同时镇政府积极将低成本无线网络接入工程引入山区农村进行试点，出资在地处山区的北沟村建设3个低成本无线网络接入机站。为减轻农民负担，北沟村村委会对农民购置计算机实行高额补贴，统一购置85台计算机分配给各家农户。其中，村委会补贴2200元，村民每户自行负责2000元，另外还给每家农户免费配置了电脑桌，村民只要出200元购买无线上网卡就可以免费使用无线网络上网。

目前，渤海镇完成了20个行政村的网络建设，网络入村率达到了100%，为渤海镇今后进一步推进农村信息化建设夯实物质基础。

（二）找准切入点，强力推进

渤海镇在农村信息化建设中，分类指导，因地制宜，针对山区农村接入ADSL网络成本较高、费用较大，山区农村财政无法承担的状况，找准有关网络公司要在山区农村试行低成本网络接入工程这个切入点，积极引进有关网络公司在地处山区的北沟村实施低成本无线网络接入工程，由镇政府出资在北沟村修建无线网络机站，网络公司负责日常网络机站维护，并承诺让农民免费使用网络。如果抛开ADSL网络接入山区农村的安装成本不算，就按目前城市ADSL网络用户每月120元的使用费来算，北沟村共有136户，每月缴纳的ADSL上网费用是16320元，一年就是195840元。如果使用低成本无线网络，只需要建设两到三个机站，大概一年的ADSL网络使用费用就可以建设与北沟村同等规模的低成本无线网络接入工程，对于地处山区并且经济条件不是很好的山区农村来说是很有诱惑力和前景的。渤海镇正是选准了这个切入点，在地处山区的北沟村大力推进农村信息化建设。

（三）加强软环境建设，稳步推广

针对渤海镇地处京郊山区，各个行政村具体条件和所处地理环境不同的情况，在农村信息化建设管理上采取集中管理和村级自行管理。集中管理就是由村官定期将各村计算机和网络使用中存在的问题进行统一集中记录，再由镇农村信息化建设小组的信息员定期进行统一修理维护，这样许多操作问题可以及时解决，系统更新升级快速、省时，信息员不必为了个别问题而跑到各村去解决。村级自行管理就是各村计算机网络问题由村官来管理，各家各户计算机网络出现问题后，由村官逐家去解决。另外，北沟村还大力加强农民使用计算机和网络技艺的培训，2008年连续举办了3期计算机和网络操作培训班，重点提高年龄在40 ~ 60岁的农民掌握计算机和网络的操作技能。

四、存在问题

虽然渤海镇在农村信息化建设中取得了喜人成绩，但还存在农民使用信息、发现信息技能较差、使用频率不高及带动农村经济整体发展水平作用有限等问题。

（一）农民操作计算机技能和使用网络频率参差不齐

由于大部分年轻、身强力壮的农村青年都出外务工，在家务农的农民普遍是妇女、老人和小孩，加上小孩平时大都在城里住宿上学，在北沟村一些家庭当中，计算机除了年轻人务工回家或小孩放假之余使用外，平时都成了摆设。特别是 40 ~ 60 岁留守农村的人，由于受教育程度较低等原因，几乎连简单的打字操作都不会，更不用说上网查阅信息。此外，我们在调研中还发现，经营较好的家庭由于要经常关心种养植技术及农产品价格变化等原因，使用计算机、网络的技能和频率就越高，反之则使用技能较差、使用频率较低。

（二）农村信息化建设在带动农村经济发展方面的强大作用还没发挥出来

虽然北沟村农村信息化建设对带动当地农村经济发展起到了一定作用，但应有的作用还未发挥出来。主要原因是：缺失一个功能强大、门类齐全的信息平台。这个平台和各家的计算机相互联结，一方面提供乡村民俗旅游、板栗生产交易等方面的准确和规范信息；另一方面上载如何使用计算机和网络的培训视频课程。由于平台的缺失，各家农户在开展农业生产和乡村民俗旅游时所获取的信息“政出多门”，很不统一。有时候农户在网络上查阅出来的板栗价格就有好几十个，使得有关农户有时无所适从，在一定程度上也影响了各家农户使用网络和计算机的积极性。

五、两点思考

通过这次调研的所见、所听和所感有以下两点思考：

（一）将“低成本无线网络接入工程”纳入了农村基础设施建设工程

今年中央一号文件明确提出了农村“六小工程”建设项目，鉴于低成本无线网络工程具有成本低、使用范围广、投资小及适合山区农村等优点，建议将低成本无线网络接入工程加入农村“六小工程”建设范畴在有条件的山区农村广泛推广，使之成为农村基础设施建设的“七小工程”。

（二）加大农村留守人员使用计算机网络技能的培训

由于目前农村大部分青壮年劳力已经外出务工或上学，剩下的妇女和上了一定岁数的中老年人，他们的受教育程度本来就低，接受新事物需要一定时间。建议我部目前推行的旨在提高农村劳动力就业技能的“阳光工程”加大对农村留守妇女和中老年人包括使用计算机网络技能在内的，提高农业生产和生存技能的培训。

重点习作之二

非公有制经济组织团建工作中存在的问题及对策

近年来，随着改革开放的深入，非公有制经济在我国的经济发展中扮演着越来越重要的角色，如何使团组织在非公有制经济组织中发挥作用，如何实现非公有制经济组织中团员青年的模范带头作用，这些尖锐而又沉重的问题摆在了我们的面前。在调查中，发现非公有制经济组织团建存在着许多问题和困难，具体表现在以下几个方面。

一是团组织筹建工作开展缓慢。首先遇到的问题是团员的数量难以准确统计，很多团员不愿承认自己是团员，原因是怕缴团费；登记是团员的却无团员证，又不愿到原来的团组织开证明补办，致使人数不清晰明了，直接影响到团建的规模。其次由于部分非公有制团组织主管部门归口不明确，不少企业团员发展工作处于停滞状态，致使青年的正常要求得不到满足。最后是不少非公有制经济还未建立党组织，建立团组织相应来说就增加了不少困难。事实上，部分企业上的团员青年已呈萎缩状况，不少的团员青年流失。

二是非公有制经济组织中团干部兼职严重，团组织工作在时间上没有保证。不少团干部在企业中一个人分担多个部门的工作，任务烦琐，人的精力毕竟有限，很难在时间上保证团组织工作的正常开展，在这样的情况下，很难将广大团员青年凝聚在团组织下。

三是非公有制经济组织中建团动力不足。企业是以经济效益和生产利润为重点的，它的经济效益上不去是很难想到建团的，只有在它的效益上去了，企业领导班子在决策时才有可能会想到是不是该建个团组织，将团员青年凝聚起来，充分发挥他们顽强拼搏的精神，更好地为企业贡献力量。

在这些问题面前，需要我们正确分析所面临的问题与困难，寻找最好的办法去加以解决。

一、转变思想观念，使团的活动更务实。要以经济为主导，把团的工作纳入到经济建设的轨道上来，把促进生产力发展作为衡量团的工作成效的客观标准，使团的各项工作都自觉地服从服务于企业生产经营的总目标，与企业的兴衰形成命运的共同体。在活动的安排上，尽量避免开展只有声势与规模而毫无实际内容可言的活动，应多开展一些扎实而富有实效的活动，如“科技培训”“青年志愿者突击队”“营销策划大赛”等，以其实际效果取胜，获得企业领导班子的欢迎和支持。因此，团组织必须转变思想观念，真正把团的工作渗透到经济工作中去，落实到岗位上去，与企业发展相适应。

二、提高团干部素质，积极创收活动经费。如何尽快适应新的形势、快速成长，关键取决于团干部的自身素质，团干部不仅要懂政治，更要懂经济，团干部必须是多面手，必须是复合型的人才。要使团组织有稳定、充实的活动经费，团组织基础更牢固、更富有凝聚力和吸引力，团组织必须“创收”活动经费。团组织可以兴办团属实体，科技有偿咨询服务、增收节支等多方面的创收经费，达到以实业兴团的目的。有了经费，团组织可以根据企业的需要和发展，建立各种激励机制，如“青年成长奖”“团员奖励基金”等，最大限度地调动广大团员青年积极性，挖掘出他们的聪明才智，为企业减轻负担，更多地为企业培养和推荐优秀的管理、技术和专业人才。

三、完善组织管理制度，与企业发展相适应。团组织的管理机制必须与非公有制经济组织的各项管理制度一起完善，这样，才能与企业的管理机制相接轨，同步运行，使企业团组织工作真正纳入企业管理之中。要形成团内正常运转，团的各项工作正常开展，又与企业工作协调一致，就必须有意识地将团组织管理制度向企业各方面的工作靠近。如将“团干部培训”等工作纳入到企业管理之中，将“青年活动阵地”建设纳入到企业班组建设，使这些活动既有制度保证，又与企业工作同步进行，还有共青团特色，这样团组织被融入企业之中，非公团建工作才可蒸蒸日上，体现它的先进性。

重点习作之三

认真贯彻落实“两法”　切实维护青少年合法权益

——荆门对全市“两法”实施情况进行检查

为了维护青少年的合法权益，了解当前青少年违法犯罪问题状况，从8月27日到29日，由荆门市人大常委会和共青团荆门市委组织，在市人大常委会副主任张之嶙的带领下，由市人大内司委、团市委、综合治理办、民政、公、检、法、司、教育、文体、新闻出版等单位负责同志组成的检查组对全市相关职能单位实施《中华人民共和国未成年人保护法》和《中华人民共和国预防未成年人犯罪法》的情况进行了检查。检查组深入到了荆门市东宝区龙泉街办、泉口街办（浏河社区）和东宝区直相关单位，并采取“听、看、访、谈”的方式进行检查，听取了区直相关单位、街办和社区居委会负责人以及综合治理办、派出所、司法所对该地区“两法”实施情况的汇报；实地察看了相关地区“两法”实施情况；询访了部分社区居民对社区内未成年人违法犯罪情况的看法；组织市直相关职能单位座谈，对在实施“两法”过程中存在的突出问题及新时期如何深入实施“两法”进行了讨论。这次检查的重点是：依法保障未成年人受教育权的情况；未成年人的社会保护特别是文化环境管理的情况，主要是对网吧、电子游戏、影视书刊、音像制品等在管理上采取的主要措施、存在的突出问题及对策；家庭保护以及对违法犯罪的未成年人的教育和挽救情况等。

一、主要工作成效

自《未成年人保护法》及《预防未成年人犯罪法》颁布实施以来，全市的未成年人保护工作总体情况较好，取得了以下几个方面的成绩。

（一）齐抓共管的工作格局逐步形成

各级党政部门比较重视，采取了许多得力措施，取得了明显成效，初步形成了党委领导、人大监督检查、政府组织实施、共青团具体协调、各部门齐抓共管、社会各界积极参与的良好局面。共青团在“两法”的实施中，积极呼吁各方关注青少年成长状况，并将此项工作与“青少年维权岗”“青年文明社区”的创建及青少年自护教育结合起来，进一步推动了青少年维权工作的开展。综合治理部门把这项工作列入社会治安综合治理考核目标，作为年度考核的重要依据之一。公检法机关在侦查、批捕、起诉、审判的各个阶段严把事实关、证据关、定性关，力求在法律许可的范围内从轻、减轻、免除处罚，教育、挽救失足青少年，并对侵犯未成年人身心健康的违法犯罪分子给予从严惩治。教育部门注重发挥教育的主渠道作用，运用板报、橱窗、广播、校刊等形式，并有机结合班会、思想品德课和家长会等在师生及家长中大力开展“两法”的宣传活动。文化部门着力加大了对文化市场的管理，不定期地对营业性娱乐场所进行突击检查，对非法文化制品进行严肃查处。

（二）“两法”实施的舆论氛围得到了积极营造

为形成全社会依法保护未成年人健康成长的社会舆论氛围，各地各单位开动脑筋、精心策划，采取多种形式认真宣传“两法”。在宣传教育的对象上突出各级领导干部、执法人员、未成年人及其家长和学校教师这些重点，运用各种形式，因地制宜，大力开展法制宣传教育活动；在宣传阵地上重点抓好学校和社区这两个重点区域，严格规范学校聘请法制副校长制度，定期送法进校园，借助各类纪念日广泛开展送法进社区等活动；在宣传渠道上充分发挥各新闻媒体的主渠道作用，对各类侵害未成年人的案件进行典型报道、跟踪报道、深度报道，形成了全社会关心、支持未成年人保护工作的舆论氛围；在宣传工作的统筹安排上紧密结合“三五”“四五”学法普法活动，努力将“两法”的宣传教育工作纳入依法治市的总体规划。

（三）法制宣传教育的实效性不断增强

近几年，各地各单位充分发挥各自的教育力量，点面结合，开展针对性法制教育，在一定程度上提高了青少年的法制意识，控制了青少年违法犯罪。

面上教育是面向全体学生，对不同年龄的青少年学生进行有针对性的法制教育。小学的法制教育主要结合思想品德课、社会课及健康教育课有关内容进行，中学的法制教育主要通过思想政治课进行。在实际教学中，采用学生喜闻乐见的形式，以案示法，寓教于乐，调动学生学法、知法、守法、用法的积极性和主动性，增强教学效果。如组织服刑人员现身说法、开展以交通安全为主题的班队会等形式，对学生进行法制教育，都收到了较好的效果。各地还把“两法”的宣传实施与积极推广兼职法制副校长、开展警校共建等结合起来，有力地促进了学校法制教育深入、持久的开展。如市公安局巡警支队二大队火车站中队在与市一中共同开展警校共建活动中，通过举办以“世纪关爱，给春风不度的花季”为主题的法制教育展览，强化了学生的法律意识，在学生中触动很大。点上教育是指对问题学生、特殊家庭学生的帮教。学校责任区的公安政法干部和街道、居委会干部积极配合学校，通过个别谈心、家访沟通等方式，对行为偏差的问题学生进行细致的教育帮助，帮助他们摆脱生活阴影，正确看待家庭变化，把握自己的前途。另外，离开校门和闲散在社会的未成年人也是责任区的工作重点之一。政法干部和地区干部逐一家访，掌握动态，定期组织学习和活动，安排社区退休教师、干部与他们结对帮教，有效地控制了这类特殊未成年人的违法犯罪率。

（四）未成年人成长的良好社会环境已初步形成

良好的社会环境是青少年健康成长的重要保证，也是青少年教育工作成效的一个直接体现。经过调查，全市未成年人保护工作氛围日渐浓厚，初步形成了有利于未成年人健康成长的良好社会环境。一是未成年人的学习环境不断改善。各地通过集资、引资等办法努力加强教育基础设施建设。如去年4月2日，由北京实达朗兴住处科技有限公司总裁徐长军捐资援建的“徐店希望小学”顺利落成，希望小学由徐长军捐资20万元、罗店镇政府筹资18万元兴建了三层图书实验楼，总建筑面积750平方米，拥有图书1.8万册，配有计算机24台，设有自然实验室、课外活动室，大大改善了办学条件，为该校987名学生创造了更为良好的学习环境。同时，教育条件的改善也为普及义务教育创造了必要条件。从调查情况看，全市镇（街道）适龄儿童入学率从2000年以来均保持在99%以上。有的地方通过开展“一助一”结对帮困、“爱心助学”活动，解决了部分贫困青少年的上学困难问题，保障了未成年人的受教育权。二是未成年人成长的社会文化环境逐步得到净化。各地不断加大了对网吧、电子游戏经营场所专项整治力度，到目前为止，网吧等互联网上网服务经营场所和电子游戏经营场所都得到了减少，学校周边200米以内的电子游戏室一律取缔。各地还结合综合治理以及扫黄打非等专项行动，大力整顿文化市场和社会秩序，清除不良社会现象，为未成年人的成长创造了较为良好的社会文化环境。三是青少年教育氛围日渐浓厚。从了解的情况看，各街道、社区都结合一年中的重大节日或纪念日如“五四”“六一”“十一”等，组织开展了不同形式的活动，既充实了青少年的文化生活，又使他们在广泛参与中受到了很好的教育。

（五）在预防未成年人违法犯罪方面做了大量工作

在市人大常委会督促和支持下，经过有关主管部门的共同努力，我市预防未成年人犯罪工作逐步走上了法制化、规范化的轨道，形成了四个层次。一是普遍预防。根据未成年人的心理特征，有针对性地进行法制教育，举办法制教育展览，开设社区常年法制教育阵地，选派优秀的公、检、法干警担任学校兼职法制副校长。二是重点预防。从控制未成年人违法犯罪的源头入手，加强各项管理措施的落实。如明确规定企业单位，不得以任何形式录用或者招收应接受义务教育的适龄儿童和少年做工、经商或者从事其他工作；对未接受完义务教育的儿童、少年，不得发给个体经营执照。三是临界预防。对一些虽有违法犯罪行为，但依法可不予以刑事处罚或劳动教养的未成年人，按照一定程序，由学校、家长申请，办案机关批准，确定专人负责，在社会上进行教育挽救。四是特殊预防。对服刑和少教的未成年人采取改造与教育相结合的措施，加强大墙内外的相互配合，组织有关改造场所对少教、服刑的未成年人做好思想教育工作，努力在挽救方面下功夫，避免重新犯罪。

二、存在的问题

“两法”颁布实施以来，各地都做了一定的工作，贯彻落实已初见成效，但必须看到，这项工作仍处在起步阶段，由于经济的、社会的、家庭的等诸多因素的影响，全市的未成年人权益保护和预防未成年人犯罪等工作仍存在许多矛盾和问题。

1. 有些方面对“两法”实施的认识不够，工作不到位，宣传不够深入，职能部门作用发挥不够，配合不力；部分学校重智轻德，片面追求升学率，对在校学生的法制教育还不够系统、不够完善，学生法律意识不高；有的家长对子女教育方法不当，过分娇惯、溺爱或教育方法简单、粗暴，忽视预防教育工作；未成年人的受教育权没有得到充分保障，部分地区在校学生的辍学率相对较高，一部分贫困学生的受教育权难以保证。

2. 不良文化环境对未成年人的危害不容低估。一是网络文化市场隐患犹存。诸如渲染暴力的网络游戏、网上大量不良信息、低级庸俗的网络聊天等现象较为普遍，这些都无不对青少年产生负面影响，损害他们的健康成长，甚至使一部分青少年走向犯罪的深渊。据调查，因上网引发的未成年人犯罪占同期未成年人犯罪的比率明显上升。二是走私盗版音像制品活动还很猖獗。走私、盗版的音像制品往往含有反动、恐怖、色情、迷信等内容，对未成年人的身心健康造成严重危害。据了解，少年犯中有 70% 以上受过不良文化的影响，在暴力型和奸淫型少年犯中，有 90% 以上看过凶杀、暴力、淫秽录像和黄色书刊。三是以青少年学生为读者对象的有害卡通画册和淫秽“口袋本”图书屡禁不止。一些地方，歌舞厅、录像厅等娱乐场所违规经营，淫秽色情表演没有得到有效控制，也同样威胁着青少年的身心健康。

3. 未成年人违法犯罪依然突出。近几年，荆门市未成年人犯罪呈现出犯罪比率逐年上升、犯罪性质日趋恶化、犯罪年龄低龄化等特点，严重影响了社会安定。

第一，低龄化趋势明显。分析荆门市连续三年未成年人刑事作案的情况，不满 14 周岁的罪犯，2000 年是 45 人，2001 年是 53 人，2002 年（截至 11 月）就达 100 人。2002 年（截至 11 月）是 2001 年的两倍。这些人员主要由两部分组成：一是从农村流向城市的无业、辍学少年，约占 56%。二是在校学生和城区双下岗家庭、离异家庭以及其他困难家庭的子女，约占 33%。

第二，犯罪形式呈现团伙化。2000年至2002年11月未成年人犯罪被捕的227人中只有30人是单独作案，其余197人皆为共同犯罪。有的未成年人团伙犯罪，甚至表现出很强的组织性。原因主要是未成年人年龄小、势单力薄、依附性强，一起作案可以互相壮胆，具有纠合性特点。

第三，犯罪类型呈现多元化。2000年至2002年被批捕227人中，涉及抢劫（111人）、盗窃（29人）、杀人（5人）、伤害（30人）、强奸（24人）、危害公共安全、非法拘禁、敲诈勒索、诈骗、妨害社会管理秩序10种罪型。

第四，犯罪手段成人化、犯罪性质恶劣化。未成年人犯罪方式不断升级，以暴力为后盾的重大刑事案件日渐增多，作案手段野蛮残忍，施暴程度不断加重，社会影响极为恶劣，而且，反侦察的能力也越来越强。2002年8月3日，钟祥市公安局成功摧毁一个抢劫、强奸团伙，犯罪嫌疑马某（男，15岁）、张某（男，16岁）、冯某（男，16岁）。该团伙自2002年5月以来，先后在钟祥市郢中镇、柴湖镇及宜昌市作案18起，其中抢劫、持刀抢劫2起，盗窃10起，抢劫钱物折款4000余元。

三、几点建议

（一）提高认识，加大对未成年人保护工作的领导力度

“两法”的颁布和实施是实现国家对未成年人培养目标的需要，是预防和减少犯罪、维护社会稳定的需要，是创造和维护有利于未成年人健康成长的社会环境，促进社会主义精神文明建设的需要。市委十分关心未成年人的健康成长，重视以法律手段保护未成年人合法权益。经过不懈的努力，我市未成年人的生存、保护和发展取得了长足的进步。各级政府要立足于实践“三个代表”重要思想，站在保证我们事业后继有人的高度，呵护儿童、关爱少年，重视未成年人保护工作，加大领导力度，真正将这一工作纳入重要议事日程，常抓不懈。相关职能单位要结合《荆门市2004～2006年青少年健康成长保障工作方案》的实施，认真做好对未成年人的保护工作。紧紧围绕实施青少年文化环境、青少年公民道德教育、青少年心理健康、青少年网络文化、青少年违法犯罪社区预防五项工程开展工作，切实将各项具体工作落到实处，为青少年健康成长提供长效保证。

（二）抓住重点，切实维护未成年人的合法权益

1. 加强对未成年人的法制教育。一方面，要把对学生的法制教育与政治思想教育、道德伦理教育放在同等重要的位置，使之成为学校政治理论课的基本内容之一。

采取多种手段，把书本知识同实际案例的讲解等结合起来，增强学生对法律知识的感性认识，提高学习兴趣，培养自觉的法制观念。另一方面，要通过会同有关部门和相关方面编写适合不同年龄层次、不同类型的荆门市青少年的法律教材和课外阅读书籍，在中小学校专门开设法制课，建立一支专兼职的教师队伍，建立相对固定的法制教育教学基地，形成定期开展法制教育活动的制度等方式，逐步完善法制教育工作网络。

2. 加强对涉及未成年人文化市场的管理。加强对网吧、违规经营歌舞厅、录像厅的监管和治理，做到限制数量、规范管理、严格查处。对于娱乐市场中利用电子游戏、计算机游戏从事赌博活动的问题，有关部门要协同开展专项治理行动，取缔各种形式的计算机游戏经营活动，挖掉利用电子游戏、计算机游戏从事赌博活动的根源。同时，要以满足未成年人素质全面发展的需要，建造适合他们健康成长的活动阵地和娱乐场所。

3. 加强对问题青少年的管理帮教。问题青少年是指那些在九年义务教育阶段学习过程中辍学、退学或失（待）业在家，违反了有关社会法规、规章、制度并已经被相关行政、执法部门处罚的青少年。由于这些人处于“学校管不到、家庭管不好、社会管不了”的状态，很容易受到社会上一些不健康思想的影响，甚至走上违法犯罪的道路。要重视社区在预防青少年犯罪方面的作用。积极动员社区内各方面力量，整合社区资源，以问题青少年为重点，加强对问题青少年的帮教、管理和服务，组建一批帮教志愿工作者队伍，开展一些常规性的帮教活动，逐步健全帮教问题青少年的工作机制，形成党委统一领导、部门分工负责、社会广泛参与的工作局面，减少青少年的辍学率、退学率和犯罪率，实现对问题青少年的管理和帮教。

4. 加大扶贫帮困力度。检查发现，未成年人犯罪嫌疑人之中70%未读完初中，其中30%是因为贫穷。这表明，相当一部分青少年停学甚至不能完成九年义务教育，不是他们不愿读书，而是因为家庭经济拮据所致。因此，政府及有关部门应该成立“扶贫助学”基金会等组织，组织开展扶贫帮困，帮助因贫困失学的孩子重返校园或接受职业技术培训，并随时掌握他们的思想动态，进行跟踪教育。这样可以从根本上帮助他们消除因贫困产生的逆反心理，减少由此引发的各种犯罪发生。

5. 开办工读学校或少管所，让问题青少年接受特殊教育。根据《中华人民共和国刑法》第十七条的规定，公安机关对15岁以下的盗窃和13岁以下的抢劫犯罪嫌疑人不能予以有效打击，只能“训诫”，教育后放行。三年来，荆门16周岁以下未成年人犯案人数是522人，其中只有48人受到了法律惩罚，有504人被放行。这些未成年人被放到社会后，许多人不仅会继续作案，而且因有了一定的经验，提高了作案心理素质和作案技巧，犯罪性质更加恶劣。各级政府要在这些方面多做一些工作，比如建立收容教养所、开办工读学校等，这样可以比较规范地加大教育转化的力度，能够大大减少有问题未成年人再犯罪。

（三）形成合力，共同做好未成年人保护工作

未成年人保护工作是一项系统的社会工程，直接关系到荆门的稳定和青少年的健康成长，各职能单位要各司其职，结合本区域和本单位的实际情况，统筹安排，加强协调，齐抓共管，综合治理，切实把贯彻执行“两法”工作落到实处。

公安、综合治理部门要继续配合有关部门做好“扫黄打非”工作，加大对各种非法走私、盗版影视片的打击力度，进一步净化文化市场。教育部门把思想政治教育、品德教育、纪律教育、法制教育、心理健康教育作为当前德育工作的重要内容抓实、抓好。结合当前青少年犯罪典型案例，组织青少年学生认真学习“两法”，预防和减少青少年违法犯罪。法院、检察院要依法从严打击侵犯未成年人合法权益案件，各级人大在这方面要加强对“两院”的监督。文化部门要加强对文化市场、特种行业和场所的管理，对严重危害未成年人身心健康的违法犯罪活动的惩处。共青团要发挥在未成年人保护工作中的组织协调作用，立足社区，联合相关部门做好问题青少年的帮教工作。司法部门、共青团要加大荆门市法律援助中心的筹建力度。司法、公安部门要分析在市区建立少管所的可行性，拿出措施，为未成年人犯的管教提供场所。广电部门要进一步加强对广播影视节目制作、播出和播映的管理，通过制定和落实影视节目审查制度，强化节目播出管理等一系列措施来杜绝一些渲染暴力、色情、赌博、恐怖活动内容的影视作品对青少年造成的不良影响。

抓团干部，也要抓优秀团员青年，同时还应在培训农村青年方面更好地发挥作用。在当前和今后一个时期，市团校要把开展各类技能培训，特别是针对农村青年的实用技术培训，作为一项重点工作来抓，要为建设社会主义新农村，培养出一大批“有文化、懂技术、会经营”的新型青年农民，要努力把这项工作打造成为在全省富有影响的共青团特色项目。

各级党委要充分认识到对团员青年进行系统培训的重要意义，特别是市直各部

门，要认真做好选派单位团干部和优秀团员青年到市团校进行学习培训的工作。通过培训，帮助他们学习掌握马克思主义基本理论知识，特别是掌握建设中国特色社会主义理论的基本体系，掌握做好青年工作所必备的专业理论和社会主义现代化建设所需要的科技、法律、管理等知识与技能，全面提高综合素质。

作为党领导的先进青年组织，共青团肩负着团结、教育、服务青年的光荣职责，希望大家抓住市团校成立这一有利时机，时刻牢记服务青年、服务中心、服务社会的使命，克难奋进，锐意创新，努力培养和造就一支“党组织放心、青年满意”，既能从事团的工作，又能适应荆门经济社会发展需要的一流青年人才队伍，开创我市团干部和团员青年教育培训工作的新局面。

同志们、青年朋友们，今年是实施“十一五”规划的开局之年，也是关键的一年，机遇与挑战并存，希望全市各级团组织能齐心去抓落实，真正做到知青年情、顺青年心、解青年忧。希望全市广大团干部能努力干事业，真正做到说实话、干实事、求实效，带领全市广大团员青年在建设和谐荆门的征程中做出新的更大的贡献。

重点习作之四

鼓励探索　重在惠农　在实践中充分发挥合作社作用

——关于北京市昌平区十三陵镇农民合作社调查

2010 年 3 月 30 日，某某部青年公务员能力建设培训班第一组学员（以下简称培训班组）在部经管总站巡视员刘 ×× 和农干院孙 ×× 老师的带领下一行 17 人到北京市昌平区十三陵镇就农民合作社发展问题开展了调查。培训班一组先后走访了北京昌农联农产品专业合作社、卓越果品专业合作社（十三陵果业协会），同合作社社长、协会会长等有关人员开展了座谈，并分组同 5 名合作社社员了解了情况。

一、基本情况

2005 年 4 月，为加强合作，十三陵镇几个果业种植能手组织 50 多名水果种植农户成立十三陵果业协会，在昌平区民政局注册，主要从事培训、疑难解答等技术服务工作。2006 年《农民专业合作社法》颁布后，为解决果农卖果难问题，在协会基础上于 2007 年成立十三陵果业协会，在工商局注册登记，最初有 100 多名社员，覆盖 2 个镇、47 个行政村。2008 年，昌平区政府为进一步加强区内各个合作社的沟通联络与合作，进一步扶持合作社发展，提高果农销售能力，组织辖区12个农民合作社（分别为板栗、苹果、养鸡、草莓、香白杏、养蜂、樱桃、葵花等专业合作社）领导开展会议研讨。经民主协商，成立北京昌农联农产品专业合作社（以下简称联社）。经区政府有关部门扶持，为联社在区商业区开设一个合作社农产品销售点，作为联社各分社农产品的一个展销平台，平台共享、分开结算，所销售产品售价提成5%作为联社运作必要开支。由于只了解了十三陵镇卓越果业合作社和昌农联合作社，现只就昌平区，尤其是十三陵镇农业合作社情况谈几点看法。

1. 数量较多，产业范围覆盖较广。昌平区有12个农民合作社，分别为板栗、苹果、养鸡、草莓、香白杏、养蜂、樱桃、葵花等专业合作社。有单一产业专业合作社10个，种植和养殖等多个产业合作社2个。昌平区地处京郊，基本覆盖了该地区农业产业类型。

2. 得到政府多部门的扶持和引导。区农委、科协、民政局、农科院等多个单位给予了扶持和引导。农科院专家每年经常到卓越果业合作社免费讲授实用技术，农民乐称：请专家到村指导，我们只需要一碗面条。2008年，区科协就卓越果业合作社建设果品冷藏库和购买运输车等项目扶持50万元。2009年，区科协支持合作社5台计算机。

3. 合作社会员发展较迅速，服务范围不断扩大。如十三陵镇卓越果业合作社，2007年成立之初，社员100多户，服务面积760亩，2008年会员200多户，服务范围达1000亩，2009年社员300多户，服务范围达1300多亩，基本做到了全镇果地全覆盖。

4. 基本做到产业全周期服务。产前、中、后期全覆盖，如产前通过农资统一采购降低农资价格，减少单户农资成本；产中组织专家到村、到林讲授实用技术，提高管理水平和果业质量；产后，组织合作社"能人"、农业经纪人开拓市场，帮助果农销售。

二、重要作用

农民专业合作社发展模式和工作方式方法虽然不尽相同，但发挥了越来越重要的作用，是农业技术推广平台、农村富裕劳动力就业和交易平台、农资联合采购平台，更是落实国家强农惠农政策的有效平台，可以让政策落实到最需要的农户，真正实现惠农有好渠道，惠农效果有监督反馈。

1. 农业技术推广平台——技术培训与农民技术学校“到村、到地”。充分发挥合作社带头人的作用，利用个人关系和沟通能力，争取到市农科院专家每年多次，随农时农事开展的实用技术培训。后经申请，在十三陵镇卓越果业协会设立北京市农科院农民技术学校。

2. 农村富裕劳动力就业和交易平台——技术服务与“托管中心”。由于十三陵镇地处京郊旅游区，随着城市化、旅游业发展和农业劳动力转移的发展，农业劳动人口大幅度减少。年轻一代务农人口很少，老一代技术能手因疾病等原因无法管理果树的情况日见增多，急需有关技术服务。另外，由于我国农村承包体制原因，户地面积较小：据了解5户农民，土地9.6～30亩，各户有果树1～10亩。果业种植农户在完成自有土地管理后，仍有较多闲暇时间，到城市打短工也并不可行。2006年，一位多年种植樱桃树的70岁老农，突发中风，无法下地劳动，其子女也并不懂果树管理，一从事运输业，一从事餐饮业。卓越果业合作社，创造性地提出“托管”的办法，组织果业协会技术能手，利用闲暇时间为老汉10多亩果林剪枝、喷药等技术服务，收取每天80～100元的劳务费。双方都比较满意，效果明显，之后几年，该办法得到农户普遍欢迎，得到迅速推广。

3. 农资联合采购平台——“肥料实验项目”。合作社根据社员农资需求情况，结合农时，统一批量采购化肥、农药、树苗等农资，既降低价格，又极大地方便了农户。如一些农户要补种树苗，由于只有几棵，单独购买既费时费力，有时还很难买到。合作社就组织批量采购，送到村，满足农户需要。2008年，合作社联系科协和肥料企业，承接新型肥料实验项目，为果农争取到免费新型复合肥××吨，并通过合作社统一组织和监督，顺利完成实验项目，获得农户和企业的双双好评。

4. 农产品销售平台——果品销售与“果品进社区项目”。合作社为农户销售果品，通过加强质量控制，树立十三陵地区果业良好形象，争取回头客。2008年，经过同昌平区市区多个街道办协商，组织农户到社区宣传水果，实施“果品进社区项目”。一方面在社区、商业繁华区建立农产品展销点、发放传单、设立临时推广点，加大推介力度，吸引大宗客户和稳定的采摘客户群；另一方面通过组织农户与社区消费者的面对面沟通，及时了解消费者需要，调整产业结构和产品种类，自觉提高质量。

三、存在不足

1. 土地抛荒但难以转包。访谈中，5户农民均提起有较多的土地，农民初步估计全镇四成土地包括果林、空地连续多年抛荒。同时，有技术能手自有土地难以满足需要，但因一是抛荒土地承包农户要价太高，二是由于地处城郊，拆迁情况较多，且形势变化较快，农民担心转包后拆迁补偿被冒领或难以收回。因此，抛荒土地很难实现转包。

2. 农业技术接班人匮乏。我们了解了5户农民年龄40～55岁（合作社技术托管中心桃业主任王有贵47岁、樱桃业主任张××55岁，其他三位分别为44、53、40岁）。户均子女2人，其子女读书的有4人，城市就业的6人。即他们的下一代均已或者即将脱离农业生产，成为城镇人口。果业技术面临后继乏人的问题。

3. 政府各部门支农惠农政策整合与部门条块配合有待加强。农民希望政府各部门将各自支农惠农政策，打破壁垒，落实到农民，尤其是合作社侧面后，不要过于强调“系统”、部门区别，只要是有利于农民、合作社发展的，尽量整合到一起，以便民惠民为标准和目的。十三陵卓越果业协会的卓越会长反映，2007年民政局为支持农村发展，为全区多个农业技术协会免费建立和运营统一模式的网站，农民反映效果很好。但卓越合作社在十三陵果业协会基础上成立，协会属民政部管理，合作社属农委管理，合作社想在民政局网站上宣传和推销农产品则受到限制，而目前据了解自主建立和运营一个网站每年至少需要2万元。许多合作社还难以承受。

4. 合作社农产品进超市卡在增值税发票上。因为合作社销售农产品，国家给予免税，销售发票不属于增值税发票。根据有关规定超市进货必须有增值税发票，“农超对接”打开销路，大幅提高农产品销量的好事儿就卡在了一纸发票上。

5. 政府有关部门在资金和人才扶持方面受观念和体制制约大。合作社承担了很多社会职能，如农民技术培训、农产品市场情况通报、新品种新农资推广等。例如，今年2月底，下大雪，一位70多岁的老太太，找到合作社要求入社，且无法支付入社身份股费用。同时请求合作社托管队为其38棵樱桃树剪枝，但无法支付费用。据了解，该户有7口人，其丈夫原来照顾家中果林，是家庭经济支柱，刚刚因病不能劳动。老人大儿子精神病死亡，儿媳妇改嫁，二儿子精神病在家治疗，女儿读大学，小儿子11岁承担家务，照顾家人。合作社立即为其垫付入社费、果园托管费等多项费用，并承诺包销水果。近年来，凡是有农民上访或纠纷，政府部门都要求合作社去劝解和领会农民。

但政府有关部门在资金和人才扶持方面受观念和体制制约大。一旦谈起合作社，就以其企业身份为由，不能或不愿给予资金、设备、人才的补助、扶持。例如，区科协2008年想扶持合作社5台计算机，但遇到很多政策和操作难题，最后还是由负责人亲自签字才得以实现。

6. 农户承包地分散，土地置换等依法有效集中土地有待探索。农村家庭联产承包责任制实施以来，每个村庄都有沙、石、林（又细分为枣林、柿子林、苹果林地等）、山地等，起初为公平承包土地，每户分到的各类土地各一点，因此造成每户承包土地分散在村子周围众多地点。例如，崔村张姓农民家里10多亩地分散在7个地方，南口村一王姓农户100亩地分散在17个地方。×村一块300多米长，宽2～10米的土地分属40多户。土地过于分散，造成耕作不便，也很难实施规模化生产，有的也影响设施农业发展。土地置换难度大，依法流转的手段不多，亟待加强这方面的研究和探索。

7. 农业科研机构、专家与农民对接有待加强。经调查，农民反映，农业科研机构、农业技术专家的讲座大多理论性强，专业术语多，农民文化水平不够，比较难以理解和掌握，同时感觉讲解方式不够形象生动，枯燥乏味比较难吸引农民，一定程度上影响了培训效果。

8. 部分农民的诚信观念、契约意识有待合作社去引导加强。调查中了解到，部分农民守约、诚信意识不足，同合作社、企业签订农产品预定购协议后，违约时有发生。如十三陵镇一葵花合作社，在山区村庄发放葵花良种、提供技术服务，与农民约定，葵花籽收获后全部出售给合作社。但当年葵花籽价格上涨，大部分农民为获取经济利益而违约，私自出售给小贩。

9. 农民冬闲期间无劳动项目无收入问题。

四、对策建议

1. 依法加强土地置换、转包等流转的探索和服务工作。做好调解、村内公证、引导等工作。政府各有关部门进一步推出政策，鼓励合作社加强实践，积极探索解决土地抛荒、耕作不便、规模化生产难题的有效方式。

2. 合作社人才支持政策。合作社反映，现在国家实施大学生下乡支农政策，到乡政府、村委担任助理。政策很好，建议仿照类似政策，协调有关部门，对农民合作社每年支持一名挂职锻炼大学生或机关人员，甚至于采用大学生实习、社会实践的方式为合作社提供技术和人才支持。

3. 加强政策的连续性。农户反映，国家退耕还林还草政策，在十三陵地区2002年、2003年执行力度大，效果好，当年种数有粮食补助，但近今年种树就没有了粮食补助，让农民感到政策变化大，有不公平感。

4. 合作社果农增收乏力。农户反映，由于承包地有限，田间管理技术也已经比较稳定，农药化肥、果品质量、水果价格变化都不大，因此，不少农民有年年都差不多的感觉，农户年收入这两年已经比较稳定，纯收入增长空间不大。

5. 农业技术专家加强研究，贴近农民，开展适合农民接受的培训课程。如深入田间地头讲解，紧扣农时、农事讲解，通俗的语言、乡土化讲解，根据不同文化程度农民分班讲解等，让农民喜欢听、听得懂、记得住。

6. 有关部门引导合作社，联系手工艺等劳动力密集型企业利用农民冬闲期间，组织分散产品分包，降低企业成本，促进农民冬季就业和增收。如十三陵镇一合作社，同草编加工企业合作，引进“代工”订单，从山东购买草编原料草，组织合作社农民利用农闲时间制作草编，受到农户欢迎。

重点习作之五

规范管理、抵防风险，共同致富奔小康

——北京市野山坡柴鸡养殖合作社和不夜谷“农家乐”合作社实践情况调研

为适应国内外市场竞争形势，提升农业产业化水平，促进农业和农村经济发展，近年来国家积极鼓励、扶持农民专业合作社发展。中共十六、十七届三中全会明确要求扶持农民专业合作社加快发展。2006年国家颁布了《中华人民共和国农民专业合作社法》，国务院、财政部、农业部、国家税务总局和北京市政府出台了一系列鼓励、扶持措施，安排了专门的扶持资金。为了解怀柔区农民专业合作社发展情况，感受党的支农惠农政策给新农村带来的新变化，3月26日至27日，按照我部青年公务员能力建设培训班的总体安排，我作为第一调研小组成员赴怀柔区渤海镇野山坡养殖专业合作社和雁栖镇官地村不夜谷“农家乐”合作社进行了调研，通过与基层农业部门负责同志、合作社带头人座谈，实地考察合作社，深入农户与社员交流等方式了解怀柔区农民专业合作社发展情况。有关情况报告如下：

一、主要做法与成效

近年来怀柔区农民专业合作社发展迅猛，目前在工商部门登记的农民专业合作社已达 340 多家（注：某某部门掌握的合作社数量为 200 多家，因工商部门登记的合作社没有向农业部门备案，两者之间有出入），其中规模较大的合作社有 30 ~ 50 家。北京野山坡养殖专业合作社成员为 130 户，其中本村居民 111 户，占全村 156 户居民的 80% 以上，法定代表人为该村妇女主任张付霞，副会长武连军为渤海镇派来的村书记。不夜谷“农家乐”合作社成员为 22 户，占本村从事民俗接待的 47 家农户的 47%。法定代表人是北京市劳动模范和当地民俗接待户典型单淑芝。主要做法和成效包括：

（一）充分发挥自然和人文环境优势。成立农民专业合作社是为了促进产业的发展，产业的形成与当地独特的自然和人文环境密不可分。怀柔区渤海镇景峪村由四个村组成，分别坐落在四条南北走向的山沟里，环境宽敞、温度适宜、饲料丰富，非常适合柴蛋鸡养殖，是当地居民的主要收入来源。雁栖镇官地村临近神堂峪自然风景区，风景融山川、溪流、林木和元代古长城为一体，群山环抱、泉水清澈、风光秀美、气候宜人，是京郊旅游度假胜地。20 世纪 90 年代初就有人从事民俗旅游接待，具备较好的群众基础。

（二）积极发挥群体优势，共同抵御市场风险。在成立合作社之前，渤海镇景峪村柴鸡养殖业主要以养殖户自产自销的形式进行，存在雏鸡引种多、防疫效果差、雏鸡成活率低、鸡蛋价格波动大、销售渠道无保障等问题，影响了养殖户的积极性和经济收入，制约了柴鸡养殖业的健康发展。为了抵御市场风险，景峪村柴鸡养殖合作社充分发挥群体优势，在产前、产中和产后为养殖户提供统一供应雏鸡、代销饲料，统一疫病防治、防疫，统一鸡蛋回购、销售的“三统一”服务，注册了专用商标“皮包金”，提升了鸡蛋的品牌效应和市场竞争力。同时，在政府有关部门支持下，合作社投资建设了两个鸡蛋保鲜库，可保存鲜蛋 24 吨，保鲜期 4 个月左右，保障鸡蛋销售市场低迷时可以正常价格统一收购鸡蛋并对外销售（合作社以服务为主，收购与销售鸡蛋价格相同，不从中赚取差价），解除了养殖户对鸡蛋滞销、变质的后顾之忧，促进了景峪村柴鸡养殖业的发展。2007 年景峪村柴鸡养殖数量达到 2 万多只，产蛋 10 余万斤，价格达到每千克 12 ~ 14 元，是普通鸡蛋的 2 ~ 3 倍，社员增加人均收入 1000 ~ 2000 元，比未入社前增长了近 30%。

（三）加强规范管理、共同致富奔小康。雁栖镇官地村居民主要以农户为单位从事民俗旅游接待。为了经济利益，各户之间存在争抢客源、互相压价、乱收费、饭菜质量差、服务不规范等情况，损害了游客和农户自身的利益。为了规范管理、共同致富，在现社长单淑芝的倡导和怀柔区有关部门的指导帮助下，2007年官地村部分农户成立了北京不夜“谷农家”乐合作社。合作社成立后，统一了客房和饭菜价格标准，配备了统一的床上用品，统一了食品原料进货渠道，为游客开具正规发票，在一定程度上缓解了当地民俗旅游市场的恶性竞争，提高了当地民俗接待旅游的知名度，拉动了邻近村镇民俗旅游业的发展。

二、几点启示

调研发现，目前怀柔区农民专业合作社总体发展情况较好，数量增长较快，但是也存在合作社总体发展水平不高、组织形式相对松散、内部运行机制和财务管理不够健全、合作社带头人的综合素质不高等问题。怀柔区农民专业合作社的发展可以提供以下几点启示：

（一）立足当地特有自然资源、环境和人文基础，突出当地特色；

（二）提高合作社的服务能力和市场竞争能力是推动合作社和当地经济发展、提高农民收入的关键；

（三）村民有致富奔小康的共同意愿和抵御市场风险的共同需求，可以顺势利导、水到渠成，同时，能人和带头人的示范带动作用不可忽视；

（四）《农民专业合作社法》的推动作用明显，但相关配套规定有待进一步完善。

三、几点建议

根据调研情况提出几点建议供领导决策参考。

（一）继续根据党中央的要求、地方实际和村民意愿，积极推进农民专业合作社发展，引导村民发挥群体优势，结合地方特色发展特色经济，着力推进“一村一品”工程。

（二）继续增加财政投入，给予税收优惠，加大扶持力度，提高合作社参与市场竞争和提供服务的能力。加强对合作社带头人和管理人员的培训，鼓励大学生到基层就业、入村入社就业，解决目前合作社管理人员缺乏的问题。

（三）加快出台《农民专业合作社法》实施细则，进一步加强合作社发展的制度保障，强化合作社独立的市场主体地位，明确合作社和社员的责任、风险分担。

（四）进一步理顺管理体制，明确工商、农业、民政、税务等部门的工作职责，加强在农民专业合作社方面的沟通协作，提高服务能力和效率，形成合力，共同推进农民专业合作社发展。

（五）建立健全合作社民主管理和财务管理制度，健全合作社社员大会、董事会、监事会等重大会议制度，建立完善有关利润分配、亏损分担、账目公开和财务审计制度。

重点习作之六

通州区农资市场经营管理中存在问题及建议

农业生产资料作为农业生产和农村经济的命脉，事关国计民生和广大农民的根本利益，监管好这一市场对加快和促进农村经济发展，具有十分重要的意义。按照培训要求，我们第三调研小组对通州区农资市场经营管理情况进行了专题调研。

一、通州区农资市场经营管理基本情况

通州区共有种子经营单位95家。其中，农作物种子经营单位63家，常规种子委托经营单位26家，外企生产经营单位6家。化肥经营单位与生产厂家92家。其中，化肥经营单位89家，化肥生产企业3家。农药经营与生产企业128家。其中，市级连锁单位15家，区级委托连锁加盟店29家，自主经营门店77家，农药生产企业7家。

全区农资市场经营管理情况总体良好，农资经营已步入市场化轨道，农资主体多元化格局基本形成，农资企业规模化水平不断提高，农资管理法制化进程不断加快，农资秩序规范化程度不断加深。

但从2008年通州区农业系统对农资进行抽检和查处的49起农资案件来看，农资市场的经营管理也还存在一定的问题需要改进。

二、存在的主要问题

（一）农资经营主体良莠不齐。随着农资经营市场的放开，农资经营主体进一步多元化，不具备经营条件和资格经营现象比较多。尤其在通州区广大农村地区，还不同程度地存在着无照经营，超范围经营和一照多用、多家共用等现象。个别农资经营户经营场所、专业知识、仓贮设备及防护措施达不到经营种子或农药等条件要求，在既无农资经营许可证，又无营业执照的情况下，擅自从事种子或农药经营。

（二）农资管理的法律法规不够完善。随着市场经济的发展，原有的一些农资产品管理法律法规已难以适应当前农资生产和市场监管的要求，对于农资市场存在的一些违法行为按照现行法律法规无法处理。如化肥质量管理尚缺乏相关的法规和强制标准，农药、饲料等农资管理方面缺乏相应的配套办法或实施细则，个别农产品市场的监管主体还不明确，监管上存在缺位。

（三）经营行为不规范。部分经营者进货把关不严，不能或不愿意严格进行进货检查和索要相关票证，致使部分农资商品产品、产地、质检报告不全，没有明码标价，标签不规范，经营档案制度不健全，农资购销台账流于形式。另外，农资产品包装标签和说明不规范的问题也比较突出。

（四）部门之间缺乏统一的协调机制。农资市场监管涉及部门众多，各部门根据各自职责分工在行使管理职能的过程中，各自为战，各行其是，缺乏必要的沟通协调，尚未形成统一、高效的联动、联防、联打机制和农资打假的高压态势，容易产生监管漏洞。如目前针对农资市场的执法监管还仅限于检查销售机构，经常出现针对同一行政管理对象的多头检查和重复检查，同时即使发现了问题，也往往是简单地予以经济处罚了事，对一些大案要案不能做到追根溯源、一查到底。

（五）广大农民自我保护能力不强。不少农民识假防假能力弱，自身维权意识也不强，有的图便宜或凭老经验购买，加之假冒伪劣农资产品包装精美、花样多、形式隐蔽，致使农民购买时防不胜防，容易上当受骗。有的农资产品在使用后，虽有效果，但效果不佳，存在着取证难问题，还有的农民在购买种子、化肥等农资产品时，索要凭证意识不强，出现权益争议后索赔无据，这也增添了农资维权工作的难度。

（六）农资供应与技术服务脱节。农资经营者多以销售作为主要目的，从业人员不具备相应的技术能力，售后服务不到位、不及时，不适应现代农业和农村经济的发展。除供销、农业部门外，大部分农资个体经营者提供不了农业技术资格证明，不熟悉种子、农药、化肥等农资的专业知识，仅靠经验，一般只关心如何卖出农资，缺乏必要的技术指导。

三、几点建议

（一）严格执行农资市场准入制度。一是大力推行农资产品市场准入制，严把农资市场准入关，规范农资产品流通渠道。建议凡是农资经营者必须具备一定的农业技术资格证书，具备一定规模的经营场所和资金，具备为前来购买农资的农民提供知识咨询的能力方能经营。二是争取试行农资经营资格证发放制度、缴纳质量保证金制度等，敦促经营者诚信经营，保证农资产品质量。

（二）依法加强农资市场监管。一是大力加强执法队伍建设，健全资金投入保障机制，加大培训力度，完善执法装备，提高法律素质。二是以质量管理为主，认真落实定期巡查和不定期抽查工作，及时向社会发布检测结果公告，继续加大对违法经营行为的查处力度，切实提高农资执法监管的震慑力。三是进一步强化农资市场整治工作，规范价格管理，坚决打击囤积聚奇、哄抬价格等不法行为。四是严格农资广告审查制度，加强对种子、农药、化肥等农资广告的监督管理，对因虚假广告误导消费者，引发农业生产事故和纠纷的，依法追究广告主和广告发布者相应的责任。五是坚持逐步完善农资质量纠纷处理和赔偿机制，坚决维护农民群众的合法权益。

（三）完善农资技术服务网络。一是加强对农资经营者的业务和相关法律法规的培训，提高从业人员基本素质和辨别真假农资的能力，增强售前售后服务本领，提高农资供应服务的整体水平。二是加大对经营者文明、守法经营教育，不断增强经营者的法律意识和责任意识，树立诚信经营光荣的氛围。

（四）大力发展农资协会组织。一是注重发挥行业协会服务、组织、协调、沟通、监督职能，充分发挥农资协会的龙头作用，协助职能部门规范农资市场，牵头搞好农资供应，自我约束农资经营主体和为农服务。二是加强行业自律，构建质量可靠、价格低廉、服务优质、农民信赖的农资物流体系。

（五）积极探索农资市场监管的长效机制。一是要及时了解农户需求和市场信息，积极引导农民的农资消费，指导农民科学合理用种用肥用药，减少投入，向效益农业、有机农业、绿色农业发展。二是充分利用新闻媒体，加强相关法规宣传及农资基础知识宣传，提高广大农民自我保护意识和识别真假农资的能力。三是重点对新的农资经营方式如连锁经营、农资配送等形式进行试点，支持和鼓励市场信誉度高、有较大经营规模的农资企业直接送放心农资下乡，研究提出支持方式和其他政策性建议。四是探索对农资经营企业进行培训的新办法，在不增加经营者负担的基础上，提高培训效果。五是选择有一定规模的农资市场，就建立农资经营档案和销售日志等进行试点，同时依法对本地区内的重点农资品种实行销售备案制度提出措施和办法，进而对加强农资市场的源头治理和市场监管提出政策性建议。

（六）建立配合协调机制。进一步整合部门职能和资源优势，建立农业综合执法联动机制。在政府统一领导下，工商部门应严把流通环节农资商品质量关；质监部门应加强农资质量的监督检查，杜绝伪劣农资流入市场；物价部门应加强对农资价格的监督检查，确保农资价格的稳定；农业部门应充分发挥行业主管的作用，加强农药、种子、化肥等农资市场管理。各部门应坚持依托职能，有分有合，联手合作，共同监管的原则，努力形成上下联动、部门有效配合、齐抓共管的良好局面。

重点习作之七

农资市场需要进一步强化风险防范

——北京市通州区农资市场走访调查所感

3月26～27日，某某部青年公务员能力建设培训班第三小组9名学员在班主任杜某某和某某部农药检定所高级农艺师周某某的带领下，到北京市通州区对农资供销和监管的情况进行了调查了解。通过与北京市和通州区农业管理部门、农资执法和生产经销部门、农产品配送企业的相关人员和种植大户召开座谈会，实地走访调查北京东升方圆无公害特种蔬菜基地、北京京东大运河农产品配送中心、北京裕农盛农资商店、北京奥佳肥业有限公司、北京市通州区植物保护站，询问普通农民，对北京市通州区的农资市场有了一个基本的了解。特别是对我这样一个初次接触农资工作的人来讲，更是收获甚多。调查过程中，对发现的问题我有一些个人的理解与思考，也许是杞人忧天、不切实际，但或许一个外行人从不同视角的观察，对专业的管理也能有一些借鉴作用。

农资市场安全、稳定、健康地发展是我国确保粮食安全，建设现代农业的基本条件之一。从调查的情况来看，当前，农资市场日臻完善，市场秩序日益规范，农资供需关系基本稳定，农资价格波动幅度不大，并逐步呈现出农资经营市场化、经营主体多元化、农资企业规模化的良好趋势。农资执法监管不断加强，农资监管部门建立了较为完善的监管制度和体系，对种子、农药、肥料等都有较为明确的检查、检测标准和程序，对农资流通使用的重点环节做到日常监测和重点监测的有机结合，对重点生产企业产品的质量实施跟踪监测，对重点案件做到有案必查，查必到底。

设立 12136 举报电话，加强群众监督，同时，在农资使用的重点时期农资执法部门还会同工商、公安等部门开展联合执法，进一步加强执法力度。因此，总体上农资供销和监管形势较好，有效保障了农业生产的正常开展。但是，通过调查我也感到当前农资市场的管理重点集中在销售环节监管，强调的是“查”和“堵”，而对引导农民防范使用伪劣农资，防范风险，以及对受到侵害后，如何做到亡羊补牢，减少损失，最大限度地保障农民利益等方面仍有不足之处。对此，我有如下几点思考：

一、市场机制引导农民规避风险的作用还没有充分发挥，农资连锁经营需要进一步发展壮大

当前，农资市场已逐步推进连锁经营，但是通州区的农资连锁企业，基本上是以农资配送为主要内容的形式上的连锁经营。连锁店铺和配送企业之间，既没有产权关系、品牌特许授权，也没有经营销售上的统一管理，在市场竞争中，无法形成价格优势、品牌优势，很多农民仍然会考虑到价格因素到流动商贩购买农资。因此，要逐步引导农资经营单位，特别是小规模经营单位和个体敌业者，以股份制、特许品牌经营等模式，建立真正的连锁经营，进一步加强连锁经营的实质性发展，增强经营企业经济实力，提高市场竞争能力，通过市场的力量引导农民购买正规经营企业农资产品，减少购买伪劣农资的风险。

二、积极应对风险，设立农资使用风险基金，保障农民利益和稳定农业生产

虽然，当前农资市场的监管体系较为完善，但是任何一种监管都不是万能的，都会有百密一疏。当我们在北京裕农盛农资商店调查时，就了解到作为一家农资经营重点企业，通州区的农资连锁经营示范企业，在 2007 年时通过正规渠道进过一批经检验合格的种子，部分销售后，其企业在进行种子发芽率复检时发现质量存在问题。该企业立即对已销售的种子进行了回收，对已播种的农户进行了合理的赔偿，所幸数量不多，影响不大。由此可见，再严密的监管措施，再优秀的生产、经营企业都有可能因为种种原因，而产生农资产品质量问题。我国前些年也曾发生过因使用伪劣农资而导致绝产和减产的案件，农民损失惨重。如果是一些大型的农资生产经营企业，或者发现及时，受害面积较小，企业还有能力赔付；反之，如果企业规模较小，受害面积大，则根本无力赔付，受害农民就无法得到应有的赔偿。因此，从保障农民利益和稳定农业生产出发，有必要由国家和企业共同出资，设立农资使用风险基金，对通过合法、正规渠道购买农资，遭受损失的农民给予先行赔付，然后由相关部门

按责任划分进行追偿。从另一个角度来看，这也为正规农资经营企业提供了一个非常有利的市场竞争优势。

三、推进农资保险制度，降低企业生产经营风险

农资生产经营单位虽然对农资的质量安全掌握一定的主动权，但是由于资本实力普遍不强，特别是在销售的终端环节，个体经营较多，资本规模小，抗风险能力差，一旦由于运输、储存或是上游企业原因造成假劣农资事件，不仅侵害农民利益，其本身也是受害者，导致企业或个体经营者轻则亏损，重则破产倒闭。从稳定农资供销市场、保障其健康发展的角度考虑，建议引入商业性保险，或是建立农资经营体系内部的保险机制，分担风险。同时，亦有利于加强社会监管和促进行业内的相互监督，保障农资安全。

四、要建立农资使用效果跟踪监测机制

由于影响农业生产和农资质量的因素较多，农资使用效果又具有一定的滞后性。农民在使用农资的过程中，较难发现减产的确切原因是什么，特别是由于一些劣质肥料的使用不仅会导致产量降低，更为严重的是长期使用会引起土壤板结，效力下降，农民很难分辨。有鉴于此，应鼓励和引导农民建立农资使用档案，并进一步建立农资使用的统计分析制度和对重点农资使用效果跟踪检测制度，帮助农民及时发现问题，查找原因，防范伪劣农资的继续使用。

五、农民的风险防范意识要进一步加强

农民是农资使用的主体，也应是做好农资打假的重点。但在走访调查中发现，很多农民仍然对农资产品标识看不懂，对农资使用方法把不准，对使用效果辨不清，遭到伪劣农资的侵害也不知道如何保全证据，如何索赔依法维护正当权益。因此，在进行农资打假宣传教育时，不仅要教育农民辨别假劣农资，不听信虚假宣传，把各类假劣农资造成危害的真实案例，向广大农民进行宣称，教育农民正确认识风险和收益关系，防止为了蝇头小利，而蒙受大损失；也要教育农民知道在遭受侵害时，应采取何种手段，通过何种途径，才能最有效地维护自己的合法权益。

农资既是农业生产必需的生产资料，也是市场经济中的一类特殊商品，农资打假、防假既要依靠管理和执法部门的规范管理、严格执法，做好防、堵、查、惩，也应该遵循市场规律的特点，充分利用市场的竞争作用淘汰伪劣农资。同时，也应建立应对伪劣农资风险的有效机制，作为农资监管的必要补充，确保农资市场的稳定发展，

为农业科学、健康发展提供有力支持。

重点习作之八

关于农产品质量可追溯监管的分析

——以新发地批发市场农产品可追溯监管为例

按照部里青年公务员能力建设培训班的安排，3 月 30 日我们来到北京市丰台区新发地农产品批发市场开展调研活动。经过与新发地农产品股份有限公司张玉玺董事长进行座谈，实地参观考察新发地批发市场，以及与市场经营户交谈，了解了新发地农产品可追溯的情况，现将情况汇报如下。

一、概况及做法

北京新发地市场成立于 1988 年，经过 20 多年的建设和发展，现在已经成为全国交易规模最大的农产品专业批发市场，承担着首都 70% 的蔬菜供应、80% 的水果供应和 100% 的进口水果供应，2009 年交易量 90 亿千克、交易额 300 亿元，交易量、交易额连续八年居世界第一。同时，新发地对农产品质量也严格把关，加大农产品可追溯，最大限度地将不合格的农产品、质量超标的农产品堵在市场大门之外。主要做法是：

（一）开拓新发地农产品基地建设

为加大农产品可追溯体系建设，新发地在京郊和外省市开拓农产品基地建设，由新发地派出工作人员来到生产基地进行全程生产监督，严格按照要求进行农产品生产，保证生产出来的农产品质量合格，且能够准确查询生产情况。

（二）加大对具有产地标识和产地质检证明的经营户优惠力度

新发地的工作人员说，为了加大农产品可追溯力度，凡是进入市场的经营户能够出具产地标识或者产地质检证明，收费将会优惠 10% ~ 20%。这个优惠制度也促使进入市场的经营户越来越重视可追溯制度。

（三）加大信息管理力度

为保障农产品质量，加强对农产品质量进行追溯，新发地市场于 2007 年开始实行门禁式电子收费系统，对进入市场的货物品种、抽查情况、车主、车牌、货主身份证号、产地等进行统一的管理。门禁式电子收费系统能够将收集到的信息集中到新发地数据库，系统能对一段时间内不同产地的农产品质量抽查情况进行汇总、分析，抽查结果可供网上查询，一旦出现问题就能够快速追踪。

（四）加大质量抽查和对不合格农产品的处罚力度

对新发地市场销售的农产品，除了在进门时进行登记外，市场工作人员也会对销售的农产品随机的进行抽查。新发地负责同志说，如果在产品抽查中发现来自某地的农产品出现问题，就会把所有来自这个地区的农产品都找出来，追溯产品的产地和负责人，并书面通报当地相关部门。对半年内连续三次抽检不合格的产品品种和产区，新发地批发市场会在6个月内禁止其产品进入市场销售。

（五）逐步实施对鲜肉销售进行“无缝隙”全程可追溯监管

按照新发地规划，今后鲜肉进货开始就要配有IC卡，然后在屠宰、零售等各个环节层层加载信息，销售给消费者的鲜肉要贴上条形码，一旦出现问题可通过条形码和IC卡找出差错环节，减少来源不明、私屠乱宰的鲜肉出现在市场。目前，新发地批发市场正在研究具体操作方案。

二、目前可追溯监管中存在的问题

从目前新发地批发市场的情况来看，质量可追溯监管取得了一定成绩，但仍在一些方面存在问题：

一是农产品质量源头控制难度大。目前我国农业生产主要是农户一家一户的小规模经营，分散经营方式难以适应信息化的建设。同时，农户追求经济利益最大化，对可追溯监管认识上不够到位，对开展农产品质量安全追溯管理的目标不明确，在看不到实际效益的时候，很难认真实施。

二是可追溯的对象概念模糊。从目前的情况看，大多的农产品可追溯主要是产地，而这个产地的概念就很宽泛，这就和消费者的要求出现矛盾。作为消费者，不仅希望能够追溯到农产品的产地，而且希望追溯到农产品生产的每个环节，甚至具体到每棵菜、每个水果。但是在目前的情况下，这种细致的追溯是很难做到的。

三是导致农产品成本提高。要进行农产品全程质量可追溯监管，必须投入更多的人力、物力、财力，这样的话农产品生产成本就会增加，导致农产品进入市场难度增加。

四是市场监管成本增加。要加强可追溯监管，农产品批发市场要有配套的仪器设备、专门的工作人员以及完善的体系来进行监管，从而导致监管成本增加。

三、建议

经过对新发地批发市场的调研，我认为，农产品可追溯体系建设是保障农产品质量的重要措施，必须从下面几个方面来加强。

一是加强农产品源头管理。初级农产品的质量安全在生产中就基本确定了，要保障质量，主要就是加强源头管理。对初级农产品生产必须改变种植、养殖方式，减少农药和饲料投入，确保生产出绿色安全的农产品。

二是加强农产品品牌化建设。参照其他商品品牌建设，农产品也要有自己的品牌，这样不仅有利于农产品质量追溯，也有利于消费者明白消费。同时，农产品有了品牌就能够提升农产品的商业价值。从我国目前的情况看，农民专业合作社来作为品牌是个不错的选择。

三是加强信息发布。农业部门要多利用电视、广播、手机短信、互联网等媒体加强对信息发布，包括对生产者的技术指导和对消费者公布产品价格以及质量抽检情况等，引导科学消费。

第二调研组

2010 年 3 月 31 日

重点习作之九

农资市场监管工作存在六大难点

——北京市通州区农资市场监管情况调研

3 月的京郊，春意盎然，清风拂面。我们青年公务员能力建设培训班一行 9 人，来到京郊通州区，对农资市场情况进行了为期两天的调研。我们先后实地调研了通州区永乐兴农业技术推广站、亿兆益农种子公司、东升方圆农业种植开发有限公司、路城镇植保站，参观了通州区南瓜生态园和京东大运河农产品配送中心。与区农委、农技推广站、路城镇植保站、部分农资生产经营单位负责人以及种粮大户进行了座谈，走访了部分农户。春播季节，农资市场非常活跃。但由于时间短促以及本人农资专业知识贫乏等原因，无法对农资市场做全面深入的调研，只是对农资市场监管工作做了一点初浅的了解，感到目前农资市场监管工作压力很大，难点很多，不同程度地制约了农资市场规范化、法制化建设，细细归纳主要有六个难点。

难点之一：农资经营准入“门槛”比较低，销售网点众多，实施有效监管非常困难。近几年，通州区积极鼓励发展农资连锁经营模式，2008年农资连锁经营店已达到70家，按照区农委工作计划，到2009年再发展连锁店30家，使全区农资连锁店达到100家，并建立逐步完善配套连锁经营制度，保障该区农业生产基本需求。连锁经营模式，对规范农资市场，确保农资质量，促进该区农业生产起到了重要作用。但是调研中我们了解到，当前，由于农资准入制度缺失，农资经营主体尚未规范，经销网点遍地开花，对农资市场秩序影响较大。区农委姚科长介绍说，现在农资经营主体非常混乱，大街上修车的、卖副食品的、做窗帘的都可以经营农资，原因是工商部门负责经营审批，到底批了多少，农业部门一时无从知晓，无法进行及时监管。目前，通州区农业部门掌握的农资经营单位有120余家，其中个体经营占到70%，这些个体户下面还有很多委托经销点，到底有多少，区农委的同志也不得而知。我们在走访农户时了解到，每到春耕农忙季节，每个村都会出现1～2家农资销售点，通州区共有400余个行政村，农资销售点数量之多可想而知，如此众多的销售点，监管工作很难覆盖到。于农务村种粮大户付广珍告诉我，现在虽然有不少个体经销户加入了连锁经营，但是多数连锁店尚未建立起配套的经营制度，经营场所杂乱，进货渠道复杂，所谓的连锁店只是挂一个名字而已。座谈中，大家普遍反映，90%的个体户经营规模小，资金少，经营者往往缺乏相应的专业知识，法律意识淡薄，既不能把好农资质量关，也无法为农民提供相应的技术服务，少数经营者为追求利益，还制假造假，以劣充好，致使农民蒙受损失。农技推广站土肥室的金丽华主任告诉我，一些个体经营者，即使销售的农资质量合格，由于不能为农民提供相应的技术服务，农户误用、超量使用也容易造成利益受损，这类纠纷时有出现，2008年他们就接到4起举报。

难点之二：农资生产企业布局分散，区域跨度较大，实施源头监管难度很大。通州区农资生产企业并不多，化肥生产单位只有3家，农药生产企业也只有7家，农资产品主要依赖外省市引进。由于现行农资执法体系的原因，农业部门执法职能受到限制，对外埠农资源头监管实际上成了一句空话。调研中，无论是农资执法部门、正规经营单位还是农户，普遍反映加强农资源头监管是净化当前农资市场的根本，必须从源头上加大监管力度。在谈到源头监管时，植保站的同志颇多感慨，他们感到在现有执法体系下，对于外省市登记生产的农资，监管工作重心只能放在流通环节，加大对经销单位的监管，即使发现假冒伪劣农资，也只能作罚没处理，很难做到源头查除。参加座谈会的同志普遍反映，廉价的制假成本加上地方保护主义，是大量不合格产品流入市场的根本原因，严重损害了农民利益，甚至破坏了农村的土地生态环境，重拳打假势在必行，尽快建立科学有效的农资市场监管体系势在必行。

难点之三：农资执法专业人员缺乏，执法经费不足，严重制约了农资执法工作的正常开展。农民是弱势群体，农业执法是弱势行业。路城镇植保站的情景，使我感受尤为深刻。不足20平方米的破旧平房内，横七竖八地摆放着6张办公桌，桌上摆着两台20世纪90年代的计算机，墙壁上贴满了各种农资产品的使用说明，11个人常年挤在如此简陋的地方办公。看到此情此景，让我很难相信自己是置身于都市城郊，内心突然涌现出些许莫名的感慨和担忧。都市城郊尚且如此，边远省市情况又会是何如？农业是弱势，如此弱势是我没有想到的。虽然调研时间很短，听到的只是片言碎语，所见的也只是个别，但我还是能够感受到基层农资执法工作的艰难，在由衷敬佩基层同行敬业精神的同时，也为当前农资市场的监管情况深感担忧。土肥室的金主任告诉我，当前农资执法普遍缺专业人才、缺经费、缺装备，现在的农资执法人员，多数是过去的农资推广人员转过来的，缺乏相应的法律知识，经费保障更是困难，由于没有专项经费保障，农资检测仪器缺乏，对农资的监管往往只停留在产品标签等表面问题上，难以对产品的内在质量进行检测。农委姚科长介绍说，执法是国家赋予农业行政部门的职责，具有很强的权威性和强制性，农资执法连基本的统一服装都没有，使执法的震慑力和社会效果大打折扣。

难点之四：农资经营档案制度不健全，农民自我保护意识薄弱，消费者权益难以得到保障。近几年，通州区大力推进放心农资下乡进村工作，广泛开展农资执法宣传活动，农民的法制观念和自我保护意识得到较大提高。我们在路城镇植保站调研时，正好遇到一位买农药的老人，老人姓袁，今年六十七岁，是该镇东堡村人，家距植保站有十几里路。老人告诉我，村里也有卖农药的，但不可靠，到植保站来买，一方面是放心，另一方面买什么药，怎么使用，可以现场咨询技术人员。咨询—购买—开票—收款—提货，一式三联的单子，整个流程清晰明了。植保站的负责同志告诉我，他们所经营的每一种农资，都要纳入计算机管理，消费者一旦投诉，责任追究能够及时到位。袁大爷的自我保护意识和路城镇植保站的做法让我拍手称快，但对该镇另一家农资商店——北京裕东盛农资商店的实地调研，还是让我增添了几分担忧。该店与其说是农资商店，还不如叫日杂超市，店内从家用电器到日用百货乱七八糟摆了一屋，货架上零乱地摆放着二十几种农药，地上堆放着七八个品种的玉米种子，化肥品种更是五花八门堆了一地。正当我要向店主了解情况时，一位中年男子买了三瓶农药匆忙离去，没有索要任何单据或发票。我走出店外，顺便询问了几个过路的农民朋友，他们告诉我，农药都差不多，只要便宜省钱就行，要不要发票无所谓。农民的话语不多，句句朴实。我不知道这些农民朋友，一旦使用了假劣农资，又如何求得索赔。我在为农民朋友遇假求偿担忧的同时，也深感到我们农资执法宣传工作任重而道远，尚需继续努力。

难点之五：农资包装标签和说明不规范，有些根本无法识别，给农资执法工作带来很大困难。调研中，我了解到，当前农资包装标签和说明不规范的问题比较普遍，特别是外省市进入通州区的农资，包装五花八门，化肥、蔬菜种子更加突出。谈到包装标签问题时，宋庄科技站邢士江经理深有感触地告诉我，目前蔬菜种子标签合格率太低，他以前经营有300多种蔬菜种子，因包装标签不合格，现在只能经营100多种了，经济效益受到很大影响。产品与标示不符，夸大宣传误导消费者，擅自扩大适应范围，严重损害了消费者利益。同时，包装标签不规范，各地标准不一，执法人员无法区分标示是否符合规定，给农资市场监管工作带来很大困难。尽快建立规范的包装标签制度，是推动农资市场法制化建设的客观需要。

难点之六：农资执法体系不畅，执法单位既执法又参与农资经营，执法的客观公正性难以保证。通州区的农业行政管理主体在农委，执法工作实际委托两家事业单位。我们在调研中了解到，植保站作为农委委托的执法单位，同时又在经营农资产品，“既当裁判员，又当运动员”。农技推广站公益推广与经营性服务不分，“既开药方，又卖药”。虽然这种方式便于为农民提供相应的农资技术服务，但是同样会影响执法工作的客观公正性，冲击政府的公信力，利与弊，孰轻孰重，细细思索便有定论。在问及这个问题时，路城镇植保站的史站长，一再强调他们经营不是以盈利为目的，这样的解释，无论是在实际操作上还是在理论上都是站不住脚的，在制度缺失的情况下，利益天平必然会倾向于追求经济效益。农业执法职能不明确，体系不顺畅，直接影响到执法工作的客观正公性，甚至影响到政府形象，确实应该引起有关部门的重视。

写在后面：鉴于自己农资知识的缺乏，没有勇气再去堆砌一些所谓的“对策建议”。各种建议，网上已是铺天盖地，多过赘述，也恐是画蛇添足。匆匆两天，马不停蹄，然而回头仔细整理调研收获时，发现终还是走马观花，难以找出有所回味的东西，也只好把所见、所闻平铺于纸上，少了一点所思，东拉西扯拼凑了一大堆，既不成文体，又没有色彩，很难说是一篇调研报告，权且当是这次培训的一点纪念。

重点习作之十

从新发地看现代农产品交易市场建设

3月30日，随部青年干部能力建设培训班到地处北京南郊的新发地农产品批发市场。新发地农产品批发市场成立于1988年，现已发展成为全国交易规模最大的农产品专业批发市场，承担着北京70%的蔬菜供应、80%的水果供应和100%的进口水果供应，2009年交易量90亿千克，交易额300亿元，连续八年居全国第一。其价格行情是整个北京农产品市场的一个“晴雨表”。同时，市场业务辐射全国，并延伸至蒙古国、俄罗斯等国家。

经过与新发地农产品批发市场董事长张玉玺的交流座谈了解到，22年来，抓住农产品市场上联“三农”、下联民生、保障城市安全、延伸农民就业的功能，以对农民有感情，对客户有感情的原则搞服务、搞市场，逐步把新发地农产品批发市场做大做强。

一、先进的管理理念指导市场建设

（一）推行“市场+运销大户（农产品经纪人、专业合作组织）+农户”的模式。新发地农产品批发市场建场之初，正是计划经济向市场经济转轨的关键时期，农产品产供销相互脱节、农民小规模分散生产与大市场无法对接等问题显得尤为突出。为促进农产品流通，增加农民收入的主要途径在于农产品运销大户、经纪人、合作组织等中介组织的引导和带动。市场从1988年建场开始，市场按低于国家有关部门规定的标准收取管理费。对于赚了钱的客户，市场鼓励他们继续诚信经商，发财致富；对于赚钱少或者没赚钱的客户，市场酌情减收或免收他们的管理费；对于赔了钱的客户，市场免收他们的管理费。即使已经交了管理费，得知情况后也要如数退还。市场领导还和商户坐在一起总结没赚钱的原因，是质量有问题、品种不对路，还是信息没掌握准。这样不但不会让客户丧失继续闯市场的信心，而且能总结经验保证下次准有钱赚。

（二）做大做强经营规模，提升企业核心竞争力。截至目前，市场占地面积从建场初的15亩地扩大到1500亩，交易品种从单一的蔬菜批发发展成为蔬菜、果品、粮油、肉类、副食、调料、茶叶、禽蛋等多种农副产品的综合交易。2009年交易量达90亿千克，交易额达300亿元，连续八年居全国第一。全年为国家上缴各种税费3000多万元，是北京名副其实的"大菜篮子"和"大果盘子"，成为带动中国农产品大流通的绿色航母。

（三）注重信息建设，做农产品批发交易的价格中心、信息中心。市场专门成立了信息中心，指派12人专门负责信息采集。每天24小时不同时间段的信息都有，采集内容包括品种、价格、数量、产地等。市场信息网络中心将每天的价格信息更新三次后及时传递到网络终端。同时与有关部门和媒体保持信息畅通，及时地将信息传递到全国各地农业主管部门、批发市场、生产基地和运销大户。在帮助农民调整产业结构、回避市场风险方面起到了很大作用。

（四）实施"食品放心工程"，营造安全消费环境。从流通环节入手，严把鲜肉、熟食、豆制品市场准入关口。市场设立蔬菜农药残留检测中心，采用"快速酶测定法"进行检测。市场对交易的蔬菜采取抽检制度，对抽检不合格的蔬菜全部下架，并向蔬菜生产基地政府主管部门去封信函，建议对其蔬菜生产给予监督和指导，力保从源头堵住农药残留。

为确保首都百姓吃上放心肉，市场还联合丰台、大兴、朝阳的六家市级定点屠宰场和猪肉检测中心。

二、市场建设存在的难题

（一）农产品市场建设缺乏法律依据

1985年后，我国农产品市场如雨后春笋般发展起来。至今，全国农产品批发交易市场数量已基本稳定在4000多家。农产品批发交易市场发展已从数量增加的阶段进入提升自身质量的阶段。目前，我国还没有农产品市场法，农产品批发交易市场建设缺乏法律依据。

（二）农产品市场建设缺乏规划

目前我国各省市建立大型农产品批发交易市场，尚没有建设数量、位置、交通、环境等全方面的规划，以致有些地区出现了市场重复建设、恶性竞争的现象，影响了农产品交易市场的良性发展。张玉玺说，在广州就出现了"零"距离建市场的现象。

两市场一墙之隔，相互争抢商户，恶性竞争，完全没有精力搞市场建设。此外，以北京新发地农场品批发市场为例，新发地已成为全国农产品交易的“枢纽”，交通拥挤不堪，已成为影响商户交易和周围居民出行的一大问题，亟待有关部门规划解决。张玉玺说，目前农产品批发交易市场已脱离数量的发展阶段进入质的发展阶段，如缺乏有效的规划建设，这个阶段的发展时间有可能将会拖得很长。

（三）市场渴望一元化管理

张玉玺表示，目前农产品批发交易市场监督管理为多元化管理，农业部门、商业部门、工商部门甚至交通部门、环境部门多个部门管理。对于市场经营者而言，具体哪个部门管什么问题不清楚，部门之间协调又存在困难。一旦出了问题，就成为多部门管理，都不管理的问题，阻碍市场发展，市场渴望改多元化管理为一元化管理。

（四）农产品销售缺乏品牌

现阶段，我国农产品进入流通市场，还处于小生产大市场的阶段。农产品销售品牌意识差，往往就出现“一人生病全家吃药”的现象。以今年“海南毒豇豆事件”为例，已发现含禁用农药的豇豆均为海南陵水县出产，北京市场销售的豇豆基本为海南乐东县出产，不含禁用农药。而豇豆生产销售没有品牌，所有豇豆均被冠以“海南”之名，问题豇豆出现后，大量豇豆下架、滞销，严重影响销售。

重点习作之十一

北京市怀柔区农民专业经济合作社建设与发展情况调研报告

——某某部青年公务员能力建设培训班京郊农村调研报告

根据某某部青年公务员能力建设培训班的课程安排，我参加了学院组织的京郊农村调研活动。3 月 26 ~ 27 日，在农业部干部管理学院老师的带领下，我所在的调研小组赴北京市怀柔区渤海镇景峪村和雁栖镇官地村进行了农民专业合作社专题调研，走访了景峪村柴鸡养殖专业合作社和不夜谷“农家乐”合作社，通过召开座谈会、实地考察、入农户调查等方式，对当地农民专业合作社的成立背景、运行机制、取得的成效以及存在的问题等内容进行了调研，现将有关情况汇报如下：

一、调研情况

农民专业合作社是在改革开放后，在家庭承包经营的基础上，联结小规模经营的农户与农产品大市场之间的重要纽带，对于促进农业的市场化、提高农民从事农业生产和进入市场的组织化程度，调整农业结构，促进农业技术进度和增加农民收入，都发挥着非常重要的作用。近年来，国家积极鼓励、扶持农民专业合作社发展，2006年国家颁布了《中华人民共和国农民专业合作社法》；2007年国务院出台了《农民专业合作社登记管理条例》，地方有关部门纷纷制定了一系列鼓励和扶持政策，在此背景下，北京市怀柔区农民专业合作社得到了迅猛发展。目前，怀柔区的农民专业合作社涉及各类养殖、种植业、农产品经销等领域，数量达到340多家。此次调研的两个合作社就是其中的代表。

景峪村柴鸡养殖专业合作社的前身是柴鸡养殖协会，2006年成立，发展到2007年已有120多户，分别占村常住户的80%以上，基本覆盖了整个景峪村的养鸡户，且带动了周边6个村发展柴鸡养殖。合作社成立后，其主要职能是为农户养鸡提供各类产前、产中、产后服务，例如，组织购进良种鸡雏、代销饲料；开展养鸡技术咨询、服务和疾病防治；回收鸡蛋，联系市场，开辟销售渠道等，有力促进了当地农民增收。

北京市不夜谷“农家乐”合作社位于怀柔区雁栖镇官地村，于2007年正式成立，社长单淑芝。该社现有成员22户，首批入股现金33000元，固定资产3000万元。不夜谷“农家乐”合作社的成立使当地民俗旅游接待从松散、无组织的经营模式逐步向统一管理、统一规范的旅游行业转变。合作社通过统一购进粮油蔬菜，确保游客食宿安全；统一制定价格，防止农户恶性竞争；集资建设停车场、娱乐厅等设施，为民俗旅游接待提供更多服务。不夜谷“农家乐”合作社成立一年来，成效显著，社员们收入明显增加，服务明显提高，接待能力明显改善，为当地旅游业吸引了大批游客，打响了民俗旅游接待的招牌，繁荣了农村经济。

虽然，农民专业合作社的成立解决了原来一家一户不能解决的问题，为广大农户提供了更多的服务，有效增加了农民收入，但是从以上两个合作社的调研中，我们还发现了不少共性问题，例如，合作社管理粗糙，运行不规范，制度不健全，很多保障性、后续性的工作还有待进一步跟上；农产品科技含量不高，农户的质量控制意识、商品意识薄弱，市场竞争力有待进一步增强；合作社集体资产不多，重点产业缺乏，制约了合作社的可持续发展；等等。当前，我国的农民专业合作社还处在起步、发育阶段，还有很多不成熟、不规范的方面需要逐步完善。作为政府尤其是农业行政主管部门，应当加强对农民专业合作社的指导、帮助和扶持，切实推进农民专业合作社又好又快发展。

二、调研体会

通过此次参加京郊农村调研，使我对农民专业经济合作社的作用和意义有了更进一步的认识。

第一，发展农民专业合作社有利于提高农民组织化程度，促进农民持续稳定增收。农民专业合作组织按照“民办、民管、民受益”的原则建立起来，在生产经营和利益分配上，实现自我决策、自我服务、自我发展，自负盈亏，使广大农民的生产经营自主权得到了肯定和尊重。同时，农民专业合作组织通过统一服务，合理配置生产要素，实现规模经营，共同开拓市场，降低了生产交易成本，扩大了产品销路，使加入合作组织的农户收入得到较快较大增加。例如，景谷村柴鸡养殖协会在饲料采购、鸡病防疫、销售鸡蛋等环节为广大农户提供各种服务，特别是作为联结养鸡农户与市场的中间组织，通过为农户提供市场信息、牵线搭桥、自销代销等方式，把景谷村的柴鸡蛋有序地引向市场，大大提高了农民进入市场的组织化程度。另外，合作社还注册了专用商标“皮包金”，打响了景谷村柴鸡蛋的品牌，有力提升了农产品的市场竞争力。据统计，景谷村养鸡户从2001年的5户发展到2007年的120多户，年存栏柴鸡2万多只，年产鸡蛋10余万斤，价格达到每千克12～14元，是普通鸡蛋的2～3倍，入社的农户人均收入增加1000～2000元，比未入社前增长了近30%。

第二，建立农民专业合作社有利于推动地方农业特色产业的发展。农民专业合作社围绕当地资源优势和产品特点，通过为社员提供产前、产中、产后系列化服务，组织农民进行专业化、规模化生产，有效促进了特色产业和区域经济的发展。怀柔区雁栖镇官地村临近神堂峪自然风景区，景色秀丽，遍地果树，发展旅游业条件得天独厚。过去，由于没有合作组织带动，农户个别开设的民俗旅游接待条件落后，服务项目少，效益普遍不高，甚至还出现了农户间互争游客、乱收费等恶性竞争的不良局面，行业难以发展壮大。自村民单淑芝积极倡导成立了北京不夜谷“农家乐”合作社以来，进一步整合了官地村民俗旅游资源，统一了管理、收费和食宿条件等，进一步提高了当地民俗接待旅游的知名度，使本村社员民俗旅游接待效益不断提高。

同时，官地村民俗旅游业的成功也拉动了邻近村镇旅游业的发展。一个个民俗旅游村如雨后春笋般发展起来，北京市郊呈现了一派繁荣的民俗旅游景象，农业特色产业格局基本形成，既实现了办一个组织兴一项产业的目标，也充分显现出了农民专业合作经济组织的辐射带动作用。

第三，建立农民专业合作社有利于提高农民素质，为农村培育了新型农民。农民专业合作经济组织在促进农业技术推广应用，提高农业生产标准化水平，转变农民观念，提高农民文化和技术素质，培养有文化、懂技术、会经营的新型农民等方面起到重要的作用。调研中，官地村“农家乐”合作社社长单淑芝除了自己正在进行经济管理大专学历的学习外，还积极对社员进行法规政策、经营管理、旅游接待等方面的培训教育；景峪村柴鸡养殖合作社邀请专家、技术人员对会员进行柴鸡饲养技术指导和培训，使农民掌握了先进的农业生产技术规程和质量标准，进一步提高了广大农民的产品质量安全意识和生产技术水平，促进了农产品向优质方向发展。另外，广大农民们通过参加专业合作社，逐步与市场对接，不断接受市场经济千变万化的考验和锻炼，在一定程度上也增强了驾驭市场的能力。

第四，建立农民专业合作社有利于带动农村社会事业发展，实现农村社会的和谐稳定。农民合作社发展不仅在经济领域显示出强大的活力，同时在促进农村社会公益事业、维护农村社会稳定等领域也发挥着积极作用。一是促进了乡风文明。农民合作社的成立，解决了大量农村闲散劳动力就业问题，使一些赋闲在家的农民积极参与生产，且农民加入合作社后，通过章程和制度约束，增强了遵纪守法的自觉性，强化了集体观念，提高了农民参与民主管理的能力，在一定程度上改变了落后的乡风习俗。调研发现，合作社发展好的乡村，打牌赌博的少，学习技术的多；无事生非的少，邻里和睦的多，大家都想着学技术、增收入，农民们的精神面貌发生了很大变化。二是促进了村容整洁。例如，景峪村合作社积极筹集资金兴建养鸡栅栏等农业基础设施，不仅方便了农户进行柴鸡饲养，也使得乡村环境更加整洁、卫生。

三、主要收获

参加此次调研活动，我感到自己收获颇丰。一方面，通过走进农村，走向田间地头，真实了解了北京郊区的农情、民情，实地感受到了党的支农强农政策给新农村带来的新变化，使我对农民专业合作社的建设与发展和社会主义新农村建设有了更直观的认识；另一方面，极大地锻炼了自身的调研及写作能力。调查研究是行政机关的一项基础性工作。对于一名青年公务员来说，调研能力和调研报告的撰写能力是必须具备的一项基本功。此次农业部青年公务员能力建设培训班着重加强了这方面的课程，在安排如何撰写好调查研究报告的专题讲座的基础上，还组织开展了以农民专业合作社建设与发展、农村信息化、农资供应保春耕为主题的京郊农村调研活动。学员们通过专家讲授、研讨交流、实地调研等形式，不仅对调查研究的理论知识进行了系统、全面的学习，更是运用所学理论知识，理论联系实际，深入农村入户调研，实地锻炼了调研能力。这种形式的培训，对于我们青年公务员在今后工作中如何进一步树立起求真务实、实事求是的工作作风，进一步增强认识问题、分析问题、解决问题的能力以及在各自的岗位上更好地履行岗位职责都有着十分重要的作用和意义。

重点习作之十二

关于影响农民专业合作社发展的五种关系的思考

——赴北京郊区关于合作社发展状况的调研报告

2009 年 3 月 26 ~ 27 日，在经管司原巡视员刘老师带队指导下，青年公务员能力建设培训班第一组学员赴京郊就当前农民专业合作组织发展情况对怀柔区雁栖镇官地村北京不夜谷“农家乐”合作社和怀柔区渤海镇景峪村柴鸡养殖合作社进行了调研。通过与怀柔区经管站负责同志、有关合作社负责人座谈，深入合作社社员家中访谈等多种形式，我感觉到合作社要得到健康发展人的因素至关重要，有五种关系是合作社必须面对的。

一是合作社的社员内部关系。中国是一个熟人社会，在农村则表现的更加明显。邻里和亲友之间总会形成三五家关系特别好的小圈子，小圈子与小圈子之间通常会有重合的部分，从而形成了一个靠血缘和友情联结起来的能够相互信任和帮助的团体，他们是合作社能够形成的最基础的核心力量。调研中我了解到，在“农家乐”合作社成立大会上，许多农户因种种顾虑离开了，留下来的农户其实对合作社的发展前景、合作理念和原则等问题的认识也很模糊，之所以选择入社，相互之间的信任和邻里之间的面子是主要因素。

二是社员和同业非社员的关系。社员和同业非社员在合作社成立前同为村民，从事同一个行业，具有共同的利益诉求。合作社成立后就将两者区分成相互对立的利益团体。合作社的良性运作必然为社员带来实惠，如果有新社员不断加入也必然会摊薄老社员的既得利益。国家扶持合作社的初衷是希望通过弱势群体之间的联合争取更有利的市场地位，但是如果社员资格不能实现开放原则，必然会有部分未入社农户因为合作社的存在而处于更加弱势的地位，这显然是不合理的。这个问题在农家乐合作社表现的非常明显。农家乐合作社成立后得到政府的资金扶持，为社员免费更换了客房被褥。许多非社员看到实惠后纷纷要求入社，但老社员坚决抵制。在柴鸡养殖合作社这并不是个问题，主要是因为合作社的实际控制人是村支部书记，村级政权与合作社之间的关系比较模糊，社员与非社员的区分也就不是很明显。

三是社员与社长的关系。一个合作社能够形成，必须有一位带头人。这个带头人必须是能人，在产业发展中有成功的经验，具备示范带动能力，同时也必须是个好人，获得社员的认可和信任，愿意与村民相互扶助实现共同富裕。但是，在合作社发展壮大的过程中，社长与社员之间的关系开始变得微妙。社长与合作社之间本身是一种相互借势，共同促进发展的关系。社长借助合作社来提升个人事业实现经济利益是无可厚非的。但是，中国社会根深蒂固的观念是“能者多劳”而非“能者多获”。不患寡而患不均，社员很容易由于嫉妒或利益不均等心理失衡，对社长认同度下降，甚至出现反面言论。我们到农家乐合作社 003 号社员家走访，虽然社员郭大妈是社长的嫂子，居然也对社长颇有微词。

四是社长与村领导的关系。我们在调研中发现，社长和村领导的关系呈现两个极端。要么是高度一体化，社长完全受村支部书记领导。柴鸡养殖合作社属于这种情况,合作社是由村书记推动成立的,由于不是本村居民不具备社长资格,从而“任命”妇女主任为社长。虽然村支部书记在合作社任副会长负责对外销售业务，却是合作社的实际控制人。要么是完全对立。官地村支部书记和村长均不是“农家乐”合作社社员，在社长自述的合作社成长历程中没有发挥过任何作用。在入户访谈中我们了解到，社长与村支部书记的矛盾曾经激化过，后来社长主动退出村支部书记竞选，风波才得到平息。村组织和合作组织虽然职能定位有明确的区分，但村级政权的重要职责之一是抓经济，必然会干涉合作社经营事务；而合作社在发展经济的同时对村务治理必然要反映社员的政治诉求，使得两者很难达到相互平衡的中间状态。这两种极端的倾向对合作社长远发展都是不利的。

五是合作社与各级政府的关系。目前，随着《农民专业合作社法》的普及，各级政府部门都认识到在当前家庭承包为基础农户分散经营的体制下，合作社是提高农业组织化程度的必然趋势。北京市政府和怀柔区政府每年共计拿出650万元用于扶持全区合作社发展。区政府成立由主管副区长任组长，农委、财政局、工商局、民政局等职能部门为成员的领导小组负责分配这笔资金。规模较大，运作良好的合作社会得到20万～30万元的项目经费补助。我们在调研中了解到，区政府在分配扶持资金上缺乏透明规范的实施细则，由主要领导凭感觉办事，借合作社名义安排资金给其他项目的“搭便车”情况也比较普遍。政府对合作社的支持具有很强的导向作用，政府意志与社员发展经济的意愿有时候并不完全一致，这就要求合作社必须处理好与各级政府的关系。

总之，在合作社对内对外的各种关系中，社长成为矛盾的焦点，承受着来自社员、非社员、村组织、上级政府的压力。如果社长能够做到淡泊名利，甘愿奉献，得到社员的拥护和信任，又左右逢源，上下通达，能够处理好各方面的关系，同时善于经济发展和管理，能够带动社员共同致富，许多问题将迎刃而解。这样的假设显然不合理。因此，我国合作社的发展完善还有很长的路要走。作为政府部门，要努力探索支持合作社发展的新机制，充分尊重社员的发展意愿，加强宣传教育，培育村民合作意识，推动村民自治，民主选举，为合作社发展营造一个宽松良性的微观环境。

重点习作之十三

浅析政府在农村信息化过程中的作用

——北沟村信息化建设情况调研报告

3月26～27日，某某部青年公务员能力建设培训班第二调研小组前往怀柔郊区的北沟村和东凤山村，就农村信息化建设情况开展调研，通过下乡入户，与农民交谈，与村干部座谈，切身体会到了农村信息化的成果，也引起了笔者对于政府在农村信息化过程中应发挥什么关键作用的思索。笔者认为，在信息化进程中，政府要注重引导农民提高利用信息的主动性和能力，同时，还要着力探索农村信息化的可持续建设思路。

一、信息化建设的基本情况以及成效

（一）基本情况

北沟村位于怀柔区渤海镇东北部，地处山区，距城区较远。全村共136户、365口人，农户居住分散，最远两户相距1.5千米左右。信息入村、入户成本高、难度大。

为进一步推进农村信息化建设，将致富信息带给广大农民群众，解决农村上网难、上网贵的问题，2008年7月，怀柔区政府联合中国科学院计算技术研究所，在北沟村开展了低成本无线网络覆盖试点工作，在村内安装了3个无线网络信号基站，村委会筹资20余万元，补贴农民购买计算机，使每个院落都配备了计算机。村民在家通过无线网卡，就可以接入宽带，不用交一分钱的月租费，就可以上网了。较好地解决了山区群众上网的问题。同时，村里还开通了“电子书库”“北沟村在线医生”等特色服务，使村民们切实享受到了互联网、农村信息化所带来的实惠。

据北沟村村支书王全介绍，村里还建立了村级办公局域网和农民网络技术学校。村里的干部都用上了怀柔区政农一体信息化服务平台、民俗村信息化管理系统、村务管理系统、乡镇管理系统软件，已经用上信息化的手段管理村务。

（二）主要成效

一是拓宽了农民群众获取信息和对外宣传的渠道。

在调研中，我们走访了一位叫曹海虹的村民。在她家里，我们看到，除了村里统一购买的台式电脑外，曹海虹还自己购买了一部笔记本电脑。身为农民的曹海虹，对于计算机、对于网络有不亚于城镇居民的需求。

交谈中了解到，曹海虹一家主要经营铁晶粉生意，大部分销往河北迁西。以前，没有计算机，没有网络，对于迁西市场的价格信息比较闭塞，在销售过程中，定价权完全掌握在买方手中，对方开什么价，自己就卖什么价，经常事后才发现自己的铁晶粉贱卖了。

后来，村里无线网络入了户，每次与买家谈价格之前，自己都会先上网了解一下迁西市场上的行情。遇到自己正在外地，不方便上网的时候，曹海虹甚至会打电话给村里新来的村官小顾，让小顾帮忙了解市场行情。网络，已经成为曹海虹生意上不可或缺的一个重要工具了。

调研中，我们还走访了正阳农家院。这个农家院主人的两个孩子在网络上发布该农家院的有关信息，吸引了不少人，尤其是外国游客的注意。去年，单单是外国游客，就接待了 50 ~ 60 人。全家六口人的生活费用、两个孩子上大学的学杂费对于一个普通农民家庭来说是一笔不小的数目，但是因为有了网络，有了农家院，现在日子也过得红红火火。

现在，农家院的主人正在翻新这个院落，想把农家院旅游做大。他们说，如果没有网络，他们根本不敢想象小山沟里的农家院能吸引来这么多游客，现在村里网络条件这么好，才敢下决心把农家院做大。

二是对农民的业余生活和生活观念都产生了潜移默化的影响。

在曹海虹家里，我们打开了她的计算机，发现她的 QQ 上居然有不少好友。曹海虹告诉我们，那都是她的初中同学，现在她们一块用 QQ 聊天，平时还一块在 QQ 上玩游戏。让我们感到吃惊的是，曹海虹还和她的好友们一起在网上看瑜伽的视频，一起练习瑜伽。

对于有了网络后，生活上的变化，村里人有一个比较形象的说法："以前到了晚上就抢电视，现在到了晚上就抢计算机。"

据曹海虹介绍，村里给开通的"北沟村在线医生"服务很实用，家里有人要是身体不适了，都可以通过"北沟村在线医生"进行咨询。还有一次，曹海虹要去同仁医院看望生病的姑妈，就是通过网络查到的公交换乘路线去的。还有一次是自己的小孩病了，也是通过网络查到儿童医院的地址才找过去的。曹海虹说："有了网络，动动鼠标就知道好多东西，方便多了。"

据村支书王全介绍，村里有了网络后，村里有一个孩子，在暑假里利用村里的网络查阅有关资料，撰写了论文《板栗病虫害的防治》，获得了北京市科技创新二等奖。

二、信息化过程中的主要措施

（一）投入力度大

目前，低成本无线网络覆盖项目的经费，全部由政府投入。北沟村建立了 3 个基站，建设、维护费用为 5 万 ~ 10 万元。村民只要花 200 元钱购买无线网卡就可以每月无偿使用无线网络了。如果使用 ADSL 接入宽带的话，由于北沟村地处山区，铺设线路工程浩大，成本高，而且每月使用租金就高达 120 元。对比之下，采用无线接入宽带的方式就极大地降低了政府的投入成本和农民的使用成本。

此外，北沟村村委会还出资对购买计算机的农户进行补贴，以鼓励农民买计算机。

2008年北沟村党支部、村委会筹资20余万元为农户购买计算机提供补贴，购买了85台计算机，并配齐计算机桌椅，在全村基本实现了每个院落配备1台计算机。

据村里新上任的村官小顾说："如果没有村委会进行补贴，不可能有那么多人买计算机，村里计算机的普及率就上不来，使用计算机的氛围就难以营造，北沟村的信息化也就达不到今天这样的程度。"

（二）坚持抓培训

通过村官小顾了解到，2008年7月全村实现低成本无线网络覆盖以来，村委会依托"数字家园"，一共组织了三次培训。第一次培训是针对学生，后两次都是针对40岁以上的成年村民。培训的内容是计算机和网络的基本使用。平时，村委会精通计算机的干部还义务承担了村里计算机的维护和村民的技术顾问工作。同时，村委会经与渤海镇中心小学沟通，争取到了该小学的一批淘汰计算机，并且明确了由该小学在沟村试点开展计算机培训。

据村支书王全介绍，尽管村里的文化程度不高，但是村里2/3的人都能使用计算机上网，从小学二年级10来岁的孩子，到60多岁的老人，都会使用计算机。这是村委会坚持抓培训的成果。

三、调研过程中的启示和思考

（一）目前农民对于计算机的利用程度还很低，需要政府进行引导

在调研过程中发现，农户对于计算机的使用内容上比较单一。在走访的许多农户家中，有许多人买了计算机后基本闲置不用，说是"反正也没有什么用"。在有目的性地寻找信息、获取信息、利用信息方面很少，更别说主动发布信息了。村民大部分情况下使用计算机就是通过计算机打牌、玩游戏。在一户农户家中，主人提到了她上二年级的儿子，因为沉迷于网络游戏，家长不得不把计算机的网卡藏起来。

在交谈中了解到，造成这一现状的原因，是许多农户因为本身文化程度不高，本身存在畏难心理，而且观念还停留在"没有计算机也照样过日子"的阶段，对于计算机、网络、信息的重要作用没有一个深刻认识。这一部分农户的年龄在50～60岁。

另外，调研发现，使用计算机最频繁的人群是学生和中年人。

许多家长买计算机，都是为了孩子，家长并不使用。对于孩子在外地上学的，平时计算机也是闲置不用，等孩子回来了再使用。甚至家里计算机要是坏了，就放着等小孩回来再修理。

使用计算机最频繁的另外一个人群就是以曹海虹和正阳农家院为代表的一代人。他们并不精通计算机，但是他们对于网络的意义有着深刻的认识，主动学习，主动了解网络，主动利用网络，而且大都尝到了网络、计算机的甜头。现在他们使用计算机的意识和频率不亚于城镇居民。

剖析造成这一现象的原因。一是受教育的程度不一样。二是对于网络的需求不一样。小孩子和中年一代文化程度相对较高，对于新事物接受比较快，对于网络的理解比较深刻。另外，小孩通过计算机主要是玩，是新鲜感。而中年一代对于网络最主要是获取信息、发布信息。相比之下，老年人对于网络、计算机并没有什么实质性的需求。

所以，对于农民使用计算机、使用网络，政府要加强引导。

一是加强培训。信息化不是简单的硬件投入，授人以鱼不如授人以渔。给了农民计算机，还要教会他们使用这一先进的工具，创造使用工具的氛围和环境。在培训中，不是简单的技能培训，而是应该包含网络意识的培养。要让农民对于互联网有认知、认同。让农民切身体会到网络的好处，才有可能引导农民学好计算机，而且是自觉学、主动学。

二是创建良好的网络环境。打击虚假信息，清理不良信息，净化网络环境，引导农民正确、健康使用网络。网络本身就是把“双刃剑”，政府要致力于营造良好的网络环境，趋利避害地推广网络。

三是农村信息化要先做好农业工作者的信息化。农业工作者深入农业生产第一线，与农民群众接触最频繁。农业工作者文化素质普遍较高，利用这一特点，充分发挥农业工作者的作用，由农业工作者带动农民使用计算机、使用网络。一方面，通过信息化手段，可以提高农业工作者的工作效率；另一方面，在潜移默化中，引导农民对计算机、网络带来的好处形成一个具体的认识。

（二）政府要探索农村信息化的可持续建设思路

一方面，农村信息化建设，政府投入是保障。

应该认识到在我国广大农村经济发展水平普遍较低、农民信息消费能力普遍较弱的情况下，农村信息化建设目前应靠加大政府公共投入来推进。

这是因为，首先，信息化是政府农业支撑体系重要组成部分，也是低成本、高效率、广覆盖地实现公共服务的手段。其次，农村信息化对于实现城乡基本公共服务均等化，推进政府职能转变、完善社会管理和公共服务具有重要意义。再次，农村信息化是丰富农民文化生活，加强农村精神文明建设的有力抓手。最后，农村信息化是国家信息化战略“缩小数字鸿沟”的主要内容，是缩小区域之间、城乡之间和不同社会群体之间信息技术应用水平的差距,创造机会均等、协调发展的社会环境的重要手段。

可以说没有政府的投入，就没有今天北沟村的信息化。怀柔区桥梓镇东凤山村，全村计算机的普遍率不到10%,原因之一就该村地处平原,没有享受到山区的好政策。在信息化建设方面，政府投入不足。曾在北沟村工作过的，现桥梓镇党委委员、宣传委员杨桂霞介绍，东凤山村的信息化要比北沟村落后 5 ~ 10 年。

在调研过程中，我们也体会到了政府投入还是不够。不少同志都感慨：在“家电下乡”中可以增加计算机的补贴比例,农业部可以研究出台针对农村信息化的规划,将农村信息化作为“新农村”建设的重要内容。

另一方面，光靠政府投入的农村信息化建设不是可持续的农村信息化建设。

完全依靠政府投入来支撑农业信息化是不科学的。政府必须通过探索农村信息化服务的盈利模式，营造发展环境、制定鼓励发展农村信息服务业的政策措施，鼓励和引导市场资源注入农村信息化领域。引导国内通信运营商投资农村信息化，培育农村信息服务业。通过给予相关政策上的支持，引导运营商和信息服务业积极开拓农村通信市场，并在农村信息化的过程中获得利润，得到发展。

农村信息化的关键和难点在于构建一个可行的农村信息化服务的盈利模式。笔者认为，如果涉农企业信息化纳入农村信息化的范畴，并加以利用，就可以很好地解决这一问题。

涉农企业或者原材料来源于农村，或者产品销往农村。可以说与农业、农村、农民密不可分。政府可以通过政策，引导信息服务提供商，为涉农企业所在供应链的各主体搭建公共性质的信息交流平台。把农民、涉农企业、与涉农企业上下游有关的企业都纳入进来。平台上的信息获取者，作为平台的服务对象，信息的受众，无偿使用信息。平台上的信息发布者作为平台的消费者，获取期望的广告收益，促成交易，并支付使用费用，解决平台自身的运营经费问题。这样，就形成了平台使用者的获利方让利于平台，让利于“三农”，并在让利过程中，自身也不断赢得市场。平台的信息服务提供商也能从中获利，自身不断发展。平台的受众，无偿获取信息，无偿利用信息。这样，就形成了三方“共赢”、相互促进的一个良性循环。

重点习作之十四

关于新发地农产品批发市场的调研报告

按照某某部青年公务员能力建设培训班的要求，第二学习小组于3月30日赴北京新发地农产品批发市场进行了实地调研，听取了市场负责人的情况介绍，参观了农产品质量检测室和指挥调度中心，走访了部分商户。现将有关情况报告如下。

一、基本情况

北京新发地农产品批发市场成立于1988年5月，经过22年的建设和发展，现已成为全国交易规模最大的农产品专业批发市场。市场占地面积1520亩，总建筑面积近25万平方米，有管理人员1700多名，固定资产约12亿元。主要经营蔬菜、果品、肉类、种子、粮油、水产、副食、调料、禽蛋、茶叶等农副产品，是农业产业化国家重点龙头企业。2009年，市场各类农副产品总交易量为90亿千克，总交易额为300亿元，交易量、交易额双双保持在全国同类市场首位。其中，蔬菜供应量占到北京市总需求量的70%以上，水果80%以上，进口水果90%以上，是北京市名副其实的“大菜篮子”“大果盘子”。

据张玉玺董事长介绍，新发地农产品批发市场从无到有、从小到大、从区域到全国的发展总体可分为三个阶段：第一是自发或自然发展阶段。为满足菜农的卖菜需求，1988年新发地村在菜农们聚集的地方划出15亩地，筹集15万元修了简易的交易大院，引导当地和周边村的菜农集中交易，形成了一个小型农贸市场，也是新发地农产品批发市场的雏形。第二是规范成长阶段。随着进入市场的菜农越来越多，1993年，新发地村开始把新发地市场作为一个企业进行经营管理和发展，依靠资金积累逐渐壮大。第三是快速发展阶段。随着国家“三农”政策的调整和市场经营的深入，2003年9月，在原新发地农产品批发市场的基础上，按照现代企业管理制度组建了股份制的有限公司，进入了快速发展阶段，成为带动中国农产品大流通的绿色航母。目前，新发地农产品批发市场已确立了“三大重点建设项目”和“四大发展战略”。

二、主要做法

新发地农产品批发市场22年来的发展历程，积累了许多好的做法和经验：

一是立足服务求发展。服务是市场发展的“命根子”，客户是市场的“衣食父母”，这是新发地农产品批发市场一以贯之的发展理念。在市场创建之初，就制定了包括管理者不能在市场买菜的"三大纪律、八项注意"上岗前先当一次商户等一系列规定，用真情感动客户、凝聚客户、发展客户，进而发展市场。2008年，新发地又提出"把新发地市场搬到您的家门口"口号，实施便民连锁菜店进小区战略，目前已开办近百家。通过强化服务观念，拓展服务职能，不断提升市场服务质量，赢得了市民、农民、商户的信任，延伸了市场链条，实现了跨越式发展。

二是加强建设树形象。市场要发展，必须改变形象，提升质量。近些年来，新发地批发市场在各方面的支持下，先后投资10多亿元，大大改善了交易环境，提升了市场形象。先后建立了电子监控系统、食品安全检测系统、自动收费系统等现代化的管理系统；相继建成了肉类交易大厅，牛羊肉综合批发大厅，水产品交易厅，干果调料交易厅以及蔬菜、菌类、禽蛋、粮油交易大厅和台湾水果、海南水果专卖大厅等22个大厅；修建了1万多平方米的配送中心、52个平均储存能力在2000吨左右的大型冷库。为让商户在市场安居乐业，市场建成了20余栋欧式风格，建筑面积5万多平方米的经营者乐园，可容纳近千户商户居住。通过争取多方支持，加大投入力度，不断推进市场升级改造，市场设施不断完善，功能日益拓展，布局更加优化。

三是健全制度保安全。批发市场是保障农产品的质量安全的重要链环。为了更好地保障进京农产品的质量安全，市场对农产品实施准入机制，常年对进场的蔬菜进行抽样检测加以监控，对畜禽和水产品实施质量追溯，并实施挂牌公示制度，及时清退不合格商户，对具有产品检测证明和产地证明的商户实行免检和市场费用优惠。同时，加大同全国各绿色农产品生产基地的联系和合作，积极组织和安排基地的农产品优先进场销售。通过实施市场准入，完善产品可追溯体系，市场农产品质量安全水平不断提高，2009年农产品合格率达到98.2%。

四是转变观念促对接。没有种不出来的农产品，只有卖不出去的农产品。新发地农产品批发市场把关注点放在农产品产销衔接上，利用自身优势，通过北京新发地农产品批发市场信息网络、《新发地市场报》以及新闻媒体，及时发布农产品价格，为农民做好向导，指导农民生产和销售。每年组织开展近百场规模宏大、形式多样的农产品推介会，去年以来及时缓解了新疆"7·5"事件后自治区瓜果卖难的问题。通过统筹生产、流通、销售，促进了农民增收，服务了"三农"发展。

三、存在的主要问题和困难

我们从新发地调研中了解到，当前农产品批发市场建设和发展中还存在着一些问题和困难。

（一）行业发展缺乏法律支撑。随着市场的发展步入正规化和规模化，批发市场的经营活动缺乏相应的法律支持和保障，影响了批发市场的进一步发展壮大。在国外，很多国家农产品批发市场都有相关的法律法规约束，例如日本，政府制定和颁布了《批发市场法》《批发市场法施行令》《批发市场法施行规则》《食品流通审议会令》等法令，对农产品批发市场的开设、规划、运营、监督、审议等方面都作了具体规定。而我国至今没有专门出台一部关于农产品批发市场的法律法规。

（二）市场建设缺乏统一规划。农产品批发市场是按地区形成的集中交易中心，市场越集中、越综合，市场的辐射力越强，市场的综合效果越能显现出来。但目前是谁投资、谁申请，经工商部门或政府批准就可建市，难免会出现重复建设、混乱竞争的局面。我国东部有些地区的市场太过密集，市场之间的距离过近，甚至不足百米，互相牵制对方的发展。而在西部，有些地区因为经济不发达，又缺少市场。

（三）升级改造受到制约。中共十七届三中全会提出要加快农产品批发市场的升级改造，新发地农产品批发市场正处于加快建设发展的关键时期，但由于管理体制、经济效益等原因，来自各方面的资金投入相对不足，制约了市场的升级改造。此外，农产品批发市场具有一定的公益性，虽然规模很大、占地很多，但利润微薄，对地方财政的贡献相对较小，地方政府对于市场升级改造的积极性不高。目前新发地农产品批发市场的1000多亩土地中40%为城市规划绿地，难以进行有效的开发和利用。

（四）产销衔接不够紧密。农产品批发市场一头连着“三农”，一头系着民生，不仅承担着促进农产品流通，为城市安全提供重要保障，特别是农业生产和农民就业延伸的平台，作用十分重要。当前，新发地批发市场的商户主要由经纪人、营销大户等组成，直接从事农业生产的农民和农民专业合作社数量极少，农民难以分享农产品流通环节的利润。此外，我们了解到，商户也没有与生产者签订稳定的购销合同，生产者风险很大，利益难以得到保证。

四、几点建议

针对当前存在的问题，为推动农产品批发市场更健康的发展，我们建议：

（一）完善批发市场法律法规。借鉴日韩等国的先进经验和成熟做法，尽快研究制定《农产品批发市场法》，对市场性质、开设程序、主体资格、交易方式、交易行为、管理者责任、市场监管等方面做出具体规定，规范市场发展。在立法方式上，可先研究制定《农产品批发市场管理条例》，待条件成熟后再逐步上升为《农产品批发市场法》。

（二）加强市场发展规划。结合农业农村经济"十二五"发展规划和全国新一轮"菜篮子"工程建设规划，抓紧编制全国性的农产品批发市场发展规划，引导农产品批发市场合理布局，引导地方政府因地制宜，做好区域性农产品批发市场发展规划。此外，需适时调整市场的地区分布，扶持中西部地区农产品批发市场的发展，改变一直以来中西部太弱的格局；调整市场结构，使产地市场和销地市场均衡协调发展。

（三）加大政策和资金支持力度。将农产品批发市场纳入国家基础设施建设范围给予支持，继续推进农产品批发市场建设和升级改造，落实农产品批发市场用地按工业用地对待的政策，加强农产品批发市场信息、检验检测系统、仓储和运输等设施建设和改造，加快形成布局合理、设施先进、功能齐全、交易规范的全国性骨干农产品批发市场网络，清理和整顿农产品运销环节收费，落实好"绿色通道"等鲜活农产品运输优惠政策。

（四）提升经营主体的组织化水平。充分发挥批发市场的带动作用，促进批发市场产业向两头延伸。一方面，鼓励农产品批发市场发展订单生产，实行多种形式的联合与合作，促进形成利益共享、风险共担的利益共同体。另一方面，大力扶持农民专业合作社发展，增强其为成员提供购销服务的能力，促进小生产与大市场的对接。此外，积极培育经纪人队伍，规范经营行为，发挥经纪人渠道宽、信息广的优势，帮助农民与市场对接。

某某部青年公务员能力建设培训班第二调研小组

2010 年 3 月 31 日

重点习作之十五

理清思路谋发展　全面实现"村村通"

2005 年，在市委、市政府的正确领导和市交通部门的重视和支持下，随着我镇陈安至杨榨、吉庆至共同、阮坪至长坪 3 条通村公路的相继完工，磷矿镇已全面实现了“村村通”，结束了过去那种道路不通、信息不畅，阻碍群众生产、生活和农副产品流通不畅的历史。回顾近年来我镇在公路村村通工程上所做的工作，我们重点抓了以下三个方面。

一、统一思想，在形成共识上下功夫

交通是一个地方社会经济发展最重要的基础设施和先决条件。我们磷矿镇地处丘陵山区，90% 以上的人口在农村，交通不便的问题一直阻碍着地方经济的发展，特别是杨榨、张滩、长坪、共同等山区村干部群众对修不修路的问题更是漠不关心，再说修路要出工出力还要出钱，这些年没修路还是过来了。为了统一基层干部群众的思想，我们组织专门的班子深入到基层，到农户家中做宣传解释工作，帮助分析改善交通的利弊。在党员先进性教育过程中，我们又按照“群众满意不满意，答应不答应，高兴不高兴”的要求把公路建设当作功在当代、利在千秋的“民心工程”来抓，使全镇上下思想统一，达成共识，为全面实现我镇公路村村通工程奠定了坚实的基础。

二、理清思路，在完善措施上动真格

2005 年初，在通村公路建设上，我们确定了以政府为主导，部门配合，协调联动的总体思路，将陈安至杨榨、吉庆至共同、阮坪至长坪 3 条村级公路纳入全镇通村公路的煞尾工程。思路理清后，如何使这项“民心工程”切实落到实处，尽快解决群众行路难的问题，我们突出抓了四个方面：一是扎实搞好科学规划。先后三次邀请市交通部门专业人士进行实地勘测、设计，做好工程建设的组织实施工作。二是积极向上争取扶持。通过积极争取，将这三条村级公路纳入交通部门 2005 年村村通工程建设计划，争取交通公路部门资金 8 万元 / 千米政策补贴。三是千方百计筹措资金。我镇 3 条通村公路全长共 11 千米，所需资金 100 多万元，涉及 6 个村 4000 多人。为了迅速将资金筹措到位，我们采取向上争取一点、镇政府和村委会解决一点，受益群众集一点，镇相关单位资助一点，热心人士和企业老板捐资一点的“五个一点”的办法筹措资金，先后共筹集资金 98 万元。四是严把质量关。在工程施工中，我们严把质量关，杜绝“豆腐渣工程”的出现，村级公路按照四级公路标准施工，工程由市交通公路部门专业施工队伍进行施工监理、技术指导、竣工验收，同时还发挥了村委会和群众的监督作用，确保了道路工程质量。

三、强化领导，在落实责任上花气力

公路“村村通”工程建设任务重，时间跨度长，为真正把好事办好，实事办实，镇政府成立了“村村通”工程建设领导小组，由我担任组长，党委委员、副镇长刘廷喜同志具体负责，抽调了一些思想素质好、管理水平高、协调能力强的机关和相关村支部书记、有关部门负责人为成员，分工负责，协调配合。专班成立后，我们还建立了立体的责任网络。一是落实建设责任。建设方面由刘廷喜同志全权负责，相关村支部书记、主任为直接责任人。二是落实挂点责任。镇机关干部和单位负责人都要挂点负责一个村的公路建设工作，确保条条道路有人管，条条村道改造有人抓，既分工负责，各司其责，又统筹安排，协调联动。三是落实奖惩机制。根据任务分工，量化责任目标纳入干部工作目标责任制年度考评进行考核，对不能按时按质完成任务的包村干部，不能参加年终评奖；对不能完成任务的村，在村级工作目标责任制考核时，年终也不能参与评奖。全镇形成纵向到底，横向到边，一级抓一级，层层抓落实的立体责任网络，保证了通村公路建设的顺利完成。

阅读书目

[1] 陈方柱. 调研文章要注重写好事实和实事. 应用写作. 2009，5.

[2] 陈方柱. 怎样写好调研文章. 北京：中国言实出版社，2006.

第二讲　比较北京新发地农产品批发市场六篇调研习作

——兼谈调研文章的主题开发和点线面结合的途径与方法

本讲比较研究的6篇新发地农产品批发市场调研习作（简称北京新发地习作）是某某部青年干部两年41篇、五组习作中唯一没有一类作品的一组。这组作品虽无一类，但有4篇习作特点突出，编者抓住这个突出特点，深入探讨其所以未能产生较好作品的原因，以及调研文章主题开发与点线面结合的途径与方法等，可能会对提高广大青年干部的调研能力产生较好影响。

一、样本

新发地农产品批发市场经营情况调查

按照某某部青年公务员能力建设培训班的安排，我随第二学习小组于3月30日赴北京新发地农产品批发市场，就该市场的经营情况进行了实地调研。期间听取了市场负责人的情况介绍，参观了农产品质量检测室、指挥调度中心和农产品交易中心，走访了部分商户。现将调查情况报告如下。

一、基本情况

（一）发展沿革

新发地农产品批发市场占地面积1520亩，总建筑面积近25万平方米，有管理人员1700多名，固定资产12亿余元，是全国交易规模最大，以蔬菜、果品、肉类批发为龙头的国家级农产品专业批发市场。先后荣获全国文明市场、农业产业化国家重点龙头企业、2009年影响百姓生活的十大企业等146项荣誉称号。其建设和发展大致可分为三个阶段：第一是自然发展阶段（1988～1993年）。为满足菜农的卖菜需求，1988年新发地村在菜农们聚集的地方划出15亩地，筹集15万元修了简易的交易大院，引导当地和周边村的菜农集中交易，形成了一个小型农贸市场，这是新发地农产品批发市场的雏形。第二是规范成长阶段（1993～2003年）。随着进入市场的菜农越来越多，市场的影响力也越来越大，1993年，新发地村开始把新发地市场作为一个企业进行经营管理和发展，依靠资金积累逐渐发展壮大。第三是快速发展阶段（从2003年至今）。随着国家“三农”政策的调整和市场经营的深入，2003年9月，在原新发地农产品批发市场的基础上，按照现代企业管理制度组建了股份制的有限公司，推动市场快速发展，使新发地农产品批发市场成为带动中国农产品大流通的“绿色航母”。

（二）重要作用

一是在保障农民收入上发挥重要作用。没有种不出来的农产品，只有卖不出去的农产品。农民能否提高收入，关键要看农产品在市场这个流通环节上能否卖好价钱。新发地市场为农民买卖农产品提供了平台，实现了农民将农产品转变为“真金白银”的愿望，为增加农民收入发挥了重要作用。2009年新发地市场交易量达90亿千克、交易额300亿元，交易量、交易额连续八年居全国第一位。

二是在保障民生上发挥重要作用。新发地批发市场日均吞吐蔬菜近1300万千克、果品近1500万千克、生猪1600～1800头、羊2000只、牛150头、水产1200吨，承担着北京70%的蔬菜供应、80%的水果供应和100%的进口水果供应，是北京名副其实的“大菜篮子”“大果盘子”，为满足百姓农副产品需求提供了重要保障。

三是在保障农产品安全上发挥重要作用。民以食为天，食以安为先。新发地采用食品安全快速检测车等先进设备，对进入市场的农副产品进行严格检测，确保农产品的质量，对保障百姓和城市的食品安全发挥了重要作用。

四是在促进农民就业上发挥重要作用。据了解，目前新发地农产品批发市场每天进出车辆达3万辆，市场每天约6万人进行买卖和交易，直接或间接带动了上百万人就业。围绕新发地农产品批发市场就业的人员中，不少人已经成了百万富翁甚至千万富翁。

二、主要问题

从新发地农产品批发市场调查中了解到，当前农产品批发市场运营中还存在以下一些问题和困难。

一是市场法律法规不完善。在国外，很多国家都有相关的法律法规对农产品批发市场加以约束和规范，例如日本制定和颁布了《批发市场法》《批发市场法施行令》《批发市场法施行规则》《食品流通审议会令》等法令，对农产品批发市场的开设、规划、运营、监督、审议等方面都作了具体规定。而我国至今没有专门出台一部关于农产品批发市场的法律法规，批发市场的经营活动缺乏相应的法律支持和保障，影响了批发市场的进一步发展壮大。

二是农产品在市场中的品牌效应有待加强。据了解，目前在市场中交易的农产品多数没有树立品牌，大品牌农产品仅占交易总量的2.1％。没有树立品牌的农产品在市场中不仅缺乏主动权和竞争力，而且容易受市场波动和变化的不利影响。例如，海南发生毒豇豆事件后，尽管出现毒豇豆的只是海南陵水少数几个地方，却导致了全部海南豇豆的信任危机，没毒的海南豇豆也因此受到了牵连，不仅难以卖出，而且价格立即从原来的7.8元/斤大幅下跌到了0.3元/斤。

三是市场管理体制有待进一步完善。据新发地市场负责人介绍，新发地市场面临多个部门管辖，政出多门，多头管理，不仅容易造成重复收费，增加从业者的经营成本，而且容易造成管理部门之间相互扯皮，出现管理真空。更重要的是，多头管理致使整个行业缺乏总体规划和监管，部门之间很难协调，制约了市场进一步规范和健康发展。

四是生产者在市场利润分配中的主体地位缺失。据新发地农产品批发市场负责人介绍，当前，新发地批发市场的商户主要由经纪人、营销大户等组成，直接从事农业生产的农民和农民专业合作社数量极少，尽管农民为农产品生产负出了大量辛劳和汗水，却难以分享农产品流通环节的利润。此外还了解到，商户一般都没有与生产者签订稳定的购销合同，生产者风险很大，利益难以得到保证。

三、几点建议

针对当前存在问题，建议从以下几方面着手，进一步推进农产品批发市场发展。

（一）建立健全市场法律法规。结合市场实际，尽快研究制定《农产品批发市场法》，对市场性质、开设程序、主体资格、交易方式、交易行为、管理者责任、市场监管等方面做出具体规定，规范农产品批发市场发展，为做强做大农产品批发市场提供法律保障。

（二）鼓励和加强农产品规模化经营。为增强农民在市场中的主动权和抵抗风险的能力，要鼓励农产品批发市场发展订单生产，实行多种形式的联合与合作，促进形成利益共享、风险共担的利益共同体。同时，大力扶持农民专业合作社发展，增强其为成员提供购销服务的能力，促进小生产与大市场的对接。

（三）统筹市场规划，打造特色市场。要使农产品批发市场持续健康发展，必须以规划为统揽，以服务“三农”和保障民生为出发点，打造有特色的农产品批发市场。针对目前农产品批发市场缺乏统一规划的实际，要抓紧编制全国性的农产品批发市场发展规划，引导农产品批发市场合理布局，引导地方政府因地制宜，做好区域性农产品批发市场发展规划。在大中城市和交通枢纽地区主要建设具有集散功能的大型综合批发市场，在城镇和主产地主要建设具有较强带动作用的专业批发市场。

（四）理顺管理体制，促进市场健康有序发展。加强对农产品批发市场的调研，建立合理、协调、高效的市场管理体制。要突出农业部门在市场中的管理地位，改变农业部门在流通领域中管理缺失的现状，形成对农产品从生产到流通进行全面管理的格局，这对于改变农业部门对市场农产品管理“有姓无权”的尴尬局面，确保农产品安全具有重要意义。

二、习作评析

（一）新发地6篇调研习作的基本情况

从新发地多数习作开头语对本次调研情况的介绍看，新发地习作全是2010年3月某部青年公务员能力建设培训班第二组学员的习作。6篇习作，都在同一天对北京新发地农产品批发市场统一进行调研后撰写，题材基本相同，篇幅除署名“第二调研小组”的1篇略长一点外，其余5篇均相差300字左右。《关于新发地农产品批发市场的调研报告》与《新发地农产品批发市场经营情况调查》两文，标题字数只有一字之差，一个多“关于”两字，一个多写了“经营情况”四字，少写“报告”两字，其余从标题到正义内容基本相同。正文内容稍有不同的是：前者全文四块，后者三块；第一块“基本情况”分“（一）发展沿革；（二）重要作用”。其“发展沿革”与前者的基本情况一模一样；“重要作用”等同前者第二块“主要做法”。第三块前者叫“存在的主要问题和困难”，后者叫“主要问题”；第四块都叫“几点建议”，问题和建议内容基本相同，序号一个不多，一个不少，内容顺序也基本一致。因后者跟前者相同太多，基本没有超出前者的优点，而且前者内容稍微充实一些。所以，前者划入二类，后者居三类之中。

另外四篇，各有特点，也即各有各的角度选择，使人耳目一新。这是本组习作优于其他四组的突出特点。比如《大市场大流通促进农业产业链条可持续发展》，虽然“促进农业产业链条可持续发展”提法不妥，应该仔细推敲修改，但提出“大市场大流通”对农业产业化发展的促进作用是有角度选择、有特点和看点的。文章第二块“成功经验”提炼出了三条主要经验也是很可取的。如果该文紧扣主标题大市场、大流通对农业产业化发展的促进作用，把这三条主要经验写深、写透、写完整，把后边的问题、对策全部删除，写成一篇名副其实的经验文章，就是很可取的。可惜的是作者未能这么做。所以文章没有成功，半途而废了。尽管习作不成功，还是被划入二类。

同样可惜的还有《关于农产品质量可追溯监管的分析——以新发地批发市场农产品可追溯监管为例》和《从新发地看北京市农产品市场准入制度的实施情况——北京新发地农产品市场调研报告》两文，它们都有较好的角度选择，都有一定的主题发掘，可惜都发掘不足，浅尝辄止，使文章陷入浅、空、缺、平、跑、杂的通病之中，各成“半拉子工程”，半途而废，顶多算个二类作品，后者更差一点，二类还算不上。《关于农产品质量可追溯监管的分析——以新发地批发市场农产品可追溯监管为例》从头至尾都能算是紧扣了主题。但是，从做法的第一条开始，每条都只写了一两句话，顶多三句，怎么可能把可作为一个庞大系统工程的全国最大农产品批发市场之一的北京新发地农产品批发市场的农产品质量可追溯监管，介绍个水落石出、清楚明白呢？全文没有一个典型案例的剖析和介绍，没有一个现状的概括和分析，没有一条做法的完整总结和回顾；20 多年发展，“连续八年居世界第一（有的说是全国第一）”，就凭这么几个字一笔带过，是什么问题都说不明白的，说服力可说为零。留给读者的，只能是可惜列出了一个较好的标题。

此外，这几个双标题都值得推敲。“大市场、大流通”的大标题不必说了。这个“农产品质量可追溯监管”和“农产品市场准入制度”的双标题制作，都存在主副标题主要句子成分重复的毛病，使标题冗长，表意不清，应该认真锤炼。

6 篇中最后一篇《从新发地看现代农产品交易市场建设》，从大标题看，虽无前述几个标题制作的重复累赘，但语意不明，叫人难以捉摸。从新发地的什么看“现代农产品市场建设”呢？就从“新发地”吗？“从新发地”到底看什么地方的现代农产品市场建设呢？北京的，还是全国的，还是全世界的？可看的东西不是很多吗？怎么就刚好只看上“现代农产品市场建设”呢？这二者有什么必然联系吗？说不上。没有，也不一定有或不一定没有的两个不同事物，人为地扯在一起是不符合逻辑的。所以，本标题算个有角度选择，也不够名实相符。该文不被认可的，还不只是主标题不妥，主要的还是主题确定及其表达不能被认可。全文两块：一块为“先进的管理理念指导市场建设”，另一块是“市场建设存在的难题”。仅这两块内容，即使标题完全统率得了下边的内容，它们能够完整地回答“从新发地看现代农产品市场建设”这个主题吗？到底是用“先进管理理念”，还是用“存在的难题”回答呢？明显是都不能。一则，第一块下边四条都不完全是“先进的管理理念”，基本上是几条具体的表面层次的做法；二则，第二块只是提出了新发地农产品批发市场当前面临的几个具体困难和问题，丝毫未讲一点解决的办法或对策建议，前后两块都未一点点提及现代农产品市场建设的内容，与主标题算是文不对题；在逻辑上，可叫缺项；在写作上可叫体例不全，文理不通，该文只可划入三类之列。

（二）好标题未能产生好作品的原因分析

虽然，很多人都说“题好一半文”，又说什么“发现问题就等于问题解决了一半，甚至全部”。但在本组习作中，好标题占60%，不但未能产生一篇好的或者较好的习作，反而全面患有当前青年干部和初学调研写作者调研文章普遍存在的浅、空、缺、跑、平、杂等诸种毛病，突出表现在缺乏对主题的开发、发掘和资料严重不足，内容空洞、贫乏，或者文不对题。究其原因，从主观方面讲，主要是本书《综合评析当前青年干部调研文章普遍存在问题》中所列六条：“缺乏对调查研究的基本了解，调查不够，研究不透，思路不宽，撰写不精，功夫不深。”条条都存在，一条不差是确定无疑的。

然而，就学员主观方面原因，笼统地讲，是这些，一条不差。但具体到个人，却又千差万别了。所以，在具体人的具体习作方面，就表现出许多差别。比如，4篇有特点、有角度的标题选择和制作，就只是人员能力素质差别的体现。一般来说，好文章就是表现了作者的高素质；差文章，当然就体现出作者素质方面的缺陷。这就是文如其人、人如其文的根据所在。

从客观上讲，困难和问题太多太大，使每个青年干部都应接不暇，接受不了，消化不了，克服不了，连被动应付都有许多困难。

首先，时间安排严重不足。时间安排太紧，什么准备工作都做不完整，顾不上。先看看《从新发地看北京市农产品市场准入制度实施情况》一文开头语，再看某某部青年公务员能力建设培训班 2010 年 3 月的日程安排就明白了其中一切。导语这样写道：“2010 年 3 月 30 日，我跟随某某部青年公务员能力建设培训班（学员），对北京新发地农产品批发市场实施北京市农产品市场准入制度的情况作了调查。在 1 天的时间内，我们同新发地农产品批发市场 5 位中高层领导和多位商户进行了座谈交流，并考察了市场中的蔬菜、果品、水产、肉类交易大厅以及农产品检测中心……”

日程安排本期培训班从 3 月 22 日至 4 月 2 日共 13 天。其中 3 月 28 日为星期日休息，实际课时安排为 12 天，培训课程有近年来中央解决“三农”问题的重大方针政策、青年干部语言表达艺术、公务写作与政务运转、沟通协调能力、农业依法行政中应把握的几个问题等主课 9 门，加上选修课、参观、调研等活动，12 天共讲 24 个半天，每半天上课时间为 3 小时，每课时都安排得针插不进。开班典礼、破冰训练及结业仪式分别安排在开头一天和最后半天共一天半时间。3 月 25 日上午为调研及调研文章写作授课时间；3 月 29 日上午为调研点情况介绍，下午为调研实践及文章写作前期准备；3 月 30 日全天为调研实践活动；3 月 31 日上午撰写小组及个人调研文章，下午修改小组及个人调研文章；4 月 2 日上午研讨调研文章习作交流与点评。尽管调研及调研文章写作在培训班所有课程中，是安排时间最多的一门，但对全班每个学员及该课程本身需要来说是很不够的。不少人连基本准备工作都做不全，有的人甚至连基本思路都未能厘清，更不可能有多少时间留给学员采用五官四肢体脑并用调查法与领导、管理者、商户等小范围、面对面，口问手写，细致深入地交谈。10 多个人，集中在一个组，从北京市最北边郊区，到北京市最南边郊区，一天之内，仅乘车就要占用 1/3 时间，还要吃饭、走路、集合、找人、听情况、看现场、喘口气都不容易，哪有提问想问题的机会？

其次，组织形式有待改进。从《农业部办公厅关于 2010 年某某部干部培训工作安排的通知》所确定的培训目标，培训内容……现场教学，培训方式、方法及组织管理等方案看，大的方面无可挑剔。仅是调研活动采取大组集中活动形式就有必要进行某些改进。比如培训班 3 月 30 日赴新发地农产品市场调研这一组，共 15 人，教师带队，前一天上午做了调研点情况介绍，下午进行前期准备，这无可说的。仅是当天一天 12 小时的安排就有诸多不妥了。乘车、走路、吃饭、找人，都不说了，单说听情况，看现场，与领导者、管理者、商户交流，15 名学员一起在教师带领下集中听，这没有问题。就像听课、听广播吧。但是，大家是在搞调研，是要求每个人都要进行创造性思维，都要别出心裁想问题、想对策、出新策、出良策的；都要按照各自不同的思路提问，巧问，奇问，打破砂锅问到底；都要以各自不同的形式与访谈对象互动、交流，各自口问手写，各自创造出不同调研成果的。如此集中在一起，不可能 15 人都抢在教师前面发问；不可能 15 人一起发问，各问各的问题；对象也不可能同时回答 15 人各人提出的不同问题。至于怎么挖掘典型、完善典型、剖析典型就更是不可能的。因为有这么多的不可能，所以，唯一的可能只能是少数人一人讲，大家一起听；个别人一人问，大家各自记。又因为时间极为有限，大家都只听了同一种情况，记了同一类资料，按照同一个要求，写成差不多一般化的习作。其中，有一两个人能在大标题上标新立异，就多么难能可贵呀！要想写出个性独特、内容翔实、完美无缺的好文章就难上加难了。回头想，不如此，又能如何呢？让各人去单打独斗行吗？谁会接待你、与你互动？这可还真是调研培训中的一个两难选择题，难解难答呀!

再次，调研对象太庞大，太广泛，应有尽有，使调研者应接不暇。北京新发地农产品批发市场可真是一个庞然大物。6 篇调研习作的开头部分都作了几乎一模一样的简介。其实，都是来自 3 月 29 日上午同一位调研点负责人的“调研点情况介绍”。尽管由一人介绍，但在 6 篇文章的介绍中，几个最主要的数据却有较大出入。这就是各人所听和所记的差别。我们先按介绍比较全面的《从新发地看北京市农产品市场准入制度实施情况》的介绍了解其市场的庞大无比、广泛无比和应有尽有：“北京新发地农产品批发市场成立于 1988 年 5 月，现已成为北京市交易规模最大的农产品专业批发市场。市场现有占地面积 1200（有的写为 1520）多亩，总建筑面积近 30 万平方米，有管理人员 1736 名，总资产 11.8 亿元，是一处以蔬菜、果品、肉类批发为龙头的国家级农产品中心批发市场。现在固定摊位 5558 个、定点客户 8000 多家，日均车流量 3 万多辆（次）、客流量 6 万多人（次）。日吞吐蔬菜 1300 多万千克、果品 1500 多万千克、生猪 2500 多头、羊 2500 多只、牛 150 多头、水产品 1500 多吨。2009 年，市场各类农副产品总交易量为 90.2 亿千克，总交易额为 302 亿元。其中蔬菜供应量占到全市总需求量的 70% 以上，水果 80% 以上，进口水果 90% 以上。全年为国家上缴各种税费 2000 多万元，是北京市名副其实的‘大菜篮子’‘大果盘子’

和地方纳税大企业之一。在繁荣首都城乡经济、保障市民‘菜篮子’供应、带动全国农民增收致富等方面发挥着非常重要的作用”（有 1 篇习作称其“交易量、交易额连续八年居世界第一”，有 2 篇称“连续八年居全国第一”，有 1 篇称其为全国“最大”）。调研点负责人的情况介绍，一般都是早就准备好了的一个表面层次的简介材料，照本宣科，面面俱到，又都抽象概括，不可能深入细致，生动具体，不可能典型完整，理论深刻，最多只是给大家起个头，做个向导而已。所谓“师父引进门，修行（调研）靠个人”吧。面对这么庞大而复杂、千头万绪的一个现代化大市场，叫一名涉世不深、调查研究处于起步阶段的青年干部，挤在一大群同学和教师之中，在三五个小时之内完成一篇高质量习作，其调查研究从何处开始，怎么开始，到哪里结束，怎么结束？这在客观上讲，真是一大难题。情急之下，除了抓住调研点负责人介绍的情况不放之外，就是人云亦云，跟着“大家”走了。

最后，课题安排和指导意见过于原则、抽象、笼统。调研点情况介绍之后，学院领导或者指导教师都会有一个具体的课题任务安排和指导性意见。但所谓“具体”，实际上也会很原则、抽象、笼统。每个调研点的情况，对于指导教师来说，也一样是庞大无比，复杂无比，千头万绪，应接不暇。指导教师也没有三头六臂，不能未卜先知，也必须进行深入调查研究之后，才可能对某些方面提出相对具体的看法。已知的东西对于他来说，也仅是调研点负责人介绍的那些基本情况。所以，其课题安排，也只是把调研点的情况，从表面上划分几个大的类别、大的题材范围；调研经验丰富一点的指导教师，可能把门类划分得多一些，也不可能给每个小组、每个人都把调研题目提炼得很细、很到位的。指导意见，也只能从大的方面提出几条原则性、抽象的意见。只有原则、抽象，才能全面、完整，把大的方面都管到、管住。灵活好不好呢？好！但是，越灵活，就越要学员们自己做主，自己决定取舍，决定角度、内容，困难也还在学员自己方面。

三、调研文章主题开发与点线面相结合的途径和方法探讨

新发地 6 篇调研习作中不仅调研文章的常见病、多发病多，而且即使有了很好调研角度或重点、侧重点选择都未能写出好文章的问题及原因主要有两条：一是主题开发、发掘不足。二是事实材料不多。主题开发、发掘不足的问题也是两条：一是横分门类不全，二是纵分层次不够。材料收集不多的问题，也是两点：一是全面

完整的典型材料少，二是点线面结合的方法未运用也未用好。所以文章大都内容单薄，空洞无物，没有思想深度，表现力和说服力不足。这在所有农业部青年干部调研习作中都具有一定的代表性和普遍性。解决问题的途径和方法主要是：

（一）要着力开发和发掘主题

调研文章的主题一般要在哪里开发和发掘，怎样开发和发掘呢？主要的，就是要围绕主标题进行。主标题是文章之主，多数调研文章的主标题就是文章主题、主观点或总观点，统率全文所有中观点（子观点）、小观点（子小观点）的。有些文章主标题不是观点，而是题材或题材范围，那也是开发主题的一个目标、一个向导，文章主题的开发、发掘也应该和只能围绕主标题、总标题进行。这是不会错的。

怎么开发和发掘呢？这里也有两条办法：一是横分门类，横分到边，不缺主项。事物都是由多种成分组成，都是可分的，物质都是由分子组成，分子都是由原子组成；原子以下，还可无限分割，每次分割，都得穷尽主项，不缺主项，才能做到结构完整，布局严谨。本书前边讲了《从新发地看北京市农产品市场准入制度的实施情况》一文，第二块“北京实施农产品市场准入情况”未分主次，等于只是一条口袋，什么都装在一条口袋里，无头无绪，无主无从。好比一条裤子，只一条裤筒，两只脚都穿在一条裤腿里怎么走路呢？第三块“主要问题”，只写了两个问题，而且这两个问题也都不是农产品准入制度最本质、最关键的问题，怎么能反映事物本质及本质规律呢？

二是纵分层次，纵分到底，达到一定的深度和高度。这个问题在某某部 41 篇调研习作中更为普遍、严重地存在着。相当比例的习作，不论做法、成效、问题、对策，多数只有一个层次，表面层次，有第二层次的很少，有第三层次的几乎为零。任何事物都是分层次的。棉花、果树，它们的果枝就都分层次。如果棉花、果树的果枝都只一层的话，无论如何都不会高产。精养渔池也只有分层次精养，才能充分利用水体，达到优质高产的目的。一般精养渔池，1.5 米以上水体，面层养家鱼，中层养草鱼、鲠鱼，底层养鲤鱼、鲫鱼，形成立体养殖。稻田养鸭，稻田养鱼，林间养殖，林间套种，就都是要求科学种田，土地空间立体利用，多层次利用。写调研文章当然也要讲究多层次开发和发掘主题。

纵分层次，还有个时间上的纵分时间段，或叫时期。任何事物都有一个发生、发展、结束（死亡）的过程，没有时间记述，就没有过程，就没有事物存在，更不能构成调研文章的点、线、面三结合，这就不会有调研文章的质量和质量保证。

然而，横分、纵分都要有一个度，适可而止。比如棉花、果树的果枝层次都不可过多，多余的“懒枝”必须剪除，棉花果枝以三层为好。调研文章层次一般也以三层为好，避免“四世（五世）同堂”。

多侧面、多层次开发、发掘文章主题，就是要求写作者围绕总标题、总主题，开发、创新中观点、小观点，分立中主题、小主题，形成多侧面、多层次，宝塔形、链条形的观点链、主题链，深入、升华主题，使主题突出、新颖，建设性强、可操作性强，被领导和上级采纳和运用。

（二）要广泛深入收（搜）集、补充资料，大量占有第一手资料

收集、补充资料主要在两个方面，做到手中有典型，胸中有全局：一是典型调查。典型要全面、完整，要“六要素”齐全，不可缺胳膊少腿；典型还要有典型性、代表性，代表事物的一个类型，代表事物发展变化的本质规律和方向。二是准确把握全局，了解掌握整体情况。要弄清事物每个层面最新的基本状况、基本面貌，主要靠相应的统计资料完成。与此同时，还要尽量多地了解重点单位、部位、环节的情况，即对某一社会现象或事物发展起关键作用的情况，进行重点调查和了解。

怎么收集、补充这几种资料和掌握第一手资料呢？仅靠调研点负责人介绍的情况和集体听座谈汇报的材料是远远不够的，最好化整为零，小规模个别性走访座谈；1 ~ 2 人，最多 3 人一组。调查对象采取随机抽样与人为规定相结合，突破调研点负责人介绍的思维定式，放开调研；充分发挥五官四肢体脑并用调查法的作用，面对面口问手写，问人所未问或未能问，见人所未见或未能见，闻人所未闻或未能闻。主要围绕自己选择的调研课题的最佳角度或侧重点，调查了解自己最感兴趣的情况和典型。然后，才可能言人所未言或未能言、写人所未写或未能写的好文章。

（三）充分和恰当运用最新资料，锤炼、深化、升华和表达主题

主要在认真清理、梳理、整理各种资料的基础上，用好资料。一是采用点、线、面三结合方法反映事物发展变化的本质及其规律。数学中，有个“点动成线，线动成面，面动成体”的原理，本书称为“三动”原理。调研文章要历史地、立体地反

映事物发展变化的客观规律和总趋势，最好在采用数学上这个“三动”原理的基础上，以时间为径，在时间隧道里，整体移动这个立方体，使其由三维空间变为四维空间。这在地方志编修中，叫点线面三结合方法，是编修地方志的一个重要方法。本书把它运用到调研写作中，也是很有意义的。比如对新发地农产品批发市场各主要方面状况的最新资料和突出、完整的典型，先点面结合，再通过历史隧道，联结起22年前新发地村的普通菜农们聚集一处，划出15亩土地，筹集15万元资金，修建简易农产品交易大院，引导当地和周边菜农集中交易；后经22年风风雨雨，一道坎、一个坡地发展到今天连续8年取得交易量、交易额全国第一的骄人成绩，让人们从中学到经验，受到启发，把握我国农村社会主义市场经济发展的本质规律的总的历史趋势。这就较好地达到了锤炼、深化、升华和表达文章主题的第一个目的。

二是要材料服从观点，说明观点，进一步深化、升华和表达主题。在前述“着力开发和发掘主题”这个环节中，围绕主标题或总主题横分门类，纵分层次，分立出纵横交错的大小观点。现在要将我们收集、整理出的丰富资料，事以类从，分别用以说明、论证各不相同的大小观点；从小到大，不矛盾，不交叉，不重复，协调统一地构成不同的演绎、归纳，推理、论证，形成推理、论证的大小链条，先论证小观点；再由若干个小观点推理、论证中观点；逐级上升，共同推理、论证总观点、总主题，把总观点、总主题升华到一个全新的高度和水平。

阅读书目

[1] 陈方柱. 怎样写好调研文章. 北京：中国言实出版社，2007.

[2] 陈方柱. 创新调研写作三十六讲. 北京：中国言实出版社，2011.

第三讲　比较北京卓越果品专业合作社十篇调研习作

——兼谈调研文章如何用事实说话

本讲比较研究的有关北京市昌平区十三陵镇卓越果品专业合作社（简称卓越合作社）10篇调研习作，是某某部青年干部两年41篇五组同题（材）习作中相同最多、相异最少的一组。将通过对他们中“同”和“异”的研究，兼谈调研文章如何坚持用事实说话，给青年干部调研能力培训提供一些新的建议和启示。

一、样本

样本一：关于北京卓越果品专业合作社的调研报告

按照某某部青年公务员能力建设培训班关于围绕农民专业合作建设与发展开展调研活动的有关要求，由某某部经管总站原巡视员刘某某带队的16人调研小组于3月29～30日对北京卓越果品专业合作社进行了调查。期间我们与合作社社长卓越进行了座谈，深入合作社走访、调查社员5人，对该合作社的运行状况、社员的参与情况进行了深入了解。从调查的情况看，该合作社实行协会与合作社“双轨制”运行的独特模式，创新服务内容，不仅解决了合作社起步阶段的经营、发展问题，也给社员带来一定的实惠。现将有关情况报告如下。

一、经营状况

北京昌平十三陵果业协会由十三陵镇农民蔡臣良于2006年5月发起、组织当地部分果农成立的协会组织，初衷是为了推广农业技术、为农民提供市场信息。随着协会的发展，会员在产、供、销一体化经营和服务方面的需求不断增加，2007年9月，在原协会的基础上，昌平区的12家农民合作社组织成立了北京卓越果品专业合作社，实行协会和合作社的“双轨制”经营模式：除了具备原来协会的职能外，根据社员的需要增加了农资供应和培训、农业技术托管、产品销售等服务内容，实现了“产前、产中、产后”一条龙服务。

（一）农资供应和培训

合作社与区农服中心、林业局、植保站合作，在10个村建立了12个农资服务点，实行统一购买、使用、配送，保质保量地把农资送到田间地头，降低社员农资投入。自成立以来，共为社员提供价值88万元的树苗、农药、有机肥等农资，直接降低社员农资投入18万元。在区科协的支持下，合作社还组织专家对社员开展农业生产技术的培训，几年来培训人员一直稳定在1500人次以上。

（二）农业技术托管

农业技术托管是该合作社的创新性服务亮点，是由合作社组织一些懂技术、会管理、有富余劳动力的社员，按照果品分类分别成立托管项目小组，由合作社统一调配，按照有偿自愿的原则帮助其他缺乏劳动力和技术的社员管理果园。目前已组建由50人组成的苹果、樱桃、杏等6个项目托管小组，服务内容包括除草、打药、施肥、剪枝、摘套袋、技术指导等，服务范围覆盖69户社员和农庄的780亩果园。由于“省时、省力、省钱”，托管服务深受欢迎。

（三）产品销售

为了提高农产品销售的专业化程度，合作社一是大力培养稳定的专业化销售队伍：将91名原来从事农产品销售的“游击队员”“二道贩子”组织起来，进行了两期农产品经纪人专门培训，提高合作社专业化销售能力；二是建立果品销售网站并登记社员电子档案、注册“皇硕”牌果品商标，搭建起了统一的配货、销售平台；三是积极组织社员开展“绿色食品进社区”活动，向人口稠密的天通苑、回龙观等大型社区推介产品，拓展销售渠道。

二、存在的主要问题

调查过程中社员普遍反映在技术培训、农业技术托管等方面得到合作社的帮扶，尝到了甜头，得到了实惠，但调研组也了解到合作社当前存在的主要问题是：拓展社员就业渠道、促进社员持续增收的力度仍然不够，协调社员之间互惠互利的措施和办法也不多。

在与泰陵园村的社员王友贵和张之强谈话时，了解到的情况是：王友贵2007年

9月入社，家里种了9亩半地，主营桃和苹果，面积分别为6亩半和3亩，桃树250棵，苹果树100棵，每年的果品主要通过国道销售，极少数通过合作社牵线组织的零散采摘售出。由于农资价格上涨，几年来的毛收入一直在4万元左右徘徊。张之强种了6亩地，主种苹果，每年的毛收入也在3万元左右，始终没有明显增长。两人都反映：每年11月底至次年3月中旬，由于地里没有活计，除了参加合作社组织的果树托管外，能够干30天左右，挣2000元，其余的近3个月时间都闲着没事干，收入也上不去；村里荒地现象很严重，2000多亩地荒了近一半，想租种其他人的地却没有资金，又没有人从中协调，因此增收无门。想求助于合作社，由于合作社仅有70万元的启动资金，加上基层的扶持政策落实不到位，合作社自身的发展都很困难，服务范围很有限，服务功能、协调社员利益的能力也较弱，因此没有其他的好办法帮助这些劳动力富余的社员。两人都反映：尽管社员劳动力富余，人也很勤快，但收入怎么样都没有人管，就像没娘的孩子，希望能在农闲季节找点活干，增加收入。

三、建议

今年的中央一号文件明确提出“增收惠民生”，就是要千方百计促进农民收入持续较快增长，坚决防止农民收入陷入徘徊，同时也要求各级部门“按照存量不动、增量倾斜的原则，新增农业补贴适当向种粮大户、农民专业合作社倾斜”。农民专业合作社对完善农村经营体制、促进产业开发方面起到了积极作用，但基层不少合作社还处于起步阶段，在完善服务功能的同时，自身还需要大力扶持。

建议昌平区农业部门结合本地农业生产特点，积极研究、完善针对性措施，推动农业专业合作社补贴资金及时到位，确保合作社能够更好更快地发展壮大，为农民持续增收搭建更好的合作平台。

某某部青年公务员能力建设培训班第一调研小组

2010年4月1日

样本二：立足社员需求　创新服务模式

——北京卓越果品专业合作社调研报告

某某部青年公务员能力建设培训班第一小组

根据某某部2010年青年公务员能力建设培训班课程安排，第一小组16名学员在某某部经管总站原巡视员刘某某的带领下，于3月30日赴北京市昌平区十三陵镇卓越果品专业合作社（以下简称“卓越合作社”）进行了调查研究。我们采取开座谈会、走村入户等形式，比较全面地了解了该合作社的运行情况。总的来看，农民专业合作社是引导小农户发展现代都市农业的纽带，合作社提供的多项针对性服务有效弥补了农户分散经营的缺陷，提高了农产品质量。同时又看到，合作社的成长存在许多不确定因素，需要政府部门及时指导、扶持。

一、发展背景

昌平十三陵镇是北京市的一个旅游胜地，毗邻城区，当地以水果为主导产业，改革开放以后果园全部承包到农户。近年来，随着北京城市建设的快速发展，农村青年大量到城区打工就业，农户之间出现分工分业，家庭之间劳动力强弱变大，对当地农业发展产生了较大影响。一方面，农民单户种植规模小、生产分散，普遍缺乏销售能力，卖果渠道不畅；另一方面，留守村庄的“三八六零”部队，家庭与家庭之家技术素质差别大，劳动力强弱不均。

为解决上述问题，昌平区农民蔡臣良在原来北京昌平区十三陵果业协会的基础上，组织周围各村350多户果农民于2007年9月成立了北京卓越果品专业合作社。合作社成立以来，不断拓宽服务领域、创新服务模式，从培训果树修剪技术到统一采购配送树苗、化肥，从托管果树到组织果品采摘销售，既有效地服务了北京旅游产业，又大幅度提高了社员收入，深受社员欢迎，周边公司所办的果园也纷纷要求加入合作社，或者申请合作社托管他们的果园。

二、工作内容及成效

（一）创新劳动力协作服务模式，解决“有人无地种、有地无人种”问题。为解决十三陵地区青壮年务农人员日益减少、部分土地闲置、果园管理水平下降等问题，卓越合作社创造性地开展农业技术托管服务，把一些懂技术、会管理、有较强劳动能力的社员组织起来，按照果品种类建立樱桃、苹果、桃业等6个果园作业技术托管中心，在不改变农民土地承包经营权和社员自愿有偿的前提下，由合作社统一调配并协商服务价格，为缺乏劳动力和技术水平低的社员管理果园，提供锄草、打药、施肥、剪枝、摘套袋等多项服务。目前，合作社已经建立起一支50多人的专业托管队伍，服务面积从2007年的760亩增加到去年的1100多亩。托管服务有效调剂了农村劳动力余缺，较好解决了“有人无地种、有地无人种”的问题，既提高了果园管理水平和果品质量，增加了果农收入，又为农村剩余劳动力找到了出路。社员张之强说："我家有6亩果园，剪枝的活10天就能干完，以前像无头苍蝇到处找活干，现在通过合作社联系业务，收入很稳定，心里踏实了，一年能多干50多天，多赚5000多元。"

（二）创新合作社营销模式，解决果品卖难问题。针对果品上市时间集中、农户普遍缺乏销售能力的局面，合作社采取多种营销模式，帮助果农打开市场、拓宽销路。一是与昌平其他11家合作社组成昌农联农产品联盟，实现产销信息共享，推荐客户需求品种，扩大销售量。二是在天通苑、回龙观建立直销店，开设对外展示窗口，进一步拓宽销售渠道。三是积极争取北京市项目，建立六种语言版本的果品营销网站，借助该平台合作社去年完成了比利时使馆紧急采购20000斤板栗的订单。四是多次组织"安全优质农产品进社区"活动，在人口比较密集的天通苑、回龙观开展集中销售，提高了合作社果品的市场美誉度。五是注册"皇硕"果品商标，逐步形成品牌效应。

（三）灵活开展技术培训，提高农民专业技能。合作社充分利用现有资源，创新互教互学推广模式，逐步形成了一支有较高技能的职业农民队伍。一是邀请北京农学院、区科协的专家和合作社的果树能手，深入田间地头，积极开展果树种植技术义务培训，每年培训村民1500多人次。二是选出40多名基础好、懂技术的社员进行重点培养，着力打造不出村的"土专家"，逐步构建土专家、合作社、专业院校相结合的技术服务层级。三是着眼于提高农民市场意识，与昌平供销学校、财贸干部学校合作举办了两期农村经纪人培训班，共培训200多人，培养了一批营销促销能手。另外，合作社还建立了拥有8000多册图书的"农家书屋"，向社员免费开放，提供相互交流学习的平台。

（四）联合购买生产资料，降低社员农资投入。合作社在10个村设立12个农资服务点，实行统一购买、使用和配送，把优质农资产品及时送到田间地头，方便了广大社员，保证了农资质量，降低了农资投入成本。去年底，部分农户因受灾需要补种果树，由于单个农户采购量少，去市场购买费时费力，合作社组织批量采购并配送到户，保证农户及时补种。2008年，合作社与区科协合作，承接某肥料企业新型肥料实验项目，为果农争取到一批免费新型复合肥，让社员得到实惠。成立以来，合作社共为社员提供的农药、树苗、有机肥等价值达88万多元，直接降低社员农资投入约18万元。

（五）创新“果品换资金”模式，缓解农民资金压力。为解决农民生产资金困难，合作社创新资金结算模式，允许农民赊购农药、化肥等生产资料，并及时为农户垫付技术托管服务费用，待果品成熟后用果品代替现金结账，较好解决了农业生产周期与资金流动周期不匹配的矛盾。据社长卓越介绍，去年一位70多岁的老人因丈夫和子女失去劳动能力，请求合作社组织托管队为自家的38棵樱桃树剪枝，但无力承担服务费用，合作社决定为其垫付相关费用，并承诺包销水果，为老人免去后顾之忧。

（六）搭建“一站式”政策平台，落实各项惠农措施。合作社利用农业、税务、民政等部门提供的优惠政策，积极搭建“一站式”政策落实平台。通过合作社提供惠农政策服务，既降低了政府相关部门的政策实施成本，也为农民享受惠农政策提供了方便。成功的例子包括：合作社利用区农委支持的50万元项目奖励资金，建立水果保鲜库和学习书屋；通过为社员设立专门账户集中代为办理报税手续，免去了社员每月往返报税的奔波。

三、存在的问题

（一）合作社持续发展缺乏人才和资金支持。农村劳动力不断转移让合作社面临日益严重的人才制约，合作社不仅面临技术人才缺乏的窘境，也面临管理人才匮乏的问题。此次受访的5名社员年龄都在60岁左右，均表示其子女不大可能从事农业生产，对果树种植后继乏人普遍比较担心。曾有大学生在合作社实习，月均工资2000元，但因不满意农村的工作环境，最终选择拿1200元的工资在市区工作。合作社发展的另一个瓶颈是融资贷款难。成立之初，昌平区政府曾给予500万元的贴息贷款，但合作社自身资产少，又没有有效的抵押物，最终没能获得这笔贷款资金。

（二）合作社的服务范围和服务内容难以拓展。受资金和人员等限制，合作社无法满足果农更多、更专业的服务需求。一是服务对象范围难以扩大。据卓越社长介绍，目前还有很多户果农打算入社，但受服务能力限制，合作社无法接纳更多社员。二是专业化服务无法深入。以农超对接为例，超市进货要求有增值税发票，但由于合作社销售农产品享受国家免税，只能提供销售发票，水果进超市还要条形码，每个品种约需25万元，合作社承担不起，造成农产品进超市受阻。

（三）各方对合作社功能定位不明确。合作社在农民眼里是政府，农民希望合作社提供更多服务，而在政府眼里合作社有时是企业，要进行市场化运作，有时又要替政府承担调解农民上访或纠纷等任务。受观念和管理方式制约，合作社履行了部分公共管理职能，却得不到有关部门的资金、设备、人才支持。昌平区科协2008年计划为合作社配备5台计算机，但遇到很多操作难题，不得已由有关负责人出面才得以落实。

（四）社员参与合作社经营管理的意识不强。虽然受访社员均表示，他们的收益通过合作社得以提高，但主动参与合作社运作的意识普遍较弱，大多不了解合作社章程和社员的权利、义务。调研中还了解到，合作社要求社员统一购买其提供的农资，否则就不负责销售该社员的果品，这种强制性的规定虽然能保证果品质量，但也可能会影响社员的潜在利益。

四、几点思考

（一）充分尊重农民专业合作社的市场主体地位。农民专业合作社是具有独立法人地位的市场主体，有关部门不应指派额外的公共服务和管理任务，而应对农民专业合作社的建设和发展给予指导、扶持和服务，充分发挥专业合作社的市场主体作用，充分保障农民的生产经营自主权，真正做到“指导不指挥、扶持不把持、服务不包办”，切实维护农民专业合作社的法人权益，促进农民专业合作社稳定健康发展。

（二）继续加大对农民专业合作社的支持力度。政府应为合作社的建立和发展创造良好的发展环境。一方面，要不断完善资金投入渠道，支持有关农业财政专项和基本建设项目优先委托有条件的农民专业合作社实施；另一方面，要在税收、信贷方面给予一定的倾斜，依法落实税收减免政策，切实解决专业合作社产品因没有增值税发票无法进超市等问题。此外，应加强对合作社管理人才和农村专业人才的教育培训，培养懂技术、懂管理、懂市场的新型农民，为农民专业合作社的发展做好人才储备，可以仿效“大学生村官”计划，探索鼓励和支持大学生到农民专业合作社中就业和创业的方式和途径。

（三）积极完善农民专业合作社内部治理结构。我国农民专业合作社还处于发展的初期阶段，农民专业合作社内部管理还有待规范，要按照《农民专业合作社法》《农民专业合作社示范章程》等法律规章规定，引导合作社结合实际完善内部治理结构，在章程制度、登记注册、民主运行、财务管理、盈余分配等方面形成有效的管理运行机制，确保成员的主体地位，充分保障全体成员对合作社内部各项事务的知情权、决策权、参与权和监督权。

（四）着力解决农民专业合作社贷款难问题。针对目前农民专业合作社注册资本少、抵押资产缺乏的现状，推动组建专门的农业担保机构，建立信贷担保基金，鼓励合作社组织之间、合作社与成员之间开展互助保险和担保业务，鼓励其他各类担保公司为农民专业合作社提供担保业务，探索合理的农业担保分担机制，着力解决农民专业合作社“担保难”问题。

二、习作评析

（一）北京卓越合作社十篇习作的基本情况

从某某部2010年3月，青年干部培训班课程安排和有关卓越果品专业合作社10篇调研习作（简称“北京卓越合作社习作”）中6篇的导语看，这10篇习作都在3月30日一天中，同在卓越果品合作社一处调研的基础上写成，参加人员17人。其中领导和指导老师2人，有的却写为16人和20多人；1篇未说明具体时间，两篇记载为3月29～30日，1篇记载为3月31日一天调研卓越果品专业合作社一处；另一篇记载为3月30日调查卓越果品专业合作社外，还调查了北京昌农联农产品专业合作社情况。

10篇习作，我们最初对它们在文体上分类为调查报告8篇，工作经验1篇，杂谈（小言论）1篇；在质量上分类为一类3篇，二类2篇，三类5篇；通过比较研究，却有新的改变。

（二）十篇习作存在问题分析

1. 该同的相异点

什么是卓越果品合作社10篇调研作品中所谓“该同的相异点”呢？所谓“该同的”，主要指某部2010年3月青年干部培训班学员调研的时间、地点、所有参与人员和主要对象及其所介绍的主要基本情况，在各不相同文章中，有些应该相同，不得有异，这才符合调研文章要从实际出发、实事求是原则，符合事物存在和发展变化的客观规律，符合形式逻辑和生活逻辑。凡是应该相同的事实材料，由不同的调研主体在同一组的不同文章中，作了不同记述，会引起人们对事物现象的认识混乱，这就是该同的相异点。这些该同的相异点，在卓越果品合作社10篇调研习作中，主要表现为两种。

（1）各篇习作导语中介绍有关主要调研过程，应该相同的，却记述不同：

关于调查的具体时间。按照某某部 2010 年 3 月青年公务员能力建设培训班的日程安排和该班第一小组《立足社员需求创新服务模式——北京卓越果品专业合作社调研报告》等 6 篇习作记述，具体时间应是 3 月 30 日一天。可是，《关于北京市卓越果品专业合作社发展情况的调研报告》和《关于北京卓越果品专业合作社的调研报告》却记述为 3 月 29 ~ 30 日；第二组学员《发挥中介服务作用　搭建农民致富桥梁——北京卓越果品专业合作社调研报告》记述为“于 3 月 31 日来到昌平区卓越……”《北京卓越果品专业合作社调研报告》却没有记述具体月日。实际只是一天的具体时间却被记述为三个不同的具体时间。

关于调研人员。《鼓励探索　重在惠农　在实践中充分发挥合作社作用》记述为“某某部青年公务员能力建设培训班第一组学员在部经管总站巡视员刘 ×× 和农干院孙 ×× 老师的带领下一行 17 人……”第一组学员《立足社员需求　创新服务模式》和《打造服务平台创新服务模式》则记述为“第一小组 16 名学员在某某部经管总站原巡视员刘某某带领下……”《北京卓越果品专业合作社调研报告》记述为“由某某部经管司原巡视员刘登高带队一行 20 余人……”其他各篇均未记述具体人数。实际一个准确人数却被记载为三个不同的人数。

关于调研地点和对象。第一小组学员《立足社员需求　创新服务模式》等 8 篇习作记述的具体调研地点和对象都只说调查、走访、座谈了卓越果品专业合作社有关人员和商户，有的还记述了分 5 组分别与 5 名社员座谈；《鼓励探索　重在惠农　在实践中充分发挥合作社作用》则记述了“培训班一组先后走访了北京昌农联农产品专业合作社、卓越果品专业合作社（十三陵果业协会），同合作社社长、协会会长等有关人员开展了座谈，并分 5 组分别向 5 名合作社社员了解情况”，这就使调研地点和对象产生了歧义。

（2）关于调查对象的基本情况。如果第一组学员在同一天内，由同样的领导、老师带领到同一个调研点调查基本相同的情况，又在此前听取了同一调研点负责人介绍本调研点的基本情况。在这种情况下，各学员在自己的习作中，对该调研点基本情况的介绍，就应该是相同的，特别主要事实和数据材料要一致，不能矛盾。然而，主标题基本相同的《关于北京市卓越果品专业合作社调研报告》（称 1 号文）、《北京卓越果品专业合作社调研报告》（称 2 号文）和《卓越果品专业合作社的调研报告》

（称3号文）三篇习作，在介绍卓越果品专业合作社基本情况时，几个主要数据矛盾：

1号文为："北京卓越果品专业合作社创建于2007年9月，合作社的前身是北京昌平十三陵果业协会，协会成立的初衷是推广农业技术，为农民提供市场信息。随着协会的发展，农民更需要组织起来建立产、供、销一体化经营和服务的合作实体，于是，2008年初，在协会的基础上成立了北京卓越果品专业合作社。合作社面向当地47个行政村，现有社员3000余人，会员1728个。"

2号文在"2008年初"以前的文字介绍与1号文完全一样，"2008年初"之后为："在协会基础上成立了北京卓越果品专业合作社。目前（指2010年初），合作社已经发展会员1278人，涉及十三陵、长陵两镇的31个行政村，通过各种服务为当地农民带来了实惠，得到了当地农民的欢迎拥护。"

3号文自"合作社的前身是北京昌平十三陵果业协会"一句后写道："协会成立于2006年，由十三陵镇政府为主管单位……随着协会发展和《农村专业合作社法》的颁布，在原协会基础上成立了北京卓越果品专业合作社，有社员1700多名，覆盖长陵、十三陵两镇。"把时间概念完全模糊了，使人不知这"有社员1700多名"是什么年份的。三篇习作对北京卓越果品专业合作社基本情况的介绍大相径庭，使读者"不识庐山真面目"："现有社员"到底是"3000余人"，还是"1728人"，还是"1278人"或"1700多人"？到底哪个数字为"社员"，哪个为"会员"？"会员""社员"有否区别，有什么区别？"合作社面向当地"到底是"47个行政村"，还是"31个行政村"？3号文所指"有社员1700多人"，到底是"2006年"还是2006年后的"2007年""2008年""2009年"或"2010年"？所有这些数字，在现实中，都应该是唯一的，不应该是多种多样，否则就不对、不符合逻辑。

第一种该同的相异点，莫说它们是写在导语中，本来也可以不全写或不写这么具体。但是你既然写了，既然写得具体到了哪一天、几个人，你就得严肃认真，写得真实准确、一丝不苟。不写或不写具体，是不写或不写具体的说法。但是，一旦写，又写得具体了，就不能马虎。"一字入公文，九牛拔不出。"那是要对历史负责的。说不定你一篇小小调研文章，现在是领导参考资料，今后就是编史修志的历史文献。它记录的可是历史事实和历史真实，所以千万马虎不得。

第二种该同的相异点，更加不能马虎。那都是事实材料，要丁是丁、卯是卯才对，尤其时间容易被人忽略，那是千万马虎不得的。在四维空间中，时间是第一空间。

万事万物都存在于一定的时间之中，没有时间的事物是不存在的。在通讯、纪检、公安、法律等各种记事和案件的“六要素”中，时间都是第一要素。比如，犯罪嫌疑人，只要是没有“作案时间”，法律规定了，就必须取消其嫌疑。在所有事实材料中，时间是第一事实。没有时间，就没有事实的真实，这是千万忽视不得的。可是，在这组习作中，把许多准确、唯一的时间数字却搞得混乱不清了。

2. “该不同的”相同点

所谓“该不同的”，主要指有关卓越果品专业合作社10篇调研习作中不该相同的内容。西哲说：“世界上没有完全相同的两片树叶。”调查研究主要是调查研究事物的矛盾性和差异性，并从中研究、探讨解决问题的办法。作为调研成果的调研文章，不同作者，即使同一作者撰写相同题材的两篇及其以上的文章，也不可完全相同，千人一面，千篇一律，连事实材料都完全一致。

然而，10多名不同作者撰写的卓越果品合作社10篇习作却正好出现了几乎全部相同的毛病。

（1）第一小组《立足社员需求　创新服务模式》与《打造服务平台创新服务模式》两文内容从头至尾几乎一模一样。我们看到的后者，还有一个给它的一个点评稿。点评稿对于原稿，开头语和第一块基本情况的文字叙述作了较大改动，但基本意思没有改变。第二块主要工作及成效，主要把6个小标题作了全面改动，正文内容只有第一条开头一句话改动较大，但基本意思未变。其他各条，只字未改。第三块存在的主要问题，对第一条的“能力”、第二条的“定位”和第三条的“运作机制”共8个字批注要求稍作解释和具体化；批注第四条与第一条合并，“使之更充实”。对第四块作了全面肯定后，提问“这个合作社与协会在成员、义务、业务、财务上如何划分，是一套人马、两个牌子吗？这个问题的隐患是什么？有何建议？”其他只字未改。后者原稿第二块主要工作及成效的6个小标题“打造技术服务平台，创新技术服务模式”“打造产销对接平台，解决果品卖难问题”“打造人才培育平台，提高农民专业技能”“打造农资服务平台，降低社员农资投入”“打造经营信用平台，缓解农民资金压力；打造政策实施平台，落实各项惠农措施”，这6个“打造……平台”的排比句，我们以为比点评稿修改后的句式还是好一些，更能凸显主题，给人深刻印象。

比较完了后者与其点评稿的结构内容，无论拿原稿还是拿点评稿与前者对比，都是可行的。后者除了导语和基本情况与前者略有不同外，第二、第三、第四块内容完全一样，不同的只有第二块小标题制作，第三块小标题顺序和少许制作略有不同外，其余内容完全一样。我们可以全面对比一下两文第二块全部小标题及以下正文：

第一条，前者小标题为“创新劳动力协作服务模式，解决‘有人无地种、有地无人种’问题”，后者为“打造技术服务平台，创新技术服务模式”，正文完全一样。

第二条，前者为“创新合作社营销模式，解决果品卖难问题”，后者为“打造产销对接平台，解决果品卖难问题”。下边正文开头删除了前者中“针对果品上市时间集中、农户普遍缺乏销售能力的局面，合作社采取多种营销模式，帮助果农打开市场、拓宽销路”，后边只字不差。

第三条，前者为“灵活开展技术培训，提高农民专业技能”，后者为“打造人才培育平台，提高农民专业技能”，正文删除了前者开头“合作社充分利用现有资源，创新互教互学推广模式，逐步形成了一支有较高技能的职业农民队伍”一句，后边完全一样。

第四条，前者为“联合购买生产资料，降低社员农资投入”，后者为“打造农资服务平台，降低社员农资投入”。后边正文完全一样。

第五条、第六条，前者分别为“创新果品换资金模式，缓解农民资金压力”和“搭建‘一站式’政策平台，落实各项惠农措施”，后者分别为“打造经营信用平台，缓解农民资金压力”和“打造政策实施平台，落实各项惠农措施”。正文完全一样。

我们在最初划分 41 篇习作质量类型时，前后二者都划分在一类，现在发现二者一模一样，仍为两个一类对其他习作不公，但又不可只算一篇，因为两文分别署了作者名字，其他组也有两文完全相同的仍算两文，而且各组同题（材）文章中，大同小异，千人一面的太多，还是算两篇文章。从完整、深刻方面看，保留前者为一类较好。后者大标题中两个“服务”重复，前后两个句式雷同，前半句为“打造……平台”，后半句为“创新……模式”，都是做法，没有主从。前者前半句“立足社员需求”是树立目标，后半句“创新服务模式”是写做法，也好多了。

（2）剩下 7 篇除《鼓励探索重在惠农……》从标题到内容有较大不同外，《关于北京卓越果品专业合作社发展情况的调研报告》《北京卓越果品专业合作社调研报告》《卓越果品专业合作社调研报告》等 6 篇，从标题到结构再到全文，全为基本相同，只是一篇更比一篇简略，从减例子到减状况介绍，到减条款，到减掉条款，最后只有一两句设问，就完了。本次本来就普遍事实材料不足的调查研究活动，落脚到习作上，有的却基本上不使用事实资料，时间事实、数字事实都用得很少，更莫说典型事实、重点事实；个别习作甚至一概不用事实，一概不凭事实说话，把调研文章的特点和生命都抛弃了。

3. 多同少异、有同无异的原因分析

这个问题，在当前情况下，具有普遍性。不只某部赴卓越果品合作社调研的青年干部存在，赴其他地方调研甚至全国不少地方、部门的青年干部和初学调研的同志都存在。究其原因，既有主观认识和努力不够、方法不当等，也有不少客观因素：

（1）认识不足。首先，对调研文章的特点和难点就是“凭事实说话”认识不足。凭事实说话，是调研文章的主要特点之一，几乎在所有调查研究教科书和辅导读本中都是众口一词，绝无例外。可是，当前不少调研文章写作者却知之不多，有点了解和认识的认识也较肤浅。其次，对事实胜于雄辩的道理、事实和实事在调研文章中的作用和地位认识不足。不少同志只在口头上会说“事实胜于雄辩”，但真正怎么理解和运用这句话的道理，尤其事实和实事在调研文章中的作用和地位认识不深，有的甚至没有认识。所以，对事实和实事也缺乏了解，在写作中更加忽视。最后，对数字的作用认识不足。不少同志不喜欢数字和运用数字，总觉得数字枯燥无味，也胸中无数。

（2）时间不足，方法不当。就拿卓越果品合作社的调查来讲，时间一天，十七八人集中听取介绍后，分成5组，各组分别与一位社员座谈，只座谈一名社员会是个什么结果？即使谈得非常成功，也只了解到一位社员知道的情况，去伪存真、去粗取精后就所剩无几了。如果这个人实在知之甚少，又谈不出子丑寅卯，仅有的一点时间花了，结果只能是一无所获，那整个调研不就泡汤了！一般来讲，此类访谈，每个小组，不访谈十个八个深入了解情况的对象，是很难满足一次调研所需要事实材料的。还要访谈方法对头，对象配合得好；否则，就只能是本讲所说“该不同的全同”的结果。

（3）教育培训不足。教育不足，在现当代的普通高校和成人高校中，几乎没有或很少开设调查研究课的，即使开设，也只讲很少几节大课，轻描淡写，点到为止。在行政企业事业单位，对办公室调研人员，一般都重使用，轻培训；只使用，不培训；若培训，也只是以会代学，以会代训。单独培训调研写作的，少之又少。许多调研写作人员都是靠自学，而自学时间又极为有限，自学精神和方法欠缺者，当然就不甚了了。工作起来，只好盲人骑瞎马，夜半临深池，不失败才怪！

（4）引导约束不足。当前，不少行政企业事业单位，调研写作队伍青黄不接。不少新手仓促上阵，只好边学边干。边学边干，又缺乏内行、老手传帮带，引导不足。初稿写成之后，找个认得好坏的人讨论、评说都难以找到。只好写么样、算么样。写好了，就好，写不好，也就算了，也没有约束奖惩，很少激励提高。待个一年半载，拍屁股走人。第二年、第三年，又是新手上阵，更没有谁来收集资料，保存数据。

（5）新老八股影响。满纸“四个有无”，即本书第一讲综合评析当前青年干部调研文章中普遍存在的问题，问题之三“空”的毛病，这些“文章”又是怎么写出来，满天飞呢？你抄我，我抄他，东抄西抄，老八股没有抄完，又来了新八股；大一二三四五，套小一二三四五；老甲乙丙丁戊，套新 ABCDE。

（6）“学生作文病”感染。我们不能把学生作文一棍子打死，只说在应试教育下的学生作文，普遍存在言之无物、言之无事、言之无人、言之无数“四个言之”毛病。在当前屡禁不止的应试教育体制下，培养出来的“三门”（即从家门、校门进单位门）干部，在当前这种行政企业事业单位调研写作队伍青黄不接的状况下，如同某某部青年干部部分调研习作中一类的“四个有无”“四个言之”，恐怕是摆脱不了学生作文病的。

三、在调研习作中用好事实材料的思考

第一，坚持学习明理。主要通过看书学习，从掌握基本知识开始，弄清道理、事理。首先，搞清楚什么是事实、实事；事实和实事是什么关系；为什么事实胜于雄辩；为什么调研文章主要是凭事实说话；事实在调研文章中处于什么地位，起什么作用等。这些基本的、常识性的知识，应采取多种办法，如查词典、找网络、读教科书、请教行家等，学好、弄通、记住、记牢。其次，在可能的情况下，做一些深入细致的探讨，磨刀不误砍柴工。这是如何在调研文章中写好事实和实事的必要前提和基础。

第二，坚持广泛调查了解事实材料。一是要全面、完整、准确地了解、掌握在一定时间和空间范围内相关的人，做了哪些事，怎么做及做得怎么样。就是要弄清楚写史、修志，整理纪检监察专案材料过去所说的时间、地点、人物、事情、原因、结果“六要素”现在改为时间、地点、人物、事物、实物、数量“陈氏新六要素”，

新闻通讯中的“五个 W”。二是要做到胸中有数。既要有宏观层面上的总体数据，又要有微观层面上的具体数据。宏观层面上要有百、千、万的大数字，微观层面上最好有精确到元角分、丈尺寸、斗升合等。三是要弄清主要事物的来龙去脉。比如，合作社、合作社法等的来龙去脉，起于何时、哪一些国家和地区；我国最早的合作社及其运动是什么；现在这次合作社运动怎么开始，怎么发展，现在与过去的合作社有什么不同等，要反复查找资料，查找文献、文件，现实的，历史的；现实中找，网络上找。仅凭调查对象等介绍的那点内容是不够的。

第三，坚持从实际出发，实事求是。毛泽东说：“从实践中来，到实践中去，一切从实际出发，实事求是，这既是我们党的优良传统，又是一种工作方法和思想方法，是我们的传家宝。”我们写调研文章，从编制提纲、构思框架，到提炼观点、筛选材料，运用论据、语言，都应该采取这种工作方法和思想方法。由于从某部青年干部 41 篇调研习作中难以找到事实材料全面、完整、丰富且运用较好实例来阐明此条做法，只好借用拙著《调研写作实用技术——调研文章要注重写好事实和实事》（载《应用写作》2009 年 5 期，46 页；《巩》文为笔者编改的《巩固“四救”网络创新救助工作》一文的简称）的一部分内容来阐明。这部分内容为：

我在修改调整《巩》文第三级小标题时，将每块 3 个以上的小标题全部删除，只留用和改用 2 ~ 3 个最有实用价值的小标题；第二块甚至没有用小标题，而以内容表述的方式来区分文章层次，使全文 4 块更为错落有致、飘逸灵动、轻松活泼，让人没有呆板沉闷的感觉。在修改调整《巩》文总体构架时，我认真总结分析了当前社会救助工作的实际情况，认为社会救助，主要是政府职能，实际由市民政局牵头，市政府各相关职能部门协作，社会各界齐抓共管。反映这种齐抓共管的“共救”网络，应该在“四救”网络中居于首位，因此，我把它从《巩》文中的第四位调到了第一位。我在重新提炼文章各主要观点时，对《巩》文中把“义救”网络定义为“深化‘义救’网络，规范救助服务”的观点，改变为“构建‘义救’网络，创新救助机制”，而把“构建‘共救’网络，延伸服务领域”，改为“构建‘共救’网络，规范救助服务”，这就更为符合实际。因为“义救”的特点，主要是“自愿、利他、不计报酬”，正是对现行救助机制的一种创新和补充；把“共救”网络，明确为“规范救助服务”，更能体现政府的服务职能，和规范救助服务的重大意义。同样的道理，我把“商救”一块的标题修改为“构建‘商救’网络，增强救助功能”，把“社救”一块的标题修改为“构建‘社救’网络，拓宽救助领域”，不仅也都更为符合实际，而且，调整修改后的全文4块，更为科学合理，协调一致，其表现力、感染力、冲击力、震撼力都大为增强。

从这段内容表述中可以看出笔者是怎样从实际出发实事求是修改他人文章的。

第四，坚持用事实说话。即摆事实，讲道理，就事论理，以理服人，不是只停留在就事论事甚至就事说事的浅层次之上。

一是要观点统率材料，材料说明观点。主要是围绕观点，精选材料。选择最能够说明观点的材料，使材料与观点配套。为了说明“创新合作社营销模式，解决果品卖难问题”的观点，《立足社员需求　创新服务模式》一文选用了“一是与昌平其他11家合作社组成昌农联农产品联盟，实现产销信息共享……”等5件实事为例，就比较好地说明了解决果品卖难问题的观点。二是要选择特色材料，增强观点特色。在《立足社员需求　创新服务模式》一文的第二块第三条“灵活开展技术培训，提高农民专业技能”中，作者选用邀请北京农学院、区科协的专家和合作社的果树能手，深入田间地头，积极开展果树种植技术义务培训，每年培训村民1500多人次，和选出40多名基础好、懂技术的社员进行重点培养……合作社还建立了拥有8000多册图书的“农家书屋”，向农民免费开放等实例，既说明问题，又显示农业技术培训的专业性，也增强了“提高农民专业技能”的行业特色。三是要写实、写细、写新，增强文章思想深度。努力选用实有的、具体的、完整的，尤其最新发生的事例和数据，使文章内容充实，思想深刻、新鲜、活泼，既赏心悦目，又发人深省。四是要材料配套，协调统一。《立足社员需求　创新服务模式》一文共选用14个较完整的典型个案，各有特点和侧重点，不重复，不矛盾，不交叉，共同说明《立足社员需求　创新服务模式》一文主题，形成一个完整统一的有机整体。五是点、线、面结合，使文章更为厚重有力。《立足社员需求　创新服务模式》一文选择的典型事例，最早的是昌平区农民蔡臣良在原来北京昌平区十三陵果业协会的基础上，组织周围各村350多户果农于2007年9月成立北京卓越果品专业合作社，这就是“点”；以后每年都采用了3～4个典型，来说明专业合作社的工作情况，这就连起来成为“线”；全文开头有总的面貌概括，文中分别按不同事类和不同时间段都有反映局部情况的具体数据，又构成了一个点、线、面结合的统一整体，给人以较强的厚重感。六是由全文 4 块的 4 个相对独立完整的逻辑推理、论证形成一个完整统一的总体的逻辑推理和论证：立足社员需求，创新服务模式，给读者留下很深的印象。

阅读书目

[1] 陈方柱. 调研写作实用技术（十六）——调研文章要注重写好事实和实事. 应用写作. 2009, 5.

[2] 陈方柱. 怎样写好调研文章. 北京：中国言实出版社, 2007.

第四讲　比较北京市郊农村信息化建设八篇调研习作

——兼谈调研文章的标题制作

本讲所比较的调研北京市郊农村信息化建设的八篇调研习作（简称“八篇农村信息化调研习作”）属质量相对较高的一组。但其大小标题制作和使用却毛病较多，代表了当前不少青年干部和初学者调研文章的主要倾向和问题。我们将在比较研究这八篇习作的基础上，讨论调研文章标题的制作与使用技巧，与大家一起从中得到一些启示。

一、样本

样本一：加强政府引导　努力推进农村信息化进程

——关于北沟村农村信息化建设的调研报告

近年来，各种辅助农业发展的信息化系统层出不穷，农民上网不再稀奇，一些地方还尝试开展了宽带入户工程。北沟村就是这样一个让人可以躲在山沟沟里无线上网的村子。根据农业部青年公务员能力建设培训班的安排，3月26日至27日，第二调研组一行9人赶赴怀柔区渤海镇北沟村，围绕农村信息化、数字家园建设工作进行了实地调研。通过与当地负责信息化工作的有关同志座谈、走访部分农户开展入户调研等方式，亲身体验了农村信息化建设在提供信息服务、方便群众生活、提高教育水平等方面的成效，也发现了农民掌握和获取信息能力不高，农业信息不对称等客观存在的一些问题，对该村的农村信息化建设现状有了基本的认识。

一、北沟村信息化建设基本情况

北沟村位于渤海镇东北部，距镇政府所在地7千米，距怀柔城区18千米，村域面积3.22平方千米，共有138户，365口人。其中党员32名，村干部5名，经济来源主要依托发展民俗旅游、种植板栗，年人均收入8000元。2007年，在怀柔区信息化工作领导小组的统一领导下，区信息办、农委、信息中心开展了“宽带村村通”工程，实现了区电子政务宽带网络平台互联互通。网络的应用必须以区电子政务应用为基础，搭建村级的电子政务办公平台，能够召开市、区、镇（乡）、村多级视频会议。由于北沟村地处山区，农户居住分散，信息入户成本高、难度大，信息不畅通成为困扰村民祖祖辈辈的难题。随着经济发展，个别农户通过固定电话网络提供的ADSL宽带网络服务每月要支付千余元的上网费，对该村农民来讲，成本过高，不易接受。

为进一步推进农村信息化建设，将致富信息带给广大农民群众，2008年初，怀柔区政府信息中心携手北京思普科科技开发有限公司、中科院计算所，以北沟村为试点，启动了“低成本信息化，农村无线网络入户”试点工程。北沟村党支部、村委会筹资20余万元为农户购买计算机提供补贴，在全村基本实现了每个院落1台计算机。村民可以通过无线宽带接入互联网，大大降低了接入互联网的成本。该村党支部、村委会还组织村民学习计算机及上网获得信息发布信息的知识，委派村里的两名大学生“村官”负责解决居民使用计算机中遇到的一些问题，并开通了北沟村网上“电子书库”“北沟村在线医生”等特色服务，使村民们可以像城区居民一样，切实享受到互联网带来的实惠。

二、信息化建设取得的主要成效

在走访中我们了解到，通过北沟村一年多的实践，网络入户给村民带来的便利已经逐步显现，村民的生活习惯、生产方式及思想观念都有了一定程度的转变，主要体现在以下几个方面。

（一）提高了村民收入

虽然北沟村位于山区，交通不是十分便捷，却是京郊重要的板栗产区，同时，怀山柔水的自然环境，为该地发展民俗旅游创造了得天独厚的条件。正阳农家院的老板徐迎春告诉我们，去年一年她家接待了50多位外国游客，京城来的三三两两的旅行团不断，多亏了两个上学的儿子上网做广告，招揽来了生意，“这个小院就我自己经营，一家人的花销和两个孩子的学费都解决了，觉得知足了”，这位中年妇女这样告诉我们。村民曹海虹是个充满活力的人，知道我们的调研主题就打开了话匣子，“我家是做铁粉生意的，主要卖到河北迁西一带，没有网络之前什么信息都没有，人家来收购要多少钱就卖多少钱，现在不一样了，我把中国迁西网站放在收藏夹里，每天上去看看，铁粉价格一清二楚，谁来买都骗不了我了，这不，经济条件好了，我们自己又买了一台笔记本电脑，省得出门上网不方便。”

（二）转变了思想观念

北沟村支部书记王全告诉我们，让他下决心争取政府扶持实施“低成本网络入户工程”，在经费紧张的情况下筹资 20 万元为村民购买计算机，尽全力推进该村信息化建设的原因很简单，“我不想让村里的孩子落在城里人的后面。”他说，孩子是我们的未来，一定要让他们享受到一切能够利用的信息资源，孩子是家庭的核心，他们接受能力快，能够直接影响所在的家庭。实践证明了这位书记的话是正确的。走访中，几乎所有家长都说，主要是孩子操作计算机，“原来抢电视，现在抢计算机”的局面几乎家家都存在。网络也在潜移默化地改变着村民的生活，不少农民可以在网上浏览新闻了，进城办事知道利用网络查询路线了，久不联系的同学可以通过 QQ 聊天了，我们还发现，一些像美容、保健类的专业网站也悄悄地进入了一些农家计算机的收藏夹。村民普遍反映，有了网络，视野和眼界突然就拓宽了，感觉跟世界的联系更加紧密了，变得更加容易接受新鲜事物了。

（三）扩大了知名度

作为怀柔区首个实现无线网络全覆盖的电脑村，北沟村吸引了各方来客，有学习取经的乡村单位，有参观调研的学者政客，有慕名来访的玩家游客，无形中扩大了该村的知名度，带来了一些商机。

三、存在问题和建议

调研中，我们也发现了北沟村信息化建设过程中的一些问题，使得信息化建设的优势尚未完全发挥出来，将信息化变成新农村建设的巨大推动力还有较大距离，为此建议：

（一）加强宣传，提高农民信息化意识

调研发现，该村信息化基础工作仍处于较低水平，多数村民受教育程度不高，信息意识和利用信息的能力不强，认识和接受信息技术的能力较低，对网络没有兴趣，超过 40 岁的村民几乎很少动手操作计算机，计算机使用率较低。

为此，政府应加大宣传力度，通过树立个别村民通过互联网及时准确地了解市场行情变化，避免损失，增产增收的典型，使广大农民认识到网络的积极作用，让农民通过身边真实的致富例子，加深对信息化的了解和认同，转变思想，不仅是通过看电视、听广播、读书阅报和与亲戚朋友的交往中收集到各种信息，而且要通过网络广泛地猎取所需的农业信息，站在市场信息的制高点及时准确决策生产活动，形成了生产前围绕市场需求调整产业结构，产中提升质量，产后搞活销售的新型产销一体化的经营模式，改变传统闭塞的农业生产模式，享受现代科技信息给现代农业带来的效益。

（二）提高农业产业化水平，为农村信息化建设注入动力

调研发现，作为该村主要农业经济来源的板栗种植还停留在一家一户的小规模生产水平，农业产业化程度不高，难以形成迫切的信息需求。农村信息化是在农业产业化发展到一定阶段的必由之路，而农业产业化又是农村信息化的基础，两者相互依赖。农户生产以市场为导向形成规模化生产，必然会产生对信息的强烈需求，在生产没有形成规模时，就不可能或不必要加大对信息的需求。采用信息需要一定的投入，如购买信息技术设备、支付获取信息的费用。对于生产规模小、生产效益不高的农户来说，信息利用成本高，就不可能在信息方面有大的投入。

（三）加强政府投入，推进农村信息化建设

调研发现，当地的信息网络的管理与服务机构不健全，没有形成农村信息主流渠道。在农村信息资源的开发利用方面，尚未建立起高效权威的农村信息服务体系。农村信息化建设缺乏政府必要的引导，农产品的电子商务还处于起步阶段，难以发挥重大的作用。

为此，建议在现有的网络平台上，进一步丰富农业信息化建设的内容，举办与信息化相关的各类培训班，免费对农民进行网络信息化运用等方面的专业培训。结合农业科技下乡等项目，发挥“政府搭台、群众唱戏”的功能，探索由“政府牵头、各界配合、市场运作、企业实施”的运行机制，以农村信息化基础设施和信息资源建设为基础，综合运用现代信息技术手段，建立农村信息化技术体系和服务体系，实现农村的全面协调发展。

农村信息化建设是社会主义新农村建设的重要内容，是缩小城乡间存在的数字鸿沟和信息不对称，解决农村信息服务难题，切实为农民提供各种信息服务的需要。从北沟村的情况我们深刻感到，农村信息化建设十分重要，也非常必要，但农村信息化的过程注定是一个长期而艰巨的过程，需要政府在一个相当长的时期内加大扶持，加强引导，逐步推进。

样本二：加快农村信息化建设的思考

× ×

加快农村信息化建设，是建设社会主义新农村的重要组成部分，是促进农业现代化的重要途径。国家相关部门已经就农村信息化建设工作做出了安排部署，并在小范围内开展试点。笔者在对农村信息化建设试点村——北京市怀柔区渤海镇北沟村进行调研的基础上，对进一步加快农村信息化建设进行深入思考，提出自己的观点和看法。

一、北沟村信息化建设基本情况

渤海镇北沟村位于北京市怀柔区，背靠慕田峪长城，三面环山，地理条件较差。全村 136 户农户，村民 365 人，以板栗种植为主业，民俗旅游为副业，2008 年人均年收入 8200 元。

作为农村信息化建设试点村，北沟村建立了数字影院和集体活动室，做到了有线电视、广播入户。2008 年 4 月，开始推进互联网入户，通过政府财政补贴、通信技术企业赞助和农民自筹资金，完成了适合偏远农村的低成本无线上网工程。目前，全村所有农户家中连上了互联网，实现了网络资源共享。宽带入户工程加快了农村信息化建设步伐，使北沟村基本实现了农村信息化。

以宽带入户为突破口的农村信息化建设，使北沟村发生了显著变化。一是促进了生产发展、村民增收。村民从网上收集板栗种植技术、病虫害防治技术和板栗销售信息，确保板栗种植业又好又快发展；通过村和镇的门户网站，大力开展民俗旅游宣传，扩大知名度，增加副业收入。二是促进村民转变了观念。通过互联网，村民丰富了知识，开阔了视野，接受了新思想、新观念。潜移默化的熏陶，过去邋遢猥琐的习惯没有了，勤劳俭朴讲卫生大行其道，村容村貌更加整洁；刁蛮不讲理的作风没有了，互帮互助互谅蔚然成风，乡风更加文明，管理更加民主。三是丰富了村民的业余文化生活。聚众打牌的没有了，扎堆喝酒胡侃的没有了，网上看电影、网上聊天、网络游戏成为村民业余文化生活的重头戏，蹲墙根晒太阳变成了游网络长见识，家人饭后抢电视变成了抢计算机，网络已经成为村民生活的重要部分。

当然，作为一件新生事物，北沟村通过低成本无线上网实现农村信息化建设跨越式发展，也不可避免存在一些不足之处。 一是电脑、网络资源利用率低。村民整体素质不高，留守村民年龄结构老化严重，对新事物反应迟钝。40 岁以上的人对网络利用率偏低，宽带入户主要为了孩子的情况占绝大比重。二是网络空间有待净化。虽然国家有关部门已经做出了努力，但网络空间净化之路还很漫长。不良网络信息对农村的影响不可低估。三是信息可用程度低。农村信息化建设不能简单等同于宽带入户，后续的农业信息采集、门户网站维护任务繁重。当前还没有建立起农村信息化专业服务队伍，信息服务跟不上。现在的网络信息多，但是与农民的需求存在“断层”现象，针对性强、真正有用的信息少，取之能来，但来不能用。“信息基本不用，生产基本跟风，销售基本凭蒙，致富基本靠碰”的状况没有随着宽带入户而改变。四是信息化建设成本较高。北沟村的宽带入户工程，政府或企业赞助建立 3 个基站花费 10 万元，每户一台电脑（136 户）共约需 70 万元左右，宽带入户工程总共花费 80 万元，这还不计算宽带到村口的费用。要是不推行这种低成本无线上网，村民还得承担每年的信息使用费，总体成本将更高。在当前农村经济整体不很发达的情况下，如果政府不补贴，信息化建设成本将大大加重村民负担。五是北沟村的低成本无线上网不适宜广泛推广。低成本无线上网主要适用对象是农户居住集中的山区农村，其优点是一次投入，长期免费使用。其前提是必须将宽带拉到村口，在部分中西部地区有线电视、广播都无法到村的情况下，宽带到村难度太大。同时，中西部山区农村的村民大都分散居住，不像北沟村这样集中，要确保互联网入户，必须成倍地增加发射基站，将进一步抬高成本，而且上网效果不一定得到保障。

二、全国农村信息化建设现状

进入 21 世纪以来，在各地区各部门的共同努力下，我国农村信息化建设取得了积极进展。信息基础设施建设稳步推进，特别是通过实施广播电视“村村通”工程和电话“村村通”工程，有效地提高了农村地区广播电视人口综合覆盖率和固定电话普及率；涉农信息资源开发利用得到加强，农牧产品生产、加工、销售、市场供求等信息，以及农民生活的各类信息粗具规模，在许多地区农民可以通过互联网或其他终端方便地获得生产生活中的各类信息；各有关部门参与农村信息化建设的格局开始形成，农业、气象、科技、教育、广电等部门发挥自身优势和职能作用，积极推进农村信息网络体系和信息服务体系建设，有力地促进了信息技术在农村经济社会各领域的应用和涉农信息服务业的发展。对于加快农业和农村经济发展，增加农民收入，促进农村各项社会事业发展和丰富农民文化生活都发挥了重要作用，也是今后我国农村信息化建设的重要基础和载体。但是，我们也要清醒地认识到，我国农村信息化建设起步晚、基础差，整体水平相当落后。目前我国13亿人口中有9亿人在农村，乡村固定电话用户数不到城市固定电话用户数的1/2。全国广播和电视尚未覆盖到的人口都集中在农村。目前我国互联网用户数虽然位居全球第二，但从用户的行业分布看，农、林、牧、渔行业的用户仅占1.3%左右；从用户的职业分布看，从事农、林、牧、渔的工作人员仅占1%，这表明农村互联网普及率和应用水平是很低的。在信息资源开发利用、信息技术推广应用和信息化人才培养等方面，城乡之间的“数字鸿沟”也十分明显，而且仍然呈扩大的趋势。这些问题在一定程度上影响了中央关于“三农”工作政策的实施效果，必须引起各方面的高度重视，并采取有效的政策措施认真加以解决。

三、加快推进农村信息化建设

在当前农村经济社会发展比较落后，城乡之间“数字鸿沟”仍在扩大的情况下，加快农村信息化建设，发挥信息化对农村经济社会发展的巨大作用显得尤为重要和迫切。发展农村信息化，有利于建设现代农业，逐步改变城乡二元经济结构局面，提高现代科学技术在农村的普及和推广应用水平，促进农村物质文明和精神文明建设。发展农村信息化，还有利于推进农业和农村经济结构战略性调整，全面繁荣农村经济，而且能够有效地促进农村各项社会事业发展。要全面加强农村信息化建设，需从以下方面入手。

（一）明确农村信息化建设的指导思想。推进农村信息化建设，是趋势和潮流，但具体进程应结合各地经济发展水平而定，不宜“一刀切”强行推进，欲速则不达。在推进过程中，要坚持以邓小平理论、“三个代表”重要思想和党的十七大精神为指导，全面贯彻落实科学发展观，遵循“政府部门主导，社会力量参与，完善运行机制，实现多方共赢，服务亿万农民”的基本原则，以解放和发展农村生产力为核心，以优化配置信息资源为基础，以开发应用信息技术为支撑，以提升信息服务能力为重点，不断提高我国农业和农村信息化水平，充分发挥信息化在发展现代农业和建设社会主义新农村中的重要作用，推动形成城乡经济社会发展一体化新格局。

（二）政府推动，加大资金投入，列入政效考核。农村信息化建设不能依靠农村自发行为，必须由政府推动和参与。政府部门要研究制定相应的规划与政策，将大力发展农村信息化工作纳入目标管理绩效考核中。增加投入，制定专项扶持资金，同时要创造有利环境，优先整合涉农信息资源，建设和完善农业综合信息服务平台，稳步推进农业信息化。

（三）降低信息化成本，提高应用实效。相对农村的收入水平而言，目前的信息产品和通信资费水平还是偏高，应通过技术和政策手段努力降低信息技术使用成本，让广大农民能用得起、用得上、用得好。要把信息化建设同促进经济发展、提高农民收入结合起来，尤其要重点关注特色产业发展。对于已经取得显著成效的试点示范工程，要及时总结经验，做好宣传推广工作。

（四）加强农业信息网建设。农业信息网是实现农业信息化的重要工具。应利用通信技术、计算机网络技术、人工智能技术、多媒体技术、数据库技术等各种高新技术与农业生态技术集成，以各种资源数据库为基础，农业专家系统、智能控制系统和决策支持系统开发工具为平台，面向农村、农民，因地制宜地建立各种各样有关农作物生产、销售的专家系统和农村经济决策支持系统，并把农业专家系统配置到市、乡、村，直接面向农民和基层农技人员以及广大科技示范户、种养户，引导他们对该系统的认识和应用，实现农业生产的自动化和智能化。

（五）狠抓普及培训，提高农民素质。农民综合素质较低主要体现在文化水平低和科技素质低，这既直接限制了农民对信息技术和网络知识的学习能力，也限制了农民理解信息的能力，导致了信息运用水平低下。信息化水平与农民信息意识和信息能力息息相关，要着力培养有文化、懂技术、会经营的新型农民。加强对农民的系统培训，大力提高农民获取信息的能力，并着重培养农民的三种现代意识：一是现代的科技意识，即让农户具有学科技、用科技、走科技兴农之路的意识。二是现代的市场意识，即让农户具有学习市场经济知识、掌握市场动态、按市场经济规律办事的意识。三是现代的信息意识，即让农户具有愿意为信息投入、注重收集信息、分析信息、利用信息的意识。

（六）要建立完善的农村信息服务体系。建设农村信息服务体系的重点应是采用乡级建立信息服务点、村级培养信息员的方法，健全乡（镇）、村两级信息传播网络，充分利用新闻媒体和农业信息网络的信息传播优势，并充分调动涉农企业、农产品经纪人、农广校、村干部、农村信息员的积极性，使各方面密切合作形成集信息收集、加工、发布、服务于一体的农村信息服务体系，为解决农业信息进村入户问题奠定坚实的基础。

（七）因地制宜，努力推介低成本无线上网技术。北沟村采用的低成本无线上网技术，在部分农村具有很强的实用性，建议相关科技推广部门，对其进行评估鉴定，根据其优势特长，合理确定使用地区，因地制宜进行推介，有效解决部分农村互联网入户难、使用成本高等问题，为加快农村信息化建设进程做出贡献。

二、习作评析

（一）《加》文基本情况

《加强政府引导　努力推进农村信息化进程——关于北沟村农村信息化建设的调研报告》（简称《加》文）是北京市郊农村信息化建设一组同题材调研习作的问题文章代表。全文3500字，分“一、北沟村信息化建设基本情况”“二、信息化建设取得的主要成效”“三、存在问题和建议”3块。主要问题是跑题，下笔千言，离题万里，离得出奇。

大标题、主标题核心内容是“加强政府引导”，导语300字，未见“政府”两字影子。第一块介绍北沟村信息化建设基本情况的第一部分2007年的情况，无“政府”两字，但有“区信息化工作领导小组”一词组，可算提到“政府”了，但政府做了什么工作呢？只写了领导小组领导下，区信息办、农委、信息中心开展了“宽带村村通”工程，实现了区电子政务宽带网络平台互联互通这么一句，后边一大段介绍农村信息化的作用之类，再没提政府做了什么。第一块介绍基本情况第二部分2008年的情况，又只写了区政府信息中心等以北沟村为试点，启动这个试点工程的简单十几个字，后边就详细介绍村两委在信息工作中的具体工作。这第一块700字，550字与政府无关。

第二块“信息化建设取得的主要成效”，“提高了村民收入”“转变了思想观念”“扩大了知名度”3条，1000字，整个未提“政府”两个字，全是北沟村村两委及村民活动。

第三块“存在问题和建议”第一部分70字，未提“政府”两字。第一条建议“加强宣传，提高农民信息化意识”第一部分100字，又未提“政府”两字；第二部分250字，开头一句就提到“政府应加大宣传力度”了，但往后边写该怎么宣传的内容，东一句，西一句，一写就写到如何通过宣传信息化，如何调整农业产业结构上去了，又离题万里了。建议第二条“提高农业产业化水平，为农村信息化注入动力”，一个字也没与政府如何引导信息化建设沾边。第三条建议“加强政府投入，推进农村信息化建设”，也分两部分写，却始终没有写到政府怎么加强投入的内容，而一般化谈了免费办培训班、科技下乡、技术服务等杂七杂八的话。

最后结尾写了一段小结，却讲了几句信息化的意义，要求政府长期加强引导，算是点了题。

《加》文主要问题是全篇偏离大标题，这不要紧，如果偏到另一个中心问题上去，集中写了另一个主题，把大标题换个题文相符的也行。但是，《加》文始终没有一个明确的核心主题，全文东一句、西一句，说到哪里算哪里。没有中心，是《加》文第二个问题。

《加》文第三个问题是空有标题，无内容。这就是第三块的“存在问题和建议”，“存在问题”没写一个字的问题，到底是什么问题，就接着写“使得信息化建设的优势尚未完全发挥出来，将信息化变成新农村建设的巨大推动力还有较大距离”，空洞无物。

第四个问题是大标题为双标题，主副标题语意重复。

总的问题是看似分条列项，实是杂乱无章。

（二）八篇农村信息化建设调研习作的主要优点

我们说京郊信息化习作，调研质量较高，一是其三类文章较少，二是多数习作具有以下优点和特点。

1. 小中见大，言近旨远

京郊信息化习作都由 2009 年 3 月调研北京市怀柔区渤海镇北沟村和桥梓镇东凤山村实行农村信息化建设试点情况产生，多数作者能够立足两村试点实际，小中见大，展望全国农村信息化建设的远大前途，并认真探讨当前存在的一些困难和问题。言近旨远，从多个角度建言献策，建议以科学发展观为指导，在社会主义新农村建设中，加快农村信息化建设，实现城乡一体化发展。其中，《加快推进网络下乡　跨越城乡“数字鸿沟”——关于怀柔区北沟村低成本无线宽带入户工程的调查》（简称《鸿》文）和张浩《加快农村信息化建设的思考》（简称《思考》）更为主题深刻，内容充实，能给读者更多启示。

《思考》一文开宗明义，在 140 多字的简短导语中，第一句话就直击主题，明确“加快农村信息化建设，是建设社会主义新农村的重要组成部分”和“促进农业现代化的重要途径”。紧接着，牢牢把握新农村建设这个大局和时代背景，从大处着眼，小处着手，脚踏实地，紧紧抓住北京市怀柔区北沟村这个农村信息化建设试点村的建设情况，调查研究，对进一步加快农村信息化建设进行深入思考，在更为宽阔、广大的全国农村，尤其中西部地区山区农村信息化建设层面上，提出了自己独特的观点和看法，小中见大，言近旨远，给人以新的启示。作者简述实施低成本无线上网工程试点建设给北沟村农民物质文化生活带来的巨大变化之后，深入剖析了作为新生事物的该项工程在实施中存在的“计算机、网络、资源利用率低”“网络空间有待净化”“信息可用程度低”“建设成本高”等五大问题，尤其第五条，“北沟村的低成本无线上网不适宜广泛推广”，作者结合我国中西部地区山区农村村民大都居住分散，不像北沟村这样集中的实际，充分估计到“在部分中西部地区有线电视、广播都无法到村的情况下，宽带到村难度更大”，进而想到“要确保互联网入户，必须成倍地增加发射基站，将进一步抬高成本，而且上网效果不一定得到保障”。

基于上述考虑，作者在第二块进一步拓宽视野，全方位鸟瞰全国农村信息化发展状况；在第三块更加高瞻远瞩，简明扼要地提出了加快农村信息化建设的七条对策建议，条条具体实在，可行性和可操作性很强，可供各级政府及地情村情各不相同的全国大多数农村参考。

2. 思路开阔，做法多样

调研文章的具体文种主要有调查报告、工作总结、工作经验、工作研究、战略发展研究、考察报告等 10 多种，但无论哪种，都得描述状况，反映成效，总结经验、做法，研究问题，建言献策，提出具体解决办法、措施和介绍某些体会、启示等，我们把这些可以并且最好分条列目表达的内容，总括为“做法”，因为工作经验、对策措施等，实质上都是做法；有些状况描述，成效反映，问题揭示，也都可归结为一些具体做法；有些体会、启示，想法和看法等，都实际是做法；有些观点、理念、思路，实际上也是做法；反过来，有些做法，实际也就是文章的观点或主题。

该组 8 篇习作，按具体文种分，有调查报告 4 篇，工作研究 3 篇，工作经验，又可称新闻调查 1 篇。分条列目叙述的类目有工作成效、做法（含经验）、问题、对策建议、体会、启示、思考 7 种。全文分 4 种类目的有《鸿》文、《低成本无线宽带接入工程实现山区农村信息化的重要推手》（简称《推》文）、《浅析政府在农村信息化过程中的作用》（简称《浅》文）3 篇；全文分 3 种类目的有《思考》《网络下乡推进农村信息化建设》（简称《网》文）、《把农技推广和农民教育纳入农村信息化服务的建议》（简称《把》文）3 篇；全文分两种类目的有《推进农村信息化加速城乡一体化》（简称《一体化》）、《加强政府引导努力推进农村信息化进程》（简称《加》文）2 篇。8 篇习作共设类目 25 种，共分三级条目 83 条，篇均类目 3.1 种，条目 10.3 条。

我们讲过，分条列目，横分门类，纵分层次是调研文章写作重要特点和方法之一，也是调研写作者能力素质高低和思路开阔与否的一个重要方面。从形式上看，8 篇习作分条列目总数和平均数都较高。然而，这只是较好地反映了作者思路开阔、做法多样的一个方面。

另一方面，更重要的是，从内容实质上对比分析，更可看出，大家都是在同一时间、同一个调研点上向大致相同的调研对象调查情况、收集资料、研究问题，但在各篇习作具体的分条列目、布局全文上却很少雷同，这就更加显示了大家的思路开阔和办法多种多样。

首先，层层深入，环环紧扣。我们看《鸿》文四块，共分 17 个条目，就较好展示了作者高瞻远瞩、思路开阔、做法多样的能力素质。第一块“成效”分列“促进了农民增收致富”“方便了群众日常生活”“提高了农村教育水平”“转变了群众思想观念”4 条变化；第二块“主要做法和经验”分列了“各级政府高度重视”“购机补贴强力带动”“积极开展技术培训”“多元化主体密切合作”4 条做法；第三块“有关措施和建议”，分列了“大力实施农村信息化基础设施建设示范工程”“抓紧制定农村信息化建设基础设施建设专项规划”“切实加强农村信息化技术培训”“尽快完善信息服务网络平台”“加大计算机下乡实施力度”5 条措施；第四块“几点启示和体会”，分列了“推进农村信息化建设是建立城乡一体化新格局的必然要求”“推进农村信息化基础设施下乡有利于扩大内需”“推进农村信息化基础设施建设应坚持以政府投入为主导”“推进农村信息化基础设施建设不应拘泥于单一模式”4 条体会，实际也是做法。每块一组做法，既相互联系，又相互区别；既层层深入，又环环紧扣。随着思路的拓展和措施的增强，全文主题不断深化、升华，给人以新的启示和对策参考。

其次，八仙过海，各显神通。尽管八篇习作都主要取材于同一时间、同一个调研点的调查情况，共同写了 30 条对策建议，但每个作者都因自己的视角不同，匠心独运，写出了各不相同的对策建议。对策建议最多是《思考》，共七条；其次是《鸿》文和《一体化》，各写五条。但在总体上，他们各不相同，即使相同的内容、条目，在标题制作、内容表述上都各不相同，各有千秋。比如《思考》和《一体化》对策建议第一条都是写思想认识，前者标题为“明确农村信息化建设的指导思想”，后者为“深化农村信息化建设认识”，明显不同。题下内容更是各有千秋，令人不分伯仲：前者为（一）明确农村信息化建设的指导思想。推进农村信息化建设，是趋势和潮流，但具体进程应结合各地经济发展水平而定，不宜“一刀切”强行推进，欲速则不达。在推进过程中，要坚持以邓小平理论、“三个代表”重要思想和党的十七大精神为指导，全面贯彻落实科学发展观，遵循“政府部门主导，社会力量参与，完善运行机制，实现多方共赢，服务亿万农民”的基本原则，以解放和发展农村生产力为核心，以优化配置信息资源为基础，以开发应用信息技术为支撑，以提升信息服务能力为重点，不断提高我国农业和农村信息化水平，充分发挥信息化在发展现代农业和建设社会主义新农村中的重要作用，推动形成城乡经济社会发展一体化新格局。

后者为：1. 深化农村信息化建设认识。对农村信息化的认识要统一到社会主义新农村的建设，统一到贯彻落实科学发展观，统一到缩小城乡差距，缩小数字鸿沟、加快城乡一体化建设，统一到要实现全面建设小康社会目标上来。在目前情况下，农村信息化可以看作统筹城乡经济社会发展，“工业反哺农业、城市支持农村”战略的具体举措。加快农村信息化可以有效地缩小城乡数字鸿沟，促进城乡文化交融和农民思想观念的更新，促使农业和农村经济的跨越式发展，化解二元经济结构的诸多矛盾，为城乡统筹发展铺平道路。信息网络是一种快捷高效的信息承载手段和工具，能够廉价而又便利地让农民获取来自外部世界的科技、文化、教育、市场等信息，打破了农民千百年来狭隘的思维空间，让农民从封闭走向开放、从迷信走向科学。同时，信息化也能以一种崭新的方式表达和弘扬农村自身的传统文化，让农民真正地融入到信息化洪流之中，成为传统与现代相互结合的新型农民。

从二者对比看，真是八仙过海，各显神通！

最后，全局在胸，信手拈来。比如《一体化》一文，属典型工作研究，主要探讨问题对策。全文三块，第一块简介基本情况；第二块分析“推进农村信息化存在的难题”，共是五个问题；第三块，“推进农村信息化的举措”，也是五条。由于作者全局在胸，所以，十条问题、对策都信手拈来，一挥而就。

3. 资料丰富，内容翔实

这8篇习作，空洞无物的不多；即使写得差的，事实资料都还有一些，只是未能用好。每个作者，都不是仅靠调研点负责人介绍的相同的资料，他们好像各人都有各人的资料渠道，各人都有自己的“小金库”“私房钱”，所以在习作中反映出来的内容材料、数据、典型和概括论述，都基本上各不相同，即使反映同一个观点或事物现象的内容都大不一样。对作者掌握的资料来说，称得上“库存丰富”；对作品表现的思想内容来说可叫内容翔实。比如，同是反映农村信息化建设给农村带来的巨大变化，《思考》一文是这样概括和反映的：二是促进村民转变了观念。通过互联网，村民丰富了知识，开阔了视野，接受了新思想、新观念、潜移默化的熏陶，过去邋遢猥琐的习惯没有了，勤劳俭朴讲卫生大行其道，村容村貌更加整洁；刁蛮不讲理的作风没有了，互帮互助互谅蔚然成风，乡风更加文明，管理更加民主。《鸿》文是这样叙述事实、议论变化的：第四，转变了群众思想观念。北沟村“村官”助理段兴宣说，以往山区的百姓往往生活在相对封闭和闭塞的环境中，无线网络的开通，改变了村民过去单调的作息生活，现在约有1／3的村民会每天上网浏览新闻，有的村民还登录瑜伽等网站或者使用QQ等在线交流工具，不仅丰富了群众文化娱乐生活，使他们体验到了以往从来未有过的文化娱乐方式，更重要的是拓宽了村民视野和眼界，开阔了村民发展农村经济和增收致富的思路，村民接受新鲜事物的能力明显提高，观念也由保守变得更加开放。《加》文则是引用北沟村党支部书记的话表述：（二）较变了思想观念。北沟村支部书记王全告诉我们，让他下决心争取政府扶持实施“低成本网络入户工程”，在经费紧张的情况下筹资20万元为村民购买电脑，尽全力推进该村信息化建设的原因很简单，“我不得让村里的孩子落在城里人的后面。”他说，孩子是我们的未来，一定要让他们享受到一切能够利用的信息资源，孩子是家庭的核心，他们接受能力快，能够直接影响所在家庭。实践证明了这位书记的话是正确的。走访中，几乎所有家长都说，主要是孩子操作计算机，“原来抢电视，现在抢计算机”的局面几乎家家都存在。网络也在潜移默化地改变着村民的生活和观念……

4. 突出个性，各有侧重

这一点，只需看看这八篇习作的主副标题，就明白了。这八个主副标题不仅没有一个雷同，而且，各有侧重，尤其主标题，都有不同的切入点，角度一般都不大，又都较有个性和特色。只要把握好，表达好，就可能五颜六色、万紫千红、光彩夺目。材料选择运用上的区别也十分明显，各自都能较好地服从和服务于表达观点和主题。

（三）好标题，怪毛病

俗话说："远看一枝花，近看豆腐渣。"调研文章中不少东西如此。

语言、布局、结构及大小标题等，均属此列。这里只说大小标题的制作及其运用，就会给大家不少启发。

前边我们讲这组习作的八个主副标题都各有特色，各有侧重点，其实也真的是"远看八枝花，近看都有差"。比如《思考》一文，大标题为单标题，语言也较简明，不拖泥带水。说它独特，主要因为八篇习作没有别的大标题与它雷同，才显得独特。就它的制作而言，就称不上好标题，因为它没有角度和侧重点，也没有特定的、具体的指向，放在全国哪一个农村都可用，那就太一般化了。其他主副标题，可以说各有自己的不足。如果与其所属的二、三级标题联系起来研究，毛病可能更多，而且，此组标题中的毛病，均属标题制作、使用中的常见病、多发病，值得认真分析、探讨。归纳起来，主要是四种。

1. 制作粗糙

（1）笼而统之。没有角度、侧重点和具体指向，缺乏严格界定，放之四海而皆准。才讲的《思考》就是一例。

（2）双标题过多过滥。八篇习作，七篇双标题，制作随意，缺乏锤炼。《加快推进网络下乡　跨越城乡"数字鸿沟"——关于怀柔区北沟村低成本无线宽带入户工程的调查》是篇经验型新闻调查作品，新闻作品和调研作品都最好不用"关于"二字。"关于"这个介词结构用在文件里是可行的，但在新闻性和经验文章中就都没必要使用。副标题是可用的，副标题中的"的"字可以删掉；中间最好加上"试点建设"四字，突出"试点"其意义是不同的，会增加新闻性和可读性，能更加引起读者兴趣。其他副标题中的"关于"都需删掉才好。《低成本无线宽带接入工程实现山区农村信息化的重要推手》这个主标题应该是个完整的判断，应该嵌入一个

"是"字，或者一个冒号或破折号才行。这个主标题副标题过长，拖泥带水，除了删除"关于"外，还应删除"调研情况报告"中的"情况"二字。《把》文副标题"——以怀柔区渤海镇北沟村信息化建设调研为例"中的"以"和"为例"应该删掉，尾后加上"报告"二字。

（3）不少文中小标题过长，缺乏锤炼。如《把》文第二块"北沟村农村信息化建设的启示"两条，每条三句话，每句30个字，实在太长，拖泥带水，锤炼不够。

2. 题不对题

指大、中、小也即一级、二级、三级主标题互相脱节，互不联系，不协调，不配套。这个问题编者在本书第一讲《综合评析当前青年干部调研文章中普遍存在的问题》的第五个问题"跑"题之三，举出《把》文作了详细阐述，这里不再重复。

3. 题不对文

指标题与正文不符，也即文不对题。文章写作，一般是先确立标题和主题，后写正文说明、支持标题和主题；材料要与标题配套，服从和服务于标题和主题。但是，文章写成以后，也应该反复检查、修改，看是否题文相符，协调统一。凡是题不对文，或文不对题的，都应作相应修改、调整，或者改动标题，或者修改正文，使之题文相符，深化主题思想。

4. 不列标题

比如《把》文第一块"北沟村农村信息化建设的成效"就未列标题，杂七杂八，语无伦次，使读者看不出到底做出了什么成效。

三、调研文章的标题制作

（一）标题及其分类

1. 什么是标题？

一般有两种释义：①标识于器物或字画上的题记文字。宋周密《齐东野语·绍兴御府书画式》："其装裱裁制，各有尺度；印识标题，具有成式。"明袁宏道《送张西麓之任罗平》诗："番牒多如篆，蛮歌乍似啼。僻乡名迹少，慎勿厌标题。"瞿秋白《论大众文艺·普洛大众文艺的现实问题》："甚至于淫书都标题着'警世之书'。"

②标明著作及其篇章的题目。《现代汉语词典》指"标明文章、作品等内容的

简短语句”。此词中的“题”为什么与“页”有关系？查《说文解字》，解释说：“页，头也，从页从儿。”“题，额也。”可见从“页”之字全与“头”有关系，现代汉语中的“页”是从古代意义中假借而来的。题，从页是声，本义是额，又引申为事物的前端，“标题”即缘此。

2. 标题分类

从上述标题的释义上分，标题可分两大类：一类是器物或字画上的题记文字；二类是标明著作及其篇章的题目，也即标明文章、作品等内容的简短语句。

从著作及其篇章的题目分，类别可就多了。不同种类著作及其篇章的标题制作的标准、要求、方法是不同的，其标题分类就各不相同了。例如文学、艺术、科学、教育等著作的标题分类就是如此。研究调研文章写作，对其标题的分类，只能采用调研文章的标准、要求、方法。调研著作，一般按内容标题。例如国务院研究室课题组：《中国农民工调研报告》，中国言实出版社，2006 年 4 月第 1 版；农业部调研组：《社会主义新农村建设百村调研汇集》，中国农业出版社，2006 年 6 月第 1 版。再如某某部青年干部 41 篇调研习作，就都如此。

从调研文章的篇章分，更为复杂。主要有：

①观点型。主要以一个鲜明、突出的观点、主张命题。如《推》文主标题“低成本无线接入工程是实现山区农村信息化的重要推手”，其实就是一个判断、一个观点。

②内容概括型。概括介绍文章主要内容。如《鸿》文主标题“加快推进网络下乡，跨越城乡‘数字鸿沟’”，就是介绍文章主要内容。

③经验做法型。主要介绍工作经验和做法。如仇平贵：《提高农业机械化水平促进现代农业发展》，载《政策》，2010 年第 6 期。

④内容 + 文种型。既简要介绍文章的内容，又标明文种。如全国总工会调研组：《农民工权益保障问题调研报告》，载《中国农民工调研报告》，中国言实出版社，2006 年。

⑤文件标题型。采用红头文件式标题，题头标明介词结构“关于”二字。如《网》文副标题“关于北沟村低成本无线宽带接入工程的调查”。

调研文章在标题设置上，与其他许多文章、作品不同的一点是，它在文章内部即文章大标题底下一般还设置二级至三四级甚至更多级次小标题，用于结构全文，形成树形结构。其标题分类，除大标题即一级标题外，还可分为二级标题、三级标题，甚至四级、五级标题，俗称“四世同堂”或“五世同堂”。古代短小精干的调研文章是不分块的，也无所谓二级、三级小标题。近现代除短小精干的不分块立题外，有些较长的调研文章也有不分块立题的，也有只用一、二、三……序号分块，不立小标题的。20 世纪 80 年代以来，这种只用一、二、三……序号分块不立小标题的很少见了，一般都分块立题，而且小标题层次增多；排比、对仗，丰富多彩。

（二）标题的作用

有人说：“题好一半文。”让人一见钟情，甚至浮想联翩，脑子里立刻浮现出全文的大致轮廓、框架、思想、主题甚至整篇文章。不仅作者如此，甚至让读者也如此。就像给一个人、一个地方、一件事情确定一个好名字一样，给文章敲定一个好标题甚为重要和必要。

一可画龙点睛。画龙点睛这个成语，有一个生动传说，传说梁代张僧繇在金陵安乐寺壁上画了四条龙，未点眼睛，说点了就会飞掉。听的人不信，偏叫他点。他刚点了两条，就雷电大作，震破墙壁，点了的两条龙乘云上天，未点的两龙仍留在壁上（见唐张彦远《历代名画记》）。比喻作文或说话时在关键地方加上精辟的语句，使内容生动传神。好的文章标题，就是把这个“龙眼睛”点到了标题上，让人一看到标题，就产生好感，觉得兴趣盎然，非下决心读完不可。

二可提纲挈领。纲是鱼网的总绳，领是衣服的领子；挈，就是提起、抓住关键，把问题简明扼要地提示出来，解决起来就不难了。

三可先声夺人。好的标题，由于能够画龙点睛，抓住问题的要害，并简明扼要地把问题摆在受众面前，让人十分震憾和警醒。人们常说，读书读皮，看报看题，就是说著作和文章标题具有先声夺人，提升作品力度的作用。

四可条分缕析。增强文章的层次感和条理性，既使文章层次清楚，条理分明，又结构严谨，逻辑清晰，增加文章的感染力和可读性。

（三）调研文章标题的特点

1. **直**。开门见山，单刀直入；直截了当，直击主题。调研文章主标题，特别强调旗帜鲜明，直击主题。主张什么，反对什么；为什么主张，为什么反对；怎么主张，怎么反对，都让人一目了然，不允许运用华丽辞藻，含蓄蕴藉，东躲西藏，云里雾里，让人摸不着头脑。如《加》文主标题“加强政府引导，努力推进农村信息化进程”，就把“怎么主张，怎么反对”都旗帜鲜明地写在文章大标题里，没有一点修饰，一点含蓄，让人一看就知道该做什么及怎么去做。

2. 多。标题设置层次多，种类多，纵向到底，横项到边不缺子项，也不多出子项；严密完整，多种多样，丰富多彩。有的排比、对仗，有的参差不齐，美不胜收。李天贵、秦尊文、陈方柱《发展工程农业夯实农业产业化基础——湖北省荆门市发展现代农业的调研报告》（原载《社会科学动态》1998 年第 3 期）全文 7000 字，分立 3 个二级标题（长短不齐），21 个三级标题（全部对仗工整），41 个四级标题，（参差不齐）。对仗工整的主要 3 组二级小标题分别为：一是从构成上看，荆门市工程农业的五大构成要素依次是（1）设施工程；（2）生态工程；（3）加工工程；（4）流通工程；（5）科技工程。二是工程农业的比较优势及其特点主要是（1）整体性优势；（2）规范性优势；（3）互动性优势；（4）抗险性优势；（5）可操作性优势。三是加快农业产业化、现代化进程的基本途径是（1）认清共同点；（2）突出着力点；（3）把握启动点；（4）找准突破点；（5）抓住支撑点；（6）强化合力点。四级小标题的参差美，仅举抓住支撑点 5 个“支撑”一例说明：一是稳定家庭联产承包制；二是完善双层经营体制；三是积极发展股份合作制；四是着力推行农业产业化经营体制；五是建立准市场化调节机制。字数多少不等，句子错落有致；谓词各句不同，宾词中都有一个“制”字，既异中有同，又同中有异；抑扬顿挫，音律协调和谐，给人以美的享受。

3. 简。不论长句短句，都简明扼要，强烈明快，简洁明了。从古代的《曹刿论战》《谏逐客书》《隆中对》，到《捕蛇者说》，到《寻乌调查》《兴国调查》《星星之火可以燎原》《井冈山的斗争》，再到韩长赋、宋大伟、郭玮、陶怀颖、乔尚奎、徐言《德国、波兰工业化城市化过程中农村劳动力转移问题考察报告》（载《中国农民工调研报告》国务院研究室课题组　中国言实出版社，2006 年），标题字数最少的 3 字，最多的 27 字，每个标题都简洁明了，含而不露，点到为止。

调研文章标题，既不允许像文学作品标题那么含蓄蕴藉，也不允许像新闻作品标题那样引题、主题、副题一长串，只能干净利落、一目了然。主题配副题也比较少见。

4．一。不论哪个层次，哪种类型的标题，在同一篇调研文章中，都要求上下协调统一，左右层次一致，上下左右合起来也配套统一。不交叉，不重复；不越位，不残缺；不割裂，不矛盾。下一级标题服从上一级标题，所有标题服从于和服务于总标题；总标题统领全文，强烈表达和反映总主题，使全部标题既体现内容上的准确美、鲜明美、生动美与简洁美，又体现形式上的整齐美、参差美、音韵美。比如《工程农业夯实农业产业化基础》一文中工程农业的五大构成要素，依次为设施工程、生态工程、加工工程、流通工程、科技工程，基本上从宏观层面穷尽了工程农业的全部构成要素，既不多出子项，又不使要素残缺；各要素相加，正好为"一"。有人曾经对工程农业的构成要素从微观层面上列出"粮食工程""棉花工程""水果工程""渔业工程""银行工程"等具体产业和行业上提炼标题，那是怎么也穷尽不了工程农业各微观构成要素的。所以，达不到全方位配套统一的目的，也就谈不上调研文章的标题美了。

（四）调研文章标题制作的原则

1．**准确概括主题**。即以事实为基础，措辞要具体实在，不可与内容脱节。如农业部调研组《粮食发展战略研究》《当前退耕还林存在的问题与对策》《取消农业税后农村公益事业对策研究》等标题，都内容具体，主旨明确，连文种都让人一目了然，后两个标题还明确交代了时代背景，尤其最后这个标题，"取消农业税后"六字交代的时代背景，特别引人注目：它是要让人知道，我国几千年来一直实行的农民种田纳粮的老规矩被彻底革除的这个大的时代背景下，农村公益事业面临的新情况、新问题，主题交代得十分准确，又令人警醒。

2．**要突出个性**。提炼标题的角度要新颖多变，使用的语词要新鲜生动；除了要注重突出时代特色，还要注重突出地方特色、行业特色。如《北京市通州区农资市场调研报告》《网络下乡推进农村信息化建设》等标题，均有鲜明的个性特色，用词成句也较新颖别致。

3．**简明扼要**。这既是调研文章标题的特点，又是其制作的原则要求。调研文章不论哪一级标题，都要简洁明了。不能拖沓冗长和采用标语口号式的空话、套话，也不宜多用副词、形容词等修饰成分。

4．**规范通用，好读好懂好记，能过目不忘**。要尽量使用规范词语，突出中心词与主题相吻合的概念。

上述原则，调研文章各类标题制作都应严格遵守。

（五）调研文章标题制作

调研文章标题制作，含一、二、三、四级标题制作。一级标题是重点，二级标题是深化，三级标题是补充，四级标题是细化。调研文章写作和编稿水平的体现之一，就是看标题制作。标题制作能力，不能只看一级标题，还要看每一级、每一个标题。《应用写作》2009年第9期第20～24页登载姜英伟、高原《刍议公文小标题的提炼》（简称《刍议》）一文，创意很好，值得参考。但我以为它有四点不足。

一是所说的"公文"，不应该是公文。《现代汉语词典》认为："公文"指"机关相互往来联系事务的文件"。《刍议》中所议小标题好像都不是"机关相互往来联系事务的文件"内容，而是调研文章，比如经验总结、工作研究、报告、讲话等的内容；对调研文章标题制作（《刍议》称"提炼"，我以为"提炼"与"制作"是一回事）很有参考、借鉴价值。

二是《刍议》所说的小标题，主要只说了小标题，没有具体说是二级小标题，还是三级、四级小标题。其实在有多级小标题的调研文章中，二级和三级小标题是有也应该有区别的，如不交代清楚，是很容易拉扯不清的。

三是从小标题制作上，《刍议》只说了"常见提炼角度"和"常用句式"，二者都较宽泛、笼统，让人难以捉摸。没有提到调研文章小标题制作经常考虑到的"事名""事项""事物性质""数字语言"及其"综合运用"等方面，明显不够完整、准确；有些例子，推敲不够，有的词语搭配不当。如"全面调查摸清底数，确保重点工作对象"，"重点"可以"确保"，但"对象"是不能"确保"的。

四是每一组小标题都没有提示大标题或上一级标题，不知其到底服从于或服务于哪一种总观点、总主题，以及是否与总观点、总主题协调一致。所有这些，都对学习小标题制作会有一定影响。

到底怎么制作调研文章标题呢？

1. **大标题制作**。大标题是重中之重。第一，增强标题中的有效信息，让读者一见钟情。最有效的信息是包含趣味性的有用信息。要多想几种表达方式。题无定法，简洁明了就好。要能表现作者、编辑独特的个性魅力，形成自己的独特风格。第二，把最重要的、最能吸引眼球的、反映最新或本质变动的关键词放在标题的前一部分，最好是标题的第一个字，这可以叫标题的“倒金字塔”。例如：原标题《让困难群体有房住建设部回应廉租房焦点问题》就可改为《如何租廉租房建设部回应焦点问题》。第三，不用虚题和否命题，要尽量采用实题和正命题。第四，最好不用或少用双标题。如果非用不可，要尽量精练语言，避免主副标题中重复使用同一短语或词组。

2. 二级、三级标题制作。有些纵分式文章二级标题很随意，甚至只用简单的“一、二、三……”或是长短句。有的为“一、问题；二、原因；三、对策”。而标题制作的重点在三级标题上。这也是我认为《刍议》一文没有明确区分二级、三级小标题情况，略显不足的一个理由。多数横分式多级小标题调研文章，其二级、三级小标题制作都十分工整对仗，文采飞扬，卓尔不群。现结合对《刍议》中小标题提炼的学习、借鉴，谈谈调研文章中二级、三级小标题的制作技巧。以下未注明出处的例子均为保留及修改过的《刍议》中的实例。

（1）采用名词性词组制作小标题。这是比较基本的小标题制作方法。主要是抓住一个事物整体构成中的几个主项，把它们分列出来用以描述该事物全貌。

【例一】某某部青年干部徐芬丽《卓越果品专业合作社调研报告》第二块介绍该合作社帮助社员实现增知增产增收的作用，主要概括为“五大平台”表达，即培训提高平台、统一配送平台、信用结算平台、灵活交换平台、市场对接平台，使用很好。

（2）围绕“措施”制作小标题。当某单位在做某专项工作或日常工作时，采取行之有效的、有特色的、创新的举措。在写总结、报告、经验材料、工作研究等文章时可从这个角度去提炼小标题。

【例二】某部青年公务员能力建设培训班第二调研小组《关于新发地农产品批发市场调研报告》介绍该市场建设的主要做法为一是立足服务求发展，二是加强建设树形象，三是健全制度保安全，四是转变观念促对接。

这篇习作的小标题就是围绕措施提炼，通过这“四是”较好地把该市场20多年抓建设的主要措施呈现在受众面前。

（3）围绕“措施＋成效”制作小标题。每项工作都有不同的成效。成效不同，也就决定了措施不同。此时就可将二者结合起来提炼小标题。这种方法较适用于讲话稿、总结、报告等大型材料写作。

【例三】某某部青年公务员能力建设培训班第一小组《打造服务平台创新服务模式》第二块“主要工作成效”六个小标题分别为打造服务平台，创新技术服务模式；打造产销对接平台，解决果品卖难问题；打造人才培育平台，提高农民专业技能；打造农资服务平台，降低社员农资成本；打造经营信用平台，缓解农民资金压力；打造政策实施平台，落实各项惠农政策。

这篇习作从总结措施和目的（成效）入手，提炼出了六个小标题，每个小标题中，前半句是措施，后半句是实施措施的目的。这样写，很容易让受众了解该单位采取的措施以及采取此项措施取得的成效。

（4）围绕“成效”制作小标题。获得成效是一个单位工作的主要目的，也是完成工作的最好体现。所以在一些材料诸如工作总结、报告等文章中就可以从这个角度去提炼小标题，用以突出成效。

【例四】本讲《鸿》文第一块，总结北沟村建设农村信息化取得的成效：第一，促进了农民增收致富；第二，方便了群众日常生活；第三，提高了农村教育水平；第四，转变了群众思想观念。

（5）围绕“问题”制作小标题。调研文章是为事而作，从发现问题到解决问题是调研文章作用的本质体现，而及时发现和认识问题也是做好工作的前提。在工作中，随着形势政策的变化、工作的深化，问题也会逐渐出现。这时就可以将问题归类列举出来作为小标题。

【例五】《推进农村信息化，加速城乡一体化》第二块推进农村信息化存在的难题为：一是对农村信息化认识问题，二是通信进村后怎样入户问题，三是信息内容的整合问题，四是运行模式问题，五是文化素质问题。

该文就是从农村信息化建设中分析和挖掘问题，并将问题作为小标题置于显要的位置，揭露问题，针对性强。

【例六】某某部青年干部曹宇《规范农资流通经营　稳定农资市场秩序——北京市通州区农资流通市场情况调查》第二块“通州区农资市场存在问题：（一）‘链’不够完善；（二）‘店’身份不明；（三）‘点’资质混乱；（四）‘人’知识不足；（五）‘管’的人多。”

该文用五个字描述存在问题，新颖别致，给人很深印象。

（6）采用常用句式制作小标题。所有常用句式，都不会只有形式没有内容。运用常用句式制作小标题，一定要紧扣内容，不可本末倒置。

①“抓”字句。常见句型：抓 ××，在 ×××× 上实现新突破（措施目的）；抓 ××，在 ×××× 方面下功夫（措施）；抓 ××，××××（措施成效 / 目的）。“抓”字句常用于围绕“措施、目的、成效”中的任意组合为对象提炼小标题。

【例七】一抓认识统一，使师生员工都能从相应的“三讲”中找到“思想道德坐标”。二抓方案实施，把全局性活动化为全体性“积极创意行动”。三抓阶段督导，使各层面活动产生“联动互促作用”。四抓典型引路，发挥身边榜样的“可比可学效能”。五抓成效巩固，以“系列三讲”活动促进“全员素质优化”。

该文小标题的形式是“抓 + 措施，目的”。工作中采取的措施是为了获得预期的目的，作者将措施和目的结合起来提炼小标题，给人的感觉是措施不是凭空而设，提出的目的也不是空喊口号。再如：

【例八】抓学习培训，在“活”字上下功夫。抓工作保障，在“实”字上下功夫。抓接访活动，在“深”字上下功夫。抓“要事解决”，在“情”字上下功夫。抓宣传引导，在“正”字上下功夫。

该文的小标题紧密围绕措施的内容再针对措施的特点，提炼出五个小标题。这种小标题的突出之处在于将每条措施的特点用一个字概括出来。

②“以 ×× 为 ××”句。常见句型：以 ×× 为 ××，×× 工作取得了新突破 / 新成绩（措施成效）；以 ×× 促进（带动）×× 工作开展（措施）；以 ×× 为 ××，在 ×× 上下功夫（措施）。

【例九】一是以贯彻党的十七大精神为主线，在抓落实上下功夫。二是以教育培训为突破口，在提高干部素质上下功夫。三是以加强基层组织建设为目标，在巩固先进性教育活动成果上下功夫。四是以提高执政能力为重点，在推进干部监督工作上下功夫。五是以实施《公务员法》为契机，在推进干部人事制度改革上下功夫。六是以实施“五个一百”工程为基础，在抓好人才工作上下功夫。

该文主要围绕工作任务和措施提炼小标题。“抓落实”“提高干部素质”“推进干部监督工作”等都是该单位的工作任务和工作目的，要想圆满地完成工作任务，达到预期目的，就需要采取一些手段。所以针对工作任务、目的和措施提炼小标题，让受众一看，就知道该单位今年都做了什么，是怎么做的。再如：

【例十】①以稳定大局为中心，带着感情解决好灾民的生产生活问题。②以节水挖潜为重点，不断提高抗旱能力。③以优结构、促增收为核心，努力增强综合抗灾实力。④以多元筹集为手段，切实解决好抗旱救灾资金问题。

该文是以目的为主、以措施为辅来提炼小标题的。在写这种小标题时一定要注意中心工作、重点工作、核心工作的区别与联系，否则容易犯都是中心工作或重点工作的毛病。

③“正确把握 ×× 与 ×× 的关系，着力于……”常见句型：做好 ×× 工作，需正确处理 ×× 与 ×× 的关系；正确把握 ×× 与 ×× 的关系，在 ×× 上搞突破/搞创新；围绕 ××，在 ×× 上下功夫；着眼于 ××，××。如：

【例十一】一要正确把握统与分的关系，着力坚持服务发展。二要正确把握纠与建的关系，着力坚持关注民生。三要正确把握惩与防的关系，着力坚持统筹推进。四要正确把握点与面的关系，着力坚持突出重点。五要正确把握破与立的关系，着力坚持改革创新。

哲学上的辩证统一思想适用于各个部门和各项工作，在写作时，如果能从哲学层面上去概括文章小标题则可以增加文章的深度和高度。【例十一】就是从这个角度去提炼小标题，既能看到主流，又不忽视支流；既能避免形而上学地认识问题，又能使工作顺利开展。再如：

【例十二】第一，坚持和依靠党的领导，正确把握党的领导和发挥人大作用的关系。第二，围绕全市大局履行职责，正确处理服务中心工作和行使法定职权的关系。第三，监督与支持有机结合，正确处理人大和“一府两院”的关系。第四，在传承中发展，在创新中继承，正确处理继承好传统和开创新局面的关系。第五，体现人民当家做主的本质要求，正确处理发挥常委会职能作用与发挥代表和人民群众作用的关系。

这篇文章的小标题也是基于对工作的辩证分析，使受众的认识趋向辩证和科学。在提炼这种小标题时需要作者首先选择和确定需要辩证思考的内容。

④“在 ×× 上，力求（实现了）××××”。常见句型：在 ×× 上，力求 ××××；在 ×× 上，实现了 ×× 新突破（新发展、新成就、新成效、新成绩、新进展、新步伐、新提高、新台阶、新局面等）。例如：

【例十三】一要在经营环境上，力求新格调。二要在经营模式上，力求新品位。

三要在经营成效上，力求新亮点。

这种句型多用于提炼成效，围绕工作的几个大方向（如例文中的“经营环境”“经营模式”等），去总结工作成效或目标，如“新格调”“新品位”等。

（7）运用数字语言制作小标题。有时在制作小标题时，一些调研人员愿意使用“数字语言”（传统中总括手法）。这需针对工作的特点、措施以及成效的共性进行。这种小标题明快好记，能给人留下深刻印象。但是制作起来要注意内容概括准确，不可强拉硬扯。如：

【例十四】①坚持“三心”、狠抓“三力”、突出“三要”。②坚持“一个中心”，完善“两个市场”，建立“三个体系”。③提供“四个服务”，采取“三项措施”，突出“两个重点”，实现“一个目标”。

【例十五】陈方柱《搜集整理资料的“三三一四”》，对于搜集整理《荆门市供水总公司志》资料的“三三一四”是这么归纳的：一是“三个做到”，二是“三个估计不足”，三是“三个不生气”，四是“四个一切可以”（陈方柱《搜集整理资料的“三三一四”》，《中国地方志》，2008 年第 8 期）。

这两例就是采用数字语言制作小标题的。采用这种方法介绍工作经验、阐述问题等，一是利于记忆和传播；二是条理清晰，使读者对文章内容有较系统的把握。另外，“数字”的表现形式往往是递增、递减、相同。

3. **四五级标题制作。**四五级标题，是标题的补充和完善。主要是撮项提要。尤其要求简洁明快，短句短语，用词组甚至名词更好。陈方柱《怎样写好调研文章》中的《建好每个岗举起每面旗》的第一节“因事设岗，建好每个岗”的撮项提要为：调查定岗；合理设岗；自我认岗；支部议岗；公示明岗；培训上岗。有些层级少的调研文章，第三级目就用撮项提要，也是可以的。

在所有调研文章三四五级小标题中，独字句作标题的占有一定比例，情况综合报告和即席讲话采用较多。有的一组小标题只用 2 ~ 3 个小标题，也即 2 ~ 3 个字，有的多到 10 字左右。比如，本书《综合评析当前青年干部调研文章普遍存在的问题》就是采用独词句做小标题的：浅、旧、空、平、缺、跑、杂。

（六）调研文章标题格式及序号运用

随着经济社会的发展，各类书籍、文种、文章格式越来越规范统一，调研文章格式也逐渐规范统一起来。不同层次的标题要求采用不同的字体标识。关于回行、序号、标点符号等的运用都有具体要求。正文标题（大标题除外），第一层用“一”“二”“三”……；第二层用“（一）”“（二）”“（三）”……第三层用“1.”“2.”“3.”……第四层用“（1）”“（2）”“（3）”……一般只此四层。有些特别长文和有特别需要的，也可采用第五层小标题“①”“②”“③”……或者“一是”“二是”“三是”……分别依次顺序编排，第一层用黑体，第二层用楷体，第三层、第四层用仿宋体。层次序数不能跳跃使用，要依据行文内容，依次使用正确的序号。采用第四层、第五层小标题，一般不允许回行排放，只能连续排放，成为一个自然段为好。也有不用序号，而另起一行，在小标题前加破折号分层次的。

小标题，大智慧。使用得当，妙不可言，美不胜收。

阅读书目

[1] 国务院研究室课题组. 中国农民工调研报告. 北京：中国言实出版社，2006.

[2] 陈方柱. 怎样写好调研文章. 北京：中国言实出版社，2007.

[3] 农业部调研组. 社会主义新农村建设百村调研汇集. 北京：中国农业出版社，2006.

[4] 姜英伟，高原. 刍议公文小标题的提炼. 应用写作. 2009，9.

[5] 陈方柱. 搜集资料的“四个三”. 中国地方志. 2008，8.

第五讲　比较北京市怀柔区农民专业合作社九篇调研习作

——兼谈当前调研文章中普遍存在的布局结构和语言问题（上）

俗话说：“不比不知道，一比吓一跳。”其实，尽管比较法也属调查研究中一条重要的科学方法，但在很多情况下，也不是简单粗糙地比较一次半回就能比清事物质量高低和本质差别的。因为许多事物的质量高低和本质差别都被许多表面现象掩盖着，没有五次三番的反复比较和透过现象看本质，是难以取得准确结果的。我们对某某部青年干部两年 41 篇调研习作的质量比较，就是如此。最典型的，就是本讲比较的有关北京市怀柔区农民专业合作社 9 篇调研习作（简称“怀柔合作社习作”）中 1 篇当初被划入二类的作品，在后来反复多次的比较中，被提升到了一类。由此，通过对这 9 篇习作的多方面比较，还引发了对当前调研文章中普遍存在的布局、结构及语言表达上的诸多问题进行较为广泛深入的探讨。

一、样本

样本一：农业专业合作社调研感想

调研能力是机关干部最重要的能力之一，也是青年公务员最欠缺的能力之一，按照培训安排，全体学员分为三个小组，分别在带队老师的带领下调研农业专业合作社的建设和发展（第一小组）、农村信息化与数字家园（第二小组）、农资市场保春耕（第三小组）。我在第一小组，组长是衣艳荣，成员还有高小军、王烨、顾卫兵、张汉夫、张富、周峰、刘立明和徐芳。经过两天的共同调研，我感觉我们第一小组由一个临时组建的调研小组凝聚成了一个积极、高效、融洽、团结的团队，我在调研中收获了友谊、学习了知识、强化了团队意识、提高了调研能力。

一、调研过程

就像江某某处长讲的那样，一次成功的调研必须经过调研准备、深入调研、撰写调研报告这三个环节。在原某某部经管司巡视员刘某某、某某院孙老师和班主任杜老师的指导下，我在按照小组布置，对这三个环节都进行了精心的准备，做了大量细致的工作。

1. 调研准备

接到调研任务后，我随即利用互联网开始前期资料搜集工作。3月25日下午我们小组召开了小组的调研准备会。会上小组的每位成员都发表了很有建设性的意见，经过两个小时的热烈讨论，大家确定了小组调研的方案和提纲，并对整个调研活动进行了分工。

2. 深入调研

3月26日一早，我们统一乘坐大巴车赶赴第一个调研点怀柔区渤海镇景峪村，调研柴鸡养殖合作社。抵达景峪村后召开了调研座谈会，会议首先由刘登高司长讲话；会上怀柔区经管站负责同志介绍了怀柔区农民专业合作社组织发展情况和目前面临的问题；柴鸡养殖合作社社长介绍了合作社的主要情况并与第一小组进行了交流。中午吃过工作餐后，组员们参观了景峪柴鸡养殖合作社并进行了入户走访和问卷调查。入户走访结束后小组成员进行了简单的交流，并对整体调研安排做了适当的调整。

晚饭前我们抵达了第二个调研点怀柔区雁栖镇官地村调研“农家乐”合作社有关情况。抵达官地村后第一小组召开了碰头会，会上每位组员谈了上午的所见所感，刘司长也一一进行了点评，并对白天的调研情况和下一步要注意的事项进行了总结和提醒。3月27日上午第一小组在刘司长、孙老师的带领下和“农家乐”合作社的社长围坐在炕头进行了座谈，随后分成了5个小分队深入合作社社员家中进行调研，掌握了大量的第一手资料。实地调研于27日中午结束。

3. 撰写调研报告

返回学院后，我们利用周六和周日的时间修改了调研报告，并由衣艳荣、高小军、顾卫兵和张富牵头对调研报告进行了认真修改，征求我们意见后形成了第一小组调研报告。

二、感受

经过两天的实地调研，我对农业专业合作社的现状与发展进行了深入的思考，同时组员们还有一些感受，主要有以下三点。

1．促进农业稳定发展、农民持续增收必须坚持发展农业专业合作社。发展农民专业合作社有利于提高农业的组织化、推进农业的市场化、实现农业的专业化、增强农业的科技化、扩大农业的规模化、带动农业的社会化，对于推进农业稳定发展、农民持续增收具有重大的现实意义。经过这次调研，我们感到发展农民专业合作社就是发展现代农业、支持农民专业合作社就是支持“三农”工作。在下一步的工作中，建议相关部门大力推动农民专业合作社健康快速发展，充分发挥农民专业合作社在加快农业现代化发展进程中的关键助推作用，最终促进农业稳定发展、农民持续增收。

2．发展农业专业合作社任重而道远。从这次调研和以往掌握的情况来看，目前我国专业合作社如雨后春笋一样蓬勃发展，但是发展得快并不意味着发展得好，目前我国农业专业合作社发展还面临诸多困难：

①还需要更多的政策倾斜。农业专业合作社归根结底是由农民这一弱势群体组成的，政策导向性对合作社非常重要。②农民专业合作社发展要解决外部阻力。在多数农民专业合作社的发展中，存在着诸如合作社社员和村委、村干部、普通村民的关系不好等隐忧，如果解决不好，会对农民专业合作社的发展造成很大的打击。③农民专业合作社发展需要更多的人才。人才匮乏现在已经成为制约农民专业合作社发展的一大原因，怎样吸引人才也是摆在农民专业合作社发展之路上的一大难题。

就目前的情况来看，要想解决好上述问题，还要经过一个长期的过程。

3．政府要在农民专业合作社发展中发挥更好的作用。在农民专业合作社的发展中，政府的引导和帮扶是十分重要的，具体来说，下一步政府要在五个方面加大力度，分别是加大对农民专业合作社的培训宣传力度、加大对农民专业合作社的指导力度、加大对农民专业合作社的财政扶持和信贷支持力度、加大对农民专业合作社的项目扶持力度和加大对农民专业合作社的服务力度。加大这五个力度，是更好地发挥政府作用的有力措施。

样本二：关于当前农民专业合作社自身建设存在的几点问题及对策建议

——基于北京市怀柔区的调查

×××

根据某某部青年公务员能力建设培训班的课程安排，3月26～27日，我们分三组对北京市郊区进行了调研。我参加了第一组关于农民专业合作社建设和发展专题的调研。我们通过召开座谈会、实地考察合作社、走访农户、问卷调查等方式调研了怀柔区渤海镇景峪村养鸡协会、怀柔区雁栖镇不夜谷官地种养殖专业合作社。

渤海镇景峪村养鸡协会由镇妇女委员张付霞发起，于2006年5月在区民政局注册成立，现有社员近130户，占全村农户总数80%左右。不夜谷官地种养殖专业合作社，原名不夜谷“农家乐”合作社，由经营大户单淑芝发起，于2007年4月正式成立，现有社员22户，首批入股现金33000元，民俗接待能力1600多人次/年。两个合作社虽然类型不完全一样，但是它们在自身建设方面存在的一些共性问题，引起了我的思考。现将有关问题报告如下。

一、怀柔区农民专业合作社自身建设存在的问题

（一）合作社成员民主表达权不充分

渤海镇景峪村养鸡协会会长为镇妇女委员，副会长由村党支部书记担任，行政色彩十分浓厚。不夜谷官地种养殖专业合作社的理事长是该区从事民俗接待旅游最早的农户之一，1993年就被评为先进典型，2002年被列为北京市民俗接待00001号，该户实力雄厚、地位显赫、十分强势。两个合作社，一个行政色彩浓厚，一个势力太强，不一样的类型和背景，但是，同样的结果是社员行使民主权利的空间较小，民主表达权难以真正落实。一方面，股东大会的召开与否社长（理事长）说了算，没有形成有效机制，社员不能充分行使民主权利；另一方面，慑于社长（理事长）的权威或强势，社员不敢充分行使民主权利。

（二）合作社成员财务监督权难落实

合作社的成员账户不健全、不完备，有的成员根本不知道自己的账户明细和具体交易情况。合作社与成员的交易和与非成员的交易没有分别制定单独的核算体系。

合作社的全部财务账目和年度报表难以在全体社员中公开，具体情况只有少数几个管理层和会计知道。合作社公开资产的运营和管理情况还不是十分透明。

（三）合作社承担项目素质待提高

两个合作社都对承担中央部委和地方政府部门的项目十分感兴趣，但是，它们对政府部门有哪些项目、如何承担项目、承担什么样的项目都表现出了模糊的认识。对金融机构的支持方向、政策都没有做深入细致的了解和研究。合作社的产业发展还没有起步或刚起步，缺少具体的承担政府项目的整体规划和长远方案。总体来说，两个合作社承担项目的素质有待于进一步提高。

（四）合作社可持续发展能力堪忧

两个合作社，无论是管理层还是普通的社员，他们都只关注自身的局部利益和短期利益，缺乏对于合作社长远发展和可持续发展的战略思考和战略谋划。有时，对于一些问题虽然有所发现，如人才短缺、规模较小、产业空虚、理念落后和创新能力不足等问题，但对这些问题的认识高度不够，对人才、产业、创新等没有从战略的层面去思考和谋划，缺乏有针对性的解决动力和解决方案，不利于合作社的可持续发展。

二、几点建议

（一）健全合作社民主管理机制

坚持合作社成员地位平等，实行民主管理，强化合作社成员的话语权，坚决防止村镇行政干预和带头人独裁专制。健全合作社社员大会、董事会、监事会等重大会议制度。涉及章程修改、重要人事任免、重大生产经营活动、盈余分配方案等重要事项要及时召开社员大会，由全体社员按照一人一票的决策方式作出决定。出资额或者与本社交易量（额）较大的成员，可以根据实际需要赋予其附加表决权，但不得超过本社成员基本表决权总票数的 20%。社员大会原则上每年至少召开一次。合作社规模较大，社员超过 150 人的，可以按照章程规定设立社员代表大会，行使社员大会的部分或者全部职权。健全社员大会领导下的理事长或理事会制度，理事长或理事会要对社员大会负责，组织实施社员大会的决议，管理合作社的资产和财务，决定聘任或解聘经理，接受和处理监事会的质询和建议，定期向大会报告工作。监事会要加强对理事长或理事会执行社员大会决议和章程的监督力度，加强对理事长和经理履行职责情况的监督，重点监督检查合作社的生产经营业务情况。

（二）完善合作社财务管理制度

合作社要为每个社员建立成员账户，记载成员的出资额、量化成员的公积金份额、社员与合作社的交易量和交易额等内容。可分配盈余按社员与合作社的交易量（额）比例返还，返还总额不得低于可分配盈余的百分之六十，返还后的剩余部分，以成员账户中记载的出资额和公积金份额，以及合作社接受国家财政直接补助和他人捐赠形成的财产平均量化到成员的份额，按比例分配给本社成员。合作社与社员的交易和与非社员的交易要分别核算。合作社的盈余分配方案、亏损处理方案以及财务会计报告要及时公开，并且方便社员查阅。加强合作社的财务内部审计，必要时可委托专业审计机构进行财务审计。

（三）增强合作社承担项目素质

合作社要充分利用好当前国家重视农民专业合作组织发展的重大历史机遇，积极承担中央部委和地方各级政府部门的支农项目。要重视增强合作社自身承担政府及其部门项目的素质。认真理清各级政府及其有关部门支持农民专业合作社发展的优惠政策和扶持项目，结合合作社自身发展的方向和目标，制定争取和承接相关涉农项目的具体办法。合作社要加强与农村金融机构的沟通和协调，积极争取金融机构对本社生产经营项目、投资项目和承接政府部门项目的支持。要将政府及其部门的扶持项目与合作社的长远发展有机结合起来，做实做强产业，带动农民就业和社员增收。

（四）制定合作社可持续发展的长远战略

制定人才强社战略。加强合作社管理人员、技术人员、经营人员的培训，重视培养合作社急需的实用人才，积极引进视野开阔、经验丰富、市场开拓能力强的职业经理人才。制定产业富社战略。根据实际需要，发展壮大合作社规模，做强做实合作社产业，以产业增强社员的凝聚力，扩大合作社的吸引力，提升社员的致富能力和合作社的自我发展能力。制定创新兴社战略。在法律的框架内，根据实际需要，探索发展“合作社＋农户”“龙头企业＋合作社＋农户”等多种形式，不拘一格创新合作社的发展模式，延伸合作社的产业链条，充分发挥合作社联结市场与农户的桥梁和纽带作用。要通过实施人才强社战略、产业富社战略、创新兴社战略，提升合作社的可持续发展能力。

二、习作评析

（一）《感想》一文基本情况

《农业专业合作社调研感想》（简称《感想》）作为北京市怀柔区农民专业合作社9篇调研习作的“问题习作”入选本讲例文。该文全文2000来字，分“调研过程”和“感受”两块，六小节。从导语详细记述本次调研全组学员怎么分组、各组哪些人、谁带队、怎么完成调研任务，到正文第一块怎么做调研准备、怎么深入调研，再由谁写调研报告，谁修改完成等全部过程；第二块记述作者及全组成员三条感受。全文大约表现出五个问题：

1. 主标题不符合调研文体。虽然文无定体，但“文无定体亦有体”。有道是“定体虽无，变体则有”。调研文体是个成熟、规范、稳定的文体，不能随意采用随笔随想为题。即使“四不像”调研文章，最终也还是使用基本上属于调研文章类的标题，不能用“感想”之类。

2. 主要内容鸡毛蒜皮。从导语开始占全文2/3的篇幅记述本来只需一笔带过的本次调研过程，如乘什么车、吃什么饭、坐什么炕都记上了就无必要。

3. 主概念换来换去。任何文章，主概念都必须一是一、二是二，是什么就从始至终写什么，要“从一而终”，不可时而写东，时而写西；偷换概念，换来换去。本讲比较研究的9篇习作为同时间、同题材、同一组调研主客双方，其余8篇的主概念都叫“农民专业合作社”，唯独《感想》一文主标题、主概念叫“农业专业合作社”，正文中“农业专业合作社”与“农民专业合作社”两个不同的概念混用，共用“农业专业合作社”概念7次，“农民专业合作社”18次。这两个概念虽只一字之差，但这一字差不得，是违犯同一律的。如果说两个概念是等同的，或者是可通用的，必须在正文开始时说明；即使是通用的，又作了说明，在全文中也仍只能固定使用一个为好，主概念是不能随意东换西换的。

4. 主观点不符合事理逻辑和党的政策。《感想》一文从导语到第一块，主要记述调研过程，没有涉及农民专业合作社这个中心题材的核心内容，不能算习作主观点。习作主观点都在第二部分的三条“感受”中。作者第一条“感受”为“促进农业稳定发展、农民持续增收必须坚持发展农业专业合作社”。作者这条感受是一个判断，一个主张，一个观点，强调“必须”。从事理逻辑，也即事物发展客观规律上看，只有充分必要条件，才可强调“必须”。农民专业合作社是否农业稳定发展、农民持续增收的充分必要条件呢？回答应该是否定的。因为即使发展农民专业合作社，农业是否“稳定发展”，农业是否“持续增收”是不确定的，不是确定无疑的，换言之，发展农民专业合作社，对农业稳定发展和农民持续增收只是一个有利条件，但不是充分必要条件，不能主观武断要求大家“必须”发展农民专业合作社。从党的政策理论上讲，2006年10月31日，中华人民共和国第十届全国人民代表大会常务委员会第二十四次会议通过的《中华人民共和国农民专业合作社法》总则第二条规定“农民专业合作社是在农村家庭承包经营基础上，同类农产品的生产经营者或者同类农业生产经营服务的提供者、利用者，自愿联合、民主管理的互助性经济组织”。第三条规定农民“入社自愿、退社自由”。对于农村中的任何一种合作社，党的政策从来都是只提倡、引导，由农民入社自愿，退社自由，从不强迫命令。所以，在这里使用“必须”二字与党的政策是相违背的。

这一条后边还有一个观点牵强附会，经不起推敲：“经过这次调研，我们感到发展农民专业合作社就是发展现代农业、支持农民专业合作社就是支持‘三农’工作。”“农民专业合作社”与“现代农业”和“三农工作”三者应当说是不能简单画等号的，怎么能够随便就连用两个“就是”予以强调呢？这两句话、两个观点也是既不符合逻辑，也不符合《农民专业合作社法》的。

5. 感受建议黏不到一起。作者感受三条，第一条讲了，第二条为“发展农业专业合作社任重而道远”。这又是一个判断，一个观点，但不是一条主张，一条做法或措施，不能当作对策建议使用。而第三条“政府要在农民专业合作社发展中发挥更好的作用”则是一条做法，一条措施建议，不再是“感受”，与这一块“感受”的大标题也不配套，不协调，黏不到一起。

以上情况说明，《感受》一文，作为“问题习作”，实副其名。

（二）一篇反复比较出来的一类习作

正如上文所说，现实社会中很多事物的本质特点和质量高低，并非都是光头上的虱子，明摆在那里，而往往是被许多表面现象掩盖着的。怀柔合作社习作中那篇当初被划入二类的习作，就是顾卫兵《关于当前农民专业合作社自身建设存在的几点问题及对策建议——基于北京市怀柔区的调查》（简称《自》文）。当初，40 多篇习作，摆一大溜子；初选嘛，当然也是“看报看题”，先看《自》文标题，明显过长，用双标题不说，还各有一个“关（基）于”的介词结构，尤其这个“基于”，作为介词结构很少见；主标题中，又有“存在的几个问题”一个七八个字的短语，够拖沓了。全文两块，第一块问题 4 个，事实材料不是很充足；第二块对策 4 条，下面都未分条列目，显得内容单薄。我们想，划入二类应该不算委屈它吧。

进入同题（材）比较研究环节后，我们再不只看习作表面构造，一般性浏览内容，而是进行多侧面、全方位反复比较，越比越细致，越比越深入，这就越来越发掘出《自》文的本质特点和优点，越来越发觉我们当初的简单和草率从事：《自》文双标题及其不设三级小标题问题，都不是本质上的质量问题。重要的是作者选题独特，立意新颖，主题深刻；事实材料少而精，以少胜多；说理透彻，步步深入；对策建议针对性强，说服力强，可操作性强；全文短小精悍，布局合理，结构严谨；语言精练，力透纸背，在 41 篇习作中，都属好的或较好的作品。所以，我们坚持把它改属一类。通过对它的类型改动，进而对全部 9 篇习作的立意、布局、结构、语言等进行了多侧面、全方位比较。通过这一比较，我们扩大了眼界，进而把比较推向了当前调研文章写作更为广泛深入的领域，进而对调研文章的立意、布局、结构、语言等文章要素进行了探讨。

三、布局、结构与立意、语言等文章要素间的关系

布局、结构、立意、语言都是文章要素和文章写作中的关键词。立意指打定主意，下定决心，也指主张、决定。在文章写作上指确立作品的主题，即确立一篇作品的主张。它包括全文的思想内容，作者的构思设想和写作意图及动机等，其概念的内涵要比主题宽泛得多。立意产生在写作之前，区别于主题。一般意义上所说的主题，是指作品的中心思想和文章的中心论点及基本观点。主题没有立意的全部特征，立意大于主题，包含主题思想。主题是立意的主要组成部分。

对立意的要求：

（一）要正确、鲜明

正确是立意的基本要求。所谓正确是指所确立的反映自然的本质和规律，反映

生活的本质和主流，符合自然和社会的发展规律。所谓鲜明，是指所确立的主题能旗帜鲜明地表示爱什么、憎什么，赞成什么、反对什么。

（二）要集中、单纯

主要指立意的主要组成部分的主题要集中、单纯。主题是统摄全篇文章的总纲，必须单纯明确。

（三）要深刻、新颖

所谓深刻是指所确立的主题能反映生活的本质及内在规律，能揭示事物所包含的深刻思想意义。而新颖是指所确立的主题是作者的新认识、新感受，能给人以新的启示。

（四）要积极、向上，符合时代潮流、人群需要

布局多指作文、绘画等的全面安排。布局电影画面构图，指对环境的布置、人物地位的调度、人物之间的关系、人物和景物的关系等的安排。

百度百科对结构的解释系事物各个组成部分的搭配和安排。一联结构架，以成屋舍。晋·葛洪《抱朴子·勖学》：“文梓干云而不可名台榭者，未加班输之结构也。”二指诗文书画等各部分的搭配和排列。晋·卫夫人《笔阵图》：“结构圆备如篆法，飘飏洒落如章草。”吴晗《谈写文章》：“学习他们的写作方法，结构布局，遣词造句，对写好文章会有很大帮助。”

语言。《现代汉语词典》一是称其为人类所特有的用来表达意思、交流思想的工具，是一种特殊的社会现象。它由语音、词汇和语法构成一定的系统。“语言”一般包括它的书面形式，但在与“文字”并举时只指口语。二指话语。如语言乏味；由于文化水平和职业差异，他们之间缺少共同语言。

文章（包括调研文章）立意，包括文章思想内容的主要部分或大部分，属文章最主要的内容。文章布局、结构、语言均属文章的主要表现形式。根据内容决定形式，形式必须适合内容的原理，内容始终处于主导地位；但形式也并不是消极、被动地服从内容，为内容服务，它们对于内容也具有巨大的反作用。它们相互联系、相互依存，共处于内容和形式的对立统一体中。文章形式中的布局、结构、语言等也相互联系、

相互区别，共同服从和服务于文章内容，结成一个和谐统一的有机整体。在调研文章中，立意是文章主体、主导，决定文章的布局、结构、语言等表现形式。布局围绕立意安排文章全部材料，怎么开头，怎么展开，怎么结尾，怎么完成全篇。结构按照文章立意和布局，怎么横分门类，纵分层次；怎么组织观念和材料，形成推理、论证，阐明主题，完成立意。语言是表达意思、交流思想的工具。从立意开始，它就开始围绕立意，为布局材料，结构全文遣词造句，表情达意，突出主题思想，最后圆满完成文章全部立意。在所有这些过程中，无论在哪一个环节稍有不慎都会产生大小不同的毛病和问题。轻者，影响文章质量；重者，完不成立意的总体安排不说，说不定还会违反立意，弄出观点偏差、思想混乱，甚至政治方向迷失和思想作风、工作作风败坏等大问题。

四、调研文章布局结构普遍存在的问题

具体地讲，文章布局最好围绕主标题或总主题匠心独运地安排内容结构。围绕立意安排也不是不可以，问题是文章立意一般都比总主题、主标题宽泛，弄不好，就会弄出这样或那样的毛病，影响文章质量。从当前报刊、投稿、习作和网络上读到的调研文章看，在布局结构上大概有如下几种毛病。

（一）千篇一律

2010年上半年，某某部管理干部学院青年干部41篇调研习作，38篇导语都是某月某日，根据某部青年公务员能力建设培训班课程安排，我们分几组，我是几组，多少人，到了某某地方，有的把人名都写得很完整、具体，针对某某问题，找到哪些人和单位，采取什么什么方式，进行了调查研究，取得×××、×××等几大收获，现在报告如下。全国没有哪一处有领导有组织的调研活动不是这样开展的。所以，每篇文章都实在没有必要这么写导语。这纯属简单化雷同。

（二）内容割裂

这有两种情况：一种是对同类情况或二者有紧密联系的内容分开叙述，各自为政，缺乏综合。二种是把应该写到正文中的内容分割到附件材料中去。前者如《怀柔区农民专业合作社调研报告》，第一块为“怀柔区农民专业合作社总体发展情况”；

第二块为“怀柔区渤海镇景山峪柴鸡养殖协会具体情况”；第三块为“北京不夜谷“农家乐”合作社具体情况”。本来这三块内容属于同一类型，第一块和第二、三块是种属关系，尤其第二三块，不宜割裂分述，使整体内容支离破碎。后者如《倾听农民专业合作社的呼声》（简称《呼》文），把内容相当于对策建议的“调研感受”所列三条感受（实际上是三种做法）安排在附件之中，而正文第三块“合作社发展面临的困难及相关政策需求”，在突出列举五条具体“困难”后，本来需要接着安排相关对策建议内容的，却出乎常规地到此结束了正文。这就明显是把应该安排在此处正文中的重要内容割裂到附件中去了，使正文的对策缺失。

（三）繁文缛节

繁文缛节比喻琐碎多余的事。不论什么文章，纵分层次都要简洁明了，既要条分缕析，又要适可而止，并非越多越好，越细越好。《呼》文正文分“一、两个农民专业合作社发展情况”，下分三条“三个具有”；“二、农民专业合作社发挥作用情况”，下分“四个促进”；“三、合作社发展面临的困难及相关政策需求”，下分“五个方面的困难”。层次清楚，条理分明，已经很好了。可是，却又在后面增加两个附件：第一个附件为《农民专业合作社法配套制度建设情况》，主要列举了国务院、农业部、财政部、北京市等下发 6 个文件的标题，既无发文时间，又无主要内容简述，对读者理解文件精神和阅读调研文章均无帮助，可说是画蛇添足。第二个附件为《调研札记》，下分“调研过程”和“调研感受”两块。前者细分“调研准备”“深入调研”“撰写调研报告”三条；后者第二条感受写了三条具体对策措施。《调研札记》的导语部分详述了本次调研的作用、意义及分组情况和人员名单，“调研过程”详述了全过程。使文章陷入繁文缛节的琐碎之中，给读者以层次划分过繁过滥的感觉。

（四）内容重复

《北京怀柔区农民专业经济合作社建设与发展情况调研报告》一文，第一块为“调研情况”，第二块为“调研体会”，第三块为“主要收获”。从主副标题内涵来看，习作内容应该而且只能和必须围绕“经济”和“京郊农村”展开；该文导语对本文内容明确界定为“通过召开座谈会、实地考察，进入农户调查等方式，对当地农民专业合作社的成立背景、运行机制、取得的成效及存在的问题等内容进行了调研，现将有关情况报告如下。”这个界定可说紧扣主副标题，与全文三个二级标题的字面意思也十分吻合。但不知为什么作者在“主要收获”中却全部写的是“参加此次调研活动，我感到自己收获颇丰”。写完自己的收获后，又写学员们在学习调研知识方面的收获和工作作风方面和个人能力方面的收获，只字未与主副标题关联，也未写出什么深刻、独特、新颖的体会、启示等，只是一般化地说说而已。这在内容上既是重复，又属跑题的毛病。

（五）垒大堆

垒大堆就无所谓布局结构或结构布局，也无所谓提纲、计划，只要是沾点边的资料就往上边垒，垒到什么样是什么样。主要方式有三：

一是垒土方式。只要是泥土就往上垒。如《关于加快我市广播电视数字化发展的思考》（陈方柱《怎样写出好调研文章》），全文三大块，共7000多字，只要是有关广播电视数字化发展的资料就往上堆，从第一块第一条美国、英国、芬兰、澳大利亚、加拿大、日本等“世界各国高度重视广播电视数字化发展”，讲到第二条我国中共中央、全国人大、国务院、广播电视总局等机构及其领导人对广播电视数字化发展的认识，再讲湖北省委、省政府及广电部门对广播电视数字化发展的认识、计划，还有全省几个主要城市的计划、认识，洋洋洒洒，4400多字；到第三块，才写到我市应该如何认识、规划、建设的建议，只要是“土”，管它美国、英国、日本的，还是全国、全省和其他城市的，先挑来垒上去再说。

二是分垒方式。即不同类型材料，如泥土、砖块、石头各垒一堆，再捏合一处。如某市一篇关于中心城市发展的“十二五”规划建议文章，全文分三大块，1.6万多字，第一块讲城市发展理论；第二块结合本市实际，从本市城市中心城区空间发展的历史和现状，讲到发展目标、措施；第三块讲全市农村城镇化的现状及发展对策。偷换概念，转移主题，全文出现三个主题，三个主题各垒各的大堆，如同分开垒起一堆土、一堆砖头、一堆石头。表面上看，都与城市有点关联，实际上却各是各，是重心各不相同的三篇各自独立的文章，作者以为这么堆在一起就是一篇大文章了。其实不然，把它们强堆在了一起，也仍是“捆绑不能成夫妻”，人合心不合的。

三是混垒方式。即砖、石、沙、土混合堆垒。如《发挥城市统筹性特点加快城乡一体化进程》（陈方柱《怎样写好调研文章》），全文五块，6500多字，五个混杂：主题混杂，核心主题不突出；布局混杂，各自为政，结构松散；内容混杂，宏观与微观，经验与对策，过去时、将来时与现在时混杂不清；文体混杂，论文、经验、调研文体“一锅煮”；语言混杂，论文语言、公文语言、调研语言等多种语言交织。

五、规范调研文章布局结构的原则

鉴于布局结构二者联系紧密，有时相互重合甚至等同为一而二、二而一的情况，我们为之制定规范性原则就合在一起讲，不再另定。

（一）贴近主题原则

主题为一文之本。文章布局结构无论安排材料，选择环境，综合情况，推理、论证等，都应该而且只能和必须围绕表达主题进行。

（二）单一主题原则

一篇文章只能有一个主题，无论布局材料，安排情节，还是构思框架，提炼、升华主题都只能围绕一个既定主题进行，不允许“半路杀出个黑旋风李逵”或另立新主题。

（三）立项简要原则

无论横分门类，纵分层次，大到整体布局，小到撮项提要，都要以简单明了为主；不舍本逐末，不繁文缛节。不用同类事实材料垒大堆。做到配套统一，协调和谐。

（四）科学合理原则

无论谋篇布局、安排材料，还是完善结构、突出主题，都要完整有序，既不多出子项，也不缺胳膊断腿。要要项不缺，要事不漏。可要可不要的不要，可分可不分的不分；不能多的不多，不能少的不少。不为分而分，不为合而合。不矛盾，不重复，不颠倒，不交叉；不拉夫凑数，不以小充大，即分项在同一个层次，分层次在同一个门类进行。坚持实事求是，从实际需要出发，符合事物基本构成和本质规律。

（五）严谨稳定原则

主要是布局合理，结构严谨。完整有序，针插不进，水泼不进；多一层嫌多，少一层嫌少；要牢不可破，颠扑不倒，使文章成为一个全面、完整、新颖、独特表达主题、突出主题的有机整体。

六、调研文章结构要"三美"

一是完整美。完整指调研文章结构完整。与完整相反的是残缺。世界上的残缺美，可能已经并且永远都将会被维纳斯女神像独占。文章结构，包括调研文章结构残缺，过去、现在以至将来永远都不会被谁认为是美的。事物构成永远都是整体等于部分之和，既不能大于，也不能小于。调研文章的空间结构组成，要求横分到边不缺也不多出主项，纵分层次到底，但不得超过四层、五层；时间构成要求纵写到底不断主线；时空结合，要求点线面有机结合，这就是调研文章结构完整美的主要内涵。中共河南省漯河市委政研室《月评"十佳市民"倡新风树正气》（中共中央政策研究主办《学习与研究·基层实践》2010年第9期），横分"（一）坚持两项原则，先进典型得到广泛认可""（二）抓住三个关键，示范带动促进文明新风形成""（三）强化四项保证，评选活动实现持续健康发展"三大主项。同时，分别对三大主项都纵分二、三、四个层次，每个层次又都注重点面结合。比如第一块第二层次："二是广泛推荐。在推荐对象上，不限职业身份，不求'高大全'，只要做出对社会有益的事，得到社会的认可和颂扬，就能推荐评选'十佳市民'。在推荐渠道上，允许基层干群和基层单位直接推荐、不同单位交叉推荐等形式，将先进典型直接上报市评选办。普通环卫工人李玉萍、漯河籍驻东帝汉维和警察来林、为群众义务修路的下岗职工朱松山等都曾被评为'十佳市民'或'感动漯河年度人物'。10年来，全市累计推荐各类先进人物5700多人，其中1400多人作为候选人参加了全市'十佳市民'、'感动漯河年度十大人物'评选，评选出的各类先进模范涉及面广、代表性强、公认度高，取得了良好的示范带动效果，有力地促进了文明健康社会风气的形成。""10年来"之前177字有做法，有结果，有面貌，有典型，点面结合很好。"10年来"之后140个字，把全市10年月评"十佳市民"评选活动点线面有机结合在一起，较好地反映了这一活动开展的广度、深度和力度。往后两大块，七小条，条条都是这样做的，其中第二块第一、二条，第三块第一、三条，尤为深刻、生动。全文结构完整，较好地凸显了调研文章结构的完整美。

二是严谨美。严谨指调研文章结构严谨。调研文章结构严谨，首先是主题（也即观点）鲜明突出。其次是鲜明突出的总主题、总观点能够统率子主题、子观点，子主题、子观点统率材料。最后是材料能够服从于、服务于子主题、子观点，支持并说明子主题、子观点；子主题、子观点服从并服务于总主题、总观点，支持并说明总主题、总观点。从全文来说，导语开门见山，直击主题，统率全篇；全文上下左右不矛盾，不交叉，不重复，不偏离主题，不互相脱离，而是相互配套统一，不断深化、升华主题，还前后呼应，上下协调，融为一体，凸显调研文章结构的严谨美。如中共江苏省委政研室《大调解——化解新形势下人民内部矛盾的有效途径》（中共中央政策研究室主办《学习与研究》2010 年第 8 期）就较好体现了调研文章结构的严谨美。该文大标题“大调解——化解新形势下人民内部矛盾的有效途径”是一个判断，一个观（论）点、一套做法、一打经验；全文三块加上导语，就是一个完整严密的论证，全面、完整、深刻、生动论证并突出了大调解是化解新形势下人民内部矛盾的有效途径这一新鲜主题。

该文导语以 189 字总领全篇，简介南通市 2003 ～ 2009 年针对新形势下各类社会矛盾纠纷高发、多发趋势，采取大调解方式，7 年累计化解各类矛盾纠纷 23.14 万件，有效防止民转刑案件 1935 起、越级上访 3993 起、群体性事件 3448 起，有力地促进了区域平安和谐。2009 年，南通市荣获全国社会治安综合治理“长安杯”，大调解被称为“长安的基石”，把总情况、总成果、总结论、总主题摆到了读者面前。后面三块，也就是分三个层次，由浅入深，层层推进，严密、严实、严谨、深刻地揭示主题。第一块“大调解的‘南通特色’”，从“联动性”“实体性”“专业性”“权威性”四个方面的具体做法和主要成果论证大调解是化解新形势下人民内部矛盾的有效途径的结论。第二块“大调解的实践价值”，上升到理论层次，从“大调解体现了中国特色民主法制建设的基本要求”“大调解是加强社会管理的重大创新”等四个方面深入一层论证了大调解是化解新形势下人民内部矛盾的有效途径的结论。第三块，以“大调解的完善和发展”为子观点，从（大调解）“向法制化迈进”“向社会化发展”“向科学化提升”三个方面，论证并指明了大调解完善发展的方向，使全文逻辑严谨，结构完善，无懈可击。

三是层次美。层次指调研文章的内容次序。在现当代各类文章、文献资料中，在外在形式上分条列目、大中小标题林立用以表现内容次序的，数调研文章最为特色突出，层次分明，可以玲珑剔透、飘逸灵动地展示文章结构的层次美。红头文件、法规制度、计划规划等虽是大小标题林立，但大都模式化、条文化，无多少变化；文学作品，如小说、长篇报告文学等，有的也以大中小标题划分层次，但大都含蓄蕴藉，与调研文章的条分缕析、直击主题无可比拟。史志编修的分条列目，与调研文章有相同之处，但调研文章的大小标题，更是可长可短，可以工整对仗，也可参差不齐；可以是短语词汇，也可以是完全句子；可以是完整的判断、论断、结论，或比喻、假设、反问等修辞手法，这些都是志书所没有的。任何一种垒大堆方式之所以在调研文章中不可采用，除了它结构松散，就是它无层次、乱层次，无紊路，无条理，没有层次分明的美感。

用大中小标题分条列目，凸显调研文章结构层次美的例子很多，现试举华金国《建好场所筑牢“堡垒”》（中共中央政策研究室主办《学习与研究》2010 年第 9 期，简称《“堡垒”》）予以说明。《“堡垒”》一文主要介绍江西省九江市针对部分村级组织无活动场所，活动场所危旧、狭小的现状，2007 ~ 2010 年，先后新建 576 个，改扩建 744 个村级组织活动场所，占总数的 76%；2010 年底实现“全覆盖”，彻底改变了村级组织活动场所面貌，取得明显社会效益的经验。全文 2860 字，分“（一）在工作推进上，坚持‘四个统一’”“（二）在项目建设上，落实‘四重监管’”“（三）在资金筹措上，实行‘四个一点’”“（四）在场所利用上，发挥‘四大功能’四块，各块下分四小条，共十六小条，绘成树形结构图后，更为层次分明，玲珑剔透，更显调研文章结构层次美妙无比。”

- 建好场所筑牢『堡垒』
  - （一）在工作推进上，坚持“四个统一”
    - 一是统一部署
    - 二是统一机制
    - 三是统一规划
    - 四是统一流程
  - （二）在项目建设上，落实“四重监管”
    - 一是施工管理一律民主监督
    - 二是建筑材料一律公开采购
    - 三是竣工验收一律专业检测
    - 四是资金拨付一律封闭运行
  - （三）在资金筹措上，实行“四个一点”
    - 一是列入市县财政预算，实现“拨”一点
    - 二是整合挂钩单位资源，实现“帮”一点
    - 三是调动党员大户力量，实现“捐”一点
    - 四是利用各项政策支持，实现“省”一点
  - （四）在场所利用上，发挥“四大功能”
    - 一是加强民主管理，发挥便民“议事中心”功能
    - 二是搭建教育平台，发挥富民“培训基地”功能
    - 三是创新服务机制，发挥惠民“服务窗口”功能
    - 四是组织文化活动，发挥利民“娱乐平台”功能

附：

《建好场所筑牢“堡垒”》（节选）

建设村级组织活动场所，是加强农村基层组织建设的一项重要基础性工作。江西省九江市针对部分村级组织无活动场所、活动场所危旧、活动场所狭小的现状，自2007年以来，坚持把村级组织活动场所建设作为加强农村基层组织建设、巩固农村学习实践科学发展观活动成果的一项重要措施来抓，按照“分批建设、整体推进，建管并用、发挥作用”的原则，先后新建576个、改扩建744个村级组织活动场所，占总数的76%。到2010年底，全市1724个行政村将实现村级组织活动场所全覆盖，彻底改变了村级组织活动场所面貌，提升了农村基层组织形象，取得了明显的社会效益。其主要做法为：

（一）在工作推进上，坚持“四个统一”。自2006年第一轮村级组织活动场所建设以来，九江市委、市政府始终按照中央、省委的部署和要求，以高度的政治责

任感推进活动场所建设，做到统筹谋划、分步实施、统一推进。一是统一部署。把加快村级组织活动场所建设纳入重要议事日程，市委专门成立了市加强村级组织活动场所建设领导小组，在深入调研的基础上，制定了场所建设规划，由组织、发改委、财政三家联合出台实施方案，对村级组织活动场所建设进行统一部署、全市动员，上下联动、高位推进，在全市掀起了加快推进村级组织活动场所建设的新热潮。二是统一机制。将场所建设纳入党建目标考评和部门包村考核内容，明确县、乡党委书记为场所建设的第一责任人和直接责任人，形成市委统一领导、组织部门牵头指导、市县部门密切配合、乡村两级具体落实的工作推进机制。三是统一规划。村部选址上，按照“利于开展活动、便于群众办事”的原则，统一将村级活动场所建在交通较为便利、人口相对集中的地方；外观造型上，统一风格、颜色、标志设计，让人一看就知是村部；建筑规模上，坚决不搞贪大求洋，按照“量力而为、尽力而为”的原则，根据人口多少确定建设规模:一般村人口在2000人以下的建150平方米左右，2000 ~ 3000人的建220平方米左右，3000人以上建300平方米左右。四是统一流程。从用地选址、建设施工、项目验收到投入使用，制定了一套完整的操作流程……（略）

（二）在项目建设上，落实“四重监管”。为把村级组织活动场所建设成党群连心工程和廉洁放心工程，九江市始终把工程质量放在首位，注重发扬民主，充分调动群众参与的积极性，充分发挥上级组织监管、专业机构监理、党员群众监督三支队伍的作用，着力抓好四个环节的监管：一是施工管理一律民主监督。以村干部与村民代表为主进行村部建设管理，成立民间监管小组，对材料使用、进度情况进行翔实记录，做到质量监管不出漏洞，确保建成廉洁优质工程。有的村还聘请有经验的党员和群众代表担任项目物资保管员、质量监督员，实行村部建设开支全公开，特别是一些较大的开支实行即时公开，接受群众监督。二是建筑材料一律公开采购。为更好地掌握成本，各县村建办联合规划建设部门派人到建材市场了解材料价格及人工工资情况，提出工程建设每平方米指导价。各项目村按照预算参考价，对钢材、水泥、砖块等建筑材料统一实行招投标采购。三是竣工验收一律专业检测。实行工程质量监督验收制度，县建筑工程质量监督检测站指定专人全程参与建设项目的质量监督，完工后进行全面的质量验收，确保村级组织活动场所建设的各个环节置于有效的监督之下。四是资金拨付一律封闭运行。由县（市、区）财政局建立专用账户，组织部负责管理，专款专用，封闭运行。资金拨付采用分级验收、分批拨付，某一阶段施工任务完成，验收合格后再拨付资金。同时，各村理财监督小组定期将资金使用情况张榜公示，自觉接受党员群众监督。

（三）在资金筹措上，实行“四个一点”。活动场所建设的关键在资金。在落实场所建设资金的过程中，九江市坚持做到不触“四条底线”：不得向群众摊派、不得拖欠工程款、不得增加农民负担、不得新增村级债务。为切实破解建设资金瓶颈，九江市抓住新农村建设的契机，采取“四个一点”的方式多方筹资。一是列入市县财政预算，实现“拨”一点。九江市部分县市规定：凡改造一个村级组织活动场所，县财政补助 2 万元、乡镇补 1 万 ~ 2 万元；凡新建一个场所，县财政补助 4 万元；凡新建且未享受中央和省市项目资金补助的，县财政再补 1 万元。自 2007 年来，市县财政共投入 7800 万元用于场所建设。二是整合挂钩单位资源，实现“帮”一点。积极争取与行政村有联系的新农村建设、包村扶贫的市县挂钩单位援助，尤其是争取省、市计生、文教、民政和农业方面的专项支持，帮助解决建设资金之困。三是调动党员大户力量，实现“捐”一点。村党组织注重树立村民和党员主体意识，按照“自己事，自己办”的原则，村集体出“大头”，引导村党员致富能手，行业带头人和在外成功人士支持赞助村级组织活动场所建设。四是利用各项政策支持，实现“省”一点。在项目规划、土地审批、证件办理等方面提供便利、减免费用。同时，充分整合老办公楼和附属建筑等资产，扩建改建为村级活动场所，避免重复建设，减少资源浪费。

（四）在场所利用上，发挥“四大功能”。村级组织活动场所建设的核心在于“用”。九江市在抓好村级场所“硬件”建设的同时，注重完善“软件”配套，着力在丰富载体、规范管理、强化功能上下功夫，确保活动场所为民所用。一是加强民主管理，发挥便民“议事中心”功能。紧紧依托村级组织活动场所的民主议事平台，大力开展以“三务”（党务、政务、村务）公开为主要内容的村民自治活动，定期召开党员议事会和村民议事会，及时向群众公布党的各项政策法规和本村重大事务，便于村民和党员的事前、事中、事后监督，保障群众对村级事务的知情权。二是搭建教育平台，发挥富民“培训基地”功能。在村级组织活动场所按 60 ~ 150 座不等的标准建立现代远程教育播放室，健全农村党员电化教育播放和收看、信息反馈等制度，进一步规范党员电化教育管理。同时，立足学用结合，广泛邀请专家学者、技术能人和致富带头人到活动场所上保健课、科技课和技能课，进一步增强村级组织活动场所的辐射效应和影响效果。三是创新服务机制，发挥惠民“服务窗口”功能。在活动场所设立“一门式”服务站，实行村干部坐班办公制，由村干部为群众办理医疗体检、就业咨询、低保救助和计划生育办证等事项，方便群众办事咨询，确保村民办事“小事不出村、大事不出街”。四是组织文化活动，发挥利民“娱乐平台”功能。通过自买、交流、赞助等方法建立“农家书屋”，党员群众免费借阅。有条件的村还定期开放体育健身室，免费向村民开放。各村组织成立村民文艺队，每逢传统节日自编节目，在活动场所演出或自娱自乐，使村级组织活动场所成为农村精神文明建设主阵地。

阅读书目

[1] 陈方柱．怎样写好调研文章．北京：中国言实出版社，2007．

[2] 中共江苏省委政策研究室．大调解——优化新形势下人民内部矛盾的有效途径//中共中央政策研究室．学习与研究．北京：研究出版社，2010，8．

[3] 中共河南省漯河市委政策研究室．月评“十佳市民” 倡新风树正气//中共中央政策研究室．学习与研究．北京：研究出版社，2010，9．

第六讲　比较北京市怀柔区农民专业合作社九篇调研习作

——兼谈当前调研文章中普遍存在的布局结构和语言问题（下）

一、调研文章中普遍存在的语言问题

从上文可知，文章写作的一般程序为：从立意开始，由立意确定主题，由立意和主题决定布局、结构，再由立意、主题、布局、结构决定语言，语言必须服从于、服务于表达主题，实现立意、主题及布局、结构的全部目的，最后完成文章写作的全部任务。语言是文章写作各环节的最大服务者和实现者，是文章不可或缺的重要工具。

按照内容决定形式，但形式也不是被动、消极地被决定原理，语言对于文章中所有一切对它的决定都具有巨大的反作用，尤其布局结构混乱，必然导致语言混乱、语无伦次的语言对于布局结构的反作用最为突出明显。如本讲比较研究的 9 篇文章中的《报告》一文就是典型代表。《报告》由于滥分层次，割裂内容的布局错误，导致结构混乱、逻辑混乱，进而使语言混乱、语无伦次。《报告》全文才 3000 来字，共使用了 4 个“通过与农户（或 ×××）座谈，我们了解到……”；3 个“从怀柔区的实际情况看……”；3 个“根据 ×××（文件或 ×× 反映）……”3 个“据介绍（统计）……”共 13 个附加成分，三四百字啰啰唆唆、拖泥带水的内容，占了全文 10% 以上篇幅。

《报告》一文语言混乱的毛病告诉我们，问题虽然出在语言上，但原因却全在布局、结构不合理上。如果追根溯源，根本原因在作者对情况认识不清，思维混乱，主题不深刻、新颖。通过比较分析《报告》一文语言的毛病，我们进一步想到了当前青年干部和初学者调研文章语言普遍存在的问题。

（一）冗长拖沓，空话废话连篇

有一篇市级统战工作关于新中国成立60年的总结回顾文章，全文3000多字，分三大块，第一块标题为“与时俱进，新时期统一战线发生了新变化”，620字，占全文20%篇幅。从“新中国成立后……党对统一战线地位作用的认识越来越深”写起，接着介绍毛泽东、邓小平、江泽民、胡锦涛每人一段关于统一战线地位作用的论述，360字；接下来写“我们对统一战线重要地位的认识……”关于“新时期统一战线”到底发生了哪些“新变化”，只列举了“从主要由统战部门承担向党政有关部门、社区、社团共同承担转变，从政治领域向经济、科技、文化等领域拓展”等“四个转变”的标题性语言，没有列举一项具体工作、一件事名、一个数据接着是小结“这种转变进一步拓展了统战工作的视野，延伸了统战工作的手臂，丰富了统战工作的手段。”第三块为“解放思想，努力开创新世纪新阶段统一战线事业新局面”，1000字，分列“要坚持党对统一战线的领导”“要坚持走中国特色社会主义政治发展道路”“要继续为构建和谐社会发挥重要作用”“要不断提高服从大局的能力和水平”4条措施，全为抄、录十七大报告的大理论原则，“放之四海而皆准”，署上全国哪一个市、县统战部名字都没有错。这样的文章不算很多，但收集起来，也并不困难。这篇文章就是我们随手抓过的一本2009年期刊看到的。有些文章虽不如上文空话连篇，但下笔千言，离题万里，大段大段空话、套话的实在不少。怀柔区农民专业合作社这9篇习作中《规范管理、抵防风险，共同致富奔小康》一文434字的导语就属此列。这在本书《综合评析当前青年干部调研文章普遍存在问题》中列举过了，这里不必重复。

（二）病句连篇

凡文章，除了思想内容健康，最起码要求句子通顺，明白晓畅。调研文章，主要凭事实说话，更要求把事实叙述清楚，让人一看就明白。2009年，某期刊上登载一篇副题为“市公安局建立‘四季问安’和谐警民关系长效机制的几点思考”（简称“机制”）的研究文章，这个副题就不通顺，至少有四种歧义：①建立和谐的警民关系。②建立长效机制。③建立“四季问安”和谐警民关系。而“四季问安”，是公安部门要求常年开展的一项活动，却单独把它做一个词语用，未交代它原来是一种部门性的活动。④在这个句子里，“‘四季问安’和谐警民关系”可能是“长效机制”的定语成分。如果“四季问安”4字前边不加“开展”，后边不加“活动”，读者就会莫明其妙，不知它是什么意思，更不知它与“和谐警民关系”是一种什么关系；“‘四季问安’和谐警民关系”如果不是“长效机制”的定语成分，就更不好理解。作为标题，既不通顺，又不简洁，还让人读不懂。该文导语第一自然段最后一句“着力构建警民互信互动、共建共享平安的和谐警民关系长效机制”，不仅重复了副标题的毛病，还增加了个“构建”和“共建”重复的毛病，句子十分臃肿。导语第二自然段有一个长句：

所谓“两让两促”，就是让民警的身沉下去，体验群众感受、启发为民感悟、增进爱民感情，促群众的心热起来，对治安防范上心、对维护稳定有心、对公安工作关心；让群众把要说的话说出来，吐怨言、诉衷言、献良言，促民警把该办的事办起来，争创城乡社区零发案、执法办案零差错、服务群众零距离。

这个超长复句中，“身沉下去”“心热起来”“对治安防范上心”“对维护稳定有心”“献良言”“把该办的事办起来”，读起来、听起来都十分晦涩；什么是“上心”“有心”？意思含糊，词不达意。不仅书面语言，就是群众口头语中也没有这些说法；“献良言”和最后一句的“争创”二字与“零发案”“零差错”“零距离”都属词语搭配不当。“献良言”应该是“献良策”，“争创”应该是争创什么先进单位才对。接着是近200字的话语后，又有一句“保证‘两促两让’作为过程目标实现的连续性和作为结果目标实现的确定性”。“两促两让”可以作为“连续性”和“确定性”吗？什么是“过程目标”和“结果目标”呀？不都是自己生造词语吗？全文3000字，像这样半通不通的句子真还不少。比如，“使活动体现出公安机关作为党领导的武装性质纪律部队的统一性的特点”“并且还可做出地域特色、职能特色和专业特色、人文特色等”。

（三）随意提出“新观点”和妄下结论

《机制》导语第一句话是“经过30多年的改革开放，我国社会已经进入到了一个人民群众更加需求安全的发展阶段。”凭我们的经验和理解，这种提法不会出自中央文件。我国社会怎么会“已经进入到了一个人民群众更加需求安全的发展阶段”呢？难道比 20 世纪 20 ～ 40 年代军阀混战，日寇入侵，到处兵荒马乱，生灵涂炭“更加需求安全发展”吗？难道我国 2000 多年封建社会中，多少次赤地千里、哀鸿遍野，“朱门酒肉臭、路有冻死骨”，人民群众反而不需求安全发展吗？调研文章的重大观点提炼怎能这样轻率和随心所欲，又怎能妄下结论呢？！这种情况还并非无独有偶。某某部青年干部培训班《呼》文附件 2“调研感受”中第一点感受“促进农业稳定发展、农民持续增收必须坚持发展农民专业合作社”这个观点新是新了，但“发展农民专业合作社”只能是“促进农业稳定发展、农民持续增收”的一个条件，并非充分必要条件；“坚持发展农民专业合作社”并不一定能够保证“农业稳定发展、农民持续增收”。如果天灾人祸，各项主要政策大变呢？所以，促进农业稳定发展、农民持续增收必须坚持发展农民专业合作社这个观点太绝对，不符合事物发展规律，是不正确的，不可随意这么提出“必须坚持”的要求。某某部这 9 篇习作中，此类毛病还有几处就不一一列举了。

（四）叙事、议论秩序混乱颠倒，语无伦次

仍以“机制”为例，副标题明确提出“四季问安”这个行业专用词语之后，按照常规，一般应在导语部分首先交代一下它的含义，以便读者往下看的。谁知作者把占全文 20% 的导语写完了，20% 的第一块正文也写完了，把“四季问安”的性质、作用、做法、理论根据、历史背景等都讲完了，仍然只字未提到底什么是“四季问安”。直到写到第二大块，完成全文一半内容的时候，才慢吞吞地交代“四季问安”活动就是“春问‘耕’”“夏问‘暑’”“秋问‘收’”“冬问‘寒’”，合起来叫“四季问安”。

叙事、议论秩序混乱颠倒的还有一种表现是喜用否定句式。如《机制》导语第一句，本来应该直接论述的，它却采用假设手法，加上用否定句式议论：

如果公安机关不能与时俱进，满足人民群众日益增长的安全需求，传统警民关系的那种同生、共济、双赢的互动平衡状态就会被打破，社会的心理生成机制就会发生扭曲，负面的评判就会随之出现。

这里如果不用假设手法，也不用否定句式，直截了当正面立论，直击主题，其

效果就会不仅顺畅，好理解，而且教育引导作用、鼓舞作用也会大得多。

（五）粗制滥造，漏洞百出

不少文章从立意、选材到遣词造句，都很随意，脚踩西瓜皮，滑到哪里是哪里。如某某部青年干部 41 篇调研习作中相当部分二级标题都用“基本情况”“……情况”“几点思考”“几点感受”，尤其几点“感受”算什么呀？算办法？措施？做法？都不是，连感想都算不上，只是一种感觉。跟着感觉走，没有理志，这样的调研文章就是白写了。如此制作文章标题太随意了，没有认真思考、推敲，就更别说创新、独特、新颖了。大小标题制作尚且如此，至于文字叙述，毛病可就普遍了。什么“顺势利导”“抵防风险”都是些自造词。还有指代不明，介词结构滥用等语病，有少数习作随处可见。从大的范围讲，有的同一篇文章中的统计数字自相矛盾，有的百分比不准确。有的序号有首先，无其次、再次，有一或（一），而无二或（二）（三）等。有的错别字多，有的可能是打字校对问题，但作者的责任也不可推卸。文责自负，主要由作者负责，没有由打字校对负责的道理。

二、调研语言要“四美”

笔者总结历代调研文章及自己学习和运用调研语言的经历、经验、体会，认为调研文章的语言风格、特点可概括为准确、简洁、质朴、文采八字。要求调研文章要真实准确、简洁明了、质朴无华、富有文采，又叫调研语言的准确美、简洁美、质朴美、文采美“四美”。

（一）准确美

调研文章最突出的特点是用事实说话。用事实说话，首先要求记录事实准确无误。真实准确，也就成了调研文章最显著的语言特点之一。其次要求政治观点正确。与党的路线、方针、政策保持一致。从调研文章的写作目的看，一是为各级党委、政府决策提供参考，二是为党委、政府提供编史修志的第一手资料。这都需要记述事实真实可靠，不浮泛，无虚假，准确无误；观念提炼必须立足现实，尊重历史，客观公正，字斟句酌，严谨准确，慎重表述。最好学习编史修志的原则要求。比如宋朝吴缜所说：“必也编次事实，详略取舍，褒贬文采，莫不适当。稽诸前人而不谬，传之后世而无疑，粲然如日星之明，符节之合，使后学观之，而莫敢轻议。”（吴缜：《新唐书纠缪·序》）。李铁映在《全国地方志第二次工作会议上的讲话》中说：“志书以真实、准确为本，这是志书的基本特征。”都值得调研文章借鉴。最后，要慎用模糊语言。调研文章的真实准确，还表现在要求运用精确的语言表达各种事物。好的调研文章不光在宏观上注重百、千、万；在微观上，对元、角、分，丈、尺、寸也不马虎。它们在宏观记述某一事物兴衰起伏的发展过程时，也采用“成绩显著”“有较大进步”“取得突破性进展”等模糊语言。但运用这些模糊语言时，也要十分注重资料事实的准确性，语言概括恰如其分，并有一定的确定性。

（二）简洁美

调研文章简洁的语言风格，主要表现为简明扼要，言简意赅，不拖泥带水、啰啰唆唆。唐刘知畿认为：“叙事之工者，以简要为主。”（《史通·叙事》）清散文家刘大櫆《论文偶记》中说：“文贵精。凡文笔老者简，意真则简，辞切则简，理当则简……神远而含藏不尽则简，故简为文章尽境。”行文简与不简，并不以文字多少为标准，而是看它是否用最简明的文字表达出最丰富的内容。有的即使文字很短，若未把意思说清楚，或者其中仍存有一些可有可无的字、词，那仍然不符合“简”的要求。清魏际端《伯子论文》中说得很对：“文章繁简，非因字句多寡、篇幅短长。若庸絮懈蔓，一句亦谓之繁；切到精详，连篇亦谓之简。”

调研文章力求简洁，主要是要求文字简约，而意思明了。而绝非苟简，允许草率地把某些不可或缺的字、词、句省去，导致语意不明，词不达意。调研文章要想达到语言简洁的要求，必须做到以下三点：其一，要言简意赅。唐刘知畿在《史通·叙事》还说道：“能略小存大，举重明轻，一言而巨细咸赅，片言而洪纤靡漏。”胡乔木曾在全国地方志第一次工作会议上要求志文“做到一句也不多，一句也不少。如果不能做到后一点，至少要做到前一点”。他的话，对于调研文章写作也是极可借鉴的。要力戒假话、大话、空话、套话，切忌下笔千言，离题万里。其二，要反复锤炼，删去多余的字词。古今写作经验反复证明，好文章大多数是改出来的。鲁迅在论及文章修改时也说：“写完后至少看两遍，竭力将可有可无的字删去，毫不可惜。”其三，要用简洁的书面语，不得随意使用粗俗口语。调研文章讲究使用群众语言，但必须加工锤炼，取其精华，舍其糟粕；源于生活，而高于生活。

（三）质朴美

前边讲了，调研文章最突出的特点之一是用事实说话，一是一，二是二；不修饰，不夸张；不说过头话，不要把话说得太绝对；要“立言得体”；符合科学，符合逻辑；要情通理达，文从字顺。这是调研写作的基本要求。英国史学家马考莱爵士（LordMacaulay,1800−1859）还把情通理达视为“所有写作的第一法则”。他说：“所有写作的第一法则，是作者所用之词，能完全正确地传达其意义予广大的读者。所有其他法则，对于这一法则而言，都居于从属的地位。”（韩章训：《谈志书语言风格》，载《中国地方志》2009 年第 5 期）民国余绍宋在《重修浙江通志初稿体例纲目》中说：“但求明达，不去摹拟，不事藻饰，不尚奥涩，不鄙俗。”这对调研文章语言风格的形成及发展都极具启发意义。调研文章要想达到语言风格质朴的要求，其一，要去修饰，不夸张。调研文章不是文学创作，不是艺术作品，而主要凭事实说话，只用白描，直书其事，无需形容修饰，不能言过其实。其二，要求表达科学。语言学家王力教授曾说：“要使语言科学，必然要使它的内容科学化。”它包括两层意思，一是语言本身符合逻辑，符合语言规律。二是它反映的事物、对象准确，两条并举，缺一不可。调研文章对社会科学、自然科学、应用科学以及社会生活的方方面面，无所不调，无所不研，其自身也属社会科学，其表达必须科学。它若没有科学化的表达，就难以客观地反映现实。

（四）文采美

调研文章文采的语言风格主要体现在它正确规范、优美典雅、富有文采上，是其准确、简洁、质朴特点的完美结合和艺术升华。我国 2000 多年前的儒学祖师孔子说：“言之无文，行之不远。”好的调研文章，读起来，要如看绘画，如听音乐，如诵诗歌，如览小说，让人美不胜收，爱不释手。古往今来，多少著名调研文章，都是优秀文学作品，让人百读不厌，是亿亿万人民的精神粮食。调研文章富有文采，绝不靠堆砌辞藻和矫揉造作。拙著《调研写作分类精讲》出版发行后，《素质教育》杂志社社长、研究员周宏《凉风拂来泥土香——简论陈方柱〈调研写作分类精讲〉的语言特色》（简称《简论》）在互联网上发表，从“朴实中见功底、通俗中蕴哲理、工整中显技巧、谨慎中透机敏”四个方面高度评述该书语言四大特点。结合研读周宏《简论》评析拙著的语言特色，我们以为调研语言文采可从三个方面实现：一是做到平实化。首先，调研作者要心气平和。心气不和则文气不和；文气不和则文章不雅。大凡文采典雅之文都蕴含着一种祥和之气，而祥和之气要靠作者的心平气和去营造。其次，作者要多用朴实的语言、平实的手法，使文章平平实实，通俗易懂。《简论》评介拙著“朴实中见功底”和“通俗中蕴哲理”，大约就是这个意思。二是做到本土化。调研文章的本土化程度越高，其文采的亮度可能也会越高。《简论》在认可拙著“没有高深理论……也绝无‘洋’理论”之后，进一步肯定拙著“运用本土语境、大众化语言……”并高度赞扬拙著“用共性是铅笔，个性是颜色作比喻，阐述地方与民族、个性与共性的关系，哲学思辨跃然纸上”。三是做到规范化。《简论》还用“工整中显技巧”一节，肯定拙著“在谋篇布局上注重对仗、排比等修辞格式的运用，形成标题和行文较为工整的语言特色”。

三、调研写作怎样过好语言关

冰冻三尺，非一日之寒。学习锤炼语言是一个漫长的过程。笔者有篇关于自己怎样学习、使用调研语言的体会材料——《我对调研语言的学习、运用与思考》，现作附录于下，供大家参考。

我对调研语言的学习、运用与思考

学习。博观约取，触类旁通。我学写作，起于写诗。我的起点学历虽只高中才读半学期，就执着于当诗人，辍学回农村体验生活，学习写诗。但我的启蒙老师是前清秀才，小学老师是国民政府文官，均精通国学。我从小就受到他们诵读古典诗词的很深影响，直到辍学归田后的几年里，按照他们的启蒙教育，熟读、背诵200篇古文，300首古诗词；加上贴近农民，收集民歌民谣，学习群众语言，打下较好的语言文字功底。因为写诗并在省级报刊上发表诗作，我跳了“农门”，与调查研究结下不解之缘。我在放弃文学梦，投入调查研究这一人生大转折的过程中，心理矛盾并不突出，最让我困扰的却是我原来学习的文学语言与现在使用调研语言的冲突。俗话说，隔行如隔山。文学语言与调研语言之间，虽不是崇山峻岭的阻隔，但却让我的语言学习和使用曾经陷入到一个较长时期的混乱之中。最终，我选择并坚守了两条：一是博观约取，即广泛地观看、观察，阅读、阅览有字、无字书籍，扼要地选择记取。即是看的、读的再多，但记住的、记牢的很少；而用上、用好的少之又少。二是触类旁通。即从掌握关于某一事物的知识，推知同类中有时也有异类中的其他事物。我终于从文学语言和调研语言中，找到了某些共同点，艰难地解决了我从文学语言向调研过度的问题。未想到我在63岁以后，真的是个“老调研碰上了新问题”，我出于对文字工作的爱好，涉足修志领域。谁知修志这件难事，对我的调研语言的应用，竟成为一个前所没有的挑战。经过三年多的学习、摸索，我再一次找到调研语言与史志语言的共同点，使史志语言与我原有调研语言触类旁通，并较好吸收史志语言的信（真实可信）、达（明达、通达）、简（简明、简朴）、雅（典雅、高雅）风格，把调研语言净化、美化和升华到一个新的水平。

运用。冥思苦想，字斟句酌。有人说：“文学是语言的艺术。”调研文章又何尝不是？我学写作，从学古典诗词开始。我学写调研文章，就是采用学习写诗的方法。树立学习目标：按唐杜甫所说的“为人性癖耽佳句，语不惊人死不休。”选择具体做法：照唐贾岛的办法：“吟安一个字，捻断数茎须。”取得效果：与唐贾岛的差不多：“二句三年得，一吟双泪流。”年轻时候，不知走了多少弯路，做了多少无效劳动。就是到了后来，比较适应调查研究工作，也仍然走路、睡觉，都在进行唐贾岛“鸟宿池边树，僧敲（推）月下门”的工作，冥思苦想，字斟句酌；千锤百炼，精练语言。2006年秋，我帮荆门市委党史办公室修改《抗战时期湖北省荆门市人口伤亡和财产损失调研报告》，其中第三块导语中有一句“中国国共两党在这里建立了联合抗日的根据地……”一位从事党史研究的老同志认为没有这个说法，遂改为：既有国民党抗日部队正面驻防，又有中共鄂豫边区机关在此设置。我一看，觉得他改得好，尤其“正面驻防”四字用得好，但后边“在此设置”四字与之对仗不工整，应该再推敲推敲。于是，我兴高采烈地叫办公室的几位同志帮忙“对一对”有奖。他们说，你是专家，就不用我们班门弄斧吧。这个中午，我午睡都未睡着，一直在涂改这个句子。最后改为：“既有中国国民党抗日军队正面驻防，又有中共鄂豫边区机关和抗日武装力量据险坚守。”开始想到“据险坚守”四字，我高兴不已。但高兴之余，还是觉得不妥：一是考虑仅是“鄂豫边区机关据险坚守”，是守不住的，“机关”里大多数是文职人员和家属子女。二是通过查阅资料，当时在此地抗战的还有李先念的新四军第五师部队和其他游击部队。只有把这三股力量合在一起，才既有力量据险坚守，又符合历史真实，而且形象、生动，中国军民同仇敌忾，坚持抵抗到底的决心和勇气跃然纸上。所以最后改为上文，我才安心。正所谓“宝剑锋自磨励出，梅花香从苦寒来”。

思考。超越自我，文无止境。1990年，正是我人生旅程接近“天命之年”、调研生涯接近“而立之年”，用周宏研究员《简论》的话说，是我调研人生的“巅峰期”。这一年，我发表了我一生中比较重要的一篇调研理论专论《自我否定在调查研究中的运用》（简称《否定》），提出“调研者只有正确运用自我否定，发扬拼搏精神，实行自我突破，自我超越，才能克敌制胜，步入开拓创新的自由天地”的论点。20年来，我在调研人生的旅途上，不断否定和超越自我，使自己的调研成果常出常新，调研之路越走越宽广。调研语言的探索，也是我不断否定和超越自我的一个方面。《否定》发表后，我在继续进行调研实践的同时，进入到调研理论研究和调研培训服务领域；为了把我的调研经验和调研理论探讨成果转化为实际的调研生产力，我首创“实例法”，并用实例法讲调研；出了第一本专著，又在第一本的基础上出第二本、第三本。这都既是我调研文章（含理论）自我否定和超越的结果，也是我调研语言自我否定和超越的结果。文章常写常新、语言常用常活，尤其文章修改，每次修改都是对旧语言的自我否定和超越，都是语言的创新和升华。文无止境，语言的超越和升华也是无止境的。

阅读书目

[1] 韩章训．谈志书语言风格．中国地方志．2009，5．

[2] 周宏．凉风拂来泥土香——简论陈方柱《调研写作分类精讲的语言特色》．中国公文研究网．2009．11．24．

[3] 陈方柱．调研写作分类精讲．北京：中国言实出版社，2009．

第七讲　比较北京通州区农资市场八篇调研习作

——兼谈调研文章要注重突出地方特色

本讲比较研究的北京市通州区农资市场八篇调研习作（简称“通州农资习作”），在某某部2年41篇习作中，算质量较高的一组。在最初分类中，划在三类的1篇；一类2篇，二类5篇。它们共同的优点是特点突出，各有千秋。通过对它们的比较，我们还将兼谈调研文章要注重突出地方特色的体会供大家参考。

一、样本

样本一：北京市通州区种子经营情况调查

3月26～27日，按照青年公务员培训班的课程安排，我们赴通州区对近期农资生产经营情况进行了调研，我重点调查了通州区种子生产供应和经营管理的情况。整体来看，通州区种子供应充足，经营网点数量多，布局广泛，管理规范，可以保证春耕及日常耕种的需要。

一、通州区种子生产经营现状

目前，通州区共有种子经营单位95家，其中农作物种子经营单位63家，常规种子委托经营单位26家，外企生产经营单位6家。该区生产厂家数量少，大多为经营单位，经营主体规模差异很大。种子经营主体以中小型的农资供应或销售店为主。如通州区裕农盛农资商店，年销售玉米、小麦、大豆等种子1万～2万千克，花生种子1000千克左右。经营品种齐全，常用的农作物和蔬菜种子都有，由种子公司统一配送。大型的企业较少，如北京亿兆益农种子有限公司。该公司与北京市农科院、中国科学院、中国农大等单位联合开发的农大189、京东8号、中麦175等十几个品种。年销售小麦种子250万千克，大豆种子5万千克，还有玉米、花生及各种蔬菜种子。

经营的品种来自全国多个省份的数十家公司，并负责向连锁经营店配送种子。

调查发现，由大型生产销售公司加中小型农资供应销售店组成的销售链条，便于农业部门的监管，保证了通州区种子市场供应充足及时，确保了全年农业生产的顺利进行。总结通州区的种子市场有以下几个特点。一是经营市场化，由原来的国家专营到部分放开，现在已完全放开，使得经营品种日益丰富，供应数量日益充足，服务日益完善。二是经营主体多元化，国有企业、私营企业、外资企业和大量的个体经营户同时存在，百鸟齐鸣，繁荣了种子市场。三是经营秩序规范化，通州区加大了执法监管力度，开展了农资打假专项活动。2008 年，农业部门会同工商、公安等部门，组织了对种子等农资市场的联合执法 8 次，对 95 家种子经营单位进行了专项整治。对销售不合格种子的经营部门进行了行政处罚，保证了种子经营秩序的规范有序。

二、种子经营中存在的问题

近年来，通州区种子市场日趋完善，经营规范程度逐年提高，但还存在一些问题，主要表现在以下几个方面。

一是经营主体水平参差不齐。通州区取得经营许可的种子经营单位有 95 家，大型经营的企业条件较好，专业素质高，可以严格把握产品质量。而规模小的个体经营户的条件差，人员素质低，法律意识淡薄，不能为农民提供相应的技术指导和服务。有些修车店、美容美发店也兼营农资产品，不具备基本的经营条件。更有少数经营者唯利是图，制假造假，销售假冒伪劣种子，坑害农民。

二是经营档案管理不规范。很多经营单位，尤其是个体经营户没有建立健全的购销档案，没有销售台账或记录不全。一旦发生问题，执法人员难以对事件进行深入调查，或难以对售出的种子进行追踪，使农民的损失加大，不能及时得到赔偿。

三是无证经营的现象仍然存在。有些经营者没有取得种子经营许可，有些游商散户没有固定的经营场所，打一枪换一个地方，价格比规范经营户低，造成种子市场的不合理竞争。这些无证经营者往往追求利益，造假售假，有的以非种子冒充种子，有的以此品种冒充他品种，有的以老品种冒充新品种，给种子市场监管造成了很大困难。

三、几点建议

一是加强各部门之间的协调配合，开展联合执法。经营主体水平参差不齐，其中一个原因是经营许可证由工商部门发放，而监管由农业部门执行，这就造成了经营单位条件审核与监督管理之间脱节。农业部门应与工商部门及时沟通协调，加强对经营资格的审批，了解经营许可发放情况；与工商、质监、公安等多部门加强联合执法，打击无证经营和销售假冒伪劣种子的行为，共同保证种子市场的规范有序运行。

二是建立健全的经营档案。各经营单位应建立经营档案，详细记录货物来源单位及销售单位等信息。一旦发生违法行为，可以为执法提供有力的证据支持，查找源头。同时也可以按照记录追回问题种子，为农民挽回经济损失。如通州区裕农盛农资商店，去年店主购进一批小麦种子，经试验发现发芽率不符合要求，立即根据档案记录及时追回卖出的种子。已经播种无法收回的农户，按照每亩300元给予了赔偿。

三是加强对经营人员的培训。调研中发现，种子销售单位的工作人员在正确使用种子和新品种推荐中发挥重要作用。大型的种子经营公司有专业的技术人员，可以发挥技术指导和推荐作用。但小型和私营单位，仅仅是经营者，业务素质低甚至不懂种子有关知识，无法辨别种子真伪，出现问题后不能解决，使农民遭受更大的损失。因此，农业部门应加大种子知识宣传，定期或定点地对经营户给予培训，使经营者在现代农业发展中发挥更大的作用。

调研中发现，我国关于种子的法律法规还有不健全的地方，如种子品种的审定等方面，这有待于农业部门细致研究后进一步完善。

样本二：北京市通州区农资市场情况调查报告

根据某某部青年公务员能力建设培训班的统一安排，第三小组一行9人于3月26日至27日对北京市通州区农资市场情况进行了专题调研。在班主任杜某某老师的带领下和部药检所周某某老师的指导下，我们围绕“农资市场保春耕”主题，分为种子、农药和肥料三个调研小分队，分别就不同的农资品种开展深入调研。调研小组召开了由北京市农业局、通州区种植业中心、种粮大户、农资生产经营企业等有关人员参加的座谈会，并先后到永乐店镇、潞城镇实地查看了农资经营企业、销售门店和农产品配送中心，与农资经营户、农民进行了沟通交流。

从调研情况看，当前通州区农资品种丰富，供应充足，能够满足春耕生产需求；

农资市场监管各项工作正有序开展，农资市场秩序整体稳定。但是，我们也发现和了解到了一些不容忽视的问题，需要今后认真研究解决。现将有关情况报告如下。

一、农资市场现状

（一）主要农资能够满足春耕生产需要。通州区今年小麦种植面积25.2万亩，春白地18.6万亩，计划春玉米播种面积10.5万亩左右，其他主要种植大豆、蔬菜等经济作物。据统计，全区春播备种：玉米种子30多万千克，大豆种子2万多千克，各种蔬菜种子品种齐全，可充分满足农民需求。农药：通州区植保站已备杀虫剂、杀菌剂、除草剂三大类高效低毒农药100吨，包括100多个品种，已经陆续送往全区110家农药连锁配送店和农药经销店。肥料：全区已备二铵1717吨、复合肥125吨、尿素5160吨，可较好满足春季施肥需求。通州区今年还继续实施有机肥培肥地力工程项目，5000吨有机肥补贴指标已经全部落实到位。

（二）农资生产经营特点明显。通州区共有各类农资销售店120多家，分属不同体系。类型不同，管理方式不完全一致，经营的产品也不一样，有的是单纯经营种子、农药或肥料的专门店，更多的是经销两种或三种农资的综合店。归纳起来，农资市场有以下四个特点。

一是农资生产企业少，经营企业多。北京农资市场具有典型的总部经济特征，农资生产厂家数量不多，产量也相对较少，但经营单位数量众多。全市种子、农药、肥料、兽药四种农资的生产企业只有163家，但经营单位却有4465家。从通州区来看，这种特点也十分明显。全区化肥经营单位89家，生产企业只有3家；农药经营企业121家，生产企业只有7家。

二是农资经营主体多，个体经营者数量大。随着农资市场的放开，不同所有制形式的农资生产经营纷纷出现，国有企业、私营企业、股份制企业、外资企业和个体经营户在农资市场上百花齐放。其中，个体经营户是农资市场上的“主力军”。北京市1300家农药经营单位中小户经营者达1170家，1600家肥料生产经营者中有75%为个体经营者。通州全区种子经营企业仅有4家是领取种子经营许可证的企业，其余100余家为个体经营。区农药管理站介绍，全区121家农药经营单位中97%为个体户。

三是农资经营网点乱，布局分散不规范。据区种植业中心的同志介绍，全区120多家农资经营门店分布在11个乡镇的400多个村，没有集中的农资交易市场或聚集地，地域分散，给管理带来不小难度。我们在调研路途中也注意到了，沿路由于农资销售门店小而散，很难引起关注，如果不是有当地人员带领，我们所到的几个农资销售网点都很难找到。另外，一些经营其他商品的门店也开辟了农资经销专柜，全区甚至有10多家从事美容美发、汽修等业务的网点也在兼营农资产品，农资经营主体呈现出多样化特点。

四是农资使用量小，影响大。北京耕地数量少，农资使用量远不及农业大省。但作为首都城市，北京的农产品安全情况十分敏感，对农资使用的要求更高，农资监管工作的责任更大。通州是北京重要的粮经作物及畜禽产品的生产基地，农产品生产加工企业的销售市场主要在北京城区，部分优质食用农产品还出口到境外，如果出现问题，影响极大。我们所到的东升方圆蔬菜配送中心和京东大运河农产品配送中心就是这样的企业。京东大运河农产品配送中心目前有3000亩生产基地，年销售蔬菜3万吨，农资产品投入占企业生产成本的40%，其中每年使用农药达30余万元。在2008年成为奥运鲜切果蔬的特许供应商后，京东大运河农产品配送中心今年又将成为国庆60周年“阅兵村”的果蔬供应商，做好农资产品使用的监控、管理工作，确保优质、放心农资产品供应，就具有了很强的政治敏感性，一旦出现安全事故，影响难以估量。

（三）农资监管成效显著。农资市场监管的具体工作由通州区种植业中心负责，由各业务站承担。区种植业中心切实加强对农资市场监管工作的组织领导，实行专职副主任负责制，明确了各专业站的职责，制定了农资监管工作规章制度和实施方案，确保了各项农资监管工作正常开展。区种子管理站对全区9个乡镇的110家种子经营门店进行了拉网式检查，检查主要以大田种子和蔬菜种子为主，重点检查经营单位的资质、证照、销售种子的标签、包装和质量情况等内容，未发现有不规范的种子。区农药管理站2月份出动执法人员19人次，检查农药生产企业6个次，检查农药经营部门42个次，实施行政处罚两起。区植保站全面启动植保技术培训、信息宣传工作，已发布《植物病虫情报》四期，并开设了技术咨询热线，方便为农户和种植基地提供优质技术服务。区土肥站加大肥料抽检力度，主抓售肥大户管理，积极查处肥料投诉举报案件，对农民群众通过“12316”举报的4起案件，全部妥善解决。

区种植业中心还积极推进农资打假和农资监管长效机制建设。

一是加强农资法律宣传。在“3·15”前夕，对执法人员进行了业务培训，提高执法人员的能力和水平，并在西集、永乐店、漷县三个集镇开展农资普法宣传活动，向农民发放宣传资料5万余份，现场咨询1500人。

二是推进连锁经营。通州区是我部确定的“放心农资下乡进村”示范县，区种植业中心积极探索，不断完善农资连锁配送服务体系建设，已建设70家连锁农资经营店，今年将再发展30家，使全区农资连锁店达到100家。区植保站农药连锁配送总店是全区农药销售的龙头，配送范围覆盖全区80%的农资经营门店，在经营模式上实行“统一价格、统一进货、统一管理、统一服务、统一配送”，并利用自身优势强化技术指导和咨询，确保农民用上放心优质农药。

三是加强规范化建设。根据北京市统一部署，区种植业中心在全区农资经营单位统一悬挂了“农资生产经营公示栏”。我们在几家农资经营门店也看到，“农资生产经营公示栏”都悬挂在了醒目位置，上面包括农资生产经营许可证照、农资生产经营承诺、农资购买提示和监督部门投诉电话等内容，这既是对农资经营者的一种约束，也方便了农民群众监督。

二、存在的主要问题

通过调研发现，当前通州区农资市场和监管工作中还存在以下四个方面的主要问题。

（一）农资市场品种繁多，假冒伪劣产品屡禁不绝。我们和购买农资农民的交谈中了解到，虽然现在买农资方便了，但市场上农资的质量问题依然突出，假冒伪劣产品坑农害农事件时有发生。农民群众反映最为强烈的问题主要有三类：

一是质量不合格。种子纯度低、掺杂掺假多；化肥过期失效、养分不足；农药以次充好、以假充真现象较为普遍。我们实地调研的一家庄稼医院的店主说，他去年进了一批存在质量问题的玉米种子，发芽率不高，他不得不每亩地赔偿农民300元，损失近20000元。

二是产品标签标志不规范。商品名称五花八门，特别是一些复混肥料产品养分含量标志不清，故意模糊中微量元素含量和氮磷钾含量，将低含量产品卖出高含量产品的价格。

三是虚假夸大宣传。部分生产和经销企业片面夸大农资商品的功效和禁用范围，虚假宣传化肥、农药功效或者种子的成活率、抗病性等，将国产产品冒充进口产品销售，欺骗和误导农民。

（二）农资经营市场太开放，经营管理不规范。随着农资市场的放开，近年来通州区农资经营企业不断增加，经营主体日益多样化。这些企业的出现，一方面大大促进了农资市场的繁荣；但另一方面，由于农资经营门槛低，资质要求不明确，新出现的经营企业大部分为个体经营户，资金少、实力弱，缺乏必要的农资专业知识，有些卖窗帘、修单车的个体户看到农资经营有利可图，也开始卖化肥、农药，经营管理很不规范，农资市场秩序比较混乱。

一是无证照、证照不全或者超范围经营。一些经营者未取得相关证照时，擅自从事农资经营活动；有些还采用“打一枪换一个地方”的经销方式，导致出现侵害农民权益问题时，难以找到责任人。

二是进货渠道不规范。一些经营者为降低成本，牟取非法利益，从不具备农资生产资质的商家进货，质量无法保证。

三是商家内部质量管理制度不健全。一些经营者不能或不愿严格执行进货查验制度，进货把关不严，导致不合格农资上市销售。在这种情况下，一些经营企业也开始尝试引入连锁经营、合作加盟等比较先进的商业经营模式，以提高农资企业经营管理水平。但我们在调研中发现，很多农资经营户虽然挂了连锁农资店的牌匾，但并没有真正建立统一的进货渠道和统一的管理制度，仍是通过自己的渠道进货，各自经营，大部分经营户也说不清连锁经营的意义和内容，只是被动地接受。

（三）农资监管声势大，管理体制不完善。从通州区提供的材料来看，近年来，通州区农业部门对全区开展了一系列农资打假专项活动，加强了对生产企业、农资市场、经营门店的监督抽查工作，但在农资监管工作中还存在一些体制性障碍。

一是监管体制不顺。区农委作为负有行政执法职能的管理主体，缺乏必要的人力物力，只能委托下属的种子站、植保站、土肥站等事业单位开展农资监管管理工作和行使处罚权，造成“有权的没人，有人的没权”。

二是监管职责不清。通州区农委种植业服务中心姚科长反映，农业部门虽然牵头农资打假，但工商、质监等部门也依据各自职能开展农资监管工作，多头执法、重复处罚的问题比较突出。

三是依法行政意识不强。由于农资执法专业性较强，大部分执法人员由农技推广、植保、土壤肥料技术单位转岗而来，虽然专业能力较强，但大多缺乏系统的法律培训，法律素质比较薄弱。

四是执法经费不足。调研中发现，大部分农业执法机构缺乏必要的工作经费，通州区植保站为弥补经费不足，通过经营农药获取一些收入。植保站在作为执法机构同时，也从事经营的行为无疑不符合法律法规的规定，但这也从另一个角度说明了农业执法部门的窘迫。

（四）农资新品种不断出现，农民科学选购和使用水平较低。我们在通州区农资市场看到，科技含量较高的高产抗病种子、新型低毒高效农药、测土配方施肥专用配方肥等农资新品种不少，但是农民在选购农资产品时还是偏好购买传统的产品，如配方肥不如尿素、二铵卖得好。低毒农药的效果受到怀疑等。即使选购新产品也没有任何科学依据，只是简单地碰运气。在庄稼医院我们遇见了一位买玉米种子的农民，原本想买东单60，但在交款时看见了一种新品种富友9号，于是决定6亩地一半种东单60，一半种富友9号，当问及这两种种子的特点和购买理由时，他也不知道，只是种种试一试。此外，农民在播种、打药、施肥的过程中，农民仍然沿用老办法、依靠老经验，虽然农民也很希望得到指导，但无论是生产企业还是经营企业，都没有给购买农资的农民提供相应的农化服务，农技推广部门也没有尽到应尽的技术推广和服务指导职责。

三、几点建议

根据调研走访情况，结合各方面意见，调研小组对今后农资监管工作提出如下建议。

（一）抓紧完善农资管理的法律法规，从源头上加强监管。我国尚未建立统一完善的农资管理法律法规体系，各类农资管理立法层次不一。种子法规相对完善，农药有《农药管理条例》，而肥料至今没有出台专门的法律法规。因此，要加快肥料监管立法和修改完善《农药管理条例》，严格资质条件审查，把好市场准入关。加强行政许可事后监管，全面清查农资生产经营单位主体资格，依法查处无证、无照生产经营单位，坚决清理不具备合法资质和已丧失相关资质条件的单位。

（二）加快政府部门职能转变，抓好监管保障。当前农资市场相关管理主体在对农资市场进行管理时，很多时候只是简单地罚款没收，而在引导企业合法诚信经营，创造良好农资市场经营环境，为农民提供农资技术服务等方面的工作比较薄弱。因此，要加快各相关政府部门的职能转变，做到既严格执法，依法办事，又文明执法，热情服务，对广大农资生产经营者要想办法指引和帮助，在执法中多扶持、多指导，为农资市场健康发展创造出良好的市场环境。

（三）大力促进农资市场健全发展，抓好流通监管。农资市场已经从单一渠道专营走向全方位的开放，多元化主体规范有序竞争局面尚未形成，农资经营的市场化水平整体不高，经营企业良莠不齐，经营人员素质高低不一，经营模式千差万别。因此，要积极创新农资供应模式，不断完善相关优惠政策，加快推行农资连锁经营，实行统一采购配送、统一经营管理、统一标志品牌、统一质量标准、统一服务规范，对连锁经营人员进行相关培训，使卖农资的人懂农资。要加快建设农资信用信息体系，建立农资生产经营单位数据库，及时根据监督检查结果、市场主体资格审查情况、消费者投诉状况、公众评价等信息，开展信用等级评价。

（四）大力提高务农农民的科技素质，抓好消费保障。近年来，随着农村青壮年劳动力外出务工人数增加，农村中从事农业劳动的大多为妇女和老人等所谓的“386199部队”，这部分人文化水平低、接受新知识能力差，接触的信息渠道少，在农资购买过程中辨假识假能力不足，法律维权意识弱。因此，要加强宣传教育，大力普及农资产品识假辨假常识，增强农民维护自身权益的意识和能力。同时，加强服务指导。通过推介发布主导品种和主推技术，做好示范推广工作，指导农民科学使用农资。

二、习作评析

（一）《种》文基本情况

北京市通州区农资经营一组调研习作，在本书评析的所有调研习作中，整体质量是较高的。《北京市通州区种子经营情况调查》（简称《种》文）是这组习作中唯一一篇三类习作。按照本书前边讲的挑选问题文章的标准和方法，主要方面问题只要有1～2条，均可入选，所以，《种》一文入选，也不算冤枉。

《种》文全文2000字，名义上分“通州区种子生产经营状况”“种子经营中存在的问题”“几点建议”3块，实则4块，第一块“状况”中，还包含一块“特点”。从大的方面看，《种》文导语和第一块状况部分还写得不错：总导语比较简洁，还能涵盖全篇；第一块状况部分虽未分条列项，但交代有条有理，还能点面结合，还算可以。

问题也不少。大标题没有角度或侧重点，这就决定了全文的一般化，肤浅、平淡，说明不了，更解决不了什么实际问题。

介绍通州区种子市场特点部分，224字（含标点符号）介绍“经营市场化”“经营主体多元化”“经营秩序规范化”3个特点，每条平均72个字，最少的第二条50字，第一条也只57字，各有一个完整长句，没有记述一件具体事，且连具体的名词、数字都没有一个。调研文章的特点、优点是凭事实说话。《种》文连半个事实都没写，怎能证明通州区种子“经营市场化”和“经营主体多元化”特点呢？你说“经营品种日益丰富，供应数量日益充足”，从哪一年、月、日，到哪一年、月、日，各是多少品种，多少供应数量？增长多少，有多大增幅，占多大市场份额？完全没有交代一个字。“国有企业、私营企业、外资企业和大量的个体经营户同时存在”，到底这些企业各有多少个，多大经营规模，多少经营成果，什么年、月、日同时存在，也都全是空话。第三条特点，虽有几个部门组织了8次专项打假联合执法行动，但具体成果如何，也不是孤单一个“95家种子经营单位”的数据和仅这一句话，就把市场经营规范“化”得了的。

第二块“种子经营中存在的问题”也写了3条：“经营主体水平参差不齐”“经营档案管理不规范”“无证经营现象仍然存在”，篇幅是有500多字，但也仍是“言之无事、言之无物，言之无人，言之无数”。再说，这三个问题是否就是通州种子经营中最本质、最重要、最紧迫的问题，还真的需要认真进行一些深入现场、深入群众的调查研究才可以弄清的。

第三块“几点建议”也是3条，内容混杂。一般提建议，主要该讲怎么做；而且一要具体，二要可行，三要可操作。《种》文却在这里的3条建议中分别又讲了不少存在问题。问题和建议混在一起。

（二）通州农资八篇习作的特点和优点

通州农资调研习作特点突出，各有千秋的特点和优点主要体现在三个方面。

1. 谋篇布局，各有角度

谋篇布局，谋即谋划，设计；篇，指文章篇目；布局，指布置安排。谋篇布局，就是调研者在情况调查结束之后，结合时代背景、领导要求和工作实际，全面研究调查中所获得的全部材料，及本次调研活动将要形成的文字材料，是什么材料，怎样形成；主张什么，反对什么；怎样主张，怎样反对的整体思路和具体安排。谋篇布局，最重要的，就是围绕写作者或者领导确定的文章主题，形成文章总体构架，按照总体构架安排材料，完善结构，以最后形成文章。看过这8篇习作主标题，就明白其中6篇选择了较好的研究和写作侧重点或角度；并且篇篇角度都选择得小，选择得好。《北京市通州区种子经营情况调查》和《通州区农资市场经营管理中存在的问题及建议》（简称《问题》）所选择的角度分别是比通州区农资市场情况小一个层次的角度：前者在所有通州区农资市场总体的多种农资商品种类中，选择了“种子”经营这个角度；后者则是在这个总体的多种情况中，选择了“问题”这个角度。《农资市场监管工作存在六大难点》（简称“六大难点”）则比《问题》一文的角度又小了一个层次，是其诸多问题中的“农资市场监管工作”中的问题，共是“六大难点”，很具体、很实在。《规范农资流通经营稳定农资市场秩序》（简称《秩序》）和《农资市场需要进一步强化风险防范》（简称《防范》）所选择的角度更小，一个主张“规范经营”，一个主张“进一步强化风险防范”，尤其后一个“防范”，不仅仅是只是防范，而且还只是强化防范以后的“进一步强化”的防范，其角度小得不能再小了。这还无完，《农民购农资有五盼》（简称《五盼》），其角度既小，又选择巧妙。小在哪里呢？仅是“购农资”；妙在哪里呢？它的角度是研究农资市场存在的问题，但它并不直说农资市场存在什么问题，而是绕过问题，只说“盼”的一盼不会上当受骗，二盼农资价格稳定……言外之意就是说当前农资市场假冒伪劣商品多，很容易上当受骗；农资价格不稳定等等，角度又小又新，一个比一个好。8篇中，6篇角度不同；剩下两篇即使角度不怎么样，也雷同不多，也就显得不是很大问题。

2. 分条列目，各有特点

通州农资8篇习作，每篇习作每块内容都注重分条列目，条分缕析，基本上没有笼笼统统“大染缸”的。比如对通州农资市场基本情况的整体介绍，只有《问题》一篇，非常简略地采用调研点负责人总体介绍的基本情况作了一个总铺垫，后面所有内容都分层次分条列目。《问题》一文，即使采用了调研点负责人介绍的基本情况作铺垫，也十分符合全文整体需要，不显得教条、勉强。不像其他组习作，几乎绝大多数都千篇一律地整段采用调研点负责人情况介绍的调研点基本情况，作为习作对调研点基本情况介绍。而且，他们每篇习作对调研点基本情况分条列目的介绍都各不相同，各有特点。如《秩序》第一块“通州区农资流通市场现状”，下分（一）农资连锁经营趋势初显；（二）农资流通主体多元化；（三）农资生产企业少，经营企业多；（四）农资流通主体规模化。没有选择独特角度的《北京通州区农资经营情况的调查与分析》（简称《分析》）一文第一块“通州区农资经营基本情况”，分条列目的介绍也很有特点：（一）经营形式多样，机制灵活；（二）产品供应充裕，质优价适；（三）监管措施得力，卓有成效。《秩序》与《分析》二文，同属二类习作，介绍同一市场的基本情况的分条列目中，没有一条相同或相似；各个条目中的具体内容，更不一样；不仅各条目是各自的内容，而且都各有各的特点。如《秩序》介绍通州区农资流通市场现状第一条。

（一）农资连锁经营趋势初显。近年来，通州区坚持完善农资市场机制和培育农资流通主体相结合，整顿规范农资市场，农资连锁经营流通体系建设开始起步，连锁销售和连锁配送同步发展。例如，通州128家农药经营与生产企业中，有市级连锁单位15家，区级委托连锁加盟店29家；亿兆益农种子有限公司通过发展连锁经营，已拥有80多家连锁经营店，通过与农科院、中国农业大学等科研院所建立合作关系，具备了稳定可靠的产品来源；通县植物保护站农药服务部，凭借优良的产品和服务，当地连锁配送门店发展了近百家，农药连锁配送覆盖率逐年提高，从2006年的40家，发展到2008年的95家，占全区农药配送的80%，覆盖10个乡镇。

仅此一条，就把通州区农资流通市场农资连锁经营的特点描述得真实具体，令人信服。《分析》第一块“通州区农资经营基本情况”第一条“（一）经营形式多样，机制灵活”则从另一个侧面切入，也提到“连锁经营”形式，但只是把连锁经营作为多样经营形式中的一种，与“自主经营、植保站兼营”等多种机制灵活的经营形式相并列，凸显通州区农资流通市场的另一特点，不仅与《秩序》不同，还与之形成鲜明对比。

（一）经营形式多样，机制灵活。通州区现有各类农资经营单位120余家，管理方式分为连锁经营、自主经营、植保站兼营等。经营模式主要是单一农资类别的专门店（如种子专门店）和农资综合店（即同时经营两种或者两种以上的农资店）。按照品种划分，种子经营店95家，化肥经营店89家，农药经营店120余家。随着农资市场的逐步放开，机制灵活竞争有序的农资大市场基本形成，农资品种也日益丰富，国有企业、私营企业、股份制公司以及个体经营户等形式丰富多彩，大大促进了该地区农资市场的繁荣。

《北京市通州区农资市场情况调查报告》(简称《报告》)一文第一块对通州区“农资市场现状”的描述更是全面、完整、深刻，特点鲜明，主要分列了（一）主要农资能够满足春耕生产需要。（二）农资生产经营特点明显。下面还分列三级小标题四个：一是农资生产企业少，经营企业多；二是农资经营主体多，个体经营者数量大；三是农资经营网点乱，布局分散不规范；四是农资使用量小，影响大。（三）农资监管成效显著。

《报告》第三条现状“农资监管成效显著”看似与《分析》第三条“监管措施得力，卓有成效”相同，其实内容迥异，突出了不同的侧面和特点。《分析》主要概括列举了 2008 年通州区围绕放心农资下乡进村、红盾护农等主题开展的几次专季、专项治理行动所取得的成效。具体为：

2008 年全年，会同工商、公安等部门开展联合执法 8 次；委托执法站分别对 129 家农药经营单位和 110 家化肥经营单位进行了专项检查；全年出动车辆 207 次，出动执法人员 745 人次，并对销售不合格产品及缺乏经营资质的单位进行了行政处罚，罚没金额 32558 元；建立了案件查处通报制度，对于查处的案件向个体经营单位和有关部门进行通报；注重利用媒体力量，邀请媒体参与执法报道，基本形成了上下联动、齐抓共管的良好氛围，使农资市场更加规范有序，农资安全得到较好的保障。

《报告》这一条却反映得全面、完整、具体、深刻得多。它分两个类别，分多个单位和层次介绍。第一个类别是具体介绍区种子管理站、农药管理站、植保站、土肥站 4 站分别和各自配合相关执法部门进行的各不相同的拉网式检查，专项整治，培训、教育、宣传和案件查处等；第二个类别为全面介绍区种植业中心积极推进农资打假和农资监管长效机制建设；一是加强农资法律宣传，二是推进连锁经营，三是加强规范化建设等。资料丰富，事实具体生动，情况全面，有点有面，点面结合，行业特点、地方特色十分鲜明、突出。

《报告》一文最值得一提的是地方特色鲜明，其“（二）农资生产经营特点明显”的第四小条“农资使用量小，影响大”可给很大启发。具体内容为：“北京耕地数量少，农资使用量远不及农业大省。但作为首都城市，北京的农产品安全情况十分敏感，对农资使用的要求更高，农资监管工作的责任更大。通州是北京重要的粮经作物及畜禽产品的生产基地，农产品生产加工企业的销售市场主要在北京城区，部分优质食用农产品还出口到境外，如果出现问题，影响极大。我们所到的东升方圆蔬菜配送中心和京东大运河农产品配送中心就是这样的企业。京东大运河农产品配送中心目前有3000亩生产基地，年销售蔬菜3万吨，农资产品投入占企业生产成本的40%，其中每年使用农药达30余万元。在2008年成为奥运新鲜果蔬的特许供应商后，京东大运河农产品配送中心今年又将成为国庆60周年“阅兵村”的果蔬供应商，做好农资产品使用的监控、管理工作，确保优质、放心农资产品供应，就具有了很强的政治敏感性。一旦出现安全事故，影响难以估量。”就这么300余字的一小段文字，就把首都北京郊区农村的地理位置、地方特色、行业特色、时代特色和广阔的时代背景一起展现在读者面前，较好地达到了对通州区农资市场现状介绍的最大效果：它告诉读者，通州处首都北京门户要冲，通江达海，联通祖国大地和五洲四海；其物资质量关系到首先是首都北京及国内外亿外人口的食品安全；通过时间隧道，它还是继往开来的历史见证。这一点，它是通过巧妙运用国庆60周年庆典这件大事、新事实现的。

3. 问题对策，各有新意

总结经验，研究问题，归纳做法，制定对策，提出措施，是调研文章中绝大部分文种共同承担的任务，如何总结、归纳、制定出能够较好解决实际工作问题、难题的经验、做法、对策、措施，全靠调研，尤其调研写作者的调研和写作能力；总结、归纳、制定出来的经验、做法、对策、措施好不好，质量高不高，很重要的一条标准就看有没有新意，是不是新颖、独特，切实可行，切不可人云亦云，千篇一律。通州农资8篇习作，在这方面又是特色明显，各篇经验、做法，问题分析，对策建议都各不相同，各有新意。比如同是分析问题，《秩序》一文用“链”不完善、“店”身份不清、“点”资质混乱、“人”知识不足、“管”的人多5个字生动形象地揭示了通州区农资流通市场存在的问题。其中第四条“人”知识不足，简单列举了正反两个实例：“例如，在通州裕农盛农资商店，店主自我介绍是偷偷旁听了农业大学的课程后，才回来自己开店的，由于自学了知识，村民都比较信任他，生意不错。可见，农资销售点对知识的渴求是比较强烈的。但在资质混乱的经营主体中，经营人员很多并不是涉农人员，这些情况都严重影响了销售人员一线指导农资使用作用的发挥。”既正面反映了农业专业技术知识对农资销售的重要及农资销售点对农技知识的渴求，又从反面揭示很多农资经营人员农科技知识不足对农资销售的负面影响应引起高度重视。第五条“管”的人多，更为既揭示深刻，又简洁明了，典型生动，令人猛醒。“一家店面，同时面对着农业执法部门、工商部门、质检部门等多个管理检查者，同一个错误很可能面临多次被罚的命运。据调查了解，有一家农资店就曾在短时间内被罚 9 次，罚金总额几万元，给正常的生产经营造成了极大影响。”

《六大难点》仅对“农资监管工作”一项就提出了“六大难点”：“网点众多，实施有效监管难”“生产企业布局分散……实施源头监管难”“农资执法人员缺乏……执法工作开展难”“执法单位既执法，又参与农资经营，客观公正保证难”等等。尤其难点之三，新颖、深刻，生动形象；农业的弱势地位，农资管理行业的穷困窘迫的行业特点，京郊都市的地理特点等描述得具体真实，跃然纸上，感人至深，令人久久不忘：

难点之三：农资执法专业人员缺乏，执法经费不足，严重制约了农资执法工作的正常开展。农民是弱势群体，农业执法是弱势行业。潞城镇植保站的情景，使我感受尤为深刻。不足 20 平方米的破旧平房内，横七竖八地摆放着 6 张办公桌，桌上摆着两台 20 世纪 90 年代的计算机，墙壁上贴满了各种农资产品的使用说明，11 个人常年挤在如此简陋的地方办公。看到此情此景，让我很难相信自己是置身于都市城郊，内心突然涌现出些许莫名的感慨和担忧。都市城郊尚且如此，边远省市情况又会是如何？农业是弱势，如此弱势是我没有想到的。虽然调研时间很短，听到的只是片言碎语，所见的也只是个别，但我还是能够感受到基层农资执法工作的艰难，在由衷敬佩基层同行敬业精神的同时，也为当前农资市场的监管情况深感担忧。土肥室的金主任告诉我，当前农资执法普遍缺专业人才、缺经费、缺装备，现在的农资执法人员，多数是过去的农资推广人员转过来的，缺乏相应的法律知识，经费保障更是困难，由于没有专项经费保障，农资检测仪器缺乏，对农资的监管往往只停留在产品标签等表面问题上，难以对产品的内在质量进行检测。农委姚科长介绍说，执法是国家赋予农业行政部门的职责，具有很强的权威性和强制性，农资执法连基本的统一服装都没有，使执法的震慑力和社会效果大打折扣。

与《六大难点》一样专题调研通州农资市场问题的《防范》一文，既分析研究问题，又针对问题提出对策建议；既与众不同，又切实可行，可操作性强，给人以新的启示。如其第二条“积极应对风险，设立农资使用风险基金，保障农民利益和稳定农业生产”，从分析当前农资监管百密一疏的问题开始，在认真总结回顾农资企业承担种种经营风险的历史教训的基础上，提出了由国家和企业共同出资设立农资使用风险基金的对策建议，既可减少企业经营风险，又能保障农民利益不受损失，可谓新颖独特，利国利民。其第三、四、五条，分别为“推进农资保险制度，降低企业生产经营风险”“建立农资使用效果跟踪监测机制”“进一步加强农民的风险防范意识”，层层推进，步步为营，一条比一条深入具体，贴近“三农”，称得上是进一步强化农资市场风险防范的一剂良药。

通州农资 8 篇习作的感人之处，除了突出的 3 个优点、特点之外，尤其值得引起注意的是多数篇章节目都十分注重地方特色，引发我们在比较习作质量高低的同时，对调研文章如何突出地方特色的兴趣，并做了一些新的探讨。

三、调研文章要注重突出地方特色

（一）什么是地方特色

这个问题，浙江省开化县常茂林老师在《谈谈对地方特色的理解、提炼和把握》（《中国地方志》2008 年第 3 期）作了很好的回答：就其本质而言，地方特色是一地地情构成要素中的特殊部分，这种特殊部分是客观存在的，是当地地情要素的主体。而且，有些地方特色是不断发展、因时而异，并处于动态变化之中。因此，又富有时代特征。

常老师是编修地方志的专家，对地方特色的研究非常深入。在该文中，他从地方志编修角度，要求“我们对地方特色这个概念作更为完整的认识和理解，并在此基础上，对当地的地方特色作科学的提炼和把握”。他认为：“地方特色表现在社会生活的各个方面，包括宏观层面、中观层面和微观层面，在各个层面之下的地方特色，又具有内在的有机的联系，使一地的地方特色构成一个特有的无形的网络。”宏观层面的地方特色大都表现在外部，关系到全局；中观层面的地方特色，是一地之地方特色的主要内容，它体现在社会生活的各个方面；微观层面的地方特色则表现得更为具体，但这里有一个选择和把握的问题，要将那些最能反映地方特色的人和事兼收并蓄，写进志书。

尽管常老师所讲这些，都是针对编修地方志的。但对于调研文章的写作，意义也十分重大。

（二）调研文章为什么要有地方特色

1. 调研文章的资料来源、写作冲动及作用发挥都离不开一定的时代和地方。

首先，资料来源。调研文章写作，调查是基础，研究是关键，调查是取得研究资料的第一位的工作。而调查必须在一定的时间和空间中进行。不论你采用哪一种方法调查，直接调查还是间接调查，间接调查原来也是借用或者占用别人在另一一定时空中调查取得的资料，包括文献资料，也都来源于一定的时空，一定的地方，具有一定的地方色彩。否则，它就不是调查产生的资料，而是主观臆想，或者是凭空捏造，那就不是调查材料，写出的文章也不是调研文章。

其次，写作冲动，即写作目的。凡是调研文章，都是为了解决现实中某些问题才写的。所有现实中的问题都存在于一定的地方和时间之中，打着一定地方的烙印，带着一定地方的色彩。不是针对一定地方的问题撰写的调研文章，就没有针对性，也就没有用途，写了白写。

最后，作用发挥。针对一定地方问题撰写的调研文章，必须首先能够解决那个地方的问题，至少是对解决那个地方的实际问题有一定的实际作用。比如一个人，你首先要能够管住管好自己，然后才能管住管好别人；一个连自己都管不住、管不好的人，就别想管住和管好别人。

2. 借用常茂林老师的话说，如果把调研文章比作一个人，地方特色就代表人的个性。只有写好地方特色的调研文章，才是生动活泼、为读者喜闻乐见的好文章。

3. 有人说，只有民族的才是世界的，只有地方的才是国家的。我们以为，只有地方的才是民族的。这也是个个性和共性的关系问题。也即共性寓于个性之中，个性又受共性制约，个性和共性在一定的条件下相互转化。地方特色就是个性，民族性就是共性。形象地说，共性与个性就是一组彩色铅笔，共性是书写绘画的工具，都是铅笔，个性就是不同的颜色。没有地方特色，就没有民族和国家五彩斑斓的美丽图画。

4. 从编修地方志和地方历史的角度讲，调研文章中，好多种都是写史修志的最好资料来源。如工作总结、工作经验、调查报告、典型材料等，而这些文章，只有地方特色鲜明的，才是修志写史的最好资料，才可以编入史志，再现这个地方的历史，继续甚至永远发挥存史、资政、教化的作用。

（三）怎样增强调研文章的地方特色

1. 养成调查研究的良好习惯。凡是经常写、喜欢写调研文章的人都会养成这种习惯，把调查研究当作自己的职责和义不容辞的任务，坚持做到一切结论产生在调查研究的结尾，而不是在它的开头，或者干脆不用调查研究就下结论，信口开河。养成调查研究的习惯，就是坚持一切从实际出发，实事求是，言必有据，不讲空话。现代社会，调查研究的方法很多，途径很多，但不论你采取什么方法、什么途径，你的事实材料也都一定要是从一定的时空中来。只要是从一定时空中得到的事实资料，它就具有一定的地方特色，不是微观、中观的地方特色，也多少具有一定的宏观地方特色，那也叫地方特色；即使是他山之石，也一定是来自于现实中的“他山”，不是凭空捏造，也会有他山的地方特色，那也是有地方特色。

2. 坚持从实际到实际，即从群众中来，到群众中去的理论。切忌从理论到理论，大话、空话、套话连篇。通州农资 8 篇习作大话、空话、套话较少，很多鲜活的事实材料都是从实践中来，到实践中去。如《报告》第一块描述北京市通州区农资生产经营特点的第一小条：“一是农资生产企业少，经营企业多。北京农资市场具有典型的总部经济特征，农资生产厂家数量不多，产量也相对较少，但经营单位数量众多。全市种子、农药、肥料、兽药 4 种农资生产企业只有 163 家，但经营单位却有 4465 家。从通州区来看，这种特点也十分明显。全区化肥经营单位 89 家，生产企业只有 3 家；农药经营企业 121 家，生产企业只有 7 家。”寥寥数语就把通州农资市场典型的总部经济特征呈现给了读者。

3. 在什么山上唱什么歌，在什么时代说什么话。这两句话，对于撰写调研文章，就是有关地方特色的两条原则：前一条是要求反映地方特色，不搞放之四海而皆准；后一条是要求反映时代特色，与时俱进。调研文章一般都是为了回答或者解决一定的问题才写的，都是有目的的，都要用事实说话，以理服人。前一条要求用身边眼前的也即本地方的事实说理，实实在在，看得见摸得着，最有说服力和感染力。通州农资 8 篇习作的多数章节都是用通州事实材料反映通州农资市场现实及发展愿望和要求。

什么时代说什么话，就是要求调研文章与时俱进，既要有时代特色，更要反映地方特色，是与时俱进下的地方特色。这个要求，通州农资八篇习作多数是做到了的。

如《报告》反映

“农资市场现状的第一条，反映2009年当年春耕的农资供应情况就十分及时、准确，跟上了时代需要。**（一）主要农资能够满足春耕生产需要。**通州区今年小麦种植面积25.2万亩，春白地18.6万亩，计划春玉米播种面积10.5万亩左右，其他主要种植大豆、蔬菜等经济作物。据统计，全区春播备种：玉米种子30多万千克，大豆种子2万多千克，各种蔬菜种子品种齐全，可充分满足农民需求。农药：通州区植保站已备杀虫剂、杀菌剂、除草剂三大类高效低毒农药100吨，包括100多个品种，已经陆续送往全区110家农药连锁配送店和农药经销店。肥料：全区已备二铵1717吨、复合肥125吨、尿素5160吨，可较好满足春季施肥需求。通州区今年还继续实施有机肥培肥地力工程项目，5000吨有机肥补贴指标已经全部落实到位。

4. 注重地方特色的深刻性和完整性。所谓深刻性，就是要在反映地方特色时触及事物的本质，不能只是停留在原始的、表面的、浅层次地方特色上。所谓完整性，就是要全方位、多侧面、深刻地反映地方特色，即是既要恰如其分地反映中观和微观地方特色，也要适当反映宏观地方特色，并在认真分析地情特点的基础上，提炼出关系全局的东西，抓住地方特色的本质。为了说明这个问题，也为了节省篇幅，我们看看湖北省荆门市委一篇全市农业产业化发展的经验文章：《创新三种模式做好一篇文章——荆门市推进农业产业化的做法》（简称《创》文）。全文四大块。总导语和第一块开头的两句话，鲜明突出地反映了《创》文宏大的时代背景和宏观地方特色。

最近几年，我市农业产业化发展加快，逐步走向高速度、高效益、可持续的良性发展轨道。1996年工农业总产值达到300.3亿元，其中农业总产值62亿元，农民人均纯收入2486元，居全省首位；预计1997年工农业总产值、农业总产值和农民人均纯收入可分别比上年增加23.3%、16.1%和20.7%；农民人均纯收入可达2900元，可望再居全省之首位。之所以如此，主要就在于我们大胆创新三种模式，努力做好一篇文章。这三种模式就是市辖区工程农业模式、京山县生态农业模式、钟祥市效益农业模式；一篇文章就是农业产业化。我们的具体做法是：

抓住特点突破难点

几年来，我们坚持以邓小平理论为指导，以市场为导向，结合本地实际，注意总结和推广群众创造的新经验，形成了各具特色的三种农业发展模式，农业产业化经营迈出了坚实的步伐，为解决农业面临的问题及深层次矛盾探索了一条新路子。

“农业产业化”是改革开放以来“三农”工作中人们耳熟能详的词语。文章开门见山，直击主题；接着浓墨重彩，分别在两组光彩夺目的数字之后，接连推出“居全省首位”和“可望再居全省之首位”两个鼓舞人心的全省名次摆位，在强烈明快地把荆门在湖北省的突出地位传递给了读者之后，进一步推出具体的核心主题，总导语写完，跳过第一个小标题后，在简括新鲜经验的同时，大笔勾画了创造这一新鲜经验的历史情况和时代背景，使全文的宏观和中观地方特色跃然纸上。为了深刻完整地凸显荆门市推进农业产业化的中观和微观地方特色，各块文章，按照表达的需要，分层次，多侧面，“抓住特点，突破难点”“因地制宜，突出特色”“三位一体，整体推进”“政策支持，政府推动”，全文4块，酣畅淋漓，徐徐展开，使在荆门这个传统农业大市沃土上创立的工程农业、生态农业和效益农业三种模式，以各自不同的特点和地方特色跃然纸上。尤其第二块，“因地制宜，突出特色”，从“我市国土面积广阔，自然资源丰富，地形地貌复杂”落笔，飞流直下，一泻千里，滔滔不绝地描述了市辖区、京山县、钟祥市分别创立工程农业、生态农业和效益农业的艰苦过程和成功的喜悦，尤其“做好一篇文章”胜利的歌声，字里行间，透露着鲜明的地方特色。第三块和第四块分别在不同的侧重点上，对文章的地方特色进行了必要的补充，使其更加深刻和完整。

该文凸显地方特色的三个显著特点和方法。

一是比较多地使用完整具体的典型事例。如“因地制宜，突出特色”中，分别完整、全面地介绍了市辖区的工程农业、京山县的生态农业、钟祥市的效益农业三个典型；三个典型一方面各自凸显了不同的地方特色，另一方面，合而为一，共同凸显了荆门市的地方特色。

二是尽量多地使用具体生动的事实材料和准确而且精确的数据资料说明问题，凸显地方特色，使人深信不疑。比如对湖北省京山县生态农业模式的介绍，完全是真实的事实和准确而又精确的数据，具有鲜明的地方特色。

1993年被确定为全国50个生态农业试点县之一的京山县，早在1985年就开始探索试验生态农业建设路子。10年来，他们立足七山一水二分田的资源优势，坚持以市场为导向，高山远山松栎杉，低山近山果药茶，平畈冲畔粮棉油，水面庭院猪鱼鸭，大规模、高标准开展县域生态农业建设，不断加快农业产业化进程。截至目前，全县开发荒山建成林果特基地100多万亩，相当于将京山的耕地面积扩大了一倍多；开挖精养渔池6万亩，改善牧场20万亩，森林覆盖率由1985年的23.5%发展到45%的水平；目前，全县上下建设生态农业的积极性分外高涨，形成了“四个回流”的好趋势，即山下人往山上“流”，城里人往乡下“流”，机关单位人员往基地“流”，县外人员往县内“流”，促进全县产业结构日益优化。

三是微观层面的地方文化特色。湖北省荆门是荆楚文化的发祥地之一，2000多年前，其著名代表作家宋玉就提出了“阳春白雪”与“下里巴人”的高论。京山县的两首和钟祥市的一首顺口溜，就正好是荆楚大地上现代版的宋玉所称的“下里巴人”，凸显荆楚文化特有的乡土文化特色和深厚的文化底蕴。京山县的两首歌谣是：

高山远山松栎杉，低山近山果药茶，平畈冲畔粮棉油，水面庭院猪鱼鸭……

山下人往山上“流”，城里人往乡下“流”，机关单位人员往基地“流”，县外人员往县内“流”。

钟祥市的歌谣是：

拉长产业链条，向结构优化要效益；强化产业基础，向规模经营要效益；提高产业素质，向科技进步要效益；增强产业活力，向管理要效益。

阅读书目

[1] 常茂林．谈谈对地方特色的理解、提炼和把握．北京：中国地方志，2008，3.

[2] 陈方柱．调研写作分类精讲．北京：中国言实出版社，2009.

下 篇

7 省区 13 县市区 95 篇习作比较

本篇比较研究的全国 7 省区 13 县市区的 95 篇调研习作中，最晚写成的是西安地税局的 54 篇和湖北省荆门市的 2 篇，分别完成于 2013 年秋冬。其他的也大都完成于最近两三年，内容新，有的就像新闻。这些习作，比较客观地反映了当前我们公务员队伍的调研写作能力还是较强的；同时也完整地反映了存在的问题不容忽视。比如西安市地税局同志在工作总结写作中的问题，与北京、荆门两地调研习作中的问题十分相像，在青年公务员中较有代表性。所以，笔者在本书付梓之前，把它和《比较湖北省荆门市调研 20 年和 30 年回顾》一起收进了本书，为广大读者、编者、学者、领导以最新的参考。

第八讲 比较西安市地税局54篇工作总结习作及部分点评

2013年7月上中旬，我受邀为西安市地税局机关中青年干部培训班学员讲授调研写作知识2课时后，按照局政治部要求，以《2013年上半年工作总结》为题，对全体学员进行了现场考试。考试结束后，我收到近70份答题邮件，通过核对、整理，删除同名重复的答卷，最后保留54篇习作。

中旬末，我将初步整理的《比较西安市地税局54篇工作总结习作及部分点评》，附了一封建议信发给该局办公室刘主任“如果贵局认为我的分析、分类、点评，实现了贵局和我的初衷，那就请将此件与全部学员作者见面，可能利大于弊……”刘主任及时给我回复，并表示感谢。后来，我对此件进一步修改，作为本书下篇第一讲，放到这里。

一、54篇习作的基本情况及初步分类

听到西安市地税局政治部负责同志提出现场考试的要求后，我想到此次培训对象为局机关各处室干部，写调研文章不是大多数学员的本职工作。而调研写作的文体甚多，多数文体不为大多数学员熟悉和使用，如果出题过偏，就会有人感到答题困难，而以用不上为由，放弃甚至拒绝答题。只有工作总结，是每个学员都可能使用，并且必须使用，而又能够答题的。所以，大家一听到这个考题，就都笑了，迅速进入并顺利完成了答题。

经过反复审读，我把54篇习作分为好的、较好的、一般的、差的4类。好的，主要是观点明确，内容充实；重点突出，特色鲜明；结构合理，语言精练；还有一定的经验性、理论性和可操作性。较好的，指在这六七个方面还有一二条未做到或未做好的；一般的，指比较好的还差一二条的，但基本上像一篇工作总结，只是不够深刻、新颖、独特，一般化的；差的，就是流水账式、提纲式，空话、套话多，

无什么实际内容的。

一类。就是好的，评分在 85 分以上的。按照上述标准，好的有 8 篇，占总篇数的 14.81%。具体为：

1. 《西安市地方税务局 2013 年上半年党建工作总结》，未署具体作者姓名，简称《党建》；

2. 《2013 年上半年工作总结》，机关党办，齐渭波，简称“齐渭波文”；

3. 《李千阳 2013 年度上半年工作总结》，简称“李千阳文”；

4. 《2013 年上半年工作总结》，局征管和科技发展处，杨涛，简称“杨涛文”；

5. 《刘晖同志上半年工作总结》，简称“无年号文”；

6. 《冯小永 2013 年上半年个人工作总结》，简称“冯小永文”；

7. 《2013 年上半年个人工作总结》，财务和审计处，冯卫东，简称“冯卫东文”；

8. 《2013 年上半年资产管理工作总结》，财务和审计处，薛培红，简称“薛培红文”。

二类。为较好的，评分在 70 ~ 85 分的，20 篇，占总篇数的 37.05%。作者依次（排序与习作质量高低无关）为：淡明华、杨鹏、周蓓、于铁夫、金志刚、张琪、张旎（为《计划财务处 2009 年目标考评工作总结》）、张辰越、王中、朱新宇和刘怡、高红军、夏刚、王晓燕、崔苗、李湘、贺钊彦、贺娜娜、科研所、崔晶、《应用房地产评估技术加强存量房交易税收征管工作总结》（未署作者姓名或处室名称，标题又太长，简称“房地产评估”）。

三类。即一般的，评分在 60 ~ 70 分的，18 篇，占总篇数的 33.33%。作者依次为王艳伟、张明寰、王宣予、董磊、郑涛、刘正津、邓华、权茹莉、高常青、秦至、彭飞、徐继敏、王瑜 13 名个人署名；后边是未署个人姓名，但在大标题中嵌入处室名的有市局财行税处、市局信息处政务科 2 篇；还有 3 篇为只在大标题中嵌入具体内容的有《个人所得税自行申报》《推进省市共建大西安》《就业创业》，未署处室名或个人姓名的。在这 18 篇习作中，有 3 篇内容完全一样，只有几个具体数字有一篇未填上，2 篇分别署 2 个个人姓名，一篇署名某处室。

四类。即较差的，通常所说的不及格，在 60 分以下的 8 篇，占总篇数的 14.81%。篇名、处室名及作者就都不排出，只说一点，有两篇完全一样的工作总结，分别署两位作者个人姓名。如为合作，在同一文章中同时署两位及其以上姓名，都无可厚非。但把同一文章分作两篇，分别署上两个不同的作者姓名是不合适的。报刊反复强调不准一稿多投；同一文章，由多个作者分头寄发，更属不当。

二、54 篇习作的几种通病简析

（一）文体形式上的通病

古今东西方文论家都一致认为，文无定法亦有法，文无定体亦有体；变体则有，定体则无。工作总结作为一种应用极为广泛的文体，是有一定体式的，必须共同遵守。

1. 大标题

工作总结因其应用极其广泛，要求大标题简单明了，开门见山，直击主题更好。比如《张明寰 2013 年上半年工作总结》《科研所 2013 年上半年工作总结》就很好，作者 + 事由 + 文体，简洁明快，一目了然。但有不少文章不是这样，而是五花八门，千奇八怪，反而要素不全，连作者是谁，什么时间、什么事由都不清楚。

①大标题过长，而作者不明。如《西安市地税局 2013 年应用房地产评估技术加强存量房交易税征收管理工作总结》，36 个字，事由中嵌入了两个完整句子 21 个字，却仍是让人弄不明白作者是谁。

②作者笼统，不具体，无时间，表达不明确。如《西安市地方税务局就业创业工作汇报》，从大标题看，作者是“西安市地方税务局”，但参加考试的学员近百名，如果每份答卷都这样署名，怎么得了，应该有具体的处室和执笔人姓名才对。这是第一。第二，就业创业是一项具体工作，不是局属某一具体处室的业务工作，即使你是单独撰写工作总结上报或另有用途，署市局之名也是不允许的，市局署名权属市局主要负责人，其他处室工作人员无权签署。否则就是侵权或越权。54 篇习作中名列第一的《党建》一文，也存在这种毛病，说明这还真是个通病。第三，这个标题没有时间，但考试题明明白白为“2013 年上半年工作总结”，这就与考题不符，是为跑题。第四，考题明确为撰写“工作总结”，大标题就应写“工作总结”，不是“工作汇报”，工作汇报是另外一种文体。二者虽大同小异，但毕竟有异。类似这种标题的，在 54 篇习作中，还为数不少。

③大标题中嵌入“同志”2 字。如《王中同志 2013 年上半年工作总结》，自己怎能称自己为“同志”呢。在正文中也不得这么称呼。工作总结，一般（律）是一人称，不可称同志、先生、女士之类，还有职务，也不可在工作总结中随便自称职务。

2. 署名

署名是所有文章的一项重要构成要素。涉及署名权和文责自负等法律和知识产权问题。调研文章的署名也十分重要。前边大标题中讲了的不再重复。问题在于不少习作中，除了不署名问题之外，还有几种署名不规范的问题：

①重复署名。在大标题之下署名之外，在大标题之上也署个名，有的还在文尾又署个名。

②给姓名加上括号。有的把作者姓名居中放在大标题之下，这是对的，添上括号就不对了。如“杨晓军”“邓华”等。把执笔人名字写在文尾，加上括号，括注“执笔人：某某某”这是对的。

正确的署名方式是在大标题下边写明“××× 处”，中间空一字，再写“某某某”；如果大标题中没有作者名字，其他地方也不得再有就对了。

3. 写作时间

调研文章注明写作时间是十分重要的。时间，就是历史，就是史实。工作总结，除了大标题中明确要求写明时间的要写上时间外，具体撰稿时间一定不能忘了写上。一般写在文尾右下方，缩进两个字；也可写在大标题及作者署名的下方，居中，添上圆括。字体字号可适当与大标题及署名适当区别。54 篇习作，在时间记述上，除了大标题中的时间有的未写，具体撰写时间，有不少漏写的，也有放置地方不规范的。

（二）思想内容上的通病

1. 开头语中的套话、空话

大多数习作，包括写得好的，也就是一类习作中，都有“在局（处）党委（领导）的正确领导下”，“在处室领导支持和同志们的帮助下”等套话、空话。须知“正确领导”，已被《人民日报》划入“人民群众最反感的套话”前十，大家最好不用。你那处室领导是否正确，还真的不好说。

2. 内容空洞

如刘正津总结上半年成绩第一条“思想政治方面：自已始终坚持以邓小平理论、江泽民同志‘三个代表’和科学发展观为指导，认真贯彻执行党的决议和有关精神，注重思想政治修养，通过不断学习和实践，树立无产阶级的世界观、人生观和价值观，时刻牢记并努力实践全心全意为人民服务的根本宗旨，始终保持忠于党、忠于祖国、忠于人民的政治本色，并不断提高政治、理论、思想意识、职业道德、社会公德等方面的觉悟，不断改造自己的主观世界，努力争做一名政治思想过硬，业务能力强的税务干部”全为空话。

还有一份总结上半年的工作 6 条，几乎全为套话，或抄了一些文件标题。

3. 平、淡、浅，就事说事，没有思想，没有深度

划入一般和较差的习作，即使记述了一些事实，也是平平的、淡淡的、浅浅的；没有重点，或重点不突出；没有提炼，没有经验、理论性的归纳。脚踩西瓜皮，滑到哪里是哪里。较好的文章中，也普遍存在这个毛病。

4. 流水账式总结

有篇标题为《2013 年度财产和行为税处工作总结》，第一大条列表对比了 2012 年和 2013 年 1 ~ 5 月财行税收同比增减百分比，什么观点都未说，仅是列表对比而已。

第二大条名为“分税种具体分析”，一气分列了资源税、土地使用税、印花税、土地增值税、房产税、车船税、耕地税、契税 8 种税收，2013 年 1 ~ 5 月比上年同比增减百分比及因素分析，其中 4 条作了一二句简单评判，4 条未作评判，但都一样没有服务于什么主题。

第三大条为上半年重点工作，共列出建立长效学习机制 3 小条，确保“两税”征管职能六项措施，及车船税增管上线和开展基层调研大小共 11 个重点，实则没有重点。

第四大条为“同时还完成了”13 句话的 13 项工作。

全文近 5000 字，共有一份统计表，加上大小 39 条账单，却没有记述一个具体、完整的典型事例，没有提炼、归纳一条做法、经验，没有明确一个突出的重点，只是冗长、拖沓、浅显，流水账一扎。

5. 提纲式总结

有一篇两人分开报送的同一篇上半年工作总结，3 大条、6 小条，下半年工作安排 5 大条、6 小条，其实只是一个写作提纲，没有一条有具体内容，全是空话加口号。

（三）逻辑划分上的通病

1. 划分混乱

有一篇总结上半年“圆满完成上半年税收任务”的工作总结，最大的毛病是第二大条和第三大条逻辑混乱，划分不正确。第二大条为“采取有力措施，加强税收征管”；第三大条为“加强沟通联系，促进税收征管”。第三大条的“沟通联系”，本来就属于第二大条的“有力措施”，它们是包容和被包容关系。在第二大条内部6条，第3小条讲进一步加强对建筑业行业税的管理，第5小条为加强对运输业税收征管，而另外1、2、4小条分别讲的强化水源分析、做好执法考核、落实优惠政策；第6条为完成调研任务，这就不是在同一个层次上的划分，犯了逻辑混乱的错误。

2. 简单排序，父子并列

如属较好一类的李湘的工作总结就是如此排序的。工作总结一般至少分上下（或叫前后）两块；上一块总结前段工作，一、二、三、四；后一块为下段工作的打算或安排，另为一、二、三、四。李湘却把下半年的“重点工作思路”4条，作为上半年工作5大条的第6大条，排在上半年工作的第5条之后，这就是“父子并列”了。

（四）“2013年上半年工作总结”这个考题，引发时间概念上11种不同的错误表达

考题“2013年上半年工作总结”的时间概念应该说是清楚明白的。但在54篇习作中，对这个时间概念的表述，竟有90%以上篇章出现下面11种错误，大致可分3组：

1. “2013年度”“2013年度上半年工作总结”“2013年度半年工作总结”；
2. “半年来”“上半年来”“2013年上半年以来”“2013年半年工作总结”；
3. “今年以来”“2013年以来”“一年来”“2013年……坚持……”

第一组，用了“年度”两字。《现代汉语词典》里，“年度”的释义为根据业务性质和需要而有一定起讫日期的12个月。根据《现代汉语词典》的释义，这3种嵌入“年度”两字的说法都是错误的。

第二组，4个“半年”都是模糊概念，尤其“2013年半年”，到底是上半年，还是下半年呢，更不确定，本来只才过完2013年上半年，就采用“半年”两字计算时间，到底从哪个“半年”的哪一天起至刚过了几天的7月11号呢？就是非常模糊不清的，是说不通的。

第3组，错误更为明显，2013年才过了6个多月，怎么能说“今年以来”“2013年以来”“一年来”“2013年……坚持……”呢？那是更加说不通的。上述3组错误的表达，改为规范的表达，应该是“2013年上半年”“2013年年初以来”“今年

年初以来”“年初以来”或“今年上半年”等。

三、好的习作比较

主要比较名列本次第一、二名的两篇习作。

（一）习作样本

样本一：西安市地方税务局2013年上半年党建工作总结

2013年，是实施“十二五”发展规划承上启下的一年，也是西安地税机构改革后，实现全面提升的关键一年。机关党委把内涵式发展战略落实到各项工作中。以各基层党委、党总支、党支部为平台，做好占全系统总人数70%以上的党员工作，用党建工作促进税收工作的顺利开展，用学习型党组织建设带动地税干部队伍建设；用提高党务工作水平来提升税收管理水平；用群众路线教育实践活动强化党员的基层服务意识，用税务文化建设提升西安地税软实力，用“文明创建”营造积极向上、奋发有为的工作氛围，让内涵式发展在基层党建、文化建设、精神文明建设等各方面全面落实，服务中心工作，服务税收大局，现将上半年的工作总结如下。

一、加强思想教育，提高党建工作的有效性

今年上半年，市局机关党委紧跟税收发展形势，深入了解干部思想动态，结合“群众路线教育实践”活动的开展，以“党建下基层，党员服务上一线”为抓手，大力开展“我是党员，从我做起，向我看齐”的党建实践活动。5月底组织开展了“学习贯彻十八大，聚力共建大西安”知识竞赛网上答题，并组队参加市直机关工委知识竞赛，获得总分第一名的好成绩。通过教育活动，进一步坚定了党员干部的政治信仰，增强了党员干部的责任心、紧迫感和团队精神，发挥了“主力军”的作用。

同时，根据新形势下做好发展党员工作的指导思想和基本要求，今年上半年，机关党委加大了对各基层党组织入党积极分子培养考察的力度，严格落实市委组织部关于发展党员工作的若干要求，坚持发展标准，确保发展质量。

二、加强组织建设，强化党建工作的针对性

为了真正使基层党组织更好地服务发展、服务民生、服务群众，市局党委与时俱进，冲破传统思维方式，因“势”而“变”，提出了“支部建在所上，党建基层抓起，发挥堡垒作用，勇为党旗争辉”的党建工作新思路。党建工作逐步从指令化向人性化、管理型向服务型、单向性向互动性转变，为西安地税“率先发展、科学发展、和谐发展、内涵式发展”提供了新的源动力。

一是以“支部建在所上”为要求，搭建基层支部建设的新结构。结合我局机构改革和人员调整，党员数量发生变化的实际，市局党委适时提出了党支部建设新原则，要求凡是有正式党员3人以上的税务所，原则上都应成立以所为单位的党支部。

各基层局对原来由多个税务所组建的联合支部进行了重新设置，全系统党支部数量由原来的137个增加到了238个，基本实现了“一个税务所一个党支部”的目标，形成了横向覆盖到边，纵向延伸到底的组织网络，保证了税收机构组建到哪里，党组织的设置就跟进到哪里，税收工作延伸到哪里，党组织的活动就覆盖到哪里，基本实现了税务所与党支部的无缝对接。这样的支部设置结构既能符合地税工作的现实需要，也为党建工作搭建了更为科学的工作平台。

二是以“党建基层抓起”为中心，为党建工作增添新活力。支部建在所上之后，支部成员是“党建基层抓起”能否高效运行的关键点。按照“优化配置、层层负责、规范管理、服务税收”的原则，各基层局党组优化配强了支部成员。目前，各基层党支部书记的人选主要有三种类型：一是因年龄不再担任科所长职务的“老税干”，二是在部队上从事过政工、党务工作的团职、营职转业干部，三是由新任的科所长兼任。

支部建立完成后，我们紧接着建立健全了党支部的工作制度。大多数基层局党组对党支部的工作职责赋予了新的内容。支部书记除履行《党章》所赋予的职责外，还结合税收工作实际，肩负起精神文明建设、政风行风建设、党风廉政建设、干部思想政治工作等方面的工作任务，使党员队伍管理与税收征管同步前进、互相促进。

三是以“发挥堡垒作用”为重点，促进党建工作实现新发展。通过“支部建在所上”的推行，我局系统实现了“市局党委领导—机关处室牵头—基层政工科（党办）组织—科所党支部落实”的四级管理体系，党建工作的组织架构与机构设置相一致起来，解决了行政关系与党务关系的协调问题，搭建了新的党建工作平台，更有利于党务工作与税务工作的紧密结合，为发挥党支部战斗堡垒作用奠定了扎实的组织基础。

在推动地税事业发展中，党组织发挥了领导核心作用，凝心聚力，破解税收重要领域和关键环节的改革难题。在基层建设上只争朝夕，在组织收入上不遗余力，在深化改革上敢于碰硬，在优化纳税服务上想方设法，逐步建立起了一套规范领导班子运转、决策、执行、监督的体系。各单位领导班子把基层党建工作列入重要议事日程，坚持与税收工作同研究、同部署、同推动，把党的组织资源转化为发展资源、把组织优势转化为发展优势、把组织活力转化为发展活力。

上半年，我局在组织收入中遇到了建局以来最大的挑战，各基层局党组织领导全体党员群众迎难而上，攻坚克难。新城区局围绕争创活动开展了“共产党员示范岗”和“纳税服务标兵”评选活动；碑林分局组织了“我是党员，向我看齐”党员评优活动，增强了党员队伍的生机活力；未央区局在党员中开展了“迎七一、保过半、党员争先”和“赛业绩、比贡献，挖潜增收当标兵”等主题实践活动。通过这些活动的开展，激发了广大党员坚定信念、牢记宗旨、爱岗敬业、勇于进取的自觉性。党支部的战斗堡垒作用在地税事业发展中发挥了重要作用。

四是以“勇为党旗争辉”为目标，努力开创党建工作的新局面。为了进一步加强基层党组织建设，切实提高全市地税系统党支部书记的党建理论水平和从事党务工作的能力，今年年初，机关党委组织全系统25个基层单位和市局机关各支部100余名党务干部参加了为期两天的党务知识培训。邀请市委党校教授就“日常党务知识”进行了培训，并做了“深度解读十八大”专题辅导讲座。使大家不但开拓了工作思路，也开阔了视野，丰富了知识储备，进一步增强了做好党务工作的信心和决心，受到党务工作者的一致好评。

市局党委紧密结合实现跨越式发展的新要求，制定了《党建工作指导意见》和《党建工作专项经费管理办法》，确保党建工作能够顺利开展。同时，引导广大党员“学习身边人、干好当前事”，涌现出了一批勇于奉献、不畏艰难、敢于担当的先进典型，各项工作都取得了前所未有的成绩。依靠基层党组织的凝聚力增强了中心工作的执行力，利用先进典型的示范力提升了基层团队的感召力，发挥党员干部的骨干力形成了攻坚克难的战斗力。

三、加强平台建设，提升党建工作的创新性

支部建在所上使党建工作有了组织保证，但是在改革发展的进程中我们还需不断地研究和探索党建工作的路径和规律，为此今年上半年，机关党委起草制定了《党建工作指导意见》，并在市局机关开展“学习型党组织建设读书征文活动”，力求以学习促提升，以学习求突破，以学习谋发展，建立起一个体现党建宗旨，反映党员愿望，符合发展要求的科学平台。

一是准确把握党建工作的时代特点，认真开展政治思想教育。学习是全党的政治责任，是党员终身的信仰追求。市局党委领导班子把创建学习型党组织作为“服务科学发展、共建和谐税收”的重要抓手，注重把创建学习型党组织支部活动融入税收事业的全局，渗透到组织收入、征管改革、纳税服务、干部队伍建设等方方面面，开展争创先进学习型党支部，营造崇尚学习、注重实效的创建氛围。

二是重视党员干部的思想品德培养，积极践行核心价值理念。大力开展“学习先进典型、争做道德模范”活动，进一步弘扬社会主义核心价值，树立道德标杆，营造浓厚的争创氛围，为地税事业科学发展提供坚强的组织保障。

同时，拟定了《文化建设指导意见》，编印了《蓝色水滴文化手册》，并通过提炼地税精神、共同愿景、核心理念，致力于“文化润税”的工作实践，发挥文化引领人、孕育人、陶冶人、教化人的作用，建立充满活力、进取向上的地税工作秩序。

三是全力搭建干部的学习交流平台，努力锻铸科学发展内功。在创建学习型党组织实践活动中，做强组织引导，做活政策激励，做优共享平台，强调全员参与，强调长期坚持，强调主动自觉，着力营造主动学习的良好氛围和工作学习一体化的理念。结合《市局机关干部三年提升规划》和《“四师”奖励管理办法》，机关党委激发、鼓励党员干部自觉做到学以立德、学以增智、学以创业。工作中，坚持干什么学什么、缺什么补什么，着眼于解决税收工作中的实际问题，广泛学习财务会计、税收法律、管理学、心理学、文明礼仪等知识技能，拓展知识领域，优化知识结构，加快知识更新，丰富知识储备，把学习的体会和成果转化为谋划创新的思路、促进工作的措施、优化服务的本领，实现工作与学习相互交融相互促进相得益彰，为地税事业科学发展注入不竭动力。

在上级党组织和市局党委的正确领导下，我局通过自身实践，探索出了一条适合西安地税实情的党建发展新路。今年3月份，《西安日报》分别以《在探索和创新中前行》和《党建领航，文化铸魂》为题，分两期对我局的党建工作新探索做了专题报导。

通过上半年的努力，我局党建各项工作取得了一定的成绩，但离组织和群众的要求还有很大的差距，党员学习的广度和深度不够，工作中应付紧急问题、解决问题的能力尚有欠缺，理论联系实际等方面有差距，在开展党建活动中创新性有待进一步探索，这些不足和问题还需在下半年的工作中进一步加以完善。下半年机关党委的主要工作思路：

一是转变工作作风。一个部门工作作风的好坏，重点表现在考勤纪律、工作效率、工作状态、精神面貌等方面。我们深知一个团队只有始终保持昂扬向上、只争朝夕的良好工作作风，才能把各项工作抓实抓好。要将慢作为变为高效率，把精力向创新抓实上下功夫，不断学习，增长知识，练就本领，通过强化学习和实践，提高执行力，来实现自身综合能力的提升，推动党建工作的发展。

二是狠抓调研工作。深入基层，调查研究一线党支部建设中存在的问题，探讨分析原因，提出加强和改进全系统党建工作的措施和方法。注意发现和总结基层工作的新做法、新经验，对成熟的做法和经验及时推广，保护和激发基层首创精神。

三是推进"学习型党支部"。创新教育培训方式，增强针对性，开展分类培训，提高干部业务素质。充分利用网络远程教育培训平台，扩大岗位练兵，通过不断学习，促使处室干部业务水平在实践中得到明显提升，为更好地适应和开展工作打下坚实的基础。

四是加强精神文明创建。以现代文化为引领，以地税文化建设为依托，结合各单位的工作特点，充分发挥工、青、妇齐抓共管作用，深入开展"文明单位""国家级青年文明号""巾帼文明岗""行风示范窗口"等创建活动，争先创优，增强队伍的凝聚力和向心力。

五是注重文化建设。保持变革创新的进取激情，针对工作中的新情况、新问题，不断探索工作新思路、新办法，创造性开展工作，在变化中完善各项工作举措，在变革中谋划地税健康发展。

在下半年的工作中，我们将继续探索工作的新思路、不断实践工作的新途径、努力构建党建工作新格局，坚定信心、团结进取，变革创新，务求实效，不断推进机关党建工作再上新台阶，为推进西安地税跨越式发展和长治久安做出新的更大贡献！

样本二：2013年上半年工作总结

2013年上半年以来，机关党办把内涵式发展战略落实到各项工作中。以各基层党委、党总支、党支部为平台，做好占全系统总人数70%以上的党员工作，用党建工作促进税收工作的顺利开展，用学习型党组织建设带动地税干部队伍建设，用税务文化建设提升西安地税软实力，用"文明创建"营造积极向上、奋发有为的工作氛围，让内涵式发展在基层党建、创先争优、文化建设、精神文明建设等各方面全面落实，服务中心工作，服务税收大局，为税收工作又好又快发展提供了坚强的组织保证、文化支持和精神动力。

一、上半年的主要工作

（一）“支部建在所上”，搭建基层党建工作新平台

去年，市局党委经过深入调研，在全市地税系统党建工作会议上提出了“支部建在所上，党建基层抓起，发挥堡垒作用，勇为党旗争辉”的党建工作新思路，这个思路既是市局党委对全市地税系统党建工作经验的总结和肯定，同时又是对今后一个时期全系统党建工作提出的新要求、新希望、新方向。今年，以这一思路为指导，我们深入开展党建工作，取得了很好的效果。

一是完善基层党支部的设置结构。结合我局机构改革和人员调整，党员数量发生变化的实际，市局党委对基层党支部机构重新进行了设置。各基层局对原来由多个税务所组建的联合支部进行了重新设置，符合条件的税务所都建立了独立的党支部。全系统党支部数量由原来的137个增加到了226个，基本实现了“一个税务所一个党支部”的目标，形成了横向覆盖到边，纵向延伸到底的组织网络，保证了税收机构组建到哪里，党组织的设置就跟进到哪里，税收工作延伸到哪里，党组织的活动就覆盖到哪里。独立党支部的建立，解决了原来由于联合支部党员分布在不同的税务所，工作地点不同、工作任务不同、工作标准不易掌握、组织活动时间不易统一、支部活动难以开展的问题，理顺了基层党组织关系，增加了基层支部的力量，基本实现了税务所与党支部无缝对接，支部建设结构更符合地税工作需要。为党建工作搭建了更科学的工作平台。

二是配强支部书记。基层党组织的战斗力如何，关键在于有没有一个坚决执行党的基本路线，密切联系群众，团结战斗的领导集体。支部建在所上之后，支部成员是“党建基层抓起”能否高效运行的关键点。按照“优化配置、层层负责、规范管理、服务税收”的原则，各基层局党组优化配强了支部成员，健全了党务工作制度。目前，各基层党支部书记的人选主要有三种类型：一是由那些因年龄原因不再担任科所长职务的“老税干”担任支部书记，二是由那些在部队上从事过政工、党务工作的团职、营职转业干部担任支部书记，三是由现任的科所长兼任，发挥他们工作热情高、踏实肯干的优势。支部组织委员、宣传委员由年富力强的党员担任。

三是明确职责。支部建立完成后，建立健全了党支部工作制度。大多数基层局党组对党支部的工作职责赋予了新的内容，支部书记除履行《党章》所赋予的职责外，还结合税收工作实际，肩负起精神文明建设、政风行风建设、党风廉政建设、干部思想政治工作等方面的工作任务。有18个基层局党组制定了详细的党支部工作制度和计划，从税收风险管理制度入手，提出党员目标责任制和党员税干工作讲评责任制。使党员队伍管理与税收征管同步前进、互相促进。

四是理顺工作机制。通过“支部建在所上”的推行，我局党委系统实现了“市局党委领导—机关处室牵头—基层政工科（党办）组织—科所党支部落实”的四级管理体系，党建工作从组织架构和与我局的机构设置相一致，解决了行政关系与党务关系的协调问题，搭建了新的党建工作平台，更有利于党务工作与税务工作的紧密结合，为发挥党支部战斗堡垒作用奠定了扎实的组织基础。

五是提升党务工作水平。为了进一步加强基层党组织建设，切实提高全市地税系统党支部书记的党建理论水平和从事党务工作的能力，市局机关党委于3月底、4月初在市委党校举办了三期党支部书记培训班。来自全系统25个单位的160余名党支部书记参加了培训。同时，为全系统安装了《中国共产党党员信息管理系统》网络版软件，提高了党建信息化建设水平。

（二）丰富载体，发挥好战斗堡垒和先锋模范作用

为了充分调动基层组织开展活动的积极和主动性，我们在全系统基层党组织中开展了“建设学习型党组织”和创建“五个好党组织”活动，完善了述学、评学和考评机制；我们以实施升级晋档、结对帮扶、实施惠民、品牌示范“四大工程”为抓手，在全系统开展了党员“敬业先锋示范岗”“创新先锋示范岗”和“服务先锋示范岗”创建活动；组织了“我是党员我带头”“为党旗增辉”学习讨论活动；认真实行党员民主评议，奖优罚劣，党员干部谋发展、干事业、创一流意识进一步增强。

市局党委把抓党建工作与抓队伍、强素质、促征管结合起来，发挥党支部的“促进、协调、服务、保障、监督”职能，在实施西安地税内涵式发展战略，完成税收中心任务方面发挥了十分重要的作用。

各基层党支部在日常工作中，把税收中心工作和党务工作同安排、同布置，注重发挥支部的战斗堡垒作用，改变了支部活动困难的被动局面，改变了“就党建抓党建，党建业务两分离”的被动局面，实现了“党务有人管，活动有人抓”。在支部学习、支部活动、党员教育、党员发展、党费收缴等各方面工作更加细致和充实。各单位根据自己的工作实际开展党务工作，党务工作水平也有了明显的提高。

（三）“文化润税”，增强地税文化建设的感染力

充分发挥文化的管理作用。我们在依托文化提升人的精神境界上下功夫，以实现“西安地税核心价值观”为目标，引导干部把“自我实现”作为人生的最高追求，努力营造以人为本、和谐发展的大环境，激发全体干部的工作热情和创造力，更好地应对复杂的经济形势，为完成日益繁重的税收任务提供文化支持。我们以周、秦、汉、唐盛世历史与税收发展为主题，编纂出版发行了《税道长安》一书；创办的以反映西安地税人文风貌和税收发展为主题的《长安税苑》杂志，今年出版发行了三期；制定《西安地税文化建设指导意见》，编制西安地税文化手册。用一批富含人文底蕴和地方特色，展现行业特点和工作风貌的文化精品，用文化的力量、情怀、温暖、影响作用，感染每一名税务干部，实现刚性制度化管理和柔性人文化管理并重的局面。积极依托市局“爱心救助基金”，解决了一大批生活困难党员群众的难题，激发了广大党员群众热爱地税、服务地税的热情。实现了“文化润税”的目的。

（四）全员参与，精神文明建设取得了新业绩

一是加强了对精神文明创建工作的管理。根据精神文明建设工作的特点和省市文明单位管理办法的要求，我们加强了对全局系统精神文明建设的长效管理，对全局系统申报创建省市级文明单位进行了跟踪指导。二是开展群众广泛参与的精神文明建设活动。在全系统干部职工中开展了“除陋习、讲文明、树新风”活动，向干部职工发出了倡议书，制作了活动宣传画；动员广大干部职工积极参加交通、城管知识答题竞赛，教育干部职工做“树立文明意识，做文明之人；遵守社会公德，做高尚之人；塑造公仆形象，做勤政之人”。三是积极参加社会公益活动。广泛开展了“学雷锋、见行动、争当阳光使者”活动。以“与文明同行”为主题，组织开展“关爱空巢老人、关爱留守儿童、关爱农民工、关爱残疾人”等志愿服务活动。突出人文关怀，弘扬人文精神，引导地税干部自我教育、自我提高，培养学习雷锋、做志愿者的自觉性。收到很好的社会效益。

二、下半年的打算

第一，深化“支部建在所上”，加强基层党组织建设。

进一步贯彻落实《中国共产党党和国家机关基层组织工作条例》，建立健全党的基层组织。一是落实基层党建的各项制度。在完成“支部建在所上”，实现党组织与税务工作无缝对接之后，要组织各单位党委（党组）加强党务工作制度建设，每年至少要听取1次下级党组织负责人抓基层党建工作的汇报，每年至少召开1次党建工作会议。全系统各单位班子成员要分别确定1个基层党支部作为党建工作联系点，要经常深入联系点，认真搞好调查研究，帮助基层研究解决党建工作的新情况新问题。二是着力加强党务干部和党员队伍建设。鼓励党务干部参加在职学习，有计划地组织党务干部分批培训，到革命老区、先进地区、优秀基层党组织考察学习，提高党务干部抓党建工作的能力和水平。加强入党积极分子培养，做好党员发展工作，确保发展党员的质量。三是要把学习型党组织建设推向深入。以支部为单位开展学习型党组织建设，抓使命教育，抓业务学习，落实内涵式发展战略，促进税收中心工作开展。

第二，加强地税文化建设，构建具有西安地税特色的文化体系。

我们要认真落实全省地税文化建设实施意见，提炼新时期凝心聚力、进取向上的西安地税核心价值理念，构建具有鲜明时代特征和地域特色的西安地税文化体系，提升《长安税苑》的办刊质量，营造西安地税文化氛围。同时还要注意整理宣传地税文化建设成果，以税务所、办税服务厅等窗口为主体设立服务示范岗，树立一批地税文化代言人和形象大使，打造一批具有地税特色的文化品牌。

第三、发挥党建带“三建”的引领作用，激发群团组织服务中心的热情。

各基层党组织要充分发挥核心引领作用，带领工青妇组织开展工作。工会要重点围绕建设“职工之家”和丰富干部职工的文化生活开展活动，共青团要不断强化育人职能，妇联要深入组织开展创建“巾帼文明示范岗”活动，组织和带领妇女同志，在税收工作中勇挑重担，展示风采。除此之外，各单位还要支持文体协会的工作，各协会也要发挥好各自的作用，积极组织开展文化沙龙、彩色周末等形式多样、寓教于乐的文化体育活动，推动群众性文化活动的深入开展，使干部职工的文化生活更加丰富，精神生活更加健康。

（二）样本比较

1. 两文的相同点

第一，题材相同。两文都是2013上半年党建工作情况，都是“务虚性”的工作，但总结起来，都很实在、具体，不显空洞、空泛。

第二，总指导思想，总导语及全篇谋篇布局差不多。尤其导语，大同小异，都采用了4个“用”字句，归纳内涵式发展战略，直击主题，总领全篇，非常新颖、深刻，吸引力、感染力很强。

第三，分析形势，总结工作，内容和方式，大致相近，都能横分纵写，层层深入；经验性、理论性、条理性都很强，很能引人入胜。

2. 两文的不同点

《党建》文之所以能够名列第一，被摆到“齐文”之前：

一是它在基本相同的导语中，开头一句用了“2013年，是实施‘十二五’发展规划承上启下的一年，也是西安市地税机构改革后，实现全面提升的关键一年”这么一句，画龙点睛，较好把握了大局，并突出了鲜明的时代特色。这是“齐文”没有的。

二是《党建》文的有效性、针对性、创新性“三性”概括得更好一些。

三是很重要的一条，是《党建》文内容更为充实、具体，更能凭事实说话，使用了更多的典型事例，较“齐文”更有说服力、感染力。

四、部分好的和较好习作点评

样本一：《李千阳2013年度上半年工作总结》点评

（一）原文：

李千阳2013年度上半年工作总结

2013年上半年，我认真按照年初制定的工作计划，在自己的分管工作上，努力贯彻落实市局工作思路，从加强涉外税培训工作，简化程序开具税收居民证明，开展国际案件查办和管理，开展海外上市企业专项检查等几方面工作入手，取得了一定的成绩。现将2013年度上半年工作总结报告如下。

一、加强培训，逐步强化国际税收管理和反避税工作

目前我市国际税收业务需求不断增加的新形势，强化基层税务机关对国际税收知识和实务的掌握尤为重要。2013年1月我作为授课教员，组织并主讲了针对各局

税政人员的第一次国际税收业务培训，通过理论知识的介绍和实际案例的分析，为基层税政人员建立系统的国际税收管理理念，提升我局干部国际税收管理能力，提高我局整体国际税收政策运用水平。

二、稳扎稳打，精心办理国际税收案件调查

2012 年底，曲江分局收到了注册在巴巴多斯的非居民企业梅公司转让境内企业股权申请享受税收协定优惠的申请。曲江分局汇报给市局后，我经过分析发现该案件不是简单的申请批准事项，为此按照市局领导要求，于年初成立了关于巴巴多斯梅公司转让股权涉税调查工作组。由于该案件涉及免税金额巨大，达到 4500 余万元，引起了总局、省局的特别关注，我多次组织召开专题工作会议，商讨案件的处理办法，目前该案件的处理在总局、省局的指导下有序开展。

三、优化服务，认真开具居民身份证明

为使“走出去”企业能够在外国立即享受到有关税收协定待遇，不断优化纳税服务，我认真做好中国税收居民身份证明开具工作，为“走出去”企业提供政策指导，培养“走出去”企业主权意识。特别是今年上半年，我局已开出对丹麦、意大利和德国的 3 份中国税收居民身份证明，并在发出证明时宣传税法政策，提请开具人境内外所得的税款抵免补交。

四、周密部署，深入开展海外上市企业专项检查工作

2013 年 3 月，省局提出了关于开展 2013 年度陕企海外上市企业税收专项检查的工作要求。在分析、研究的基础上，我部署了检查实施方案，并提出具体工作要求。一是要求各局在开展检查过程中，深入实际，进行实地调查取证；二是要求各局合理调配人员，组织业务能力强、工作作风过硬的人员，认真开展专项检查；三是要求各局不能就账查账，要从企业经营资料中查找关联关系，发现关联交易，进而发掘隐含的非居民税收收入；四是要求各局边查账边分析，提炼典型案件，为今后开展工作积累经验。通过科学管理、周密部署、认真落实，我市专项检查工作取得了较好的成绩。此次检查落实真实海外上市 10 户，发现关联企业 5 户，取得专项检查收入 21.608 万元。

下半年，还将开展几项重要工作。一是认真开展非居民企业股权转让调查工作；二是整体调查，摸清居民企业境外所得税收管理情况；三是强化源头控制，做好境外支付税务证明管理工作。

2013年下半年，我将继续深入贯彻市局“优化税制和完善税收政策，加强和创新社会管理”的治税精神，按照年初工作计划和下半年工作打算，进一步深化国际税收管理，发挥税政工作人员的业务领导能力，努力把全市国际税收工作不断推向前进！

（二）样本点评

李文全文1300字，短小精悍，语言平实、精练，质朴无华。大标题，简短明了。导语130字，开门见山，简明扼要，既直击主题，又统领全篇。总结上半年工作，划分为4个方面，各选择了一个较完整的实事，较好地展示了工作成绩和做法，言简意明，给人以较深印象。下半年工作，主要选择了3项，抓住重点，做好打算，与前文首尾呼应，令人回味。

样本二：冯小永《2013年上半年个人工作总结》点评

（一）原文

（略）

（二）样本点评

冯文把上半年的工作分为5个方面，每个方面都有概况，有典型，内容充实，时间、地点、事物、过程、数据等要素齐全，可信度、说服力很强。尤其第1条，总结半年的政策学习，结合新情况、新问题学习，具体结合统计口径的变化，学习新的政策法规，推动实际工作，这是当前写学习的文章少有的写法。第2条抓住重点税源监控管理搞调研和第3条抓住重点税源年报数据精益求精核实，都写得很具体、很深入、很独特，很感人。如“疑似城建税少缴企业”等提法、写法都很新颖、独特，很有深度。第4、第5两条各分3小条深入解析做好重点税源网上直报工作和认真负责，提高工作效率、及时完成各项任务的成绩和做法，更是具体、深入、翔实，说服力强。

样本三：贺娜娜《税收科研所 2013 年上半年工作总结及下半年工作计划》点评

（一）原文

（略）

（二）样本点评

贺文与《科研所 2013 年度上半年工作总结》内容基本相同，不同的是贺文较好地记述了个人的学习理论、政策、业务知识，提高自身素质，比一般用几句空话写政治学习具体、深刻得多。它好在在习作内容安排上，把机构设置写在了前面，让人一看就知道科研所是一个成立不久的新机构，接下来，具体写学理论、学政策、学业务，一项一项都写了不少具体内容，用以说明提高自身素质，就比较可信，不是空话、大话。

样本四：《淡明华 2013 年上半年工作总结》点评

（一）原文

（略）

（二）样本点评

总的印象是，淡明华语言表达能力较强，很有特色。导语单刀直入，写得十分深沉，表现了一个税务工作者的责任感和事业心，可谓别具一格。正文对上半年的工作划分为 16 个方面，有点过于琐碎，这是一个重大缺点，但每条都言简意明，每条都有一定的具体内容，多数写得比较完整，有一定深度，比如 14 ~ 16 条，事实材料都比较充分。淡文的主要优点在于后边四条心得、三点不足、四条打算归纳得有个性，比较具体、深刻，属“较好”一类是可以的。

第九讲　比较无锡市农工党 28 篇调研文章

2012年2～3月，无锡市农工党程娅、金刚先后两次电邮给我58篇调研信息文章。其中《血液在呼唤》一文为重发，实为57篇，共15万多字，要求我在当年恰当的时候，结合这些文章的写作实际，与她们全市农工党基层工作的同志，交流探讨一次调研信息写作中课题选择、主题提炼、语言运用等的基本理论和方法问题。

我通读全稿，反复斟酌其中部分有代表性的篇章后认为，无锡市农工党上下对大兴调查研究之风认识高，调研人员整体素质高；调查研究深入扎实，调研范围广，行动好，成果丰；绝大部分调研信息作品质量高，已在并将继续在经济社会发展中发挥巨大作用。

一、无锡市农工党调研信息文章的基本情况

第一次发给我的文稿 30 篇，2.9 万多字。2011 年的 23 篇。其中工作计划 1 篇；其余 22 篇中有 3 篇 2000 字左右的建言献策文章，19 条公务信息，多数写得真实具体，有个性，可操作性强；多篇信息附有简明点评，给人以启发。2012 年的 7 篇，其中 2000 ～ 3000 字的建言献策文章 4 篇，公务信息 3 篇，也都内容充实，有较高质量和参考价值。

第二次发给我 28 篇，全为调研文章（目录附后）。从篇幅上分，8000 字以上的 3 篇，最长的一篇 9400 字，排为 1 号；4000 ～ 7900 字的 9 篇；3000（含 3000 字）～ 3900 字的 9 篇，以上两项占此次 28 篇文章的 75%。剩下的是 3000 字以下的 7 篇，占 25%。从题材上分，医卫 15 篇，经管 4 篇，行管 3 篇，文教 3 篇，城管 2 篇，法律 1 篇，分别占总数的 53.57%、14.28%、10.71%、10.71%、7.14%、3.57%。

第二次的 28 篇中，质量较高的几篇篇幅都在 4000 字以下。其中第 27 号《加强卫生监管推动分质供水健康发展》、第 23 号《推进基本药物制度在基层实施的建议》、第 20 号《加强保健食品安全监管的对策建议》等篇都在 3000 字以下，比较短小精悍，

真实具体，特色鲜明，针对性和可操作性也较强。如第23号这篇，选题不大，导语开门见山，直击主题，简述全市基层实施国家基本药物制度的概况后，分别揭示了当前存在的教育培训、监督激励、病人流失、药少价高、拖欠药款5个方面的问题；有的问题分析透辟，时间、地点、数据确凿，真实具体，说服力很强。紧接着，有针对性地提出了5条建议，给人很深启发。

质量不高的部分文章，共同的毛病，主要是：

（一）内容夹杂，缺乏提炼。比较突出地反映在几篇较长文章上。有篇长文的内容，从国际上某某国家谈起，再谈我国，后谈无锡市情况；全文重点不突出，拖沓冗长，使人得不到要领。

（二）有些文章不同程度存在浅、空、平、旧等调研信息中的常见病和多发病。浅指内容肤浅，只在表面层次上做文章，缺乏思想深度；有的空发议论，事实论据不足，甚至言之无物（人物、事物、实物），无数，无措（施）；也有人云亦云倾向，缺乏独特见解。

（三）有些文章语言缺乏锤炼。比如《大幅度增加低收入群体的收入，在实现“收入倍增计划”中促进共同富裕》一文，大标题全长29字，另有引号一对，“收入”2字在这个标题中出现3次，啰唆不说，还很费解，言不简，意不明。改为“实现收入倍增计划，促进共同富裕”不是很好吗？一般来说，调研文章标题在14字以内为好，最好不用（正副）双标题。其正文语言拖沓就不必说了。

附：无锡农工党2011调研文章专辑目录（按字数多少排序）

1. 关于进一步推进企业工资集体协商工作的调研　9400
2. 加强康复体系建设推进康复医疗发展　8300
3. 抢抓战略转型机遇期更好推进新媒体业发展　8200
4. 构建第三方调解机制促进和谐医患关系　7900
5. 大幅度增加低收入群体的收入，
   在实现“收入倍增计划”中促进共同富裕　7900
6. 构建药品安全责任体系促进药品安全社会共治　5900
7. 关于食品添加剂滥用现状、危害及应对政策建议　5200
8. 高二文科班学生选科之后学习心理研究　5200
9. 关于目前一审法院诉前调解制度运行的调研报告　4700

10. 深化高端合作助推赶超发展 4500

11. 无锡市三甲医院医师现状及执业环境调查 4300

12. 滨湖区加快构建现代产业体系的思考 4000

13. 进一步深化校企合作办学共同培育高素质技能人才 3800

14. 血液在呼唤 3670

15. 拓展地下商业空间提升城市商业能级 3500

16. 推进效能建设打造高效政府

——关于进一步提升我市效能建设水平的几点建议 3300

17. 无锡市妇幼保健人员队伍现状分析及对策 3200

18. 对我市保障性住房发展情况的调查与建议 3200

19. 制药企业如何应对 2010 版 GMP 规范 3200

20. 对学生感恩意识的调查和思考 3120

21. 加强保健食品安全监管的对策建议 3100

22. 无锡市四城区社区老年人心理健康状态调查报告 3000

23. 关于生活垃圾分类收集、处理的思考和建议 2700

24. 推进基本药物制度在基层实施的建议 2600

25. 调整高校“小学教育专业”课程，推动小学教师学科专业化

——以小学语文教育专业为例 2600

26. 推进农村环境连片整治打造农村环境新亮点 2400

27. 加强卫生监管推动分质供水健康发展 2000

28. 高龄老年人出院后流向分析与建议 1700

二、样本习作深层次比较

（一）样本习作

样本一：无锡市三甲医院医师现状及执业环境调查（简称《甲》文）

无锡市有卫生机构 2255 个。其中，医院 65 家（市级综合性和专科医院 8 家）、社区卫生服务中心（卫生院）132 家、社区卫生服务站（村卫生室）1060 家。全市

开放医疗床位23882张，拥有卫生技术人员27856人。其中执业医师或执业助理医师11461人、注册护士9482人。

无锡市目前有三甲医院8家。其中包括综合三甲医院三家：无锡市人民医院、无锡市第二人民医院、无锡市第四人民医院；专科三甲医院五家：无锡市第三人民医院、无锡市中医医院、无锡市妇幼保健院（无锡市妇女儿童保健所）、无锡市精神卫生中心（无锡市同仁医院）、无锡市五院（无锡市传染病医院）。人民医院占地17公顷，建筑面积32.3万平方米，编制床位2000张，开放床位1800张，博士后4人，博士33人，硕士264人；高级职称卫技人员318人。二院医院现编制床位800张，实际开放床位1200张，平均年门、急诊量达125万人次。医院在编在职员工1148名，具有高级职称的卫生专业技术人员215名，博、硕士生导师37名，博士后5名，博士25名，硕士157名；四院医院开放床位1029张，年门急诊量60万余人次，出院病人2.8万余人次，医院有职工1020名，高级职称人员154名（其中省级学会委员24名），博士25名，硕士141名。三院医院占地面积4.2万平方米，在职员工近千名，开放床位865张，年门急诊量70万人次，住院2.5万人次。拥有高级卫技人员100余名，正副教授近百名，中医院现开放床位633张，职工1070人，门急诊总量超85万人次，出院病人近1.5万人次，博士、硕士研究生导师13名；医学博士16名、医学硕士109名，高级卫技人员113名；妇幼全院建筑面积7万平方米，开放床位650张，现有正式职工703人。2010年门急诊人次66.8万，出院人次2.5万；传染病医院编制床位380张，开放床位410张，在职职工人，其中高级职称专业技术人员49人，硕士研究生22人，省333工程培养对象1人；无锡市精神卫生中心占地面积9.33公顷，实际开放床位1180张。调查结果显示，三甲医院总人数不到全市卫技人员的1/4，但却担负了超过一半的就诊断量，并且就诊断病人病情复杂、危重。

一、三甲医院医师执业环境

1．执业环境恶化。在工作环境方面，首先要提及的是目前医患关系紧张，医疗纠纷增多，而医疗纠纷产生后媒体的一些不实报道，及法院对医疗事故的判决，动辄几十万元、上百万元的赔偿，给医务人员造成很大的精神压力。据统计有74.29%的医师认为自己的合法权益不能得到保护；卫生行政部门、医疗机构、医务人员为解决医疗纠纷耗人、耗时、耗财，医疗机构受骚扰、医务人员被伤害被胁迫的事件有增无减，使医务人员处境艰难，出现了有些医师在诊疗过程中畏首畏尾，不愿承担风险的现象。在生活环境方面，医师们普遍认为其待遇与所从事的高风险、高技术的职业不相符，这在中青年医师中尤为明显。由于医师执业环境的恶化，已经影响到了医师队伍的稳定,在社会上普遍认为医师的职业是很理想的职业的同时，医师愿意自己的子女报考医学院校的仅占10.89%，而不愿意的则高达53.96%，另外有5.15%被调查的医师填写随子女选择。

2．医疗纠纷增多。对医师执业环境的影响最为突出的是医疗纠纷问题。近三年平均每家医院发生医疗纠纷50起左右，医疗纠纷发生后，一些患者或患者家属就大闹特闹，围攻医院、侵害医务人员。医院要经营，往往迫于各种压力而向患方妥协。正常医疗秩序由此受到严重影响，医患关系紧张和对立。而一经构成这些医疗纠纷，均直接或间接地涉及医患双方的权益问题、人格问题及道德与法律责任问题，医患关系将受到诸如心理学、伦理学、道德观等社会学的严峻挑战。由于现阶段医疗卫生法制尚不完善，在发生医疗纠纷时，医患双方的合法权益都缺乏足够的保障。处理医疗纠纷参照的法规有多种：《刑法》《民法通则》《消费者权益保护法》和《医疗事故处理办法》，这几种法律法规属性不明确，参照不同的法律法规处理结果不一致；再有是现在医疗事故鉴定有医疗行政部门的鉴定，有法医的鉴定等多种形式，医患双方无所适从，也加深了医患双方的矛盾，增加了解决医疗纠纷的难度。

3．工作强度超过想象。三甲医院担负了无锡市大部分医院工作，但每个医院、每个科室都严重缺人，医生在有限的时间内看大量病人，势必会造成询问病史、体格查检不到位，对辅助检查的依赖度增加，造成过度医疗或漏诊误诊，进一步加深医患矛盾。另外，医生几天一个夜班，夜班后不能准时下班，几乎没有节假日，有时几天不回家，工作之辛苦一般人是没法体会的。

4．医师法律意识不强。在社会主义法制体系逐步完善的大环境下，医师需要加强自身建设，增强法律意识，严格自律，才能有效地维护医师自己的合法权益。我们的医师队伍中有许多医师法律意识不强，法律知识匮乏，因此，有些医师在医疗行为中经常会出现一些问题,如不注意诊疗操作及病例书写的规范,忽视患者的权益，说话随意、责任感不强等，使得医疗纠纷出现概率大增，而一旦纠纷出现，这些问题又将使医师自身陷入困境。

5．医师的付出与收入不成正比。大部分医师认为自己的付出与报酬不相符，在外人看来医生收入还不错的情况下，超过90%的医生还认为自己收入太低，这让一些人感到很不理解。这是因为大家没有充分认识到医院行业的高风险性和高技术性，医疗行业是高风险高技术含量的行业，与此相适应，医生应当有较高的收入。在美国，医生属于收入最高的行业之一，平均工资高于公务员工资的2～4倍。新近公布的职业与工资评估调查中披露，根据美国政府2008年的数据，外科医生的平均年薪为206770美元，这使得外科医生的薪酬超过麻醉师而成为美国工资最高的工种。美国的年薪最高的前10名的职业有：（1）外科医生；（2）麻醉科医生；（3）齿颚矫正医；（4）妇产科医生；（5）口腔与颌面部外科医生；（6）内科医生；（7）镶牙师；（8）精神病医师；（9）家庭和全科医生；（10）公司主管。

据新华网2005年12月11日的报道，英国医药协会发布的报告称，英国医生的收入在2000年至2004年增长了逾30%，超过法国、德国和丹麦，是欧洲同行中收入最高的。2006年，英国政府进行的年度工作时间和收入调查表明，当年英国医生的收入增长了20%，人均年收入达到81744英镑，比城市商人都要好，是当年英国收入第二高的职业。

据2009年5月17日的《杭州网·都市快报》题为《中国医生看印度同行》的报道，在印度，医生很受尊重，医生收入高地位高，普通医生每月收入也在2万美元左右。

在中国，医生的收入可能在社会整体收入中排名在中上水平，但中国医生的比较收入水平远远低于世界大多数国家医生的收入水平，这是一个不争的事实。目前我国加大了对医师执业活动中收受红包、回扣现象的治理力度。但是应当看到，医生作为社会中的一员和其他社会成员一样面临住房、子女教育等各种问题，如何让从事高尚职业的医生不为蝇头小利折腰是一个管理者应当考虑的现实问题。在现有体制下，加大对医疗行业的投入力度，给一个高技术含量高风险行业的从业人员一个合理的回报是让这个行业健康发展的基础。

二、建议

1．发挥行业协会服务、协调的作用，加强行业自律，维护医师

学习宣传贯彻《医师法》及相关的法律法规。《医师法》是以确定医师执业资格、规范医师执业注册、调整医师执业规则及其他与执业医师相关的法律规范。增加医生的数量，并加快对新职工的培养。

2. 协助卫生行政部门加强行业自律性管理

（1）制定行业规范

一定要强调医师行业的自律，自律是维护我们广大医师合法权益的基础，也是医师行业发展的保障；要规范医师的执业活动，制定行规、行约和行业服务规范，开展行业自律，用协会的章程和各种必要的制度来规范医师的执业行为。协助卫生行政部门，对医师队伍的管理从重“身份”管理到重“行为”管理。

（2）协助卫生行政部门建立医师考核体系

协会要充分发挥其覆盖面广、包容性强的优势，协助卫生行政部门建立医师考核体系，依据《医师法》，对医师从专业技术、医德医风、法律法规知识等方面进行考核，审查、认证医师的执业资格。

（3）表彰先进树立典型，清除“害群之马”

要树立医师行业中有过硬专业技术、良好医德医风的医师典型，教育广大医师弘扬白求恩精神，树立救死扶伤、忠于职守、爱岗敬业、满腔热忱、开拓进取、精益求精、乐于奉献、文明行医的行业风尚，自觉抵制拜金主义、个人主义及一切有损于群众利益的行为。对模范卫生工作者和先进集体要大力宣传、表彰奖励。对于医师队伍中确有一些严重危害医师形象的“害群之马”，这些不学无术之徒混迹于医师队伍，医德医风败坏，搞行业的不正之风，虽然是极少数人，但在社会上给医师的名誉造成了恶劣影响，而行政处分对他们又往往难以奏效，协会要以医师的行业规范来监督约束他们，甚至把他们从医师行业中清理出去，剥夺他们行医的资格。协会对医师队伍进行行业管理的目标是提高我国医师队伍的整体素质水平，并把本行业的利益同国家利益、人民利益结合起来，促进医疗卫生改革的顺利推进。

3. 加强医师的终身教育

教育发展水平和科技创新能力已成为我国医疗卫生事业发展的决定性因素，首先，在医师行业中要强调医师的医德医风的教育，使广大医师对医师的职业有荣誉感、责任感、自豪感；其次，为满足广大人民群众对于医疗服务日趋增高的要求，协会应制定临床各专科执业标准，实行专科医师执业制，并通过开展对医师的有针对性的、多层次、系统性的专业培训，传播最新的医疗科学知识及技术，提高医师的专业水平。提高医师职业道德水平和业务水平的根本目的就是要更好地为病人服务。

4. 依法维护医师的合法权益

医师协会要促进我国医疗服务保障机制尽快完善。医师本身存在着职业风险和条件风险，而建立医疗赔偿保险制度、医疗意外保险制度和医师责任风险保障制度，建立社会化分担机制（政府、医院、医师和患者共同分担），是探索切实保障医患双方合法权益的有效途径。

5. 呼吁全社会共同营造良好的医疗执业环境

我们在加强医师队伍的行业管理的同时，也要呼吁全社会给我们的医师创造良好的执业环境。要加强与新闻媒体沟通，引导舆论对医患矛盾公正、客观的报道，并以各种形式加强医患双方的沟通，改善目前紧张的医患关系；建立有力有效的宣传通道，将医疗卫生事业中动人、感人的事迹正面报道出来，争取社会理解，再塑造白衣天使的形象。同时医师协会今后仍将切实关心广大医师，充分了解他们的疾苦和要求，并要积极开展形式多样、内容丰富的活动，要通过这些活动为医师提供有益的帮助和服务。在政府和广大医师之间，社会群众与广大医师之间搭起一座沟通联系的桥梁。

样本二：加强保健食品安全监管的对策建议（简称《保》文）

民以食为天，食以安为先。保健食品系指表明具有特定保健功能的食品。即适宜于特定人群食用，具有调节机体功能，不以治疗疾病为目的的食品。随着生活水平的不断提高，人们对保健食品的需求越来越大，关注度越来越高。

无锡市委、市政府高度重视食品安全，“十一五”期间全市食品药品安全工作始终走在全省前列，四获全省食品安全优秀城市称号。全市食品安全合格率2009年达96.84%，2010年上升到96.99%，2011年上半年达到97.83%。无锡市政府将2011年定为“食品安全行动年”，出台《关于进一步明确政府和有关部门食品安全职责并建立责任制的意见》。市委十一届十次全会审议通过《无锡市率先基本实现现代化行动纲要》，将“食品安全合格率”作为民生生活质量类重要指标之一，纳入全市基本实现现代化指标体系。市食品安全委员会组织各有关部门深入开展集中整治，严厉查处食品安全违法行为。

市食品安全委员会组织对我市流通的保健食品抽样检测，加大对容易发生违法添加行为的保健食品抽验力度，检测是否添加与保健食品声称功能相关的药物成分，

2011 年在我市经营企业抽检了 54 批保健食品，合格率为 100%。市卫生局与无锡食品药品监管局开展了非药品冒充药品专项监督检查，并对保健食品生产企业开展监督检查，全面检查保健食品生产企业中是否存在以食品、保健食品、未标示文号产品等冒充药品的违法行为。无锡市食品药品检验检测中心建设项目是 2011 年无锡市为民办实事项目之一，工程计划于 2012 年投入使用，建成后的市食品药品检验检测中心全面覆盖食品、药品、医疗器械、保健品、化妆品等法定的监督检验检测，重点发展食品药品高端检测能力和药品口岸检验能力。江南大学食品科学与技术国家重点实验室，在食品安全检测技术和产品开发方面，也卓有成效。

但通过调研，我们认为目前在保健食品安全监管方面仍然存在以下问题：

1. 法律体系尚不健全：《保健食品监督管理条例》尚未颁布实施，《广告法》对违法行为处罚过轻。目前用于规范保健食品生产、销售、广告的法律法规有《食品安全法》（2009 年 6 月 1 日实施）及其实施条例（2009 年 7 月 8 日实施）、《广告法》（1995 年 2 月 1 日实施）、《保健食品管理办法》（1996 年 6 月 1 日实施）、《保健食品注册管理办法》（2005 年 7 月 1 日实施）、《保健食品广告审查暂行规定》（2005 年 7 月 1 日实施）等。而《保健食品监督管理条例》至今尚未颁布，保健食品监管存在法律缺失。同时《广告法》对发布虚假广告的违法行为处罚过轻，违法成本过低，震慑力弱，有必要加强调研，积极呼吁，对相关法规加以修订完善。

2. 作为保健食品消费大市，消费外向依存度高，监管难度大。据国家食品药品监督管理局数据库，我市有保健食品许可文号 103 个。其中无锡健特药业有限公司生产的脑白金口服液、黄金搭档牌维生素，无锡瑞年实业有限公司生产的瑞年牌氨基酸口服液、无锡添氏保健品有限公司生产的添字牌蜂王浆冻干粉等为知名品牌。除此，我市销售的保健食品大多非本市生产，源头监管困难。国家和各省市保健食品的监管信息表明，部分保健食品生产企业存在以下问题：一是未通过保健食品 GMP 认证，或未按保健食品 GMP 生产。如原料供应商质量保证体系的审计与评估流于形式、对主要物料供应不能做到批批检验等问题。二是委托加工漏洞多。保健食品生产企业间委托加工过程中存在监管漏洞，如同一批准文号的保健食品，委托不同的生产厂家生产，使用不同的注册商标和商品名，外包装上突出商品名。跨省异地委托生产监管困难。三是在保健食品中擅自添加药物成分。如在减肥类产品中添加芬氟拉明、麻黄素，在抗疲劳类产品中添加枸橼酸西地那非，在促进生长发育类产品中非法添加生长激素等。这些被添加的药物成分多数属于处方药物，有的甚至属于禁用药物。非法添加具有造成大范围、系统性危害的风险，对消费者的身体健康构成极大威胁。四是擅自篡改或盗用产品批准文号、标志、生产许可证，非法生产保健食品。如将普通食品批号“卫食字”擅自改为“卫食健字”或“国食健字”。五是擅自篡改包装、标签和说明书内容。在包装标签上肆意扩大、添加产品功能或添加适应证和功能主治，冒充药品。六是发布虚假广告，宣称治疗疾病。利用电视、电台、报纸等媒体广告或传单、墙体广告、宣传疗效。保健食品不实宣传以及虚假违法广告已成为民生反映强烈的热点问题。

我市保健食品销售形式和手段多样，违法营销增加了监管难度。除传统的店铺销售外，还有网络销售、直销、电视购物、会议营销、亲情营销、传销、买赠销售等五花八门的销售方式和手段。其中不乏违法营销手段，如以“健康讲座”或“免费体验”名义宣传产品功能，骗取消费者的信任，借机推销高价保健食品等。这些违法销售的产品往往存在着一定的质量安全隐患，给常规监管手段的实际效果不理想，且有的还缺乏监管的法律依据。

3. 许多消费者缺乏必要的保健食品知识，消费心理尚不成熟。许多消费者只是听信广告或追随社会时尚，对如何鉴别安全的保健食品和科学合理地选择保健食品缺乏了解，这是假冒伪劣保健食品和违法广告仍有市场的重要原因之一。

为此，提出以下建议：

一、加快保健食品监管立法，及时颁布《保健食品监督管理条例》等相应的部门规章。根据《食品安全法》和《食品安全法实施条例》规定，推动监管立法，完善体制机制，健全安全应急体制，加强监管队伍建设，进一步明晰职能；加强对保健食品各环节的监管，建立保健食品质量追溯制度，开展保健食品安全专项整治。重点对委托加工、原料使用、标签标志等进行整顿和规范，严厉打击违法生产、销售保健食品行为，努力把无锡打造成保健食品安全地区。

二、加强技术支撑体系建设，进一步强化检测手段，努力构建科学、严密的食品药品安全检验体系。进一步加强我市食品药品检测中心的建设，提高监测检验能力，在人员编制、人员引进、仪器设备装备等方面继续加大投入，达到卫生部《关于加快推进保健食品化妆品检验检测体系建设的指导意见》中的各项要求，满足检测和科研需要。在此基础上，加快保健食品的检测扩项，尤其是对保健食品中食品添加剂检测、非法添加物检测、有害金属和有害物质限量检测、功效成分检测、标志性成分检测、卫生学试验、稳定性试验、安全性试验等项目应作为扩项重点。充分利用江南大学、食品科学与技术国家重点实验室等的人才、技术、设备资源，开展保健食品安全性监测工作，切实加强与大专院校、科研机构的政产学研合作。

三、推进保健食品生产经营企业诚信体系建设，强化企业产品质量安全责任意识，引导企业加强自律。企业作为保健食品安全第一责任人，应严格遵守保健食品生产经营的法律法规，依法生产，守法经营，讲究诚信。建议监管部门建立保健食品生产和经营档案以及安全监管信用档案，建立奖惩激励机制，按信用等级分类监管，发现问题及时处理、上报并公示，督促企业安全自觉和行业自律。

四、广泛宣传保健食品基本常识，动员全社会广泛参与保健食品安全监管，引导健康消费。利用报刊、电视等新闻媒体和网络，以各种渠道普及科学选购保健食品的基本知识，引导消费者安全消费，增强消费者自我保护能力。积极发挥舆论监督作用，及时曝光不合格产品，保障群众知情权。监管部门进一步建立保健食品广告监管长效机制，通过不定期发布大众消费警示信息，提升公众对不合格保健食品危害性的认知度和自我保护意识，建立举报奖励制度，发动全社会投入保健食品的安全监管工作，维护百姓权益，切实把好保健食品质量关。

样本三：推进基本药物制度在基层实施的建议（简称《基》文）

2011 年无锡市所有政府办社区卫生服务中心和社区卫生服务站全部实施国家基本药物制度。基层医疗卫生机构全部配备和使用基本药物，并实行零差率销售。基本药物制度的规范实施，国家和省的统一遴选使基本药物具有较高的性价比，保证了基本用药更加安全、有效；同时，基本药物实行省级统一集中招标采购，全市社区卫生服务机构统一按照中标采购价格实行零差价销售，使基本药物价格大幅下降，减轻了居民基本医疗经济负担。基本药物制度实施以来，根据对既往在社区卫生服务中心使用药物品种执行物价核准的零售指导价格与省基本药物中标目录中完全相同的 227 个产品的中标价格对比，样本价格平均降幅 36.94%。目前，全市社区卫生服务机构门诊人次数较基本药物制度实施前上升了 17%，门诊均次费用为 65.6 元，较基本药物制度实施前下降了 19.6%。

基本药物制度在基层实施以来，虽然取得了明显成效，基层医疗机构药品价格明显下降、临床用药更趋合理、药品质量和供应得到有效保障等，但同时基本药物制度实施过程中的一些问题也是显而易见的，主要表现在以下方面。

一是基本药物制度相关教育和培训不足。《国家基本药物临床应用指南》《国家药物处方集》虽及时公布，但对这两个规范性文件的全面宣传、学习和培训力度不够。基层医疗卫生工作者、公众对基本药物普遍存在一些错误观念和混淆概念，某项针对基层医护人员的调查显示：70% 的调查对象不清晰基本药物的概念，90% 视基本药物为低效药或过时药。目前这一观念在基层医疗机构仍较为突出，认为基本药物就是“便宜药”，“便宜药”的效果肯定不好甚至无效，医护人员和患者盲目推崇“贵药”。医护人员的处方习惯、用药行为、群众的用药习惯较为“顽固”，尤其是一些慢性病人，认准了某个厂家生产的一个药品后不肯换药，怕服用后没有效果，因此，病人只能去二级以上医院购药，不仅药价高，而且路途往返麻烦，病人意见较大。

二是缺乏合理用药监督机制和激励机制。基层医疗机构缺乏专门的组织机构开展合理用药分析、处方点评等工作，也就难以对医院用药进行评价和评估。目前基本药物制度在基层也缺乏内在、有效的制度激励，从而影响参与医疗机构和医护人员的积极性和责任感，久而久之，为了保证收益不受影响，就会出现规避制度的种种违规做法，而如果仅靠任务观念，任何制度也很难保证贯彻落实并保持长久的生命力。

三是基层医疗机构病人流失趋势加重。由于基本药物的目录限制，不能满足一些社区卫生服务中心原先服务功能的开展；原先一些社区卫生服务中心功能定位已经从常见病、多发病的诊疗扩展到开展部分住院手术及专科治疗，现在因为缺少特定药物治疗，中心不得不转诊至上级医院治疗，导致医疗费用明显增加，病人意见很大。基本药物制度对于无锡这样的发达地区，公众对于基层医疗服务机构的需求会超出基本药物所服务的范围，统一的基本药物制度在实施中面临挑战，综合医院门急诊增幅显著高于基层医疗卫生机构，特别是在我市这样二、三级医疗机构资源比较充足的城区，病人流失较为严重，基层医疗卫生机构病人的流失会导致收益受损，长此以往更会造成人才流失，不利于小病进社区政策的落实和双向转诊的实施。

四是部分慢性病及小专科疾病的药物品种较少、部分药价虚高现象严重。就某些种类的药物尤其是一些慢性病药物而言，品种显得比以前单一，选择药物的范围相对变窄。采用集中招标采购基本药物的方式的确会降低药品支出，但同时也可能影响制药产业的稳定发展，并对药品质量产生不利的影响，而公众对于药品质量的信心至关重要，与此同时部分药价仍存在虚高问题。

五是拖欠药品款情况严重。由于各镇（街道）财政补助经费严重不足，社区卫生服务中心拖欠药品款现象较为严重。据统计，截至 2011 年 2 月底，惠山区各社区卫生服务中心拖欠药品款就达 3917 万元。而据初步统计，区各社区卫生服务中心平均每月日常运作经费达 800 万～1000 万元，缺口较大，导致各中心靠挪用药品款来维护日常运作，照此发展，将可能产生基本药物配送断链，危及老百姓用药需求。

为此，提出如下建议：

一、进一步加大宣传力度，提高群众的基本医药知识水平。实施基本药物制度后，群众对药品价格下降普遍表示满意。但由于群众对基本药物仍存在一定误解和偏见，对于基本药物的廉价和药效有不同程度质疑，一时还难以改变原有“用好药、用贵药”的习惯，同时由于基本药物的目录限制原因，一部分慢性病及小专科疾病的药物品种较少、部分药价依然虚高。其次，医疗机构服务质量、服务态度有待进一步提高。要努力使医院和医务人员通过加强对基本药物专业知识的学习，更新观念和带动就诊病人正确理解并使用基本药物，使老百姓能够“用对药、用好药”。要加强宣传，如滥用药物的危害等，改变不良的用药习惯，让百姓享受到最实惠最有效的基本药物。

二、完善基本药物目录，满足广大群众的需要。要根据实际情况和老百姓的实际需求来制定调整基本药物目录，原来已经使用成熟的药物和适宜的技术都应该保留或持续。

三、加强招标采购的管理，确保药品质优价廉。尤其是药品的招标价要科学、合理，符合市场经济规律，不能让更多的利益空间存在，也要加大专家、公众监督力度，尽力避免产生超低价中标的不正常现象。

四、加强基本药物配送、使用的监管。要建立区级基本药物管理网络平台，实行基本药物网络监督管理，实行真正意义上的基本药物跟踪管理，杜绝少数中心体外配送情况，严控药品的二次议价行为、收受药品回扣行为及乱开大额处方、不合理检查等一系列不合理现象。确保老百姓在实施基本药物制度后能得到真正的实惠。

五、明确投入机制，保障基层医疗卫生机构的正常运行。建议政府迅速出台基本药物制度实施相关配套政策，尤其是财政资金配套政策，使补助资金及时落实到位。

按照有关规定，制定投入比例、具体补偿方案，落实资金，并纳入预算管理，采取预拨和结算相结合的方式，保证基层医疗卫生机构人员经费、公用支出和建设发展资金能够及时足额到位。尽快明确绩效工资标准，对基本药物零差率销售同步进行绩效考核，建立社区卫生服务评价体系，以衡量基层医疗卫生机构的实际工作效果，并与绩效、任免相结合，充分调动广大医护人员的积极性。

总之，国家基本药物制度作为一项惠民政策，要长期稳步推行下去，在基层医疗机构实施过程中，尚需各方共同努力，不断探索和完善这一制度，保证基本药物制度积极稳妥向前推进。

（二）样本习作的基本情况

1. 《甲》文基本情况

从大标题看，《甲》文有三个重点：一是三甲医院；二是三甲医院的医师现状；三是三甲医院医师的执业环境；文体为调查报告。全为中性词，看不出主张什么，反对什么。

从正文的布局看，第一部分为导语；第二部分为三甲医院医师执业环境，写了执业环境恶化、医疗纠纷增多、工作强度超过想象、医师法律意识不强、医师的付出与收入不成正比 5 个问题；第三部分为发挥行业协会服务、协调作用，加强医师终身教育，维护医师合法权益等 5 条对策建议。实质上，第一部分具体简介了全市 8 所三甲医院的医师现状，实为另一个部分的正文。

2. 《保》文和《基》文的基本情况前边已作简介，这里不再重复。

（三）《甲》文在文章写作技术上的毛病

1. 大标题没有角度和侧重点。前边讲了，大标题中全是中性词，看不出主张什么，反对什么，只是反映现状，成绩、问题，好坏优劣都可往里面装。从大标题看，《甲》文就不符合调查研究及其写作的要求。调查研究及其写作是一项目的性很强的工作，要求在标题制作上，就要做到目的明确，旗帜鲜明地把自己主张什么、反对什么告诉读者，要求立片言以居要，乃一篇之警策。《甲》文一开始，在这一点上就没有做到。

2. 基本情况介绍含混不清。导语，也即第一部分，主要介绍了全市三甲医院医师现状，但含混不清：

①全市到底是 7 家，还是 8 家三甲医院？导语中总括的一句话说“无锡市目前有三甲医院七家”，但实际介绍的三甲医院明明白白是 8 家，这是不应有的差错。

②分述 8 家医院具体情况时，主要统计科目不一，各家是各家的一套数据。人民医院为占地、建筑面积、编制床位、开放床位、博士后、博士、硕士、高级职称共 8 个统计科目；二院为编制床位、实际开放床位、平均门急诊量、在编在职员工、高级职称、博硕士生导师、博士后、博士、硕士 9 项；四院为开放床位、门急诊量、出院病人、职工、高级职称、博士、硕士 7 个统计科目；三院为占地、在职员工、开放床位、门急诊量、住院病人、高级卫技、正副教授 7 项；中医院为开放床位、职工、门急诊、出院病人、导师、医学博士、医学硕士、高级卫技 8 项；妇幼院为建筑面积、开放床位、2010 年门急诊量、出院病人、正式职工 5 项；传染病院为编制床位、开放床位、高级职称、硕士研究生、省 333 工程培养对象 5 项；精神卫生中心为占地面积、开放床位 2 项。除统计科目设计不一外，许多概念、计量单位也使用不一，如有的叫高级职称卫技人员，有的叫高级职称人员，有的叫高级卫技人员，还有的叫高级职称的卫生专业技术人员，这到底是一种，还是几种高级技术人员呢？再如床位，有的统计了编制床位和开放床位，有的却统计为编制床位和实际开放床位；有的统计职工多少，有的统计在编在职职工多少；有的统计年门急诊病人，有的统计为具体年门急诊病人，不一而足，五花八门，既零星分散，烦琐庞杂，又含混不清，无头无绪，无法总计，谁也看不清全市三甲医院医师到底是个什么模样，什么现状。

③调查结果显示不出什么。导语部分结论说：“调查结果显示，三甲医院总人数不到全市卫技人员的 1/4，但却担负了超过一半的就诊量，并且就诊病人病情复杂、危重。”这就不能令人信服了。

第一，传染病院、精神卫生中心根本没有交代卫技人员数量，人民医院统计的只是高级卫技人员数量，二院、四院、三院等，既有全体职工数，又有高技人员数，妇幼院只统计了正式职工。在这种情况下，谁知全市三甲医院到底有多少卫技人员呢？

第二，全市拥有的卫技人员 27856 人，应该是包括全市 132 家，社区卫生服务中心和社区卫生服务站（村卫生室）1060 家，尤其村社卫生站（室）卫技人员，能与三甲医院的高级卫技人员在一个层次上占有百分比吗？三甲医院在设施设备，技术构成，均与村社卫生室、卫生院不可同日而语。

第三，关于诊断量。人民医院的 8 个统计科目中就没有诊断量，后边还有几个医院没有统计诊断量，更没有什么地方统计过诊断量，三甲医院“担负了超过一半的诊断量”，在这里突然提到，应该是根据不足，无人会信。这可不能信口开河呀。

第四，至于“就诊病人病情”如何“复杂、危重”，莫说全文无处提到，就是这个第一部分，也只在作这个结论时提到，更无根无据，无从说起。

就一般情况讲，调研文章关于基本情况的介绍，是全文立论之本，论理之基。基本情况必须真实、准确，全面、完整，方可凭事实说话，方可就事论理，以理服人。否则，就另是一回事了。《甲》文的第一部分就这样把基本情况介绍得杂乱无章，内容混杂，含混不清，结论根本站不住脚，后边的分析研究就更难令人信服。

3. 第二部分文不对题。第二部分就是正文的“一、三甲医院医师执业环境”。这个二级小标题依然是个中性短语，不论好坏优劣。下边的 5 个小标题分别为“执业环境恶劣、医疗纠纷增多、工作强度超过想象、医师法律意识不强、医师的付出与收入不成正比”。都是揭示三甲医院存在问题的。这么说，这一部分与通常调研文章写法一样，紧接基本情况介绍之后，就是剖析存在问题，这是对的。但是，从这 5 个问题的内涵看，与这个二级小标题“三甲医院医师执业环境”比，除了第一个，其余 4 个，都是文不对题，都不是揭示医师执业环境问题的，而分别是医患关系、工作强度、医师素质、收益分配等问题。如果按照少数服务多数原则，可以把二级小标题改为“三甲医院存在的问题”，这样改动，似乎也说得过去。但是，这 5 个小标题在问题表达和分析上却都另有问题，这就是《甲》文在写作技术上存在的第 4 个问题。

4. 论据不足，没有说服力。比如执业环境恶化，文章说“首先要提及的是目前医患关系紧张，医疗纠纷增多”。那么，到底在一定的范围内，从什么时候到什么时候，原来发生了多少次医疗纠纷，后来发生了多少次医疗纠纷；什么纠纷，谁的不是；谁的判决，判决合理不合理；突出且完整的典型案例是哪些，如何典型等等，文中却未提一个，怎么就能笼统地说“动辄几十万元、上百万元赔偿”，到底什么时间，哪个医院给谁赔了几十万元，时间、地点、人名、事故名、原因、结果，总得要有个清楚明白的交代呀。一个字的事实都未说，怎么就有了“74.29% 的医师认为自己的合法权益不能得到保护”的这么精确的“据统计”呢？捕风捉影，也得有一丝风可捕，有一点影可捉呀。后面还有什么“医疗机构受骚扰、医务人员被伤害胁迫的事件有增无减”等等，文中依然未举出了哪一个时间、地点、人名、事故名及到底伤害胁迫了谁。法律判决要凭事实说话，调研文章也是要凭事实说话的。没有事实，翻江倒海的连篇累牍，是不能说服读者大众的。

紧跟着的一条叫医疗纠纷增多，与上一条是重复。有事实无必要重复，无事实，重复一千遍也无人信服。

第三条工作强度超过想象。光凭“医生在有限的时间内看大量病人”这一句含糊其词的话，也是没有说服力的。“有限的时间”是多少时间？“大量病人”是多少病人？这不是调研文章的摆事实讲道理，而是无道理，说废话。

5. 凭事实说话，要选择恰当的事实说正当的话，即是要：在什么山上唱什么歌，看什么对象说什么话。不能只要是钥匙，就可以随意拿来开锁；或者只要是锁，只要拿把钥匙来打开，并且认为这也是以事论理，凭事实说话。应该有选择，选择一把恰当的钥匙，开一把正当的锁。我这个话是针对《甲》文三甲医院医师执业环境中第五个问题——“医师的付出与收入不成正比”说的。这个问题的“剖析”就是《甲》文在写作技术上的第五个问题——不是具体问题具体分析，一把钥匙开把锁，不按逻辑规律分析问题，而是不看对象，抓个十万八千里以外的事实当论据，也“就事论理”。《甲》文这一条，就是这样做的。它拿了“医师的付出与收入不成正比”的问题，不看无锡市及周边县市的实际情况，大段拿美、英、法、德、丹麦甚至全欧和印度等国的医生收入情况往这里套，把中国医生的收入水平与世界大多数国家医生的收入水平差距问题，也罗列出来，既遥远，又空洞；既没有认真的分析，又没有严密的推理，杂七杂八，语无伦次；既未把问题说清楚，又未把原因讲明白。其实，真正不是用事实说话，而是吵群架，让人不得要领。

6. 牵强附会，无的放矢。这是《甲》文建议部分暴露出来的又一个毛病。建议第一条“发挥行业协会服务、协调作用，加强行业自律，维护医师”，这叫什么话？句子都不通顺。下边阐述这条建议的第一句话，61个字，加上标点符号，共是66个字，句子不通，语义不明；做法不像做法，讲道理不像讲道理。后边接上“增加医生的数量，并加快对新职工的培养”两句，真是上下左右，风马牛不相及。

建议第二条“协助卫生行政部门加强行业自律性管理”，与上一条建议重复。

建议第二条分3小条展开：一、二两小条既无新义，也无深义，不说了；第三小条至少有两点值得质疑：一是提倡清除“害群之马”。前边讲了那么多问题，未见提到“害群之马”字样，这里从哪儿蹦出个“害群之马”？对策建议最要讲究有的放矢，要针对前边的问题讲对策。前边既然只字未提“害群之马”，后边提出“清除之”，这就是无的放矢。这不仅是个写作技术问题。更要命的是第二个更值得质疑的是到底怎么清除“害群之马”。作者提出“协会要以医师的行业规范来监督约束他们，甚至把他们从医师行业中清理出去，剥夺他们行医的资格”。这个问题就严重了，远不是个写作技术问题，而是个法律问题，医师行业协会哪来这么大的权力，随便就可以“剥夺”医师们行医的资格。

建议三、五条，都一般化，唯第四条值得一提。第四条是依法维护医师的合法权益，这无可非议，不知怎么在最后一句又提出“探索切实保障医患双方合法权益的有效途径”，这又是牵强附会了。

7. 布局不合理。一是全文看似两块，实际上导语就写成第一大部分，在内容上写了三甲医院的全部基本情况。虽说它没有写全，但它实际是在写全面情况，这在布局上就不合理。二是全文按问题对策文章的要求布局，文章的问题部分，重点问题、第一位的问题是医师执业环境恶化，那么，对策的重点也应该是如何优化医师执业环境。然而，对策部分却重点写了医师自律及其教育管理，只是在最后才讲了一点点共同营造良好医疗执业环境的办法，这明显是不合理的。三是就全文的选材用料和布局结构看，都显得不合理，不严密，很松散，无张力。

（四）《甲》文在思想观点上的毛病

前边谈到的《甲》文的7个毛病，都只是从写作技术上说的，除了写作技术，《甲》文最大的一个毛病是在思想内容、观点理念上的毛病，这就是前边只从写作技术上揭示的它第五个毛病，“医师的付出与收入不成正比”（简称“正比”问题）的问题。

“正比”问题，不是个简单的医师的执业环境，而是我国医疗卫生体制改革中的一个重要问题，这不是个三言两语说得清，解决得了的问题。它牵涉整个医疗卫生体制改革。三甲医院属公共医疗事业，是一个地方医卫的主体力量；它设备先进、精良，医卫技术人员一般都集中了本地60% ~ 80%的高精尖人才，吸收了国家和地方财政投资的绝大部分，理应担负当地医护大头或大大头重担。谈到医师的付出与收入之比，决不可动不动就比美、英、法、德，首先要比的是本地老百姓，他们才具有可比性；其次是本地其他高、精、尖知识分子，别人也是精英，也有同等的付出，和不成正比的收入。这就是我所说的在什么山上唱什么歌，看什么对象说什么话的道理。我在这里是就思想观点说的，与前边就写作技术说的，叫殊途同归，人同此心，心同此理。我在这个问题上不同意作者动不动拿美、英、法、德医生收入说事，不是出于简单的意识形态壁垒，而前边是出于写作技术，这里是出于客观实际，此情、此心、此理。医师收入可以不可以与美、英、法、德医生相比呢？完全可以，但那要看在什么情况下，这就是要加快我国医卫体制改革，真正科学合理地划清了公共医疗与商业医疗、富人医疗界限之日，是可与美、英、法、德医生待遇大比特比的。

（五）《保》《基》文与《甲》文比较

《甲》文的毛病归纳起来为：思路不清，情况不明；无主线，无重点；内容庞杂，无底无数，无典型实例；文不对题，无的放矢；杂乱无章，说服力不足，对策建议缺乏可行性。

对比《甲》文，《保》《基》二文共同的优点都很突出：

第一，主题鲜明，重点突出，两个大标题都一目了然。《保》文就是“加强保健食品安全监管的对策建议”15 个字；《基》文就是“推进基本药物制度在基层实施的建议”16 个字。

第二，情况清楚，事实充足，全凭事实说话。《保》文揭示问题，剖析原因，条条都凭事实说话。如问题第二条，源头监管难度大，下面一共列出 6 种表现，每种都列举了具体事实。如第三种在保健食品中擅自添加药物，就一连举出 3 个类型药品，擅自添加了 4 种药物；不仅列举药物的名字具体，还简述了这些药物的危害，强调其甚至为违禁药品。《基》文也一样，揭示出的存在问题，都举出具体事实证实。如第五个问题，拖欠药品款情况严重，就不像《甲》文说执业环境恶化，医疗纠纷增多，除了空话，还是空话，一个字的事实材料都没有，而是接连列举了到“2011 年 2 月底，惠山区各社区卫生服务中心拖欠药品款达 3917 万元”和“区各社区卫生服务中心平均每月日常运作经费达 800 万～1000 万元”两个具体的时间和数据。

第三，条理清楚，层次分明。《保》《基》二文都除导语以外，各分问题和建议两块，问题和建议条分缕析，一目了然。尤其《保》文问题第二条，监管难度大。

先讲源头监管难6种难之后，又剖析了违法营销增加了监管难度，下面还列举了传统的店铺销售外，还有五花八门的销售方式和手段，其中不乏违法营销手段等，既分析透彻细腻，又有条有理，使人一看便知，而且觉得可信。

第四，结构严谨，布局合理。

第五，真实可信，说服力强。

第六，语言简洁流畅，文约事丰。但《保》文导语三自然段，有点啰唆。尤其第一自然段，全是别人知道的话，也很空洞，建议删掉；二、三两自然段，均嫌过长，最好合并在一起，保留200字足矣，尽量把“水分”挤掉更好。《基》文也非十全十美。严格推敲，也有不足。

第十讲　比较一位大学生村官的新农村建设与环保研究习作

——兼谈调研文章抄旧创新和新六要素齐全

2012 年 11 月，中部某省有位大学生“村官”，是我的一位读者，发给我一篇调研习作，大标题叫《新农村建设下农村污染问题初探——基于 ×× 县部分村居的调查分析》（以下就称村官和《村》文），打算参加省里的一次调研比赛活动，先托我看看。我很快就看了，并及时向他谈了我的看法。先是称赞他肯学习，提高快，文字功底很不错了；文章观点正确，很有规模，七八千字，可算大块文章；结构完整，语言流畅。问题是太“通用”，似乎署上谁的名字都可以用。因为全文看不到一个具体的时间、地点、人名和准确数据，尤其没有一个典型事例，还有点文不对题。说不定也可能发表，甚至获奖，比如在网上。因为他与我比较熟悉，所以，我就直来直去讲了看法，还建议他现在不要写这种大块长文，最好不要超过 3000 字，一定要写有具体时间、地点、人名、事名、原因、结果，特别是要有准确数据的文章；不要贪多，要先写好一篇实实在在的文章，取得一手成、百手成的效果再说。

一、比较样本选择

由于我正在搞调研习作比较研究，就把《村》文也当作一个比较对象。但到底怎么比较，那可得遵循一定的原则和程序，采用科学的方法才行。

按照比较样本选择的原则和方法，我先按照《村》文的题材、文体属性，翻阅了全国 20 多种中等城市近期的 100 多册调研期刊，谁知有关新农村建设中环境保护的文章，一个字也未找着，好不容易，才找到一篇《加快柳州市节能环保产业发展的对策建议》（简称《柳》文），它算是跟《村》文还能搭点边吧。回过头，我就到网络上搜索。网络上，确实精彩纷呈，新农村建设中的环保对策建议汗牛充栋，但却都是“犹抱琵琶遮全身”只露出一个标题，半截导语，作者姓名及期刊名、期次等几个耀眼的概念，想看正文，请注册登记，缴费下载。我只好到免费网站寻觅。找是找到了不少，但浏览下来，几乎都与《村》文差不多，都是“通用性”很强的大路货，无具体时间、具体地点，无具体完整的典型实例，尤其没有表示事物从量变到质变，再从质变到量变的确切、完整的数据；立足点都是全国、长期以来；口气都是国务院总理向全国报告的口气，署上谁的名字都可以用；好多篇在揭示“当前农村污染的现状”方面，几乎都是工矿、养殖、生活、水质、生态等几个方面污染，但在归纳方面大多数没有《村》文精练、全面、完整，语言表达也没有《村》文华丽流畅。把《村》文晒在网上决不比它们差。可见网络文库搜集整理者们的文章写作和评判水平很高，他们把真正有个性、有角度、有真知灼见的高质量调研文章，都封锁在收费文库里，只把那些“通用品”晒在免费下载的网上，任喜欢的读者、作者们随意取用。这就给我选择《村》文的比较对象造成了很大障碍。好在我已在纸质媒体上找到了一篇《柳》文，算是解决了在比较样本中要有积极因素这个问题。至此，我们的比较对象选择，暂告一个段落，转入到比较研究的下一个环节。

二、三个样本

我们的比较对象现在暂定为《村》文、《柳》文和另外1篇从荆门市职业技术学院图书馆借阅到《职业技术教育》2012年第1期胡治中《对新农村建设中环保问题的思考与对策》3篇样本。现分列如下。

样本一：新农村建设下农村污染问题初探（节选）

——基于××县部分村居的调查分析

近年来，随着我国农村经济建设的发展和农村城镇化水平的提高，农村生活水平及生活方式发生了重大改变，随之而来的垃圾污染开始侵蚀农村，农村污染多样化、集中化、露天化现象日益明显，“污水乱泼、垃圾乱倒、粪土乱堆、柴草乱垛、畜禽乱跑”的现象还依然严峻，并对农村的生态环境造成了较大的破坏。农村污染不仅直接影响农民身体健康，而且在相当程度上影响城市居民的生活质量。因此，治理农村污染对加快农村经济建设步伐，推动全面建设小康社会的进程，都具有十分重要的现实意义和深远的历史意义。

一、当前农村污染的现状

随着不少城市的环境基础设施建设逐步完善，城市环境有了较明显的改善。与此形成鲜明对比的是，农村“脏、乱、差”的现象仍然存在，走进农村，各类垃圾到处可见，原来人们习惯意识中的农村“一方净土”已经面目全非，主要表现在以下几个方面。

一是工矿污染加重。近几年，乡镇企业发展十分迅速，为农村发展和国民经济增长做出了巨大贡献。但在促进农村经济发展的同时，废水、废气、废物的排放剧增，将大量的工业污水直接排入了乡村河流，工业烟尘排向天空，工业固体废物占用农田、侵占了河道、随处焚烧，工业噪声和交通网络破坏了乡村的宁静。由于部分工艺技术落后、设备简陋、管理和各种制度不健全，有毒有害的污染物排放超过国家允许的排放标准，给当地农村造成了严重污染。

二是养殖污染凸显。农村养殖分企业和家养两部分。企业方面，随着养殖业已成为农村经济发展的渠道之一，禽畜养殖业从分散的农户养殖转向集约化、工厂化养殖，禽畜粪便污染大幅度增加，随之带来的畜禽养殖业的排泄物成为一个重要的污染源，也成为农村水质污染的根源。家养方面，笔者在现场看到，家中的鸡、鸭到处乱跑，禽畜粪便到处都是，就连猪圈里的猪，粪便连同冲洗水在圈内堆积、漫流，清理出的粪便随意堆积，恶臭熏天、蚊蝇滋生、细菌繁殖、疫病传播。

三是生活污染加剧。过去，农村经济一般，生活污染不高。而现在，人们生活水平日益提高，村居的生活垃圾和污水等也在不断增加。生活污染包括人们日常生活污水和生活垃圾两方面。生活污水来源于以下四方面：首先是厨房污水。厨房污水多以洗碗水、刷锅水、淘米水、洗菜水组成，由于生活水平的提高，农村肉类食品及油类使用的增加，使得生活污水的油类成分增加，增大了对环境的污染。其次是餐馆厂房污水。一般村居委会都在319国道附近，周边小餐馆较多，站在餐馆门口就会看到，吃完的食物垃圾倒入潲水桶，倒出的部分时间长了，侵蚀了部分马路，餐馆内部，因长期油类污渍的存在，导致经过此地容易摔跤或打滑。笔者在经过一家豆腐厂房看到，因豆腐发酵水流出的水管堵塞，全部积压在319国道两边水沟里，水沟满水掩盖了路面，臭气熏天，方圆2千米都能闻到，严重影响了周边居民的日常生活。再次是生活洗涤污水。农村居民的生活洗涤用品有洗洁精、洗衣粉、肥皂、洗发水、沐浴露、洗面奶等多种化学洗涤用品。洗涤污水在很多地方都直接泼在泥地上，会对地下水造成污染，从而使以井水为饮用水的农村居民健康安全受到威胁；最后是居民排泄物。笔者在清晨的村道走一走就会发现，部分村道旁有前一晚居民留下的体内排泄物，而且有的显眼、有的不太显眼，过路人一不小心就会踩“地雷”或“黄金”，特别是一些村民的房前屋后，进入夏天，一股难闻的小便味迎面扑来。对于日常生活垃圾而言，成分复杂，有塑料泡沫、塑料袋、饭盒等“白色垃圾”；有破石棉瓦、碎玻璃、酒瓶、木料、布料、食物垃圾、纸张等生活垃圾；有废旧塑料、破布烂麻、燃料灰渣等工业垃圾；有砖瓦石块、水泥等建筑垃圾；有变质过期的药品、药瓶以及废旧电池、灯管等有毒、有害物质。

四是水质污染严重。主要表现在河水、溪水水质恶化、部分农村饮用水不卫生等方面。河水水质恶化的原因在于：首先是由于养殖企业大部分建在沿河两边，从养殖规模看，一般都是上万只鸭子同时下河，造成河水污染严重，更为严重的是，有些养殖企业不在河边，所有畜禽粪便通过水渠排入河内，遇到暴雨，水渠中的粪水流入村民家中，引起了当地村民的不满，作为乡镇府的工作人员，经常看到因此事到政府上访的群众络绎不绝；其次是一些村民厕所非常简陋甚至无厕所可上，部分村民就在靠近河边或池塘边挖一个粪坑，该方式对水质造成了极大的破坏，对当地农村卫生环境造成严重影响（部分儿童随地在河边大小便）；再次是随着农民随地倾倒垃圾、随地吐痰等不讲卫生的不良习惯养成，生活垃圾由过去易腐烂的菜叶、果皮发展到塑料、金属、废电池等不可解物质，在没有垃圾存放点，也没有处理场所的情况下，长期积聚，腐败变质，污染环境，有些直接排入水域，使河流、湖泊、水库遭受严重污染，特别是在汛期，各种垃圾随着雨水流到河边、溪边，污染水体，严重时还造成河道堵塞；最后是部分企业为了减少成本没有建设配套处理工业污水的设施，导致污水流入农民田地或沿小溪流入河道。关于居民饮水问题。调研期间，部分村民告诉笔者，平时生活用水都是从溪边挑水，而现在溪边的溪水全部来自鸭子、牛洗澡的水，水质完全不达标，严重影响了农村居民的身体健康和生命安全。

五是农村生态失衡。随着农村经济面貌相比以前有了大幅提高，部分农村破坏了原有的生态平衡状态，对生态环境带来了不良影响，首先是乱砍乱伐现象大量存在。在当地，经济不是很发达，大多数农民还是靠最原始的柴火进行日常的生计，这就直接促使农民乱砍现象的滋生。其次是毁林开荒现象时有发生。长期以来，人们把森林看作生产木材的场所，对森林在生态环境中所起的重要作用缺乏认识，导致对森林的滥伐和破坏，消耗量大于生长量。再次是非法开矿对山林的影响。鉴于部分业主非法开矿，导致山与山之间、石洞与石洞之间松懈，遇到特大暴雨易引起山洪暴发、房屋垮塌及植被破坏的危险，尤其是被开采的地方无人问津，植被几乎是光秃秃的。最后是清明扫墓所带来的火灾。由于每年少许扫墓人缺乏防火意识，偶尔发生人离开火没熄灭的现象，导致大面积森林火灾所造成的损失。

二、农村污染的根源剖析

以上农村污染现状产生的原因很多，既有主观原因，又有客观原因；既有思想根源，又有历史根源和社会根源上的原因。归纳起来：

1．政府对环保监管不到位。农村环境综合整治工作的基本治理单元是行政村，整治工作由该行政村所在乡镇的党委、政府具体负责实施，实施后该行政村的村民直接受益。可以说，代表乡镇党委、政府的领导干部对其所在乡镇参与农村环境综合整治的意愿以及农村居民的环境意识是该项工作能否取得预期成效的重要影响因素。主要反映在以下三方面：一是乡领导缺乏对环保的管理意识。现实中，农村环境建设尚未纳入乡政府的议事日程，仍以经济指标为主，缺乏环境治理目标的约束。二是乡镇管理者缺乏环保责任意识。例如上级检查农村道路清洁工程，领导安排当地村支书去落实，而村支书花钱请小工按期完成，等检查结束后，垃圾依旧存在。三是部门间缺乏环保整治长效机制。每年夏季相关部门进行非法开采专项整治行动，对违法开采的矿山实施了强制撤除或关闭，除了这段特殊时期，平时基本不管或很少问起，导致车主、矿工连夜从山区拉矿、木材至买卖点。加之乡镇政府治理农村环境的积极性不高，基层环保部门监管机构缺失，环境监督保护已经成为农村经济社会发展中的一个薄弱环节。

2．乡镇环保管理机构缺失。截至目前，笔者在调研中发现绝大多数村镇没有专门的环境管理机构。造成这一机构缺失的有两方面原因：一是县级环保部门和农业环境监测部门较少或没有在其所辖村设立派出机构、环保机构和专职工作人员；二是乡镇环保基本处于“三无”（无人、无经费、无装备）状态，导致了农村“无人管环保、无力管环保”。

3．农民文化知识程度偏低。俗话说：“人是推动科学技术的第一生产力。”在当前新农村建设的背景下，在推进农村城镇化的进程中，人发挥着越来越重要的作用，尤其是“三农”直接参与者——村民。他们素质的高低决定农村经济的发展；

决定农村文化的崛起，决定农村各项工作的稳步推进。但在现实调查中发现，农村环境遭到的威胁部分源于农民素质低下，主要表现在：一是部分农民的环保意识淡薄。认为保护环境是政府、环保局的责任，而没有意识到是每个人的责任，因而对“五滥”（滥伐、滥牧、滥垦、滥采、滥用）的使用依然存在。二是广大农民不良的卫生习惯。走进村组，不时看到农民随地大小便、随地吐痰、乱扔垃圾现象时有发生。三是部分农民落后的生活陋习。到农村度假或走亲访友时，随意丢弃垃圾、折断果枝、践踏幼苗、猎杀益禽等。四是打牌赌博风在农村的盛行。因为从小缺少良好教育，所以对读书无从谈起，整天除了忙完农活，就是在林荫小道、小院子等地打牌，从而消磨时间、打发时间，带来的后果必然是坏习惯、懒惰思想的逐步形成。影响了农村后备人才的建设与培养，加速了农村落后、封闭、保守思想的根深蒂固。

4. 农村环保基础设施滞后。经调查现场看到，村道基本没有垃圾桶，正因为没有固定垃圾场，养成了人们随意乱丢乱扔的习惯。原因在于：一是农村环境污染具有成因复杂、分布范围广、潜伏性与滞后性强、监管难度大的特点；况且乡村没有专门的环保人员。二是投资严重不足，“村容整洁”流于口号，直接造成了农村生活污染加剧，水质恶化。三是农村的环境保障体系薄弱，农村环保技术匮乏，广阔的天地成了各类垃圾的天然排放场，“垃圾到处堆，蚊蝇满天飞”的场景在农村并不罕见。

5. 现行农村环保法律缺少。一是缺少专门针对农村环境保护的基本法。我国《环境保护法》对农业环境保护虽有涉及，但很简单；《农业法》仅对农业资源和农业环境保护作了原则性的规定；《农业技术推广法》中涉及了农业环境保护技术的内容；这些法律都涉及了农业环境保护，但是未有直接涉及农村环境保护的内容。二是一些重要环境领域还存在立法空白。如土壤污染防治、农用塑料薄膜污染、农村噪声污染、农村生活污水污染、畜禽养殖污染防治、区域性农村污水排放标准和垃圾分类收集与无害化填埋标准等。三是涉及农村环境保护的法规与改善农村环境的现实需要不配套或滞后，对破坏农村环境违法行为的处罚力度远低于城镇，对损害农村环境的民事赔偿尚无法律依据，对农村环境损害的社会保险法规缺失。

6. 旧式农业手段广泛应用。虽然本县是农业大县，但农业的生产方式还处在人工阶段，极少部分村居采用了机械化作业，主要反映在：一是废弃的农作物随意扔在稻田旁边或村道旁边，缺乏统一管理和有效利用；二是养殖场内的环保无法保证，特别是对动物的排泄物缺少管理意识和对它的综合利用。此外村民家中鸡飞狗叫，门前粪便到处都是，也无人问起。

7．村庄布局建设缺乏规划。新农村建设中提出的“村容整洁”要求是：新农村呈现在人们眼前的，应该是脏乱差状况从根本上得到治理、人居环境明显改善、农民安居乐业的景象。但在实际中看到，脏乱差现象依然很严峻，笔者认为，这和村庄规划有着一定联系。一是历史因素。自古以来，农村地区房屋分布、道路修建等随意性很大，很少顾及布局的合理性。二是交通因素。许多村民住的房屋都在深山里，离乡道需2小时徒步，导致村民自行沿村道挖路，在一定程度上影响了原始植被的破坏，时间长了，行人多了，人畜粪便堆在路边或夹杂在路中间无人问津，环境令人担忧。三是自身因素。随着近几年农村城镇化的推进，村民在村道或乡道附近修建小楼房的越来越多，在某一局部房屋的高度和规划令人眼前一亮，但“室内现代化，室外脏乱差”则是一些村居农村生活环境的真实写照。

三、农村污染的治理对策

农村污染保护和建设，不仅关系到农村经济持续健康发展和农业现代化的实现，而且也关系到国家和社会的繁荣与稳定，一旦农民赖以生存的环境受到污染，农村经济发展就会严重制约。对此，做到“七个必须”来治理农村污染问题。

必须把政府部门强力监管作为农村污染治理的重中之重。农村环保工作起步晚、基础弱，加上基层管理者工作责任心不强，对上级布置安排的工作，有的态度不积极，有的工作不细致，有的缺乏工作激情，给农村污染治理工作的监督管理造成了一定的困难。因此一要强化领导责任。各级党组织书记要认真履行第一责任人职责，切实落实工作责任。建立起一个上下统一、分工明确、职责清晰、协调一致的农村环境保护领导体制与管理体制，才能有效地落实农村污染的防治措施。二要提高监管水平。在农村整治污染过程中，创新监管理念，不断探索切合自身、行之有效的新方法、新模式。对国道沿线的商店、小作坊进行统一规划、集中监管，使食品小作坊由无序摆设转入规范管理。三要加大整治力度。对存在典型环境违法企业进行挂牌督办、限期整改；对问题突出的区域和企业进行限批，并在新闻媒体上曝光；对非法开采的业主要加大监督执法力度；对恶意违法排污行为依法严惩，对环境问题久拖不决的企业，坚决依法予以停产治理。严厉打击各类环境污染违法行为，加大处罚力度，力争不留死角、摸清底数、找出问题、抓好整改，努力做到发现一起、追究一起、整改一起、处罚一起。同时加强部门间的协调和配合，做好举报电话和举报邮箱，接受群众的监督和举报。四要探索治理模式。坚持“镇为龙头、村为关键、户为基础”的思路，按照“六先六后”（先净化后美化、先村内后村外、先适用后美观、先地面后地上、先卫生后文明、先治理后管理）的工作步骤，对农村生活垃圾普遍实行定点封闭式堆集，做到统一收集、集中运输和卫生处理，有条件的乡镇应推广“村收集——乡镇运输——县处理”的处理模式或采用“户集——村收——保洁员清运———焚烧清埋处理”的清洁方式。真正让人民群众觉悟起来、行动起来，做清洁工程的主人。

必须把提高农民环保意识作为农村污染治理的根本出路。在广大农村必须加强环保知识教育，一要充分用好各种宣传手段。如宣传单、广播电视、报刊图书、图片展览、文艺演出、村务公开栏等方式大力宣传农村环境保护的方针、政策和法规，向农民群众广泛宣传和灌输农村环境污染的危害及防治的重要性，提高农民群众的环境保护意识。二要加大对农民的环保教育。不仅要加强农村基层干部的环保教育，还要对广大农民进行环保意识教育，增强自主保护环境的能力，充分认识搞好环保工作的重要性，努力培养他们抓环保工作的自觉性。三要开设农村环境保护课程。组织村小学生利用地球日、世界环境日等纪念日开展多层次、宽领域的环境教育活动，使环境保护深入人心；组织村小学生开展农村环境保护的夏令营活动，让他们切身体验农村环境污染与治理的情况，从小树立爱护农村环境的意识。四要培养农民良好生活习惯。各级卫生部门、农村卫生防疫部门应当经常深入农村开展卫生知识的宣传、良好卫生习惯的讲授、农村常见病的防治等活动，培养农民群众健康文明的生产、生活与消费方式，促进农民群众转变传统生活习俗，培养讲卫生、爱干净的良好生活习惯。

必须把改善农村环保设施作为农村污染治理的主攻方向。农村环境既要从思想上重视，更重要的是行动上要落实，而落实的首要问题和根本问题是环保资金投入和环保设施建设。就资金投入而言。因为绝大多数的乡镇财政负担很重，故一要加大中央财政资金用于农村环保基础设施建设的专项转移支付力度，二要通过省级财政补贴、地方财政配套和农民自筹、工商企业及社会团体等方式筹集资金，多渠道参与对农村污染治理的事业中，不断改善农村环保设施。就环保设施建设而言，一要加快公共厕所、垃圾篓、焚烧炉及垃圾集中处理等基础及配套工程建设，尽量就地解决，不使污染源扩大，更重要的是从根源上根治，不能只顾眼前，不顾长远；

二要加快农村生活污水处理设施建设；三要加快对清洁能源设施建设。如沼气池的建设，建议把沼气池、猪圈、厕所三者修在一起，可以解决家庭燃料、增加优质肥料、节省劳动力和资金、搞好农村卫生，有效防止农村的污染。

必须把发展农业循环经济作为农村污染治理的核心举措。根据现有村居的实际情况应做好以下几方面工作：一要强化对畜养殖场的综合治理。积极探索畜禽养殖业粪便综合利用和处理技术，使畜禽粪便减量化、无害化和资源化。二要开展农业废弃物（秸秆、畜禽粪便）综合利用。对生活垃圾与畜禽粪便转化利用，减少化肥使用量，提高土壤质量，做好保护性耕作工作，同时实行秸秆还田，改变秸秆焚烧的恶习。三要考虑太阳能产品在村的应用。若有条件的乡镇可以在部分富裕的村进行试点，如太阳灶的使用可以缓解农村燃料缺乏的状况，减少二氧化碳排放量，具有良好的经济效益。将发展农业循环经济作为突破口，有利于从根本上提高农村环境质量，促进经济发展，建设环境友好型、资源节约型的农村社会，并实现农民增收、农民生活质量提高。

必须把建立独立环保体系作为农村污染治理的重要支撑。目前，我国颁布实施了一些有关农村环境与资源方面的法律及地方法律，但就整体而言，农村污染保护的法律法规体系还很不完善，也缺乏可操作性，此外，在农村环境和资源保护的不少领域，还存在着法律上的空白。因此，从国家层面看，必须逐步建立和完善有关农村污染保护的标准体系，加大有关农村污染保护立法的力度，制定具有强制性的国家防治农村污染的政策及法律法规，如《土壤污染防治法》《农村环境保护条例》《农业废弃物利用促进条例》《地下水保护管理条例》《畜禽养殖污染防治条例》等；从地方层面看，结合本地区农村的实际情况，结合农村环保本身所具有的特点，尽快制定专门的、系统的针对本地区农村污染保护的基本法，形成地方针对农村的环保法律体系。此外，约束各级政府干扰环境污染执法行为，加大环境污染执法监督的力度，从法律制度上保护农村环境不受污染。

必须把培育民间环保组织作为农村污染治理的主要平台。一要在不断加强县级环保管理机构的同时，建议在各乡镇设置环保机构，环保机构人员可以通过国家公务员考试进行招录，新录用的公务员垂直于上一级环境保护机构管辖、监督，赋予相应的职责和权限；二要积极培育农村民间环境保护组织，促使其发挥自我教育、自我管理、自我监督并监督政府和其他环境行为主体的职能，同时应做好：一是加强环保机构建设，充分发挥机构的服务功能，做好群众的宣传教育工作，增强机构工作人员的战斗力、凝聚力和创造力；二是落实环保人选工作，环保组织人员应从村支两委成员、一些素质高、能力强的干部和热心公益事业建设及外出务工返乡党员中产生，从而确保今后工作的有序开展；三是提高环保人员待遇，为了切实解决“基层干部无人愿干”的困境，应考虑环保人员的工资待遇，建议把环保人员的工资纳入乡镇财政预算；四是完善奖惩机制建设。如开展以组为单位的污染治理模式，不同时间、不同时段对组与组之间的环境进行现场打分，评选好的组别和家庭，以提高全村村民的环保意识和良好的村容村貌。

必须把科学规划协调发展作为农村污染治理的有效载体。根据本县村庄的分布实际，应做好以下几方面工作来规划与建设村庄。一是对于国道、高速路边的村庄，除了房屋建设不应建在公路外，还应充分利用交通优势发展本村经济；因为经济基础决定上层建筑，有了一定经济基础，农村污染治理就会收到更大的现实效益。二是对于交通不便的村庄，应做好人与人、人与自然和谐相处的工作。当人为污染少了，青山绿水多了，农村的生态发展就会良性循环，为子孙后代的生存发展、繁衍生息预留更多的空间。三是对于乡村企业的污染源，必须统一规划、合理布局、综合治理，把乡镇企业产业结构和布局结构调整与治理乡镇企业污染结合起来。四是在推进农村城镇化的过程中，应以城乡一体的思路统筹农村发展，过去，在做小城镇规划时，并没有把农村纳入其中，城乡规划分割，规划脱节，阻碍了城乡要素流动，一定程度上导致了城乡二元结构矛盾突出。而如今建议住建局探索城乡规划工作，早日盘活农村，推进新农村建设，使农村发展进入良性循环的轨道。

样本二：对新农村建设中环保问题的思考与对策（节选）

胡治中

党的十七大报告指出：“坚持节约资源和保护环境的基本国策，关系人民群众的切身利益和中华民族的生存发展；必须把建设资源节约型、环境友好型社会放在工业化、现代化发展战略的突出位置，落实到每个单位、每个家庭；加大节能环保投入，重点加强水、大气、土壤等污染防治，改善城乡人居环境。”然而，近年来，随着工业污染、环境破坏程度的日益加深，以及农药、化肥超标使用等多重因素影响，农村环境污染已严重威胁到农村经济的可持续发展和农村社会的稳定。如何遏制并切实解决好农村环境持续恶化问题，不仅是关系到新农村建设成败的重大问题，也是关系到农村社会和谐、稳定的重大问题。

一、当前农村环保存在的主要问题

在城乡经济的迅速发展中，广大农村环境污染问题也呈现出不断加剧的趋势，工业点源、农村面源和生活污染纵横交错，密若蛛网，特别是个别欠发达地区以牺牲环境来换取经济增长的短期行为，给农村环境保护带来了巨大压力。

1.农业生产方式粗放造成的污染

（1）化肥污染

20世纪80年代中后期以来，随着我国工业化程度的不断提高，农家肥迅速甚至完全退出农用肥系列，依赖化肥便成了促使农作物增收的重要途径，从而使我国成为世界上单位土地面积使用化肥量最高的国家之一。与此同时，过量、过滥和低效率地使用化肥，不仅导致了土壤污染、土地板结、地力及农产品质量下降，还通过多种途径造成了地下水污染和空气污染。

（2）农药污染

目前，农村普遍存在着大量使用高毒低效、高残留的农药现象。农药的使用只有1/3左右被农作物正常吸收利用，大部分进入了河流、地下水、土壤及农产品中，不仅给农村以及城市环境和人民群众的身体健康造成了巨大威胁，而且严重影响到食品安全和农产品在市场上的竞争力。据林业部门统计，许多原先比较常见的鸟类，由于农药的大量使用，已经灭绝或濒临灭绝。

（3）地膜污染

随着大棚农业的日益普及，不可降解塑料地膜的大规模使用，农村因此而造成的“白色污染”也在加剧。农膜残留量在农业耕地中越积越多，形成不可降解地膜，不仅改变了土壤的物理性状，降低了耕地质量，影响了农作物生长，而且在缓慢分解过程中所释放的有毒污染物，已成为土壤和农产品被普遍污染的又一个源头。原先被人们津津乐道的黄土高坡滚动的“白色革命”，转眼间成为农村土地耕种者抹不去的伤痛。

（4）农作物秸秆污染

据不完全统计，我国农村中农作物秸秆有40%以上未被有效利用，或一烧了之，或弃之于村边、院落，或堆放于沟渠、行道两旁，在雨水的冲刷下，大量渗入地下水或直接排入河道，不仅浪费了大量尚能发挥作用的能源，而且污染了空气环境、河流和地下水资源。

（5）畜禽养殖废弃物污染

近年来，随着农村养殖专业户数量和规模的不断扩大，养猪、养牛、养羊、养兔、养鸡、养鸭等养殖业方兴未艾。由于大多数养殖场污染物的贮运和处理能力不足，许多规模化养殖场没有污染防治设施，大量畜禽排泄物、污水未经任何处理便直接排入下水道或随意堆放，给周边农村环境造成了严重污染，给农村环境保护带来了压力。特别值得警惕的是，一些水库、池塘因养殖的污染，已经变成了污水池，造成了鱼类的大量死亡，严重危及周边村民的生活用水。

（6）污、废水灌溉

由于行政管理方面的松懈或漏洞，许多地方来自工业、矿山开采、金属冶炼等污、废水都直接排放，使不少乡村河流和中小型水库都受到了严重污染，进而使被灌溉的土壤和农产品受到污染；有些地方的农民还直接引用工业或城市污、废水灌溉庄稼，这些污、废水因重金属超标给土壤质量和农村生态环境带来了严重破坏。仅以川东地区一煤矿为例，污染源达十几个乡镇，几十万人饮用水严重受到污染。

（7）农村不规范建房造成的污染

由于农民住户分散，新建住房几乎都未建化粪设施，人畜粪便直接随污水排入河道沟渠，污染源宽，不易治理。

（8）旅游业发展带来的污染

近年来，各地利用水库、湖泊和名胜景点，大力发展旅游业。由于没有规划和规范发展，往往是一哄而上，一些水库、湖泊船满为患，餐饮业的污水排放、游人所扔弃的旅游垃圾，使一些旅游景点的环境不同程度地遭到了破坏。

2. 工业下乡造成的污染

近年来，随着农民生活水平的日益提高，农村生产的垃圾总量也呈现出成倍增长的趋势。但由于农村普遍缺乏垃圾处理设施和污水排放系统，绝大部分垃圾和污水得不到任何处理，而被堆放在道路两旁、田边地头、村旁沟壑或直接排放到河流中，农药瓶、塑料袋随意乱扔、污水乱泼、垃圾乱倒、粪土乱堆，给农村环境造成了极大破坏。每当洪水过后，河流两边的树枝、电线杆上挂满了塑料袋、粪便纸，实在叫人恶心，不仅使农村环境质量日益恶化，而且对农民身体健康造成的威胁也在与日俱增。

3. 矿产资源开发造成的污染

长期以来，由于我国矿产资源开发政策上的缺失，管理上的漏洞，不少地方以大量消耗资源、缩短矿山服务年限为代价，片面追求短期效益，在给矿产资源造成极大浪费的同时，也给矿区生态环境带来了严重的破坏和污染。矿产资源的过度、过滥开采，造成植被破坏、河道堵塞、山体滑坡、地表坍塌、泥石流猖獗等人为的地质灾害，不仅严重影响到矿区及周边农村的生态环境，而且威胁到附近居民的生命及财产安全。（略）

二、影响农村环境变化的几种重要因素

农村环境污染是多方面因素综合影响的结果，造成的主要原因有以下几个方面：

1. 公共环境保护上的“重城轻乡”

（略）

2. 地方经济粗放式发展

（略）

3. 农村环保法律法规建设滞后

（略）

4. 农村环保监督制约机制缺位

（略）

三、加强农村环境保护的政策构想与建议

从上述分析可以看出，环境保护在新农村建设中不仅具有极其重要的位置，而且面临的形势也是极其严峻的。同时农村环保工作是一项涉及方方面面、极其复杂的社会系统工程，只有把农村环境保护提到可持续发展战略位置的高度，充分调动全社会的力量，才能真正解决好农村建设中环境污染的问题。

1. 加大农村环保政策的宣传力度

农村环境保护是一项需要巨额资金投入的庞大系统工程。在现阶段经济发展水平的条件下，要完成这项工程仅靠政府的力量是远远不够的，除了动员社会各界力量之外，还必须依靠广大人民群众的理解和参与。针对当前农民环保意识淡薄的现状，一是应由地方政府牵头，组织协调农业、环保、广播、电视、报社等部门联合利用各种形式开展农村环境警示教育，让广大农民全方位了解环境污染的现状及其危害的严重性，引导农民树立较强的环保意识。只有农民的环保意识提高了，他们才会义无反顾地参与到农村环保事业中来。二是应以“绿色家园”“绿色工厂”“绿色学校”“绿色单位”“绿色环保示范户”等活动为载体，政府以少量的投资推动，就可以把农村环境保护变成一项声势浩大的全民行动，帮助农民告别陈规陋习，逐步实现农村污染垃圾的削减化、无害化和资源化。三是应通过文艺演出、科普知识下乡和举办农民环保培训班等形式，积极引导农民发展绿色农业、绿色养殖、绿色旅游，走生产与生态并重的可持续发展的路子，建设“绿色环保，健康富裕”的新农村。

2．完善农村环境保护法律体系

法律手段是农村环境免遭污染和破坏的有力保障。长期以来，由于我国农村环境保护法律法规不完善，依法治理农村环境有很大困难，必须加快农村环境保护法律法规的建设步伐。在这方面，应借鉴国外发达国家在农村环境保护方面的先进经验，尽快制定《农村环境保护法》《土壤污染防治法》《畜禽养殖污染防治条例》《农村生态环境保护条例》等农村环境保护法律法规。针对乡镇企业、个体企业、私营企业和合资企业环境保护的法律法规，同时出台与法律配套的法规、条例等规范性文件，确保已颁布的法律有效实施和农村环保工作有法可依。

3．建立健全农村环境保护投入机制

在农村环境污染治理方面，应坚持“多条腿走路”的方针，逐步建立健全政府、企业、社会、个人多元化环保投融资机制。首先，各级地方政府应将农村环境保护投入纳入本级财政支出的重点内容，并重点向农村环保基础设施建设和农业面源污染防治等方面倾斜，逐步改变环保投入“重城轻乡”所造成的城乡不公。同时还应按照“以城带乡，以工补农”的原则，在排污费、土地出让金和城市维护费中划出一定数量和比例的资金用于农村环境综合整治。对经济欠发达地区的农村环保支出应由中央和省级财政纳入财政转移支付，帮助贫困地区的乡、镇政府解决环保中的难点和盲点。其次，应强化点源污染者的经济和社会责任，坚持“谁污染，谁埋单；谁受益，谁负担；谁开发，谁保护”的原则，对已造成环境污染的企业，应责令其拿出专门资金限期治理整顿，对拒不执行环保政策又一意孤行的企业，必须出以重拳，坚决打击或取缔，从根本上杜绝污染源的泛滥。对有可能造成环境污染的企业，应由地方政府向其收取一部分费用作为环境污染的风险基金，一旦其造成环境污染，使用这笔资金偿付治理费用或赔偿有关方面的损失，以此形成对污染企业的有效制约。最后，应根据各地实际情况，制定优惠政策，吸引社会各界的资金投入到农村环境保护上来，逐步建立和完善农村环境保护多渠道投融资机制，确保农村环境保护卓有成效地进行。

4．加大环境污染源查处力度

农村环境保护中的点源污染之所以在一些地方出现了愈演愈烈之势，其重要原因之一就是对污染制造者的处罚力度过轻，甚至充当保护神的角色。一些高耗能、高污染企业，往往又是暴利企业。由于污染治理费用一般远远高于处罚额度，这就使其宁愿不置或闲置治污设备，舍弃高成本的污染治理而愿承担较低成本的被处罚的风险。要从根本上解决这一问题，就必须以最广大人民群众的利益为重，加大对环境污染源的查处力度，“从重、从快、从严”处罚，使处罚对污染制造者真正起到威慑作用，使其“不敢、不愿、不能”，唤起污染制造者的责任感、道德感和自律意识。

5．充分发挥财政资金导向功能

目前政府的惠农补贴主要包括对种粮农民的粮食直补、优质专用小麦良种补贴、专用玉米良种补贴、农用机械购置补贴、农村劳动力转移培训和测土配方施肥补贴、以及对农民种粮用柴油、化肥等农业生产资料综合直补7个方面。这些惠农补贴的导向功能，主要是稳定和提高粮食综合生产能力，促进农业增效、农民增收和农村发展，但在促进农村环保方面的补贴，除退耕还林补贴政策之外，其他方面基本上还是空白。为此，笔者认为，为了促进农民自觉地加入到农村生态环境保护的队伍中来，我们还应进一步利用财政资金的导向功能，积极探索对种田全部使用农家肥、防治病虫害使用生物农药、废弃农用塑料膜回收、农村沼气利用等有利于环境保护的生产生活方式给予适当补贴，让农民或有关经营者感到有利可图，促进农民由污染制造者转变为优美环境的创造者和维护者。

6．切实解决城市垃圾下乡问题

日渐增多的城市垃圾不能堆放在城市，农村便成为城市垃圾的唯一出口。这些被转移到农村的城市垃圾必须经过无害化处理，不能把城市的亮丽建立在污染农村环境的基础之上。要解决好这一问题，应积极借鉴发达国家对城市垃圾资源化的处理经验，即通过再生利用，高温堆肥和焚烧发电等途径变废为宝，把城市垃圾转化为城乡经济可持续发展的资源动力。同时还应改变长期以来城市垃圾处理由政府包揽的模式，引入市场机制，制定优惠政策，促使垃圾处理企业成为处理主体，逐步实现城市垃圾处理的市场化和产业化，从根本上解决城市垃圾下乡的问题。

7. 把农村环保纳入干部任期考核目标，实行一票否决

在新农村建设中，凡环境污染治理不力或因污染破坏生态环境的干部，一律不得升迁或平级使用，严重者实行一票否决，坚决予以撤换，把农村环保问题纳入干部制度管理，从而杜绝干部片面追求经济增长而以破坏环境为代价的短期行为。（选自《职业技术教育》2012 年第 1 期）

样本三：加快柳州市节能环保产业发展的对策建议（节选）

刘度量

近年来，节能环保产业发展在全球范围内引起普遍关注，并迅速成长为推动全球高新技术产业发展的新兴力量。我市“十二五”规划纲要提出新能源和环保产业工业产值到 2015 年达到 200 亿元，是加快转变经济发展方式、调整经济结构、实现区域可持续发展战略的迫切需要。

“十一五”期间，柳州市环保产业发展取得一定成绩。2010 年，柳州市环保企业 116 家，实现产值约 36 亿元，占全市工业总产值的 1.4%；其中规模以上的环保企业 7 家，规模以上新能源企业 3 家；环保投资已占 GDP 的 2.0%，预计到 2020 年，比重将占到 3.5%，达到国家生态市标准。柳州市环保产业发展虽然具有较好的条件支撑，但是面临的问题和挑战也不少。……

（略）

当前，宏观形势为环保产业提供了发展机遇，国家战略为环保产业指明了发展方向，广西规划为环保产业拓宽了发展空间，柳州工业优势为环保产业发展奠定了良好发展基础。面对更为突出的能源资源、环境制约以及更严格的环保要求和压力，柳州市必须深入贯彻落实科学发展，牢牢把握战略先机和发展主动权，依托基础雄厚、体系完备的工业产业优势，加快节能环保产业的发展。

一、科学规划，创建环保产业园

建设洛维环保产业园，以大气、水污染防治技术和成套设备研究开发生产为支柱，以环保工程设备与新材料研究开发和成果转化的“产、学、研”为一体，打造具有区内领先技术水平、环境优美、设备完善、交通便捷、布局合理、独具特色的节能

环保产业发展园区。

二、着眼未来，把握产业发展重点

以柳州市工业优势为依托，利用大型龙头企业，引进或改造生产线，进行水处理设备、大气污染治理装备和固体废物处理处置装置的生产。利用化工优势进行水处理药剂规模化生产，并进行水处理产品营销网络平台构建。加强科技创新成果转化，形成以大气、水污染防治、环保工程设备与新材料开发、制造为主的发展重点，配套建设完善环境咨询服务体系，为产业发展创造良好的外部环境。

三、打造龙头，加大重组改造力度

积极引导大中型企业发展节能环保产业。对确定的支柱产业、优势群体以及龙头企业、骨干企业实施重点扶持。引导竞争机制，鼓励优化组合、改革重组。加大节能环保产业内部结构调整力度，扶优扶强，组建行业龙头，形成产业结合和产业集团，促进节能环保产业健康发展。

（一）鼓励大中型企业进入节能环保产业领域。抓住我国经济高速发展和经济结构调整的有利时机，引导一些有条件的大中型企业，加盟节能环保产业大军，利用其人才、设备、管理的优势，在节能环保产业领域求生存，谋发展，形成节能环保产业的骨干力量。落实有关资源综合利用优惠政策，通过发展资源综合利用，环保设施专业化运营、环保设备加工、对外技术合作等形式，统一管理，加快发展。重点抓好污染较为严重的工业行业内的节能环保产业发展。

（二）促进节能环保产业向规模化发展。大力扶持技术含量高、市场前景好、产品生命周期长、有自主知识产权的环保技术产品，有针对性地选择一批在节能环保产业不同领域中具有较强技术和资金实力的企业，加大政策性扶持力度，建成一批节能环保产业龙头企业。通过市场机制，实施资本重组，组建集工程设计、设备制造、设施营运于一体的节能环保产业集团，并实行大、中、小企业相结合，专业化和多种协作相结合，发展整体优势，带动全市节能环保产业的全面发展。以环保设备、环保产品制造业为切入点，加快相关行业的改革、改造、改组，把部分优良资产、优势企业组织起来，组建资产纽带较为紧密、法人治理结构较为健全，激励机制较为完善的环保企业集团。

四、加大投入，开辟多元投资渠道

节能环保产业是资金密集型产业，只有加大资金扶持力度，才能加快建立以政策资金为引导、企业投资为主体、银行贷款为后盾、外资与社会闲散资金等为辅助，多层次、多元化、多渠道，与市场经济相适应的节能环保产业发展投融资体系。引导企业、社会资金投入。加大对外宣传、交流与合作，积极吸引国内外各种资金进入环保基地进行投资，鼓励、引导多种所有制企业进入节能环保产业领域进行投资与经营。将债转股、上市、发行债券、专贷、国有土地使用权注入，增建国有资本金等相关优惠政策向节能环保产业倾斜。支持有技术、有市场、运行好的节能环保企业发行企业债券，进入资本市场开展融资工作。

五、广纳人才，鼓励科技成果转化

吸引和鼓励节能环保技术科技人才创业。制定环保高科技入股的股份优惠和鼓励环保技术人才流动等方面的优惠政策，对发展节能环保新技术、新产品有突出贡献的单位和个人实施重奖并免征所得税政策。鼓励和吸引留学生来创办节能环保产业类企业，吸引大专院校、科研院所的技术人才创业。对于从事节能环保产业的研发、生产、技术转让等创业活动的留学生，在政策资金等方面给予大力扶持和资助，在吸引留学人员在环保科技产业园进行创业和工作方面，实行灵活政策。

《今日柳州》2012 年第 1 期

三、三个样本的基本情况及其比较

（一）三个样本的类型划分

三个样本，无论从主题思想，或叫思想观点，还是从题材范围、地域范围、文章质量上划分，都是大致相同的两个类型，即样本一、二是一个类型（以下合称“二样本”），样本三单独是一个类型；尤其题材范围，二样本都是新农村建设中的环保问题研究，样本三单独研究的是柳州市节能环保产业发展，只是从环保产业发展的角度才涉及一些城乡环保的内容，明显是单独的一个类型。在地域和时间范围上，二样本都没有明确的地域和时间范围，不知是全国，还是全省，或者是哪一个县、几个村，也不知是哪几年，哪一年，反正是模糊不清。而样本三，清楚明白是研究柳州市的节能环保产业发展问题，时间是“十一五”“十二五”，环保企业的家数、产值、百分比都具体确切，毫不含糊。思想观点和文章质量，通过几遍翻阅，我应该可以有个大概的估计，唯有样本三单独属于较好的一类。不怕不识货，就怕货比货。一比，就清楚了。

（二）我对二样本的总体评价

我对二样本的总体评价，主要是抓住它们共同点的总体评价。这个评价就是：具体时间、地点、人物、事物、实物全没有，范围内容大、全、空，对策建议旧对旧，“精彩”都在虚无缥缈中，在网络上互相传抄的痕迹随处可见。具体讲：

1. 具体时间、地点、人物、事物、实物全没有。两篇文章正文中，没有哪一篇有一个具体的年月日时间；样本二中有两个稍微具体的时间概念，一是“80 年代中后期以来”，这其实也是个模糊时间概念；二是“2007 年中央 1 号文件”，这个文件内容涵盖全国农村的方方面面，算不了该文研究农村环保的具体时间。没有哪一篇写明了具体研究哪一个地域范围内的新农村或者农村环保问题。动辄“我国”“全国”，再就是泛指“农村”。样本一大标题的副标题中写了个“基于 ×× 县部分村居的调查分析”，但在全部正文中，“×× 县”没有再出现一次；“319 国道附近的村”出现过 2 次，但 319 国道横贯我国福建、江西、湖南、重庆、四川 4 省 1 市，全长 2984 千米，你所说的“319 国道附近的村”，它到底是哪一省市的村居呀？这不就等于没说。另外，未写过一个具体人物的活动，样本一倒是写了笔者本人“在清晨的村道走一走”。接下来，最该写的是制污者们怎样制污、制了多少污和具体、完整的制污典型事实和数据，以便用活生生的事实和数据说话。然而，文本中却再也未写任何具体的人和事，而是采用文学描写手法，写了“一股小便味迎面扑来……”等文学细节，这就不是调研写作，而是与传统和创新的调研名篇背道而驰。比如，毛泽东的《才溪乡调查》《长冈乡调查》，费孝通的《江村经济》《重访江村》，贺军伟、潘文博的《关于湖北省监利县旗盘乡党委书记李昌平反映农村问题的调查报告》等，他们哪一篇都是具体的时间、地点、人物、事物、实物、数据、思想、情感等要素齐全。这都是本讲稿里这二样本中所完全没有的。

2. 范围内容大、全、空。前边讲了，二样本中没一个具体的地域范围和地点，但大的范围有，那就是“我国”，样本二就一连用了 7 个“我国”，没有“我国”的地方，也是“我国”的口气，可谓“大”了。再就是篇幅大，二样本字数均过 7000 字。“全”指内容全面，农村环保的方方面面都讲到了。样本一的问题、原因、对策、分别是 5 条、7 条、“七个必须”；样本三的问题讲了 3 大条、8 小条，原因讲了 4 大条，建议讲了 8 大条，可说是方方面面都讲了，既全面又完整。“全”也还表现在结构方面，都是问题、原因、对策三大块，问题、原因都写了大致相同的“内容”，但都是“死”内容，通用的、模式化的内容；样本二还写了几个百分比，几个“死”实例。我说它们“死”“通用”“模式化”，因为它们都是从过去的媒体上、网络上抄写的，不是作者此时、此地在实际调研中口问手记所得到的第一手资料。比如样本二中“农药的使用只有1/3左右被农作物正常吸收利用”，这就是30多年前农业部门就提出来了的一个比例；“我国农村中农作物秸秆有40%以上未被有效利用”，也是来自过去的农业部门，都不是胡治中先生最近的哪年哪月哪日，在哪个具体的现场，亲自的试验、测验和计算。要不，为什么不把完整的、系统的测算数据及过程如实记录到案呢？再说样本二中的三个实例，一个实例一句话：“仅以川东地区一煤矿为例，污染源达几十个乡镇，几十万人饮用水严重污染。”“四川东部某地农村堆积城市垃圾爆炸案，引发当地群众强烈不满”，也都只有一句话，到底是哪年哪月，污染有多么“严重”，群众不满有多么强烈，这都说得不明不白、不疼不痒，苍白无力。仅有的几个“死”的通用的百分比，和“死”的缺胳膊断腿的实例，其说服力尚且如此不被人信服，那么一个一个的“长期以来”“近年来”“大多数”“几十上百年”“一大批”“大部分”“许多”“大量”等模糊数字和模糊概念，能有多大说服力就很难说了。整体来说，这些内容实际都是空洞的，没有作用的。这就是“空”。

3. 对策建议旧对旧。调研文章的对策建议，必须新颖、独特，切实可行，才价值千金。“旧对旧”，就是一钱不值。为什么说二样本的对策建议旧对旧呢？理由如下：

二样本的大标题大同小异，主题词完全一样，核心词是“新农村建设”，文章重点应该是自始至终，都要围绕新农村建设，研究如何搞好农村环境保护的问题进行。也就是说，在揭示农村环保问题时，既要注重农村过去遗留的污染问题，又要注重新农村建设中新出现的污染问题；在分析农村环境污染的原因时，也要既分析故有的原因，还要分析在新农村建设中新产生的污染问题及原因；特别是在制定对策建议时，要特别注重在新农村建设中，如何搞好环境治理和保护，这就叫作要发现新问题，研究新方法，制定新措施。然而，恰好在这一点上，二样本的作者都同时忽视了这个最重要的问题。我原来以为只有样本一是这样，谁知二样本都只是孤零零写了一个新农村建设中的环保问题研究的大标题，在全部正文中，样本一只在原因分析的第七条“村庄布局建设缺乏规划”的第一句写了个“新农村建设”，第二句写了“新农村”3字，全文最后一句，写了“推进新农村建设”7字；导语中，连“新”字都未写一个。样本二首先分别在摘要和关键词里各写了1个“新农村建设”，其次在导语的最后一句写了1个“新农村建设”,再次在对策部分的小引言里写了1个“新农村建设”，最后在文章最后一条里写了1个“新农村建设”。

综观二样本，所有的问题揭示、原因分析都未沾新农村建设的边，都只是揭示和分析了新农村建设之前的农村污染问题和原因，对策建议也全部是原有的一套，所以就全部是旧对旧，与新农村建设没搭边。最后一节或者一句，都只提一提新农村建设，无非是呼应一下大标题而已。总体内容，都是老一套。究其原因，最大的可能，二文作者照抄了过去农村环保的旧文；之所以二文中多少有点不同，因为参照的样本不同罢了。实际上可能是，谁都没有真正认真调查研究过新农村建设中的环境保护问题。只要是真正调查了，又研究了，正文中怎么也要填充一点新农村建设的内容，总得有几个新的数据和事例，至少要说几句新农村建设中环境保护的新话吧。这就可说是二样本“集体跑题”，大家同样的旧对旧，同样的文不对题。

值得一提的是，二样本之类的文章在当前大行其道，畅通无阻，一个重要原因是讲真话难：一是家丑不可外扬的旧观念阻滞；二是不少领导听喜不听忧、报喜不报忧；三是少数调研者报忧得忧，致使不少调研者调研了，有了发言权也不发言，或不敢发言；发言了，也不讲真话，或不敢讲真话；而只是照抄照搬。如我的那位涉世不深的大学生村官朋友，也可能已深谙此道。我们只是单独责怪他们是片面的、不对的，必须深化改革，进一步解放思想，加强民主政治建设，提高全社会思想政治素质，让领导喜忧兼听、兼报，调研者们都敢讲真话、新话，切实树立优良作风和文风，在各种媒体上彻底扫除二样本式文章，让照抄照搬现象不再产生。

4. 精彩都在虚无缥缈中。二样本虽然存在不少共同的毛病，但也不乏精彩之笔。比如样本一，整体结构布局很漂亮，第一、二部分小标题都制作得很优美；第三部分的“七个必须”更是不错，也有一定的可操作性，主要是前边的问题揭示、原因分析都不新、不实、空洞无物（无鲜活的实例），旧对旧，“地对空”，致使都在虚无缥缈中了。样本二的对策建议也编辑得不错，遭遇也与样本一相同。前边提到的样本一的记者在调研现场中的文学描写，尤其是语言表达，几处都写得很美，很像文学，可它们就是不能适用于调研写作，尤其在这样内容陈旧，又不充实的文稿中，越是文字优美华丽，越是显得文章虚无缥缈，空洞无物，没有可信度和说服力。

（三）样本三的特点和优点

因为比较，也是通过比较，二样本的毛病，好像都是样本三的特点和优点。二样本的几个主要基本要素全没有，而样本三却全有；不仅有，而且真实、准确，不可置疑。它的时间及时间范围，地点及地域范围，行业明确；企业多少家，多少年产值，多个百分比，主要指标全面，完整，精确；问题揭示及其原因分析，都言简意明；对策措施针对性强，可操作性强。全文短小精悍，说服力强，可说有目共见。

四、调研写作可以抄旧创新

在前边比较三个样本好坏优劣时，我多次不无武断地判定，二样本都有不同程度地抄用媒体，包括网络上的旧文之嫌，并且对此颇有微词。因此，有的朋友会认为我是反对一切抄用旧文的，包括自己的旧文。我可以坦率地说，完全不是这样，我早就是一个积极主张初学调研者要从照猫画虎，照葫芦画瓢做起的，我自己就是这样开始学习调研写作的，而且小有成就；我还曾拿了这些成就，百千次旗帜鲜明地在大庭广众的调研培训讲台上向年轻的同人们推荐；尤其重要的是特意创立了抄习法，载入拙著《创新调研写作三十六讲》，由中国言实出版社于 2011 年出版，向全国发行。抄习法的核心就是抄而时习之，在抄中学习，在学习中超越，抄旧创新，力争超越原作。尤其不能抄旧如旧，原文照抄，这是抄袭，不是抄习。我之所以对二样本颇有微词，原因就在这里。如果他们每位作者，都只是抄了别人的框架，或者还抄了点别人的某些好的观点，并以此编制调研提纲，深入新农村建设中的环境保护实施现场，亲眼观察，口问手记，取得完整、真实、准确的第一手材料，包括精准的数字资料；回来再创新写作，不是改头换面，而是脱胎换骨，旧瓶新酒；从问题揭示，到原因分析，再到对策制定，全部匠心独运地使用自己从现场取得的最新的第一手材料，撰写成货真价实的新农村建设中环境保护对策建议，连语言、词汇都是新农村建设中环境保护的新词新句，那将是怎样的抄旧创新，怎样的令人耳目一新，谁不会拍手称快？我还能有半句微词吗？这样的抄旧创新，对于初学调研的朋友，不仅是可以的，而且是必需的。对于很多，甚至所有调研老手、高手，也有益无害，大可甩开膀子去干。

五、调研文章要做到“陈氏六要素”（后为“事实六要素”）齐全

在所有前边的比较中，我之所以高看样本三，贬责二样本，一个重要的评价标准，就是看构成客观现实的基本要素调查了解及研究整理运用得怎么样。调研文章的生命和特点、优点就是凭事实说话。如果连构成客观事实的要素都不全，甚至没有，那么凭什么事实说话呀，所以，我就给了要素比较齐全的样本三以高评，而给了基本要素基本没有的二样本以低评。

新六要素是什么？怎么还搞出个“陈氏六要素”？

这得从我最近撰写的一篇《记叙性文章材料之三个六要素说哪个更好》和《事实六要素论》[(1)]专论说起。

传统上，所有文章写作，包括文学中的记叙文写作，应用文写作中的调研写作，政法、纪检写作，构成客观世界的要素为时间、地点、人物、事件、原因、结果“六要素”。国外的新闻写作叫“五个W”。青岛市委党校教授吴新元《记叙文六要素新论》[(2)]认为：“这六大要素未能包括记叙文的思想、情感两大内容要素……”是不完整的，提出把属于事件的原因、结果的两个要素降为事件的二级要素（其实它们也正是事件的二级要素），而把属于人的思想、情感这两个二级要素上升为一级要素，成为新的六要素（称为“吴氏六要素”）。我研读以后，认为吴的新六要素对于客观世界构成还是不完整的，应该把不以人的意志为转移的，又与所有新旧六要素中真正的一级要素并列的实物和数量列入，而把吴氏新六要素中的思想、情感两个二级要素删除，构成我的新六要素说（称为“陈氏六要素”），就比较完整了。

我们过去常说言之有物，或无物，主要指人物、事物，包括不包括实物，如土地、山石、树木、建材、电力、日光、云彩等，似乎忽略不计，我觉得这是不对和不完整的。在哲学里，实物是不以人的意志为转移的客观存在。研究物、实物的自然科学中的一门重要基础科学叫物理学。这个实物应该是千真万确的一级要素。还有数，研究数的科学叫数学，是一门独立的大科学；数还是客观事物从量变到质变、从质变再到量变的发展变化的不可替代的依据。从我长期写作、评价调研文章的实践和体会看，这两个要素，对于所有实务性写作都是不可或缺的一级要素，应该列入其中，

因而撰写了上述篇《记叙性文章材料哪个六要素更好》的专论。

今天比较三个样本，更觉得拙著陈氏新六要素说十分重要。如果二样本的作者能够意识到这一条，在他们的作品里，或许就不会忽视这些构成客观世界的各个重要要素，而会在调查中积极认真地收集整理第一手陈氏新六要素齐全的资料，在写作中认真写好用好的。

为了让今后更多的调研写作和实用文章写作者能够写好用好陈氏新六要素，不妨把拙著《记叙性文章材料哪个六要素更好》和《事实六要素论》两专论附在后边，以供参考。

六、怎么找到调研文章的陈氏六要素

调研文章中的陈氏六要素，全都蕴藏在调查研究的原始资料之中。只有把调查研究的全部资料，包括各种文字、文献资料，现场观察、考察资料，访谈、声像资料，网络资料等，都找到找齐了，才算做到了资料的“六有”。这就是调研写作的坚实基础。

要把这个基础打牢、打好，最好做到“四个一切可以”(3)：

（一）动用一切可以动用的手段

1. 我自己的手段。我有 40 多年调查研究的经历、经验，传统的，现代的；书面的，口问手写的；网上下载的，现场调查的；经济的（即买资料），行政的，等等，我都用上。

2. 我家人的手段。环保资料是我儿子帮忙找的；热电厂的资料是我女儿、女婿帮忙找的。

3. 我朋友的手段。市直几乎所有单位我都至少能找一个朋友，只要需要，我就找他们，没有不帮我的。

（二）利用一切可以利用的时间

长期调研写作，养成了我脑勤、手勤、腿勤的习惯，除了调研写文章，我几乎没有别的爱好，尤其接手《公司志》后，我几乎是昼夜一整班，倦了就睡；醒了就看资料，写志书。一般找人，提前上班；走路，都带着小跑。大年三十到正月初一都在看和写。我算了一下账：全年 52 个半星期，104.5 个双休日；6 天节假日，共 110 天由我自由支配。260.5 个工作日中，每天 7 小时为上班时间，8 小时为休息时间，剩下的 9 小时中，我还可用至少 5 小时工作和思考，全年约可工作 1302.5 小时，可折合 185.3 个工作日。双休日、节假日加上工作日中的可利用时间，合计 295.9 个工作日，比一年的上班工作时间还多 35.4 个工作日。仅从时间上算死账，一年就可顶两年多使用。如果从工作效率上算活账，把兴趣、爱好、责任心、事业心和综合写作能力算上去，那个潜力会更大；若以聪明才智的超常发挥计算，与简单劳动的作用相比，其效率不知要超出多少倍。智慧之光，可照亮永远，是简单劳动所难以比拟的。

（三）寻遍一切可以寻找的地方

为搜集参考资料，我最先从网上搜索到福建省《建瓯城市供水志》篇目，编成第一个篇目，由市方志办公室审批；我还从网上搜集到山西省《长治市供水总公司志》出版发行的信息，由市供水总公司邮购一部，做了我搜集资料、编写志书的向导和样本。为了搜集自然与水资源环境资料，我找遍了市统计局、水利局、环保局、气象局、市建委、市委办公室等单位。

（四）访谈一切可以（必须）访谈的人员。可以采用集体访谈、个别访谈、电话访谈、QQ 访谈、邮件访谈、短信（飞信）询问。

七、怎么写好调研文章的陈氏六要素

（一）要做到心中有、笔头有、眼中有陈氏六要素

1. 心中有。就是要胸有成竹，或叫成竹在胸，在动手写作之前，对于全部调研资料尤其“六有”（时间、地点、人物、事物、实物、数量）都有全盘了解、全盘考虑。

2. 笔头有。指在写作中，要完完全全地把调研获得的六要素恰如其分地写进文章之中，“一个也不能少”。

3. 眼中有。指在文章写好之后，按照鲁迅所说的“至少看两遍”去做，切勿忘了检查“六有”是否全有，是否全部使用得当，恰到好处，发现问题及时补充或者纠正。

（二）要高水平用好六要素的加减乘除法

调研写作是一项高级或较高等级的复杂劳动，绝不是六要素的简单堆砌和叠加，而是六要素在高智力劳动中的有机组合，至少是加减乘除法高水平科学运用的结果。

在调研写作中，六要素都不是孤立、静止、僵硬的物质或者精神要素，而是活生生的、灵动的、飘逸的有机体。尤其是“物”，内涵复杂，变化无穷，却常常被调研写作者们忽视和忽略不计，总以为它是包含在人物或事物之中，人物也是物，事物也是物，把三者简单混合在一起，不加区别，不知人、事、物原是三个各自独立的东西；人 + 事 = 物（新物品）；或者人 + 物 = 事（新的事物），即是人加工物品，创造一种新的事物（事业）。这里运用的只是加法。如果改用乘法，那结果就可能成倍增长。这里讲的还只是一次运算。如果换成连加，或者连乘，那将是什么概念？如果把人、事、物分别加以量化，前边都分别加上大于 1 的数字，再进行连加或者连乘，那就是裂变了。如果连加、连乘，再加上时间数字，不是一个时间，而是多个时间，这就更要成倍翻番。如果再加上地点，不是只在一个地点，而是在多个地点发生的连加或者连乘，这就是产品或者产业的扩张和更大的裂变。如果再加上新的思想，更新观念，拓宽思路，所产生的经济、社会效益，将不可计及。要不，怎么可以用“思想库”“智囊团”“运筹帷幄，决胜千里”等来形容调研参谋的作用呢？也不可一概反对减法和除法，如果需要减少或者消除不利因素，则必须采用减法或者除法。正常情况下是不用减法和除法的。

所以，做好调研文章新六要素的加减乘除法，是调研文章写作的出发点和落脚点。我们研究调研文章新要素及其对策的根本目的就在这里。古今中外的一些调研文章名篇，我们不用一一列举，仅以 2000 年 4 月，农业部贺军伟、潘文博二同志赴湖北省监利县旗盘乡调查写成的《湖北省监利县旗盘乡农村问题的调查报告》[4]（简称《报告》，全文 9000 字）一文为例，就可知科学运用加减乘除法综合“计算”的调研文章新六要素，将会使文章产生怎样的说服力、震撼力、冲击力和影响力。2000 年 3 月，旗盘乡党委书记李昌平同志致信朱镕基总理：“农民真苦，农村真穷，农业真危险”。4 月 2 ~ 5 日，贺、潘二同志奉命调查该县旗盘乡、汪桥镇 7 村（各有具体名称）22 户 80 多位农民（其中 40 人写明了真实姓名），分别召开座谈会 6 次，与李昌平同志单独长谈 2 次 10 多个小时，使用数据 299 个，及要素齐全的具体事例 19 个，从 7 个方面证实了李昌平同志所反映的农村问题基本属实，党和国家多位领导批示国务院相关部门研究制定新的农村政策，切实解决好“三农”问题，对当时和后来的农村经济社会发展产生了极其重大和深远的影响。这个影响，应该说，就是这篇文章对“陈氏新六要素”经过加减乘除科学运算的结果。在某种意义上说，这篇文章，就是全文新六要素的有机组成。贺潘二同志不辞劳累，采用多种形式，多方面、多层次，大量搜集访谈鲜活的事实材料，坚持从实际出发，实事求是，用事实说话；不带任何条条框框，不唯上，不唯书，只唯实；不戴帽子，不打棍子，科学运用调查得到的陈氏新六要素，如实反映广大农民和基层干部的心声，观点鲜明，情真意切，使党中央、国务院领导更好地听到了真话，先后制定了一系列新的农村政策，较好解决了不少“三农”问题。把调研文章六要素运用到了极致。

附一：记叙性文章材料之三个六要素说哪个更好

——兼与吴新元教授商榷

一、何来三个“六要素说”

有人会问：记叙性文章、材料何来三个“六要素说”？

我回答：第一个六要素为传统六要素，指很长时期以来各类记叙性文章（包括公文、新闻、调研类文章、史传方志文章书籍等），材料中广泛应用的“时间、地点、人物、事件、原因、结果”六要素。文学界称为记叙文的六要素；纪检、监察的案件材料，公检法司文书所称的“六何要素”，即“何时、何地、何人、何事、何原因、何结果”。

第二个六要素是青岛市委党校吴新元教授《记叙文六要素新论》（载《写作》2012年第9期），提出一种新的记叙文“时间、地点、人物、事件、思想、情感”六要素。他认为传统六要素（未能完整）“概括客观世界构成”和“未能包括记叙文的思想、情感两个内容要素……显然是个极大的失误”，就把传统六要素中隶属于事件之下的原因、结果两个二级要素剔除，换上隶属于人物之下的另外两个二级要素思想和情感，组成所谓“新六要素”（简称“吴氏六要素说”）。

第三个是笔者今天从自己读了吴氏六要素说后，所著《调研文章如何做到八要素齐全的思考》（简称《八要素说》，载中国法治调研www.cicisc.com2013.02.13.19）中删除思想、情感两个二级要素，保留“时间、地点、人物、事件、实物、数量”的又一个“新的六要素说”（简称陈氏六要素说）。

二、第一、二两个六要素说是半斤对八两

我们先说什么是“更好”。按照吴教授“较好概括客观世界的构成”的标准，所谓更好应该是全面、完整、准确“概括客观世界的构成”。按照这个标准，传统六要素说肯定不能算上。吴教授慧眼识珠，既继承，又批判；既肯定传统六要素说“长期来对人们学习、写作记叙文发挥了一定的指导作用”的历史功绩，又明确指出了它的缺陷和不足，不仅给我，还给更多作者、学者以深刻启迪，是功不可没的。我以为，长期以来，不少文章，尤其官样文章（主要是公文和准公文，准公文主要指调研文章和其他应用类文章）言之无物，言之无数，假大空顽症不治，除了其他主客观因素，恐怕与这个传统六要素说对于客观世界构成概括不全、不准，逻辑混乱有直接关系。

但是，只要深究一下，就不难看出，吴氏六要素说，至少在这样两个方面也犯了与传统六要素说同样的错误：一是它同样没有全面、完整、准确地概括客观世界的构成，因为它同样忽略了实物和数量这两个构成客观世界不可或缺的一级要素；二是它与传统六要素说一样犯了把一、二级要素混为一个等次的逻辑混乱的错误，就是它把属于事件这个一级要素下级的两个二级要素原因、结果，换上了属于人物这个一级要素下级的两个二级要素思想和情感。如同用一个半斤换了个八两，依然存在明显的缺陷和“极大的失误”。所以，吴氏六要素说也算不了更好。

三、不论哪个六要素都不该属记叙文独有

还有一点值得讨论的是，吴氏六要素说把传统六要素说所囊括的所有记叙性文章、材料，既包括文学中的记叙文，也包括其他凡是记叙性的文章及所有文章中所有记叙性的内容中共同使用的传统六要素，仅限于记叙文，这就等于是把一笔属于全体人民共有的财产，仅限于某一局部地区或某一阶层所有，这是“以偏占全”，是不可取的。传统六要素的应用之广泛，是很多不写文章的人也知道的。写调研文章和写新闻报道的人，编史修志的人，很多时候需要运用传统六要素，就不用说了；写议论文的人，包括写科研论文的人，也有很多时候需要运用传统六要素，列举六要素齐全或者六要素中的一部分要素的实例作论据，这也是不争的事实。写说明文和写抒情文、描写文的人也一样，有时运用一些记叙性的文字，也是要用传统六要素的。

比如唐朝柳宗元的《江雪》：

千山鸟飞绝，万径人踪灭。孤舟蓑笠翁，独钓寒江雪。

就是抒情的诗，也是六要素齐全的。时间、地点、人物、事件不用解释，一清二楚，事件（情）就是独钓寒江雪。实物，应该也是很清楚的：鸟、人、舟、蓑笠、翁、雪等，都是实物。数量也很清楚：千、万，孤、独，就都是数量。

再如唐朝杜甫的绝句《两个黄鹂鸣翠柳》：

两个黄鹂鸣翠柳，一行白鹭上青天；
窗含西岭千秋雪，门泊东吴万里船。

全诗28字，全是写景，共写了4个数据，10种实物，1个时间，2个地点，4件事情（物），即鸣翠柳，上青天，含千秋雪，泊万里船；画面中的人物，除了诗人自己，至少还有泊船的船工吧。

所谓不写文章的人，比如纪检监察，公检法司人员，主要写案卷材料（应该不能算作文章），是时刻不能离开传统六要素，即“六何要素”的。如像吴氏六要素说，把所有习惯于使用传统六要素的人们使用的六要素，一笔划给记叙文所独有，其他文章、材料不再与传统六要素和吴氏六要素相关，是说不过去的。如果说吴氏六要素说仅限于记叙文，那么，吴教授为什么要批评传统六要素的两个缺陷，尤其“概括客观世界构成”（不全），并把它的“事件”的两个二级要素剔除呢？而“概括客观世界构成”的，也不是只有记叙文能够和需要这么做，其他记叙性的文章、书籍、材料不能够或不需要这么做。无论怎么看，吴氏六要素说都是由传统六要素说引起的，都不能撇开传统六要素说所运用的全部范围，而仅限于记叙文。陈氏六要素说却是全部包括传统六要素说所运用的全部范畴的。应该说，在运用上，就比吴氏六要素说仅限于记叙文全面、完整，不带偏颇。

四、吴氏六要素也非记叙文独家使用

吴氏六要素说最突出的内容是将原属事件的两个二级要素原因和结果，更换为原属人物的两个二级要素思想和情感。先不讲它们是否一级要素，只说它们只属记叙文一种文体独家使用，还是其他多种文体共同使用，其回答应该是尽人皆知：绝非记叙文独家使用，而是多种文体共同使用的。文章分类不论是三分法、四分法，还是五分法、十分法，我们都可一一检验。

先说什么是思想和情感。文章思想就是文章主题思想、主旨、主张、主要观点、理念等；情感就是文章主人翁的喜怒哀乐，还有文章字里行间表露出的作者心理情绪等吧。那么，我们就可以从议论文、公文、纪检监察公检法司的案卷材料等几种常用文体进行一次浅析。

（一）议论文。它最基本的写作要求是要旗帜鲜明地表达作者主张什么，反对什么，以及为什么和怎么样主张和反对。这就是思想吧？比如本文，就是如此，主张什么，反对什么，一清二楚。议论文的情感因素，政论文是有强烈政治情感的；一般论文，字里行间也会自然流露出作者的心理情绪，本文的心理情绪就是明显表露的。

（二）公文。没有主旨的公文不叫公文。公文有没有思想是不必论证的。公文有没有情感因素呢？只举请示一般的最后一句话："如无不妥，请批示！"其请求的情感溢于言表。别的，还用说吗?

（三）纪检监察、公检法司等的案卷材料，有哪一宗没有整理者的观点、思想倾向，没有整理者的憎恨、同情，或者惋惜的心理情绪呢？又有哪一宗的正文中没有记述犯罪（错）嫌疑人的言语、行为中的思想、观点及情感因素呢？结论是肯定的。实例就不必再举。

以上情况，应该足以证明思想、情感这两个二级要素不属记叙文独家使用，而是任由多种文体共同使用的。而吴氏六要素说，却从大标题开始，到全文的论述，都失之偏颇了，这是不言而喻的。

五、陈氏六要素说的解析和比较

最后，就只能看陈氏六要素说能不能算更好。标准还是前面的标准。衡量起来，我以为，陈氏六要素说，比较符合前面全面、完整、准确"概括客观世界的构成"标准。

首先，它做到了"横分（门类）到边，不缺主项"，并且只在同一个层次划分。至少我们现在暂时还提不出构成客观世界的更多的新的一级要素。

其次，它全为一级要素，没有一个二级要素。符合科学划分的同一性原则，没有逻辑混乱的毛病。

再次，它的这些一级要素，在客观世界的构成中都是不可或缺的。时间、地点、人物、事件不用说了。只说新添的实物、数量两种，是不是一级要素并且不可或缺，就清楚了。

先说实物，也即物体。在哲学中，它是物质世界本质的客观实在。在自然科学中，它是物理学研究的主体，还包含植物学、动物学等多种学科中不同的实物。只有各种不同实物与时间、地点结合，被人所作用，才能产生新的实物，如新产品，或构成新的事物（事件、事情等），进而构成纷繁复杂的大千世界。可以说，没有千百万种客观存在实物，连最简单的事物都不可能产生，哪有大千世界？按理说，这个实物，在构成客观世界的六要素中，不仅不可或缺，而且应该排在事件之前才是科学合理的。

再说数量，也是一个不可或缺的一级要素。在哲学的三大规律中，第二大规律就是研究从量变到质变，再从质变到量变的，也就是说是研究数量的；在千百种自然科学中，数学也是基础学科，摆在理科之首。而且，在现实世界中，所有一切存在，都离不开数量。没有数量，就没有质量，也就是连全部物质世界也不会有。前边说了，没有实物与其他几种一级要素结合，连最简单的事物都不会产生。同理，前述所有一级要素如果离开数量，没有数量表示，也一样是不存在的。比如时间，大的如世纪、宇宙年，小的如年月日时分秒，无一不是用数字计算和记载的。没有数量，就没有时间。同理，没有数量，一切地点、空间也是不存在的。陈氏八要素说认为，人作用于实物，产生事物（吴教授强调是事件，其实事件也是什么人，在什么时间、地点，作用于什么实物或事物，造成了一种不同于原有实物或事物的新的事物）；再加上另一事物，产生更多事物；进而，提倡八要素实行加减乘除科学运算，产生事物发展变化的原子裂变。在这里改换为六要素科学运算，同样会实现事物发展变化的原子裂变，促进经济社会进步和发展。

从上面两则分析看，实物和数量同为构成客观世界不可或缺的一级要素，是不可质疑的。

最后，它适用于现实社会所有记叙性文章、书籍和材料等，不只限于记叙文，更为符合写作学的要求；不仅对文章、材料，甚至对于全部文化的发展，都是有积极作用的。

所以，笔者认为，只有“时间、地点、人物、实物、数量、事件”这个“新的六要素说”更为科学合理，建议广泛应用：

一是有利于文章、材料全面、完整、准确地概括客观世界的构成；

二是有利于端正文风，消除时下许多官样文章存在的言之无物、言之无数的假大空顽症；

三是有利于推广科学划分的方法，避免各类文章、书籍、材料在分条列项的划分中出现逻辑混乱的毛病；

四是并不影响各类文章(含记叙文)、书籍、材料正确运用各个一级要素中的二、三级要素。

不妥之处，敬请批评。

附二：事实六要素论

——兼与吴新元教授再商榷

内容提要：本文为笔者与吴新元教授三年多来的“记叙文六要素之争”第四轮(接近尾声)的争鸣文章。主要针对吴教授2012年9月发表在《写作》上半月刊《记叙文六要素新论》提出一个赞同三个反对，即赞同吴发现传统六要素较好地概括了客观世界构成，反对吴与传统六要素一样犯了对客观世界构成概括不全、一二级要素混同和为记叙文独占的错误，主张用自己深入研究探索出的“时间地点人物事物实物数量”的事实六要素说，作为古今所有六要素说的规范统称，与时俱进，科学整合所有六要素说,使之能够更好地服务现实社会中凡是要用事实表达的书面文章、材料、资料写作和口头的发言、讲话及各种交流和诉求，更好地促进写作学和语言学“两学深度开发和发展及整个文化和大文化发展。本文是这次争鸣的重要理论成果之一，具有重大现实意义和理论意义。

关键词：记叙文　六要素　传统六要素说　吴氏六要素说　陈氏六要素说　事实六要素　统称　特点　优点　意义

一、本文写作背景

2012年9月，山东省青岛市委党校吴新元教授在《写作》当月上半月刊发表《记叙文六要素新论》(简称《新论》)，采用先褒后贬手法，先肯定传统记叙文时间、地点、人物、事件、原因、结果这“六大要素(笔者称其为传统六要素说)较好地概括了客观世界的构成”，后指出“这六大要素未能包括记叙文的思想、情感两个内容要素”“显然是一个极大的失误”，进而将“原因、结果”两个要素合并进“事件”要素，“作为二级要素处理”，用“思想、情感两个内容要素”取而代之，“提出一种新的记叙文'时间、地点、人物、事件、思想、情感'新六要素说"（笔者称其为吴氏六要素说）。

2013年11月，笔者在《写作》当月上半月刊发表《记叙性文章

材料三个六要素说哪个更好——兼与吴新元教授商榷》（简称《更好》），认为《新论》采用属于人的三四级要素的思想、情感两个内容要素取代属于事件的两个二级要素原因、结果，与传统六要素说一样犯了未能全面、完整反映客观世界构成和逻辑混乱的错误，而且把本来属于所有记叙性文章材料资料共同所有的传统六要素划归记叙文一家独占，属于犯了"以偏占全"的逻辑错误，提出时间、地点、人物、事物（包含事件）、实物、数量全为一级要素的陈氏六要素说，拉开了"记叙文六要素之争"的序幕。2015年4月16日和8月16日，吴教授先后在中国公文研究网和在成都召开的全国第十四届公文学术年会上发表《记叙文要素论：还是"时间地点人物事件思想情感"六要素说更好——兼谈文本要素、文体、表达方式等写作基本概念并答陈方柱先生》（简称《还是》）的反驳文章，倒逼笔者在成都会议上仓促应战，成为成都会议上一个新的亮点。10月10日，中国公文研究网开辟"记叙文六要素之争"专栏，发表拙作《再论记叙性文章材料三个六要素说哪个更好——兼对吴新元教授"两论一讲十三信"总回复》；10月21日，该专栏发表吴教授反驳文章《堆粪钉掌难为柱，有文无方须推陈——驳陈方柱主任对我"记叙文要素新论"的再批评》（简称《再批评》）；12月24日，专栏发表拙作《我问骂圣吴新元——答吴新元《堆粪钉掌难为柱，有文无方须推陈——驳陈方柱主任对我"记叙文要素新论"的再批评》，把争鸣推向一个新的高潮。

尽管我不知道此次争鸣会延续到何时及如何收场，但我知道"千里搭长棚没有不散的筵席"，无论如何它也总得对这三个六要素有个正规统一的名称或说法，做到名正言顺，以便其在写作学界和现实生活各个领域得到更为广泛的应用，也可使我这个始作俑者挑起的这场争鸣有一个好的落脚点和归宿。

从传统六要素早在《新论》问世之前很长一段时间里的应用情况看，即使从我于1965年参加"四清"（指清思想、政治、经济、组织，是当时政治运动的一种）运动，学习采用公检法司及纪检监察部门长期使用的"何时何地何人何事何原因何结果"的"六何要素"（也即《新论》所说的传统记叙文六要素）整理"四不清"干部专案材料起，传统六要素也不为记叙文所独有；何况在很早以前就还有"新闻

六要素”（就是来自西方的新闻学界的“六个W”）之说，这就更加说明传统六要素不属于记叙文所独有。因而本文所说这三个六要素，无论哪一个都不属于记叙文所独有，它们是相同、互通的，共同具有一样的属性和功能，是可以而且应该共用一个正规统一、科学合理、名正言顺的六要素名称或说法的。这个名称或说法就叫六要素统称。

二、六要素统称选择

从六要素在现实社会中长期而广泛使用的情况看，我以为，要为它找到一个统称是不难的，因其备选方案实在是很多，关键就看我们从哪一个角度和层次，遵循哪一些标准和原则选择。这个角度和层次，至少应该是吴教授《新论》和拙作《更好》立题命意的共同基点，即“较好地概括了客观世界的构成”的角度，也就是说，最好或者一定要是从全面、完整、准确“概括了客观世界构成”的角度；层次也就是宏观层次，涵盖所有六要素使用领域和层次的最高层次。角度和层次确定后，选择的标准、原则就好确定了，这就是：

第一，要具有较强的科学性和规范性，即科学合理，符合写作学、语言科学和逻辑科学等的规则，是规范化的书面语言。

第二,要具有广泛的适用性和实用性,适用于宏观层次下的社会生活的方方面面，既实用，又有效。

第三，要有较强的真实性和权威性，我们从《更好》中三个六要素所记述的内容情况看,它们都是真实可靠的,真实是它们的生命。也就是正因其真实,才有权威;也正因其有权威，才更加必须真实。

第四，要具有较强的简洁性和稳定性，要简明扼要，简洁明白；通顺流畅，好懂好记，又质朴无华；还要牢固稳定，经得起时间考验，能够运用到永远，不像某些时髦词汇，只是昙花一现而已。

从上面确定的角度、层次和标准、原则看，可供选择的既有词语大约有以下十来个。我们就以吴教授的“记叙文六要素”词组为样本，采取试用、实用的方法，逐个比较选择：

首先，把吴教授《新论》和拙作《更好》立题命意的共同基点，“较好地概括了客观世界的构成”，作为选择六要素规范统称的基点，具体是选择“客观世界”这个词组，看它是否能作六要素的规范统称。我们先把它与“六要素”组合成“客观世界六要素”词组，从语言学和逻辑学规则看，应该是没有问题；但从实用上看，却显得它太大，太宏观，很不实际，或叫不切实际，所以是不合适的。

其次，看“记叙文”一词，它确实是太小，莫说吴教授把其确定为“普通文体五分法”中一个小小的文体，就是把文学文里的小说、记叙散文和报告文学等记叙文全部纳入，也只是沧海一粟，实在是太小，担当不了这一历史重任。

第三，“记叙性文章材料”如何呢？按其所涵盖的范围看，还算可以，但组词成分太多、太杂，又有人不予认可，那也只好作罢。

第四，再看传统记叙文，它起码是太陈旧，未能与时俱进；其涵盖范围也是太小，就不用说了。

第五，“事件”“事物”“事态”等都分别可与“六要素”搭配组词，也都说得过去，但都嫌别扭，有点牵强附会，显得太偏。

第六，不妨再拿“实事”与“事实”比较：先说实事。《现代汉语词典》解释为：①实有的事：此剧取材于京城～。②具体的事；实在的事：少讲空话，多办～。拿实事一词与“六要素”组合成“实事六要素”词组，对照以上角度、层次，标准、原则要求，应该说是较合适的。再说说“事实”一词。综合《现代汉语词典》与好搜百科的解释，认为其是汉语词语，指事情的真实情况，包括事物、事件、事态，即客观存在的一切物体与现象、社会上发生的不平常的事情和局势及情况的变异态势。拿事实一词与六要素组合成“事实六要素”词组，对照以上角度、层次，标准、原则要求，应该说也是较合适的。

这样一来，较为适合充当所有六要素统称的词语就有实事和事实两个，而我们只需一个，那就只能从这两个中任选一个。这就必须进一步比较这两个词语的功能、关系和实用的情况：从功能上讲，二者比较相当，在很多时候易被人混淆，比如，人们常说的“实事求是地说”和“凭事实说话”两句的意思就很近似，对这两个词分不出谁好谁差。再说二者的关系，我以为是互包含关系，即实事中包含不少事实，事实中也包含不少实事，还真的是八两对半斤——不相上下。最后，只好从实用上看：前者使用最多的是实事求是；其次是办实事；其它场合使用很少。后者使用的场合就多得数不胜数，可说是具有最为广泛的适用性和实用性。比如，在司法、纪检、监察部门使用的：以事实为依据，以法律为准绳；事实确凿，定性准确。在调查研究中，有一条重要规则就是用事实说话；事实胜于雄辩。在社会学和历史学中，有一条历史事实不容篡改；墨写的谎言掩盖不了血写的事实。在新闻界所说事实真相浮出，谎言烟消云散；在现实生活中还有事实劳动关系、事实婚姻、事实行为、事实论据、事实论证等多样说法。所有这些事实的构成和记叙、记载，都少不了时间、地点、人物、事物、实物、数量六要素。在实用的范围和人们使用的习惯来讲，就让实事一词相形见绌了。

综上所述，唯有"事实"一词，用作本文所说的六要素统称为最佳选择是不争的事实。建议有关理论学术部门、团体、媒介及党政部门以至全社会试用、推广。笔者之所以执着于事实一词，除了它上述的内涵、功能和人们对它长期使用的习惯性和广泛性之外，还有它突出的特点、优点和更其重大的现实意义、理论意义和深远影响。

三、六要素统称的特点

事实六要素作为六要素统称，除了经过笔者与吴新元教授三年多的反复多次的争鸣之外，笔者还经历了最近一段时间，对古今中外所有多个六要素说运用情况的总结、回顾和比较研究，构想、论证、筛选、提炼和试用、实用，才最终确定、提出，可说是苦心孤诣、殚精竭虑了。事实六要素的含义是：凡是要构成或者反映一个真实、确凿、完整、典型的事实或事实材料，都必须完整运用时间、地点、人物、事物、实物、数量六要素，换句话说，就是只有完整运用了时间、地点、人物、事物、实物、数量六要素，才能真实、确凿、完整、典型地构成或者反映一个事实或事实材料。否则，只要缺少了其中任何一个，其事实或事实材料就残缺不全，甚至就不能成立。如"我今天上街买鱼3斤。"仅9字，就是六要素齐全。否则，缺少任何一个要素，就叫要素不全。这就是事实六要素的重大功能和使用价值。它不仅功能和价值重大，还特色鲜明，特点和优点突出，具体为：

（一）确凿的真实性。以齐全、准确的六要素构成或者反映的事实或事实材料，尤其是白纸黑字写成的书面、书证材料，铁证如山，其真实性应该是准确无误。尤其是实物，具体到一草一木，一砖一石；数量详细到元角分，甚至详细到小数点后面两至三位，对一般事实来说，那个真实确凿就无法说了。

（二）雄辩的权威性。事实胜于雄辩，只要用事实说话，就能胜于雄辩；如果拿了上述那些具体、真实，确凿无误的事实说话，那个雄辩的权威性是无可质疑、无懈可击的。

（三）广泛的实用性。用齐全而准确、确凿的六要素构成和反映的事实或事实材料,其功能之强大、运用之广泛,实在是不可否认和低估。现实社会中无论哪个方面、领域、层次，部门、单位、个人，凡是需要用事实表达的书面文章、材料，或者口头诉求、发言、讲话，都是少不了事实及其材料的。它的篇幅大可以大到长篇大论，车装船运；篇幅小，可以小到三言两语，片言只语。它的功能，上可以经天纬地，经时济世；下可以人与人，户与户，交流信息，沟通关系。

（四)精当的简洁性。它简明扼要，简洁明白；好懂好记，质朴无华。从个体上看，它比记叙文还小，但小而精当、精要、精巧，含量无比广大，无所不包；运用广泛，现实生活的方方面面,无所不到;其功能强大,可以四两拨千斤。真的是小词不可小看。

（五）永久的稳定性。人类语言，总的来说，其演变是极其缓慢的。但在巨大变化的历史时期，短命的语言，却有不少出现；如大跃进时期、文革时期就曾经出现过不少短命语言，如“人有多大胆，地有多大产”“造反有理”“怀疑一切”等。近年来的网络和微博上也出现过不少短命语言，昙花一现。事实一词，不属此类，它具有永久的稳定性，确实经得起时间考验，能够运用到永远。它最早见于2200多年前的《韩非子·制分》：“法重者得人情，禁轻者失事实”；不久又见于司马迁《史记·庄子传》：“畏累虚亢桑子之属，皆空语，无事实”（见《辞源》，修订本第一册第122页，商务印书馆，1987年）。

四、规范六要素统称的意义

选择并规范六要素统称的意义重大,包括重大现实意义、理论意义和深远影响。总的讲有：

（一）它是此次“记叙文六要素之争”的重大理论成果之一。我与吴教授的争鸣从2013年开始至今3年，现已历经三个回合的较量，其核心论点是一主二辅：一主是三个六要素说哪个更好；第一辅是到底哪个六要素能够全面、完整、准确“概括客观世界构成”；第二辅是六要素到底由记叙文独占，还是属所有记叙（事实）性文章材料资料共有。对于一主，口头上虽双方各不相让，事实胜于雄辩，谁是谁非，谁对谁错，一看便知。对于第一辅，吴论一改再改，主要是把《新论》立题命意的第一论点“这六大要素较好地概括了客观世界的构成”，先在《还是》中改为“这六大要素较好地概括了客观世界动态之人、事因素的构成”，后在《再批评》一文中改为“这六大要素较好地从动态之人、事角度概括了客观世界的构成”。明眼人一看便知这是吴教授对《新论》第一论点的放弃，和对争鸣的逃离。语云：“失之毫厘，差之千里。”吴教授这两次改动都是采用了逻辑上的限制手法，对“客观世界”这个概念进行了“动态”和“人、事之因素（角度）”两次限制，两次增加“客观世界”的内涵，而缩小它的外延，使其从最高的宏观层次陡降两个层次，这岂止“失之千里”？而我就理所当然地坚守原有论点，岿然不动。吴教授在所有对我的反驳文章中都采取了诸如避实就虚、偷梁换柱、改变论题、强词夺理等手法，或明进暗退，或以骂为攻，实质上，他早把吴氏六要素说放弃：其一，在他的《新论》发表两个月后出版《公文要素对应写作理法》时，他在其序言第一页的记叙文六要素介绍中，就仍是采用传统六要素，只字未提他的新六要素；其二，他在2015年4月16日发表在中国公文研究网上反驳我的《还是》，和其三，他在同年8月成都会议上重发《还是》一文，和《再谈公文要素对应写作论与公文写作科学速成法的科学性——兼答李昌远先生》一文中，同样是介绍记叙文六要素，也都仍是采用传统六要素，只字未提他的新六要素，这就进一步证明了他对《新论》及其六要素说的退守（缩）与放弃。我们今天规范六要素统称正好在这个背景下进行，不就正好说明了它是这场争鸣的重大理论成果之一吗？

（二）它是多种六要素与时俱进的重大整合和发展。很久以来，记叙文六要素说、公检法司等六何要素说和新闻六要素说，从名义上看，它们区别明显，记叙文六要素为“时、地、人、事、因、果”，公检法司为“六何”，新闻六要素为“时间、地点、人物、起因、经过、结果”，其传承和运用都在现实社会各自不同的领域和层次中封闭进行，好像它们之间是鸡犬之声相闻，老死不相往来；实质上，它们是大同小异，一直是相互联系、相互影响的。我们现在给它们规范统一冠名，实际上就是适应了它们与时俱进共同整合发展的需要，或者说，就是它们与时俱进的重大整合和发展。

（三）它能较好适应现实社会多种表达对六要素的客观需求。现实社会中，除了上述几种有文字记载的六要素的传承和运用外，人们自觉或不自觉地对多种六要素的“事实”传承和运用是不计其数的。凡是要用事实表达的书面文章、材料、资料和口头诉求与发言、讲话等，都少不了要使用六要素：如调研文章，用事实说话是它的生命，其文章中的每一个实例，尤其典型实例，严格要求时间、地点、人物、事物、实物、数量六要素齐全；地方志编纂，六要素不全被视为大忌；不少论文、公文必须以事实为依据，也强调六要素齐全；不少口头诉求、发言、讲话，也要求用事实说话，要素齐全，要求言之有人、有物、有数，有理有据，才有说服力，才能收到应有的效果；就是日常事务及其交流，也只有要素齐全，才能让人听得明白，记得清楚。我们现在规范六要素统称，就是较好地适应了现实社会多种表达对六要素的客观需求。

（四）它是写作学、语言学深度开发发展的具体体现。由于传统六要素等功能强大，运用广泛，早已渗透到现实社会的方方面面，对写作学和语言学的发展也在一定程度上产生了积极影响。现在我们规范六要素统称，对这“两学”的积极影响就更大了。尤其是把古老的事实一词挖掘出来，确定为规范统一的六要素统称，赋予其新的更大的功能和职能，使其内涵更为扩大，传承和运用更为广泛，尤其能够更好地服务现实社会中凡是要用事实表达的书面文章、材料、资料写作和口头的发言、讲话及各种交流和诉求，更好地促进了“两学”的深度开发和发展。这不能不说是在新历史条件下对“两学”发展的一项重要理论贡献。

阅读书目

[1] 陈方柱. 记叙性文章材料之三个六要素说哪个更好——兼与吴新元教授商榷. 事实六要素论——兼与吴新元教授商榷. 写作：2013，11 期；2016，2 上旬刊.

[2] 吴新元. 记叙文六要素新论. 写作：2012，9：16—19.

[3] 陈方柱. 调研写作能力培训速成. 北京：中国言实出版社，2013.

[4] 贺军伟，潘文博. 湖北省监利县旗盘乡农村问题的调查报告 // 陈方柱. 领导干部值得一读的调研类文章写作规范与例文. 中国纺织出版社，2012.

第十一讲　比较两县一区三篇发展战略研究文章

本讲比较分析两县一区三篇发展战略研究文章，由《认真做好“五个文章”切实抓好新农村建设》（简称“《五》文”）引起。这篇文章是一位年轻领导干部的调研习作，它为了贯彻落实党的十六届五中全会精神，绘制了一个县如何抓好全县“未来 5 ~ 10 年新农村建设”的一幅“路线图”，是一篇主题新颖、正确的发展战略研究文章。但是，有了新颖、正确的主题选择不一定就能够写成好文章，而离好文章写作，还有很大一段距离。2012 年，中国纺织出版社出版拙著《领导干部值得一读的调研类文章写作规范与例文》，该文被选入其中，不少读者打电话问我是怎么把《五文》作范文入选的。我对他们讲，我们不是把它作范文收入，而是作“例文”收入的，这在书名中就讲明白了的，是供读者分析参考的。《五》文就正好达到了编者的目的。

为了帮助《五》文找到与好文章的差距及其缩短差距的途径和方法，我们特意从媒体上找来吕义斌《掇刀崛起新谋略》（简称《掇》文，载《政策》2012 年第 11 期）和赵志诚《京山县统筹城乡发展的战略构想》（简称《想》文，载《荆门研究》2005 年第 5 期）。这两县一区三篇发展战略研究文章，合称“荆门三章”。

一、样本

样本一：认真做好“五个文章”切实抓好新农村建设

建设以“生产发展、生活宽裕、乡风文明、村容整洁、管理民主”为主要目标的社会主义新农村，是中共十六届五中全会提出的重大课题，也是今年中央“一号文件”的主题。结合我县实际，未来 5 ~ 10 年，我们将把新农村建设作为新时期农村改革发展的根本任务，作为解决“三农”问题的总抓手，认真做好以下“五个文章”。**一、要做好“减少”文章。**所谓“减少”，就是有效地减少农民总量，引导农民跳出农门、走出农村，弃农务工、弃农务商，走进城镇、走进市场。只有农村人口减少了，所占比重下降了，农民收入才会进一步提高。这是大势所趋，也是必由之路。减少的根本办法在于农民的转移，转移的根本措施在于农民的培训。近年来，我县大力实施“阳光工程”，努力提高农民就业技能，着力拓展就业空间，引导农民有序向县城和小城镇集中，收到了较好的效果。2005 年全县共完成农村劳动力引导性培训 1 万人，“阳光”工程示范性转移培训 14106 人，实现就业 3057 人。省、市分别在我县召开现场会，肯定了我县的做法。今后，我们将继续把农民培训作为一件大事来抓，采取广播电视讲座、举办各种培训班、典型示范、免费与自费学习培训相结合等多种形式，提高培训的针对性和实用性，确保农民学得到技术、就得了业、挣得来钱，在城镇居住安得了心。

二、要做好“集聚”文章。所谓“集聚”，就是集聚有限的农业农村资源，实现资源利用的最优化。特别是在当前，农业生产还在一定程度上存在科学技术普及推广难、标准化生产难、产业化建设难、防病治虫统一组织难、农民生产条件改善难、农田水利基础设施建设难、农业机械化程度低等问题，其原因之一就是生产要素分散。如果政府积极推动农业剩余劳动力转移，促进农村土地在农民自愿的前提下进行合理流转，把有限的农业资源向生产能手、种养大户集中，可以降低生产成本，提高农业的经济效益。比如，在 2004 年依法完善农村土地二轮延包工作中，我县积极探索土地流转的有效途径，培育了一批种田大户，其中，我县农民孙清粮食种植面积 6448 亩、单产每亩 657 千克、总产达 358 万千克，仅粮食收入就有 5155 万吨，被农业部评为 2005 年度“粮食生产大户”。生产要素的积聚，在养殖业方面也大有文章可做，其基本思路是，统一划出一定的区域，以村民入股或业主投资的方式建设标准养殖小区，借鉴标准厂房和物业管理的思路，进行统一管理，养殖户则通过租赁、代养等方式进入养殖小区里从事畜禽养殖，这样可以从根本上化解养殖风险，改善农村环境，增加农民收入。下阶段，我们将采取有效的激励措施，扎实做好“集聚”文章，引导好种养大户实行机械化、规模化、标准化、生态化生产，促进我县农业向现代农业、市场农业方向迈进。

三、要做好“建设”文章。建设社会主义新农村，关键在于“建”。目前，一些地方农民居住较为分散，由此而产生农民吃水难、行路难、通信难、看电视难、孩子上学难等诸多问题。因此，“建”的重点应放在搞好村镇建设、改善村居环境上，坚持农民自愿、政府支持、项目支撑的原则，采取农民出工出力，社会扶智扶资、市场运作方式进行。村镇建设要从实际出发，科学规划，办好试点，由点到面，逐步推开。今年，我县将按“村容整洁”的要求，认真制定全县新农村建设总体规划，完成50%以上的村庄建设规划。启动村镇试点建设，力争每个镇至少办一个农民新村示范点，出台具体的政策措施，鼓励农民进城安居，吸纳民间资本搞建设，充分调动农民参与新农村建设的积极性，积极建设生态文明村。

四、要做好“教育”文章。引导教育农民，提高农民素质，培育良好的社会主义道德新风尚，是建设新农村的关键内容。近年来，我县以兴好民风为主题，组织开展了“兴好民风”工作竞赛、“民风教育精品电教片村村行”活动、“农家乐”杯比赛、整治非法宗教场所和滥建庙宇活动，并办好农村文化中心户试点，积极创建农村文化娱乐阵地，组织开展农民运动会，民风得到了明显好转。下一步，我们将按“乡风文明”的要求，以村为单位，建立村级文化活动中心，力争通过3～5年的努力，确保每个行政村有村级文化活动中心，并通过开展丰富多彩的群众性文体活动，开展和谐家庭、和谐村组、和谐村镇创建活动，引导群众告别陋习，移风易俗，破除迷信，崇尚科学，远离赌博，勤劳致富，用社会主义先进文化占领乡村文化阵地。

五、要做好“管理”文章。所谓“管理”，就是要加强基层民主政治建设，切实维护农民的民主权利，巩固党在农村的执政基础。两年来，我县通过选派优秀干部到后进村任村支书、农村无职党员设岗定责、建立村级民主例会制度、实行村党支部“两推一选”和村委会“直选”等办法，调动了无职党员“参与村务、管理事务、尽好义务”的积极性，增强了村党支部的凝聚力、战斗力和号召力，提高了村民自治的水平。下阶段，我们将按照“管理民主”的要求，结合镇、村换届，进一步推进民主选举，充分发挥村民代表大会、党员议事会、群众议事会的作用，进一步推进民主决策，切实抓好村务公开，依托村级民主例会制度、农村无职党员设岗定责活动等载体，进一步推进民主管理和民主监督，完善建设社会主义新农村的乡村治理机制。

样本二：掇刀崛起新谋略

湖北省第十次党代会提出：努力建设富强、创新、法治、文明、幸福湖北。县域是实现“五个湖北”蓝图的鼎力支撑。面对“黄金十年”的大好机遇，掇刀全区上下解放思想，砥砺奋进，奋力实现“打造工业新区，建设宜居新城，率先实现城乡一体化”的目标，开辟跨越崛起新天地。

一、突出石化产业，打造“化工掇刀”

掇刀是一座正在崛起的化工新城，辖区内拥有全省最大的石化企业——荆门石化总厂，以及省级专业开发区——荆门化工循环产业园，产业链头和园区载体的优势双重叠加。把准荆门石化1000万吨炼油扩能工程上马的契机，将主要精力、优势资源、优惠政策向园区倾斜，推动化工循环产业园聚变式发展。一是坚持“大建园区、建大园区”。大手笔编制完成27平方千米范围内的各项规划，形成科学完善的大园区规划体系，实现布局上功能分区、生产“配套随着规划走”，超前完善水电路网等基础设施。二是坚持“大建项目、建大项目”。大力实施“产业倍增计划”，精心绘制石油化工、煤化工、精细化工三条产业链图谱，紧钉“国字头”“亿字号”企业，按图索骥，狠抓落地，力争到“十二五”末，基本实现“项目满园”，顺利完成“千亿园区、千亿产业、千亿企业，百亿税收”的目标，把园区建设成区域最具发展潜力、最适合项目壮大、最利于资本成长的热土宝地。三是坚持“大搞服务、搞好服务”。设法为业主搭建融资、创业和服务三大平台，在提升业主“满意指数”中创优环境，增强实力，把园区打造成全省化工产业精品园、循环经济样板园、体制创新先进园和投资环境示范园。

二、突出特色工作，打造“魅力掇刀”

掇刀城乡一体化试点是省级战略，是掇刀实现科学发展跨越发展的重要机遇和路径。坚持统筹城乡发展不动摇，全面实施“1240新型城镇化”战略。以新型城镇化带动城乡一体化，力争到“十二五”末，全区城市化率达到85%，土地流转率超过60%，基本建成城乡基础配套、生产、发展、生态优美的宜居宜业宜游新掇刀。一是扮亮“宜居新城”。发挥地处荆门主城区的优势，选点突破，借市强区，快速推进全省现代服务业示范园提档升级，全面提升城市形象，把掇刀城区打造成功能更加完善、经济更加活跃、生态更加美好的核心区。二是建强“卫星新镇”。按照“都市组团、风情小镇”的定位，加快推进团林铺城镇化、农业产业化和土地集约化“三化”同步发展，重点建好双碑循环农业园等“四大片区”，争创“湖北省第六届城镇规划管理楚天杯”，打造掇刀未来的主城区。按照“产业麻城、工业重镇”的定位，建好商贸物流园和中小企业孵化园，力争全园工业年产值突破100亿元，争当“全市新型城镇化和城乡一体化建设先进镇”。三是造美“田园新村”。突出农村新社区建设，力争“十二五”末农村新社区建设完成90%以上。扎实开展“秀美家园”建设行动，确保城乡环境“一年一个样、三年大变样”。

三、突出解放思想，打造“活力掇刀”

掇刀是思想解放的产物，是一座机遇与创新造就的新城，在“五个掇刀”建设中，要进一步解放思想。一是创新开放发展理念。始终坚持“产业第一、企业家老大”理念，凝神打造“重商、诚信、法治”的投资环境，把掇刀建成吸引金凤凰的“强磁场”。二是创新政务服务机制。转变政府职能、提高行政效能，畅通项目服务“快捷通道”，让服务对象“只进一个门，只找一个人，只跑一次路，一次就办成”。三是创新借力借势路径。推进务实合作，引进更多的科技、人才和项目。以化工循环产业园为重点，树立以用为本的科研导向和评价标准，支持企业建立技术创新战略联盟，五年内建成5家以上院士工作站、博士后工作站和硕士工作站，在全区建立创新型高端人才队伍，开辟科技与金融、资本、市场尝试事例的“绿色通道”，吸引更多的科技人、学术人变身“经济人”。同时，整合掇刀的高端农科智力优势资源，把“有机蔬菜、特色畜禽、高档苗木、农产品物流、农业科研”五大基地建成全省一流，打造独树一帜的“中国农谷”掇刀品牌。

四、突出地域文化，打造“文化掇刀”

掇刀历史悠久，文化底蕴深厚，拥有响亮的“关公掇刀”名片，具有新石器遗址文化、先楚凤凰文化、三国屯兵文化、将军红色文化和生态休闲文化五大文化脉系，特色文化品牌呼之欲出。一是唱好“重头戏”。关公镇守荆州，十年屯兵掇刀，留下了丰富的人文遗迹。找准关公文化内核与社会主义核心价值观的契合点，凝铸干部群众干事创业的“发展文化”，构筑“精神高地”。“集中布局、一线串珠”，将关公文化旅游置于三国文化旅游线整体布局中规划和运作，重点建好武圣园、关公商业园项目，对景点进行串联，打造特色旅游产品。二是打好“功夫戏”。掇刀是荆门规划建设的文化中心，文化产业基础厚实。深入实施“文化产业提速”工程，重点建好以星球商业中心为圆点的文化产业集聚区，引进“世界一家”等一批重点文化项目，壮大文化产业规模，打造掇刀经济“第四极”。三是演好“地方戏”。突出掇刀文化素材丰富的优势，重点实施“拍好一部电影，写好一本书，演好一幕戏，办好一个节”的“四个一”工程，让掇刀向世界，让世界了解掇刀。四是练好“拿手戏”。

加强文化阵地建设，大力传承民俗民歌民艺，打造极富掇刀风情的特色民间文化。

五、突出民生保障，打造“幸福掇刀”

把保障和改善民生作为一切工作的起点和归宿，推动“民生大单”向“民生大餐”转化，让发展成果为群众共享。一是千方百计安排“基本民生”。稳固幸福之本，健全城乡一体的就业创业服务体系，大力实施“农民转移就业推进计划”，新建两个创业孵化基地，增设2000万元创业奖励基金，形成以创业带动就业的倍增效应。夯实幸福之基，完成全部农村薄弱学校建设，常态性开展城乡师资交流，争创全省义务教育均衡发展示范区。强化幸福之要，推进公共卫生服务项目扩面增效，实现计生卫生服务和健康教育“双百”覆盖。二是全心全意落实“底线民生”。筑牢幸福之盾，完善城乡一体的居民最低生活保单制度，城乡低保水平和救助水平始终保持在全省前列；巩固和扩大城乡医疗保险、城乡养老保险并轨融合成果，实现城乡一体化、社保一卡通、接转一条龙。保障幸福之依，实施养老服务普惠工程，在城乡社区集中建设居家养老日间照料中心，实现老有所养、老有所乐。三是竭智尽力化解“热点民生”。升华幸福之义，纵深推进全省社会管理创新综合试点，系统实施管理理念、体制机制、方法手段创新，率先建立“社会管理指数”评价体系，建强社会管理和数字化城市管理指挥中心功能，实现社会管理城乡区域全覆盖、服务领域全覆盖。把“韩显泉法律工作室”等省市综治典型示范拓展为群体效应，推动“工作室”城乡全覆盖，确保“小事不出工作室，大事不出镇（街道），隐患及时化解”。认真落实区“四大家”领导信访值周和责任包保制度，加大疑难信访维稳案件解决力度，切实抓好生产、食品、消防等领域的专项整治，不断增添社会和谐因子，实现“民生幸福全覆盖”。

样本三：京山县统筹城乡发展的战略构想

统筹城乡发展，就我县而言，在发展的思路上，仍然要坚持“兴工富县”战略不动摇，致力于推进新型工业化。一方面要积极向省市争取，落实作为被统筹对象的各项政策措施，最大限度地获取经济社会发展所急需的项目资金支持；另一方面，要因地制宜，自力更生，从实际出发，在战术上安排把城乡发展作为一个整体，科学规划，协调经济社会全面、协调、可持续发展。

一、统筹产业发展，夯实以工促农、以城带乡的经济基础

要大力调整、优化和重组现有城乡分割、关联性不强和结构趋同的产业体系，顺应城乡经济不断融合的要求，统筹规划和整体推进三次产业发展，实现产业分工一体化。到2010年，三产业增加值占比达到30%以上，三次产业结构调整为20：50：30，高新技术产业占比达到10%以上。一是优化生产力布局，形成专业化集聚。引导生态农业产业加快向随岳、兰杭高速公路沿线和汉宜公路沿线集聚，形成观光农业和生态农业专业区；引导制造业向长荆铁路和工业新城集聚，形成先进制造业专业区；引导物流业向轻机大道、人民大道干线集聚，形成现代物流专业区；引导旅游业向虎爪山、惠亭湖、温泉一带、大洪山风景区集聚，形成旅游度假专业区。二是发展现代农业，推进农业产业化。制定农业产业群发展规划，以南部生态区和沿皂当公路蔬菜观光农业带建设为载体，做大做强粮食、蔬菜、干鲜果、特种水产养殖、畜禽五大特色主导产业，大力扶持和培育国宝桥米、广东伟嘉、神地科贸、圣地乐养殖、盛昌龟业、武汉江花仁和白花菜、鑫鹏绿色食品、太阳山香栗等一批上规模、上档次的农业龙头企业，不断提高农业产业化经营水平，提高农业竞争力。三是加快发展现代服务业，努力提高三产业比重。以新市老城区和宋河工贸区为两翼，带动东部新区发展，通过统筹规划、政策引导、体制创新和加大投入，推动商贸物流、旅游文化、现代服务等行业的加快发展，不断提高三产业比重。以服务工业园区建设，提高一、二产业的专业化水平和整体效率为目标，加快运输、邮政、仓储、货运代理等企业向现代物流服务企业转型，壮大现代物流业，提高第三产业的贡献率。

二、统筹社会事业发展，形成城乡经济社会互动协调的良性格局

一是巩固深化“普九”教育成果，扩大中等职业教育普及率，建立和完善农村义务教育管理体制。加大对农村基础教育投入的倾斜力度，融合中等职业技术教育资源，到2010年中等职业教育普及率达到80%以上。二是以提高医疗卫生服务能力、完善医疗制度、加强公共卫生为重点，促进城乡卫生一体化。建立完善以县疾病防控制机构和卫生监督机构为主体，各类医疗机构和社区卫生服务机构为基础，覆盖城乡的疾病预防控制网络，进一步提高疾病预防控制体系的监测、预警能力，提高技术水平和应急反应能力，有效预防和控制各类传染性疾病，防范和处理各类突发公共卫生事件。全县城乡卫生监督覆盖率达到100%，食品卫生检测合格率达到90%以上。要建立以县医疗卫生单位为龙头、乡镇医疗单位（社区卫生服务中心）为枢纽、

村卫生室为基础的新型城乡卫生服务体系。努力构建预防、医疗康复、健康、计划生育技术指导"六位一体"的农村社区卫生服务网络，满足农村居民的卫生服务需求。三是大力提升城镇文化品位，切实夯实农村文化体育基础。积极开展文化先进乡镇、文化特色村等创建活动，重视城乡文化体育阵地建设。到2010年完成200个中心村的中老年活动中心建设；实施资源共享工程，到2010年50%的乡镇成为乡镇基层资源共享工程二级中心，80%的中心村建立连锁超市。四是大力实施科技强县战略，全面推进科技进步，促进经济增长方式的转变。积极引导科技资源向农村流入，提升农村科技进步水平，促进科技资源合理配置。优化科技发展环境，建立以企业为主体的区域科技创新体系和技术创新机制，积极推进产学研联合，加快推进政务信息化、企业信息化和家庭信息化工程，促进科技与经济的紧密结合。到2010年，科技对经济的贡献率达到70%以上。五是加强城乡基础设施建设。一方面，要抓好交通设施建设。积极配合抓好兰杭、随岳两条高速公路建设，加快县乡公路改造，提高道路等级，实现县到镇干线公路"30分钟圈"交通圈。大力实施乡村康庄工程，实现全县行政村全部通等级公路、路面"黑色化"，逐步构建更加合理的城区公交网，县到乡镇的城乡公交网和乡镇至行政村的乡村公交网三级网络，实行统一管理、资源共享。另一方面，要加快建设与农村居民日常生活密切相关的公用服务设施建设，实现城乡供水、供气、供电、排污、通信、垃圾清理等公用设施一体化。基础设施建设和公用服务设施要按照统一规划、统一布局、资源共享、分步分级实施的要求进行，防止重复建设和资源浪费。对重大产业发展项目、重大公共事业项目、重大社会发展项目，要按照功能定位，通盘考虑，统筹安排，提高资源配置效率和设施共享度。"十一五"规划中，要重点科学布局，抓紧抓好城区天然气管网、城镇垃圾污水处理工程和自来水供给工程建设，着力提高公共服务水平。

三、统筹人与自然发展，建立城乡一体的劳动就业制度、社会保障体系和生态文明

一是统筹城乡就业。到2010年，基本建立比较完善的城乡就业管理体系和公共职介服务体系，实现用工信息共享；力争在10年内基本消除城乡就业二元体系，实行统一的就业政策，实现城乡劳动者同工同酬。强化就业服务，建立乡镇、街道、社区（村）劳动保障平台，逐步建立城乡统一的就业、失业统计制度，统一的劳动用工管理制度，统一的薪酬制度。加强劳动力市场信息网络建设，形成统一的就业

信息网络体系。实施10万农民素质培训工程，提高农民素质和就业技能，加快农村富余劳动力转移。二是加强城乡一体的社会保障体系建设。加快推进城镇单位和企业职工养老、失业、医疗、工伤、生育五大社区保障制度的全覆盖。积极推行覆盖城乡的最低生活保障、失业职工基本养老保险和失业保险、失地农民基本生活保障、农村合作医疗和孤寡老人集中供养等农村“新五保”体系建设。进一步制定和完善被征地农民基本生活保障制度。改革传统的城乡社会救助体系，逐步建立城乡一体的、以最低生活保障为基础，医疗、教育和其他多种帮扶机制为辅助的社会救助体系。三是加快城乡生态环境建设与保护。按照建设生态京山的要求，进一步加大生态建设和环境保护力度，加快生态乡镇、生态村建设；大力发展生态经济，改善生态环境，繁荣生态文化，促进人与自然和谐发展。国土、水利、农林、城建、交通、环保等各有关部门要根据各自的职责，每年确定和开展一批生态示范点、项目的建设和验收。按“资源—产品—再生资源”的要求建立循环经济体系，鼓励企业开展清洁生产审核和ISO14000认证，创建绿色企业。大力开展农村环境综合整治。强化矿产资源开发的生态恢复责任制，按照控制总量、合理布局、综合防治、生态修复的方针和“谁开发，谁保护；谁破坏，谁恢复；谁利用，谁补偿”的原则，签订矿山自然生态环境治理责任书，积极恢复矿产资源开发区的生态环境。依托我县特有的生态资源，加快建设无公害、绿色、有机农产品基地和生态农业示范园，同时全面推进能源、原材料、水、土地等资源的节约工作。

四、统筹体制改革，形成与市场经济体制相适应的城乡统一经济社会体制

一是建设公共财政体制，增加农村农业投入。要进一步落实对农业“多予、少取、放活”的方针，把支持农业和农村经济发展摆到更加突出的位置。以农业产业化发展、人畜饮水解困工程、退耕还林工程、农业综合开发等项目为重点，增加对农业和农村经济的投入；逐步把公益事业发展和公共设施建设纳入财政支出范围，重点扶持农村公共基础设施、农业基础设施、农业科技、农村基础教育、农村文化、农村社会保障、农村卫生防疫和医疗救治等，理顺和规范乡镇财政体制，建立和完善农村基层政权运转的财力保障机制。二是完善农村土地制度。坚持长期稳定并不断完善以家庭承包经营为基础、统分结合的双层经营体制，依法保障农民对土地承包的各项权利。鼓励和支持农民按照“依法、自愿、有偿”原则，采取出租、入股、质押、置换等方式流转农村土地承包经营权，发展农业适度规模经营。积极探索发

展以土地承包经营权入股为主的股份合作经济，为农民离乡创造条件。允许农村集体组织采用以土地入股方式参与水利、交通等项目的开发建设。三是深化农村金融改革，积极引导银行、信用社、保险资金和社会资金投向农业和农村。加快农村信用社管理体制改革，将其办成由农民、农村工商户和各类经济组织入股，服务“三农”、支持县域经济发展的社区性金融机构。建立农业贷款担保机制，鼓励各地发展形式多样、产权多元化的农贷担保机构，实行动产、仓单和权益质押等多种担保方式，解决农民、农业龙头企业和农民专业合作经济组织贷款难问题。四是深化乡镇行政管理体制改革，努力提高农村行政管理效率和服务水平。推动乡镇行政管理体制改革，强化乡镇政府的社会管理和公共服务功能。妥善处理镇村负债问题，逐步化解不良债务。依法界定农村集体经济组织的集体资产所有权归属，理顺农村集体经济组织和村委会的关系，逐步实行“村企分开”“村社分账”，健全财务公开、民主管理、审计监督等各项制度，促进农村集体经济管理走上制度化、规范化、法制化轨道。

二、三篇习作的基本情况

（一）三篇习作相同点多，可比性强

一是文体相同。都是发展战略研究。

二是思维层次相同。作者都是县市区委书记。

三是题材十分接近。都是研究县域经济社会发展问题。

四是研究的时间跨度相同。都是 5 至 10 年发展战略。

五是篇幅都不大，2500 ~ 4000 字。

（二）三篇习作的不同点

表面上看，一是在题材上《五》文为新农村建设，《掇》文为全区经济社会发展，《想》文为城乡统筹发展，略有不同。

二是在时代背景上，《五》《想》二文早 5 年，《掇》文晚 5 年多点时间。

1. 《五》文的基本情况

为了贯彻落实党的十六届五中全会精神，《五》文为一个县未来 5 ~ 10 年的新农村建设，绘制了一幅“路线图”，其主题选择，观点确立都没有问题；导语开宗明义，直击主题，颇有高屋建瓴、势如破竹的气势；所列“减少”“集聚”“建设”“教育”“管理”5

个要点，也很有道理。全文2500字，可谓篇幅短小；分五块，分别为“要做好‘减少’文章”“要做好‘集聚’文章”“要做好‘建设’文章”“要做好‘教育’文章”和“要做好‘管理’文章”“五要”，也算得简明扼要。问题就在于内容太单薄、太简单，太表面。一个县，数十万农村人口，2000多平方千米国土面积，5 ~ 10年新农村建设，到底建设成一个什么样子？采取什么办法建设？分几个步骤，几个阶段，文中几乎都没有明确交代，更没有具体谋划；作者胸中无数，读者一头雾水。全文实为一个空壳。具体问题和不足，待后边细究。关于大标题中“五个文章”，量词使用不当，文章论“篇”不论“个”。在这里用“篇”也不合适，新农村建设才是一篇大文章，不能说“做好五篇文章”，再做好新农村建设这篇文章；用“段”和“节”有点俗气，也不合适。文章可以称“块”，唐代大诗人李白有“阳春赐我以烟景，大块假我以文章”的名句；古今都有人习惯地把文章的大段称为“块”，改为“做好五块文章”是说得过去的。

2. 《掇》文的基本情况

为了贯彻落实中共湖北省委第十次代表大会精神，面对“黄金十年”大好机遇，全区上下解放思想，砥砺奋进，奋力实现“打造工业新区，建设宜居新城，率先实现城乡一体化”目标，开辟跨越崛起新天地。全文5块，3000字；作者总览全局，高瞻远瞩，用“五突出、五打造”描述了掇刀区未来5 ~ 10年经济社会全面发展的五大新谋略，使人耳目一新。

3. 《想》文的基本情况

为了贯彻落实中共十六届三中全会精神，《想》文为湖北省京山县5 ~ 10年的统筹城乡发展绘制了一幅“路线图”。文章开宗明义，明确在发展思路上仍然坚持“兴工富县”战略不动摇的基础上，在战术上把城乡发展作为一个整体，科学规划，协调推进，逐步形成以工促农、以城带乡、城乡互动的发展格局，实现京山县经济社会全面发展。全文4000来字，叙述了“统筹产业发展，夯实以工促农、以城带乡的经济基础；统筹社会事业发展，形成城乡社会互动协调的良性格局；统筹人与自然发展，建立城乡一体的劳动就业制度、社会保障体系和生态文明；统筹体制改革，形成与市场经济体制相适应的城乡统一经济社会体制”“四个统筹”，一气呵成，力透纸背，掷地有声。

三、样本比较

（一）《五》文的“四个没有”

读完《五》文导语，再往下看，可能就很难让人信服和认同导语的主张。主要因为全文明显存在“四个没有”的毛病：

第一，没有充实、厚重的内容材料。全篇内容浅显单薄，没有中长期发展战略文章那种必备的冲击力和厚重感。这一点，只要看看放在文章首页的第一块就明白了。

〔《五》文第一块〕

一、要做好“减少”文章。所谓“减少”，就是有效地减少农民总量，引导农民跳出农门、走出农村，弃农务工、弃农务商，走进城镇、走进市场。只有农村人口减少了，所占比重下降了，农民收入才会进一步提高。这是大势所趋，也是必由之路。减少的根本办法在于农民的转移，转移的根本措施在于农民的培训。近年来，我县大力实施“阳光工程”，努力提高农民就业技能，着力拓展就业空间，引导农民有序向县城和小城镇集中，收到了较好的效果。2005 年全县共完成农村劳动力引导性培训 1 万人，“阳光”工程示范性转移培训 14106 人，实现就业 3057 人。省、市分别在我县召开现场会，肯定了我县的做法。今后，我们将继续把农民培训作为一件大事来抓，采取广播电视讲座、举办各种培训班、典型示范、免费与自费学习培训相结合等多种形式，提高培训的针对性和实用性，确保农民学得到技术、就得了业、挣得来钱，在城镇居住安得了心。

《五》文第一块“一、要做好‘减少’文章”，先介绍什么是减少及减少的理由，再用本块 1/3 的篇幅讲减少的方法和减少的典型，接着就肯定了“转移的根本措施在于农民的培训”。2005 年共培训 14106 人，实现就业 3057 人，就业率仅占 21.67%，还被省、市开会肯定了，于是，今后就“继续把农民培训作为一件大事来抓”；于是，这未来 5 ~ 10 年的“减少”文章也就做好了。仅仅这么一点点单薄的思想内容，这 5 ~ 10 年的“减少”文章，还有新农村建设的整体文章就当真能够做好吗？应该说，这种可信度是不高的。后边第三、四、五各块文字均不超过 330 字，内容的浅显单薄，比第一块还甚，其苍白无力可想而知。最长的第二块也只560字，其中用120字介绍土地集聚，150字讲建设养殖小区，占了本块文字的一半，剩下的就笼而统之地讲"下阶段"十几个字就做好"集聚"文章了，这哪里会有多大说服力呢？实事求是地说，一个县的"集聚"文章，应该是多么复杂厚重的大块文章呀！它千头万绪，涉及方方面面，绝不是一两句话，十几个字说得明白的。并非字数少，就绝对不能深刻揭示主题，但主题思想的深刻揭示，一般来说，要以充实丰厚的内容材料作支撑。否则，其可信度就会大打折扣了。

《掇》文全文"五个突出"，条条内容充实、丰厚，给掇刀5～10年的发展战略奠定了坚实基础。比如第一块突出石化产业，打造"化工掇刀"，以500字浓墨重彩，描绘了辖区内拥有全省最大的石化企业——荆门石化总厂和荆门化工循环产业园，产业链头和园区载体的优势双重叠加：

把准荆门石化1000万吨炼油扩能工程上马的契机，将主要精力、优势资源、优惠政策向园区倾斜，推动化工循环产业园聚变式发展。一是坚持"大建园区、建大园区"。大手笔编制完成27平方千米范围内的各项规划，形成科学完善的大园区规划体系，实现布局上功能分区、生产"配套随着规划走"，超前完善水电路网等基础设施。二是坚持"大建项目、建大项目"。大力实施"产业倍增计划"，精心绘制石油化工、煤化工、精细化工三条产业链图谱，紧盯"国字头""亿字号"企业，按图索骥，狠抓落地，力争到"十二五"末，基本实现"项目满园"，顺利完成"千亿园区、千亿产业、千亿企业，百亿税收"的目标，把园区建设成区域最具发展潜力、最适合项目壮大、最利于资本成长的热土宝地。三是坚持"大搞服务、搞好服务"。设法为业主搭建融资、创业和服务三大平台，在提升业主"满意指数"中创优环境，增强实力，把园区打造成全省化工产业精品园、循环经济样板园、体制创新先进园和投资环境示范园。

第二，没有成熟、完整的中长期战略发展思路。简直可说是没有思路，尤其没有战略整体思路。就看这个首当其冲的第一块吧，在未来5～10年的新农村建设中，全县到底怎么减少农民，就完全没有成熟、可行的整体思路。5～10年，可是个不短的时间段。5～10年，减少农民的路到底怎么走，第一步怎么走，第二步怎么走，这都要有个成熟、可行的路线图给予明确指导指引的。然而，《五》文第一块基本上没有一个成熟、可行的整体思路，仅有一句“转移的根本措施在于农民的培训”。接着就讲怎么抓培训，2005年怎么培训，今后再怎么培训；只要抓培训，就把全部“减少”文章做好了，这是很不够的。一个县，2000多平方千米国土面积，100多万亩耕地，数十万人口；党政财文，几十个部门齐全；第一、二、三产业，数万家企业具备，无论从长远还是从近期都是一个战略作战的实体。党中央的建设社会主义新农村的号召，对一个县来说，实际就是未来5～10年经济社会发展的一个最好的切入点和关节点。《五》文提出一个县未来5～10年新农村建设的路线图，连一个成熟、完整的战略发展思路都没有，其指导和引导作用就叫人怀疑了。近年来，类似《五》文的战略构想文章，作为调研文章的一个重要文种，大量涌入媒体，使人大开眼界。与之比较，《想》文就大不一样。比如其第三块：

三、统筹人与自然发展，建立城乡一体的劳动就业制度、社会保障体系和生态文明

一是统筹城乡就业。到2010年，基本建立比较完善的城乡就业管理体系和公共职介服务体系，实现用工信息共享；力争在10年内基本消除城乡就业二元体系，实行统一的就业政策，实现城乡劳动者同工同酬。强化就业服务，建立乡镇、街道、社区（村）劳动保障平台，逐步建立城乡统一的就业、失业统计制度，统一的劳动用工管理制度，统一的薪酬制度。加强劳动力市场信息网络建设，形成统一的就业信息网络体系。实施10万农民素质培训工程，提高农民素质和就业技能，加快农村富余劳动力转移。二是加强城乡一体的社会保障体系建设。加快推进城镇单位和企业职工养老、失业、医疗、工伤、生育五大社区保障制度的全覆盖。积极推行覆盖城乡的最低生活保障、失业职工基本养老保险和失业保险、失地农民基本生活保障、农村合作医疗和孤寡老人集中供养等农村“新五保”体系建设。进一步制定和完善被征地农民基本生活保障制度。改革传统的城乡社会救助体系，逐步建立城乡一体的、以最低生活保障为基础，医疗、教育和其他多种帮扶机制为辅助的社会救助体系。三是加快城乡生态环境建设与保护。按照建设生态京山的要求，进一步加大生态建设和环境保护力度，加快生态乡镇、生态村建设；大力发展生态经济，改善生态环境，繁荣生态文化，促进人与自然的和谐发展。国土、水利、农林、城建、交通、环保

等各有关部门要根据各自的职责，每年确定和开展一批生态示范点、项目的建设和验收。按“资源—产品—再生资源”的要求建立循环经济体系，鼓励企业开展清洁生产审核和ISO14000认证，创建绿色企业。大力开展农村环境综合整治。强化矿产资源开发的生态恢复责任制，按照控制总量、合理布局、综合防治、生态修复的方针和“谁开发，谁保护；谁破坏、谁恢复；谁利用，谁补偿”的原则，签订矿山自然生态环境治理责任书，积极恢复矿产资源开发区的生态环境。依托我县特有的生态资源，加快建设无公害、绿色、有机农产品基地和生态农业示范园，同时全面推进能源、原材料、水、土地等资源的节约工作。

《想》文这一块虽未像《五》文明确提出减少农民，但实际上是把如何减少农民作为一个重点内容在抓，它与《五》文最大的不同点是对于如何减少农民有一个比较成熟、完整的发展思路，即路线图：一是统筹城乡就业。展开写了“用工信息共享”“统一的就业政策”“统一的就业、失业统计制度”三个制度和“实施十万农民素质培训工程”等多项具体措施。二是加强城乡一体的社会保障体系建设。又展开写了覆盖城乡的“新五保”体系建设，进一步制定和完善被征地农民基本生活保障制度，改革城乡社会救助体系和逐步建立城乡一体的医疗、教育和其他多种帮扶机制为辅的社会救助体系等。第三小条就不说了。不难看出，《想》文的构想，比《五》文要完整深刻得多，可信度也高不少。

第三，没有严密严谨的逻辑联结和联系。《五》文五块文章，各自为政，很少或者说是基本上没有逻辑联结。“减少”“集聚”“建设”“教育”“管理”，五者之间到底有没有联系？到底是什么关联？到底谁轻谁重，应该谁先谁后？建设新农村，是不是开篇就要减少农民？把减少放到第一位？减到哪里去？行得通行不通？所有这些，都有点叫人摸不着头脑。不是叫人将信将疑，而是有点难以置信。这各自为政的五块，一看就明白，结构图都无须画，可说无所谓逻辑联结。

有比较才有鉴别，有鉴别才能提高。为此，不妨将《想》文的结构分列如下：

- 我县统筹城乡发展的战略构想
  - 导语
  - 1. 统筹产业发展，夯实以工促农、以城带乡的经济基础
    - 一是优化生产布局，形成专业化集聚；
    - 二是发展现代农业，推进农业产业化；
    - 三是加快发展现代服务业，提高第三产业比重。
  - 2. 统筹社会事业发展，形成城乡经济社会互动协调的良性格局
    - 一是巩固深化“普九”教育成果，扩大中等职教普及率；
    - 二是提高医卫服务能力，促进城乡卫生一体化；
    - 三是提升城镇文化品位，夯实农村文化体育基础；
    - 四是实施科技强县战略，全面推进科技进步；
    - 五是加强城乡基础设施建设。
  - 3. 统筹人与自然发展，建立城乡一体的劳动就业制度、社会保障体系和生态文明
    - 一是统筹城乡就业；
    - 二是加强城乡一体的社会保障体系建设；
    - 三是加快城乡环境建设与保护。
  - 4. 统筹体制改革，形成与市场经济体制相适应的城乡统一的经济社会体制
    - 一是建设公共财政体制，增加农村农业收入；
    - 二是完善农村土地制度；
    - 三是深化农村金融改革，积极引导银信保险投资农村农业；
    - 四是深化乡镇体制改革，提高农村行管效率和服务水平。

从上图不难看出，第一个统筹是“基础”；第二个统筹是在第一个统筹基础上形成“互动协调的良性格局”；第三个统筹是由经济社会到人与自然的协调发展；第四个统筹是保障，是前三个统筹的保证措施，内容充实丰厚，结构严密完整。文章的冲击力和感染力跃然纸上。

为了把文章逻辑结构问题搞透一点，还可举湖北省委政研室《政策》杂志 2012 年第 8 期刊载的丁小强《激情迈向建设“强而优中等城市”新征程》加以说明。为了描述湖北省赤壁市未来10年的新征程，该文接连用了六个“着眼于”：着眼于“新”，突出解放思想；着眼于“快”，突出区域协作；着眼于“强”，突出项目建设；着眼于“好”，突出城乡统筹；着眼于“优”，突出改进民生；着眼于“实”，突出强基固本。依次从解放思想，写到区域协作，再到项目建设、城乡统筹、改进民生；从思想理念，写到地理位置，到具体项目，再到城乡、民生问题，最后写保障措施，结构严谨，布局合理，真无懈可击。

第四，没有突出抢眼的聚焦点。“减少”“集聚”“建设”“教育”“管理”，各是各，没有用“一根线”给串起来，没有聚焦点。前边讲的赤壁市的“新征程”

不用说了，《掇》文的“新谋略”中的五个“突出”和五个“掇刀”也是一线穿珠，光彩照人，十分抢人眼球。我前几年读过的《建设新农村要在“新”字上做文章》一文，它写了如何构建新农业、发展新工业、建设新村镇和培育新农民“四新”，用一个“新”字聚焦，联结全篇，珠联璧合，使我至今不忘记，记忆犹新。

比较起来，《五》文作为一个县的未来 5 ~ 10 年新农村建设的路线图，是很逊色的。《五》文与《掇》文都是 2500 ~ 2700 字的短文，效果却如此之大，关键不在于篇幅大小，而在于内容充实，重点突出，特色鲜明，结构严谨，有说服力。

（二）导致《五》文“四个没有”的原因

除了其他主客观因素，一是缺乏全面深入的调查。全文信息量不足，没能给读者提供多少有价值的信息材料。

二是缺乏深入细致的分析研究。信息资料的少而且浅，使作者要想深入细致地分析研究也无从着手。

三是缺乏严谨缜密的创造性思维。绘制一幅 2000 多平方千米的一个县域范围 5 ~ 10 年的经济社会发展路线图，这本身就千头万绪，是一项庞大的系统工程，没有严谨缜密的创造性思维是不行的。我们看了《掇》文、《想》文的正文和结构图等，就知道它们的成功得益于严谨缜密的创造性思维。这一点，可能也正是《五》文所没有的。

然而，话说回来，如果拿了《五》文这一稿，有的报刊在实在缺少这方面文章的情况下，给予全文发表也是可能的。好在它内容新、篇幅短，一则满足了用稿的需要，尤其是配合宣传贯彻十六届五中全会精神的需要；二则也不枉作者写了一回，花费了一定的心思。至于效果，那就是另一回事了。

（三）克服和避免《五》文毛病的措施

第一，要吃透“三头”。一是认真学习党的路线、方针、政策，吃透“上头”，主要是党中央关于建设社会主义新农村的“二十字”方针，真正搞清楚什么是“生产发展、生活宽裕、乡风文明、村容整洁、管理民主”。

二是广泛了解周边县市及沿海先进地区乃至国外新农村建设的情况，吃透“外头”，比如，韩国新农村建设的经验就值得借鉴。

三是深入调查了解本地县域范围内有关新农村建设的方方面面的情况，包括历史、现状，经济、社会，人文、环境，等等，掌握尽量多的有用信息资料，达到“吃透”的标准。

第二，要解决好发展战略研究的能力素质问题。毛泽东在《关心群众生活，注意工作方法》一文中说过，要想过河，首先就要解决好船和桥的问题。发展战略研究的能力素质就是跨越发展战略研究这条河的船和桥了。

发展战略研究与我们过去所进行的许多调查研究既有不少相同之处，又有很多不同之点，它需要更多地凭靠对未来较长时间内四维空间的想象能力和创造性思维能力，需要更多的整体构想和分项设计；在文字驾驭上，要求也更高一点。由于制定高质量的战略发展路线图关系重大，可以借助外力，邀请外部专家或采取联合协作办法，进行发展战略研究，共同绘制 5 ~ 10 年新农村建设路线图。

第三，要高瞻远瞩，整体构思。站在县域经济社会中长期发展的宏观高度，全方位、多侧面深思熟虑，并在此基础上，突出重点，抓住特色，整体构思，分项设计，精心装配，紧密联结，做到首尾呼应，无懈可击。或者全面修改《五》文，或者另起炉灶，重新撰制完整、成熟、高质的新农村建设战略构想。

一篇成功的发展战略研究文章或一个成功的战略构想，对于一个地区、一个民族、一个国家，至少会管用几年、十几年；长的，可能是几十年。1986 年，中共荆门市委政研室成立不久，笔者执笔，结合荆门实际，最先为政研室撰写了《发展与大中型企业联合加快荆门经济建设步伐》一文，给荆门经济建设提出了五条战略构想，当年，除了给荆门市委、市政府提供了一定的参考外，还被全省横向经济联合理论研讨会采用。20 多年后的今天来看，这篇文章所提构想，基本上与荆门经济这一时期的发展轨迹相吻合，可说是为荆门经济发展绘制过一幅较好的“路线图”了。比如“利用资源优势，以大中型企业为骨干，建立联合企业群体；开发拳头产品，以大中型企业为龙头，发展一条龙联合生产；开展智力联营，以大中型企业为主体，建立科技协作网络”等当年的设想，现在都已成为现实。此文的作用仅在于荆门地区的一小段时期而已，当然微不足道了。

古往今来，成功的战略构想为数不少，其中有些还成了千古“绝唱”。三国时诸葛亮的《隆中对》，也可称“隆中构想”，成为蜀汉王朝刘先主的国策，用了 40 年之久，对蜀汉成为三国鼎立中的一国发挥了重要作用。在元末农民战争中，朱元璋认真实施徽州老儒朱升给他提出的“高筑墙，广积粮，缓称王”的战略构想，历经10多年艰苦卓绝的征战，最终统一了华夏大地。20世纪20年代末、30年代初，为了回答中国新民主主义革命道路怎么走的问题，毛泽东先后撰写了《中国的红色政权为什么能够存在？》《井冈山的斗争》《星星之火，可以燎原》等著作，在对中国新民主主义革命一些基本理论问题进行深刻探索的基础上，逐步形成了“农村包围城市武装夺取政权”的战略构想。后经近20年的国内革命战争、抗日战争和解放战争，最终夺取了中国新民主主义革命的胜利。谁知30年后的80年代，中国经济体制改革再次采取“农村包围城市”的策略，取得了惊人的成功。20世纪70年代，毛泽东提出的“三个世界”划分理论等对世界形势的发展产生极为重要和深刻的影响。邓小平提出的“一国两制”构想，既使香港、澳门顺利回归祖国，又是台湾回归，实现祖国统一大业的战略指导方针。随着经济社会的发展和科技的进步，地球村越来越小，发展战略研究也越来越重要。仅近些年，各种各样的计划、规划、构想，层出不穷，使人眼花缭乱。在国际上，不少国家和地区都有自己的“全球战略（计划）”“太空计划”之类；在国内，什么“863计划”“星火计划”“科技兴国战略”，等等，不计其数。但凡是好的、成功的发展战略研究，都有能给人以启发和运用的价值，是千万不可小觑的。

所以，在当前情况下，作为调研、政研人员，加强学习锻炼，提高发展战略研究能力是十分重要和紧迫的，千万放松不得。

阅读书目

[1] 吕义斌．拔刀崛起新谋略．政策．2012，11．

[2] 赵志斌．京山县统筹城乡发展的战略构想．荆门研究．2005．

[3] 陈方柱．怎样写好调研文章．北京：中国言实出版社，2007．

第十二讲　比较两篇纪检监察先进集体典型材料

——兼谈“虚工实做”与三分二化法及其应用

2012年10月，某大学纪检监察部门一位年轻干部发给我两篇纪检监察先进集体典型材料，一篇是这位年轻纪检干部起草的《××省教育系统纪检监察先进集体申报材料》（简称《申》稿），另一篇是这位干部提供的与《申》文比较的，长沙市国家税务局“全国税务系统纪检监察先进集体典型材料”《责任重于泰山工作只争朝夕》（简称《朝》文）。他说，他是一名研究生毕业的新兵，他写《申》文几稿，连依样画葫芦，也未能让领导满意，只好找我指导指导。

我看过两文后，对他说，你的领导对《申》稿几稿均不满意是有道理的，《申》稿与《朝》文的差距明显，主要是它无角度，事实少，思想浅，结构散。调研文章主要用事实说话，就事论理，以理服人。典型材料也是如此。事实少，必定思想浅，既无理论深度，又无实践力度，领导不满意在所难免。

有比较才能有鉴别，有鉴别才能有提高。为此，我特别对这两文进行一些比较研究，还联想起有关“虚工实做”和三分二化法创立及其运用的情况，给那位研究生纪检干部和有类似困惑的同志，提供一些更新的参考。

一、样本

样本一：××省教育系统纪检监察先进集体申报材料

近年来，××大学纪委以邓小平理论和“三个代表”重要思想为指导，牢固树立和落实科学发展观，坚持标本兼治、综合治理、惩防并举、重在预防的方针，坚决贯彻落实党中央和部省党风廉政建设的各项决策部署，围绕学校改革发展稳定大局，以党风廉政建设责任制为抓手，以惩防体系建设为主线，全面履行组织协调职能，大力加强自身建设，为学校科学发展提供重要保障。三年来，全校未发生一起影响较大的案件。“×× 大学纪检监察网站”于2009年被评为全国“十佳校园廉洁教育主题网站”“人气50强网站”。2009年来，共有18件作品在全省教育系统“廉政文化活动周”中获奖，其中一等奖4项，二等奖8项，三等奖12项。2010年撰写的《高校组织人事工作风险防范预防调查》调研报告获 ×× 市“争创无职务犯罪单位”预防调查优秀奖。获得2009 ~ 2011年鼓楼区“无职务犯罪”先进单位荣誉称号。

一、责任为重，落实党风廉政建设责任制

近年来，学校纪委积极探索落实党风廉政建设责任制的有效途径，做到“四个到位”，保证党风廉政建设责任制落到实处。

领导重视到位。成立了由党委书记、校长任组长，党委副书记兼纪委书记任副组长，全体校领导为成员的反腐倡廉建设工作领导小组，担负起反腐倡廉建设的政治责任。学校党委自觉履行党风廉政建设责任主体职责，认真落实党风廉政建设领导体制和工作机制，把党风廉政建设与学校党政工作一起部署、一起落实、一起检查、一起考核。班子成员注重加强自身建设，严以律己，主动接受纪委和群众的监督，发挥了表率作用。

责任落实到位。新提拔领导干部上任前，纪委书记和分管校领导都对其进行任前廉政谈话，并签订《中层干部廉政承诺书》。学校所有院（系）党政领导班子、各职能部门和各级领导干部都按照“一岗双责”和“谁主管，谁负责”的原则，认真执行党风廉政建设责任制，形成了权责明晰、逐级负责、层层落实的二级单位反腐倡廉建设责任体系。

安排部署到位。纪委每年年初向党委汇报上年度工作总结和本年度工作计划，协助党委结合教育部和 ×× 省教育纪检监察工作会议精神和文件要求，专题研究年度反腐倡廉工作，组织召开“×× 大学反腐倡廉建设工作会议”。对年度反腐倡廉建设任务进行总体部署并列入年度工作要点，根据学校总体工作部署，将年度党风廉政建设任务分解到各部门和各学院。

监督考核到位。纪委负责起草了《×× 大学落实党风廉政建设责任制实施办法》和《×× 大学党风廉政建设考核办法》，健全检查考核机制，年初下达目标任务，日常进行过程检查，年终集中进行考核，将党风廉政建设作为年终考核的一个重要

组成部分进行单独考核，并实行一票否决制。

二、教育为先，营造风清气正廉洁氛围

几年来，通过增强反腐倡廉教育的“四力”，努力构筑拒腐防变思想和道德防线。

构建“大宣教”工作格局，增强教育的协同力。纪委会同宣传部建立有组织、人事、学工、团委、工会等部门共同参与的反腐倡廉宣传教育联席会制度，各部门各司其职，齐抓共管，形成合力。

坚持“因人施教”方针，增强教育的说服力。把各级党员领导干部作为教育的重点，结合社会主义荣辱观教育、学习实践科学发展观、学习《廉政准则》和教育部“十不准”等活动，深入开展理想信念、廉洁从政和党风党纪教育；加强对重要岗位、重点部位工作人员法律法规、工作制度和工作纪律等内容的教育，树立遵纪守法观念，增强拒腐防变意识；在广大教师中实施以廉洁从教和学术道德为主要内容的师德师风建设；在大学生中广泛开展诚信教育、职业道德和学术道德为主题的系列教育活动。

组合各类教育形式，增强教育的辐射力。一是集中教育。每年年初组织召开“反腐倡廉建设工作会议”，学习上级文件精神，部署学校年度反腐倡廉建设工作；举办“新任处级干部培训班”，专题宣讲反腐倡廉要求。二是日常教育。通过专家报告会、知识竞赛、组织参观反腐倡廉成果展、组织干部到监狱进行警示教育等多种形式，积极开展日常教育。三是网络教育。通过发送“廉政邮件”，做到勤打招呼，常鸣警钟。

推进廉洁文化进校园，增强教育的渗透力。在校内建设了反腐倡廉教育基地和廉洁文化景点，充分发挥文化的教育、示范、熏陶和导向作用。每年纪委会同有关部门举办“廉洁文化进校园活动周”，在师生中广泛开展廉洁征文、书画、短信、廉政影视作品观后感等竞赛活动，通过有形的创建活动，形成无形的辐射力和渗透力，营造浓厚的校园廉政文化氛围。

三、制度为基，提高反腐倡廉科学化水平

通过“两个围绕”，推进制度建设，坚持用制度管权、管人、管事，规范权力运行。

围绕惩防体系制度建设要求推进制度建设。对照中央惩防体系制度建设的总体要求以及三部委意见的具体任务，全面梳理学校既有的各项制度，建立健全存在空白环节的制度，修订完善存在漏洞和缺陷的制度，几年来，共协助党委四次召开全校制度建设汇报、推进会，共修订、新建各项惩防体系制度30余项，基本完成了惩

防体系建设中的制度建设任务。

围绕对制度执行情况的督察推进制度建设。通过对二级单位落实《廉政准则》、执行“三重一大”、清理“小金库”、校务公开、院务公开、科研经费使用等专项检查以及对二级单位开展巡视工作，督促各单位严格按章办事。通过参与招生录取监督、招投标监督、干部选拔任用监督等事项，加强对各权力运行部门执行制度情况的监督。年终对二级单位开展党风廉政建设专项考核时，通过自评、群众测评以及考核组考评，综合评价各单位党风廉政建设情况，并将考核意见反馈给各单位，强化领导干部严格执行各项制度的自觉性。

四、监督为要，切实保障权力规范运行

以规范和制约权力为核心，四“动”合一，全面履行监督职能。

在贯彻落实中央、部省重大决策部署上，积极推动。近年来，围绕贯彻落实《关于实行党风廉政建设责任制的规定》《中国共产党党员领导干部廉洁从政若干准则》《直属高校党员领导干部廉洁自律“十不准”》《教育部关于进一步推进直属高校贯彻落实“三重一大”决策制度的意见》等重要文件精神要求，认真进行自查自纠，开展对二级党委执行情况的检查和整改，积极做好迎接教育部检查的准备工作，对检查组反馈的意见认真整改。加强对国家、江苏省优势学科平台建设等重大教育项目配套资金安全使用情况的监督检查，协助有关部门开展“小金库”的专项检查工作，并完成财务检查中有关问题的调查处理工作。确保中央重大教育政策的执行力和公信力。

在对重点部位、关键环节监督管理上，把握主动。推进招生“阳光工程”，进一步规范特殊类型招生程序，加强对测试等关键环节的监督，严把招生录取关。每年参加基建工程、物资采购监督活动300多次，有效防止发生各种不廉洁行为，规避了采购风险。通过干部任期内述职必述廉，述廉必评廉、民主生活会、领导干部个人事项报告等形式，把好使用关，自2009年开展领导干部个人事项报告制度以来，共有700余人次按要求报告个人重要事项；干部任期结束，通过学校审计部门对负有经济责任者实施离任审计，把好离任关。

在廉政风险防控管理工作上，试点带动。2010年，以学校基建工作为试点，制定了《×× 大学基建处廉政风险防范管理试点工作实施方案》，探索建立廉政风险防范预警机制。对基建处工作岗位和工作环节中可能产生腐败问题的潜在危险及其危害进行全面排查，在风险点排查的基础上加强风险防范制度建设，从而形成风险预防和控制体系，有效控制和化解廉政风险，从源头上预防腐败。2012 年在认真总结基建处廉政风险防范管理试点经验的基础上，在全校范围内开展了深入推进廉政风险防控工作，将廉政风险防控延伸至学校权力运行的重点部位关键环节，开展有针对性的廉政风险防控工作。

在共同预防职务犯罪工作上，“校检”联动。2010 年、2011 年分别与 ×× 市 ×× 区检察院、×× 区检察院签订了预防职务犯罪“校检共建”协议，共同建立健全预防职务犯罪长效、互动的工作机制和经常性的教育机制，构筑预防职务犯罪的坚固屏障。针对近几年学校 ×× 校区基建工作上马项目多的情况，充分利用与驻区检察院建立的校检合作机制，积极开展工程建设投标方诚信档案查询工作，并和检察院开展在建基建大型开工项目“廉洁工程”共建活动。

五、惩处为戒，做好信访、案件查处工作

认真扮好两种角色，畅通信访举报渠道，严肃查处违纪违规案件，促进了学校和谐稳定。

一是扮好人民群众的“贴心人”，积极做好信访工作。首先是有章可循。制定了《×× 大学纪检监察信访工作管理办法》，明确了信访工作程序和方法，进一步加强对信访工作的过程管理，规范有序地开展工作。其次是拓宽渠道。在校内设立了 4 个“举报信箱”，在学校门户网站和纪检监察网站分别设立了“电子举报信箱”，公布了“举报电话”，配备了传真机，形成了校园、网络、电话、传真和热情接待来人来访的全方位信访工作格局。最后是认真回复。2009 年来，纪委共处理信访件 61 件，按照“事事有结果、件件有着落”的要求，对有调查线索的信访件，逐一进行调查核实。

二是扮好党纪国法的“守护者”，依法依纪查处案件。纪委按照“事实清楚、证据确凿、定性准确、处理恰当、手续完备、程序合法”的办案方针，对涉嫌犯罪行为，积极配合司法机关办案，对一般违纪违规行为，从“保护、惩处、监督、教育”的角度出发，正确把握政策，妥善处置。充分发挥查办案件的治本功能，做到“查处一个案件，教育一批干部，健全一套制度，促进一项工作”。三年来没有发生影响较大的案件。

六、履职为重加强纪检监察干部队伍建设

注重“内外兼修”，加强组织协调，抓好自身建设。

对外，全面履行组织协调职责。一是增强组织协调的主体性。着力处理好牵头协调和各司其职的关系，集中精力抓好对重大决策部署执行情况的监督检查，推动大政方针政策的落实；集中精力抓好大案要案查办工作的组织协调，充分发挥各相关部门的职能作用，提高办案质量和效率；集中精力抓好党风廉政建设责任制落实情况的检查考核，加强责任追究，推动责任制的落实。二是增强组织协调的主动性。主动协助党委研究部署反腐倡廉工作并主动争取校党委、行政对纪检监察工作的领导，工作谋划上，既立足长远做好学校 2008 ~ 2012 年惩防体系建设规划，又要立足当前制订好每年年度工作计划，做到战略与战术的有机结合。三是增强组织协调的统筹性。既注重与组织、人事、审计、财务部门的协调，也注重与兼职纪检员、党风廉政监督员协调。既强化党内监督，发挥党风廉政责任制、述职述廉等监督作用，又要善于发挥群众监督作用，调动广大师生参与反腐倡廉建设的积极性。

对内，逐步规范管理、加强业务培新。一是人员设备到位。学校目前配备专职纪检监察人员 10 名（其中校本部 6 名，×× 校区 4 名），兼职纪检监察人员 16 名（每个二级党组织都配备 1 名兼职纪检员），还从各民主党派中聘请了 13 名党风廉政监督员。配备了相机、保险箱、传真机等办公设备。二是岗位职责明确。制定了《中共 ×× 大学纪律检查委员会工作制度》《中共 ×× 大学纪律检查委员会工作职责》《中共 ×× 大学纪委办公室、监察处工作职责》《×× 大学兼职纪检员工作职责》和《×× 大学党风廉政监督员管理办法》，以文件形式明确了纪委工作人员、兼职纪检员和党风廉政监督员的不同职责。三是加强业务培训。近年来陆续坚持选派专职纪检人员参加中央纪委举办的“全国纪检监察人员案件检查培训班”，安排相关人员参加了教育部直属高校、省属高校纪检监察工作研讨会，赴南开大学、同济大学等高校进行学习调研。举办了兼职纪检员、党风廉政监督员工作培训。2012 年选派一名副处级干部到教育部挂职锻炼，以此不断提高纪检监察工作人员的业务水平和综合素质

样本二：责任重于泰山　工作只争朝夕

近几年来，长沙市国税局纪检组监察室在上级纪检监察机关和市局党组的正确领导下，紧紧围绕税收工作中心，狠抓党风廉政建设和反腐败工作，得到了上级领

导和当地党委、政府以及社会各界的高度评价。国地机构分设12年，市局、区县局两级领导班子及成员未发生违法违纪问题，2003年下半年以来，全局系统没有一例新发违法、违纪案件。2004年以来，长沙市局连续两年荣获全省国税系统党风廉政建设责任制考核第一名、×× 市党风廉政建设责任制考核一等奖、全市优化经济发展环境与机关效能建设先进单位，反腐倡廉工作被市委、政府举办的电视廉政专题栏目《行风》专题报道，在全市执法单位引起强烈反响。市局党风廉政建设工作的经验先后被《中国税务报》《湖南日报》等多家新闻媒体推介，并被 ×× 市纪委领导誉为“全市廉政建设工作的一块品牌”，多次在 ×× 市“党风廉政建设工作大会”“预防职务犯罪工作大会”“优化经济发展环境工作大会”上作先进经验发言。

一、抓反腐倡廉教育，筑牢廉政防线

（一）教育内容丰富

既学习政治理论，组织全局系统干部职工认真学习邓小平理论、“三个代表”重要思想和科学发展观，领会党的十六大以及中共十六次三中、四中、五中全会精神，树立坚定的政治立场；又进行廉政教育专题学习，开展正反典型教育，先后组织观看了郑培民、牛玉儒、任长霞等先进英模事迹以及《内蒙古第一贪》、李真案件等税务系统反腐倡廉教育片，形成正确的廉政观；创办了电子刊物——《党风廉政建设园地》，设置廉政法规、重要言论、当前热点和廉政心得等各个栏目，同时还在办公楼大厅设置党风廉政教育宣传栏。在坚持经常性的理想信念教育、职业道德教育、法律法纪教育和警示教育的同时，还结合时代特征和工作需要加强对党章的学习，强化共产党员先进性教育和社会主义荣辱观教育。把廉政教育和创建学习型组织相结合，将党风廉政建设有机融合到税收执法和队伍建设的各个环节之中，促进了税务人员综合素质的提高，相应地增强了抵御腐败的能力。

（二）教育形式多样

近年来，全市国税系统开展各种党纪政纪法规考试、竞赛21场次，参加人数2667人；邀请省、市检察院预防职务犯罪部门领导作专题讲座18场次，参加人员2830多人；抓实“纪检日”活动，做到每次活动有主题，相继开展了艰苦奋斗教育、禁赌教育等一系列主题教育活动；组织税务人员参观反腐倡廉成果图片展览，到革命老区接受“红色”教育；组织了“一法两条例”知识竞赛，相继开展了“廉政格言警句”征集、廉政征文竞赛、廉政书画竞赛等主题鲜明、形式多样的廉政文化活动，改变了传统的严肃呆板的教育模式。多次组织“正三观、扬三气、增三力”“艰苦奋斗、廉洁从政”“三看三想”主题教育活动，通过亲身的感受，使全体干部职工算清了政治账、经济账、人情账、家庭账。逢年过节，通过发送手机廉政短信向税务干部敲警钟，在计算机中设置廉政屏保，使全体税务人员无论是在工作中，还是在生活、学习中都能感受到廉政的清风，筑起无形而强大的思想防线。

（三）教育效果明显

市局纪检组监察室把加强廉政教育、提高队伍综合素质作为党风廉政建设的基础性工作来抓，教育内容丰富，教育形式多样，教育效果也十分明显，广大国税干部廉洁从政意识进一步增强，筑牢了反腐倡廉的思想防线。据统计，两年来，全市国税系统共谢绝纳税人和有关单位宴请 1521 次，拒收礼金礼券 64300 元；无法拒收上交监察部门处理的礼金礼券 332600 元，礼物折币 48540 元。2004 年，全局系统通过税务人员和纳税人评选，选出廉政标兵 6 人，廉政典型的示范作用营造了一种“理直气壮反腐、一身正气倡廉”的良好氛围。

二、抓廉政文化建设，营造廉政氛围

（一）以“全员参与”方式建设廉政文化

为加强廉政文化建设，营造廉政文化氛围，长沙市局制定了《关于进一步加强国税廉政文化建设的意见》，确定了“全员参与、以情动人”的建设国税廉政文化指导原则。为使广大干部职工积极参与到廉政文化建设，纪检组监察室的同志发挥创意，根据干部职工的喜好特点、思想状况，开展了大量群众喜闻乐见、能够亲身参与的活动。如从区、县局到市局层层开展学党章知识竞赛和廉政主题演讲比赛、文艺演出、书画比赛、廉政征文赛活动；开展“上一堂党课，读一本好书，写一篇读后感，创作一句廉政格言，唱一首廉政歌曲”的“五个一”活动；采取“用身边事，教身边人”的方法，将雨花区局邓国建同志等一批大家熟知的爱岗敬业、廉洁从税的干部推出表彰并大力宣传；推行廉政文化“进办公场所、进局域网络、进税干家庭”的“三进工程”；向干部家属发送“廉政倡议书”，赠送《家庭助廉教育读本》，组织召开干部家属座谈会，举办“家庭幸福与廉洁从政”讲座等等。形式多样的文化活动，寓反腐倡廉教育于亲身参与、“耳濡目染”之中，起到了廉政文化潜移默化的实效。

（二）以“信息轰炸”方式营造廉政氛围

为强化干部的廉政意识，长沙市局采取了多种信息传输渠道和方式营造廉政氛围。如在办公室、办税大厅、电梯间贴挂温馨提示的廉政格言、警句，利用黑板报、墙报举办廉政文化宣传专栏，建立廉政文化室、阅览室，举办干部职工自创廉政文化艺术作品展，利用电子显示屏传递廉政文化内容，利用局域网开设廉政教育网站，创办本局《党风廉政建设园地》电子刊物，在办公计算机上安装由廉政格言警句构成的计算机屏保，给干部发送廉政手机短信等等。使廉政氛围渗透到干部工作、生活的时时刻刻、方方面面，做到了用正确的人生观、价值观、权利观武装干部的头脑，让干部抬头见廉、低头思廉、回家守廉。

三、抓“两权”监督，构建惩防体系

（一）加强制度建设

坚持以人、财、物管理为重点，以“两权”监督为核心，建立全方位的监控机制和规范管理的制度体系。围绕基建、大宗物品采购的招投标、固定资产管理等行政管理权运行重点环节强化制度建设，规范行政管理行为。协调各部门重点制定和修订了《长沙市国税局党风廉政责任考核办法》《长沙市国税局“两权”监督办法》《长沙市国税局财务管理规定》《长沙国税系统招标集中采购制度》等规章制度，比较系统地规范了工作程序、监督职责和制约机制。

（二）加强政府采购和基建招投标的监督

制定了《长沙市国税系统招标集中采购制度》，对采购范围、组织机构、运作程序、评标办法、资金支付等内容做出了具体的规定。对基建工程等都要与有关单位和部门签订廉政责任书，强化了项目主管部门和负责人的责任约束。2005 年，市局机关与基层局处置旧汽车 14 台，全部进行公开拍卖。全局系统大宗物品采购共 91 批次，监察室全程参与，共节约经费 672860 元。

（三）加强人事权的监督

按照“公开、平等、竞争、择优”的原则，大力推进领导干部竞争上岗工作。去年以来，长沙市局面向全市国税系统公开招聘 11 名正科职和 33 名副科职领导干部，从方案的制定、组织笔试和面试，到入围人选的考察，纪检监察部门全程参与，杜绝了暗箱操作行为的发生，做到公开、公平、公正，得到了广大干部职工的一致好评。

（四）抓好执法监察

认真贯彻总局《建立健全税务系统惩治和预防腐败体系实施意见》，针对全市系统工作实际，突出重点，抓住热点，坚持“六个到位”开展执法监察工作：一是坚持领导到位，成立专门的执法监察领导小组，实行“一把手”负责制；二是坚持立项到位，要求全市各区、县（市）局在总局、省局确定的立项重点范围内，确定执法监察立项项目，并据以制定方案和落实；三是坚持培训到位，采取以会代训、现场观摩、现场练兵的形式进行执法监察培训；四是坚持指导到位，市局纪检组长、监察室领导带领有关人员深入全市12个区、县（市）局进行现场调研，了解基层局党风廉政建设和执法监察工作情况，安排执法监察专干现场辅导；五是坚持考核到位，将执法监察工作纳入党风廉政建设责任考核记分；六是坚持督查到位，对各单位执法监察建议或决定进行督导检查。近两年，全局系统共完成执法监察项目54项，检查纳税户879户，发放廉政回执卡2300份，抽查区、县（市）局16个管理科室和37个征收分局（所），抽查500余名税务干部，检查税票9830余份，挽回经济损失243.17万余元，避免经济损失95.73万余元，提出建议160余条，协助建章立制18项，追究责任95人次，经济处罚1.76万余元。

四、抓政风行风建设，优化税收环境

为切实加强廉政监督力度，长沙市局广开门户，主动邀请市委、人大、政府、政协、新闻媒体、纳税户以及社会各界加强对国税廉政工作的关注、监督，公布了廉政举报热线电话、投诉网址，同时，通过走访纳税人，发放“优化经济发展环境问卷调查表”，邀请社会各界人士，召开“优化经济发展环境工作汇报暨征求意见座谈会”，广泛听取意见，并针对存在的问题，及时进行了整改。积极参与长沙市委、市政府组织的以“规范执法执收行为，优化企业发展环境”为主题、由2600户企业评选执法执收最优、最差部门的“双评”活动。通过市纪委优化办对2600户企业的问卷调查，被评为全市执法、服务最优的单位之一。为建立良好的税收环境，通过强化日常检查等方式，加强对办税服务厅和税务分局纳税服务工作的督察，抓干部职工的上下班劳动纪律，抓“一站式”纳税服务，落实文明办税“八公开”，对出现的税风税纪问题认真进行整改，严格责任追究。各级主动与检察院预防职务犯罪部门进行座谈，组织知识讲座，探讨国税部门预防职务犯罪途径等等，得到了社会各界的广泛支持，延伸了廉政监控网络，加强了对干部的管理制约。

五、抓内部规范管理，夯实廉政基础

（一）积极规范纪检监察内部管理

为规范纪检监察基础资料工作，长沙市局纪检组监察室从以下几个方面进行了努力：一是成立了纪检监察基础工作档案资料管理小组，并选调专人负责日常基础资料的收集、整理、归档、查档等工作；二是进行廉政档案规范化管理，按照专业化要求，建立健全了《档案人员岗位职责》《档案整理制度》《档案利用制度》等5项制度；三是清理和规范了历年文书档案，将1986年以来的所有纪检监察文书档案清理归集为3类683卷，其中基础工作238卷、案件155卷、个人廉政档案290卷；四是专门开辟了纪检监察档案室，按照年度、类别陈列，以便查阅利用；五是购置了专门的计算机设备和《领导干部廉政管理信息系统》软件，为全市国税系统290名科所长以上干部建立了个人电子廉政档案。纪检监察档案室的建立和专业管理，得到了省国税局的高度赞扬，并被作为2004年全省国税系统党风廉政建设大会的经验交流内容进行现场观摩，在全省推广。2004年11月，国家税务总局纪检组长贺邦靖等领导同志来长沙市局视察，对开辟纪检监察资料档案室进行规范管理的做法给予了充分肯定。

（二）狠抓纪检监察干部队伍建设

纪检监察工作的顺利开展离不开一支有过硬战斗力的监察队伍。长沙市局有一支由61名专职干部和118名兼职监察员组成的纪检监察队伍，为充分发挥这支队伍的作用，市局纪检监察室时刻注意狠抓监察队伍建设，积极争取党组的支持，确保纪检监察工作“要人有人、要钱有钱”。如今年全市系统就选调了20多名政治素质好、业务能力强的骨干充实到纪检监察部门；在经费上，市局与各区、县（市）局每年都为监察室列入一笔专项经费，并配备了照相、摄像、录音设备。市局纪检组长也亲自参与纪检监察工作每项活动，并随时为纪检监察干部加油鼓劲、充当执法后盾。在纪检监察干部队伍建设上，主要做了如下工作：

一是明确岗位职责。结合每年工作重点和纪检工作要求，监察室对专、兼职监察员有不同的职责分工和侧重：专职纪检干部主要负责全局纪检监察工作，包括案件查办、税风税纪的检查督促、“两权监督”、廉政教育及工作动态的反馈等；各单位兼职监察员则侧重于基层单位的廉政情况监督和反馈。二是加强纪检监察干部的培训。2003年以来，市局举办纪检监察干部培训班5期，参训282人次，并积极选送纪检监察干部参加省局、市纪委的业务培训，不断提高纪检监察干部的综合素质。三是严格要求。根据工作需要，对纪检监察干部提出新的要求、明确工作要求。如今年2月，在全市国税系统纪检监察工作会议上对全体纪检监察干部提出了“增强六个意识，突出六项工作抓落实”的具体要求，即要增强责任、学习、自律、创新、监督、关爱意识，突出中心、预防、表率、特色、制度、和谐抓落实，从而进一步明确了基层纪检监察工作的重点和方向。

几年来大量的开创性工作凝聚了纪检监察工作同志无数的心血和智慧。面对成绩，长沙市局纪检组监察室只有一个信念：责任重于泰山，工作只争朝夕。

二、比较

由于我前边对《申》稿已作简介，《朝》文的基本情况就糅在比较中一起说好了。

（一）《申》稿的主要毛病

1. 角度无。角度，即是文章的重点、侧重点、切入点，或叫侧面。如果重点突出，侧重点、切入点明确，文章核心、中心思想、主题思想就会比较明确，作者主张什么，反对什么；为什么主张，为什么反对等，读者会一看便知，并会立即产生欲读的兴趣和愿望。调研写作是目的明确、开门见山的写作，不能没有角度、重点、侧重点、切入点，其角度、重点、侧重点、切入点，一般都在大标题和导语中首先展示在读者面前，让读者一目了然。《申》稿大标题是《××省教育系统纪检监察先进集体申报材料》，事项、事由、文种、用途倒是一清二楚，但还远不是一篇具体先进事迹典型材料的标题，而只是说了一个大类，非常笼统，根本谈不上角度和有角度。作者拿了这样一个笼统的大类作标题，作切入点写文章，当然就只能从大话、套话切入，导语就只能写一大堆大话、空话、套话：

近年来，××大学纪委以邓小平理论和“三个代表”重要思想为指导，牢固树立和落实科学发展观，坚持标本兼治、综合治理、惩防并举、重在预防的方针，坚决贯彻落实党中央和部省党风廉政建设的各项决策部署，围绕学校改革发展稳定大局，以党风廉政建设责任制为抓手，以惩防体系建设为主线，全面履行组织协调职能，大力加强自身建设，为学校科学发展提供重要保障。三年来，全校未发生一起影响较大的案件。“××大学纪检监察网站”于2009年被评为全国“十佳校园廉洁教育主题网站”“人气50强网站”。2009年来，共有18件作品在全省教育系统“廉政文化活动周”中获奖，其中一等奖4项、二等奖8项、三等奖12项。2010年撰写的《高校组织人事工作风险防范预防调查》调研报告获××市“争创无职务犯罪单位”预防调查优秀奖。获得2009～2011年××区“无职务犯罪”先进单位荣誉称号。

这其中，“以党风廉政建设责任制为抓手……为学校科学发展提供重要保障”这几句也可算是个切入点的，但却被前边一大段套话、空话，后边一大段“光环”给淹没了，加上正文大段大段空洞无物的、一般化的、松散的叙述，使读者看不到重点、中心、主线或主题。

2. 事实少。事实就是由具体、真实的时间、地点、人物、事物、实物、数量六要素综合组成的生动活泼的事件、事例。但综观《申》稿，从导语到结尾，都没有一个具体的年月日时间，没有一个具体的院系科室等微观、具体的单位，没有一个具体、真实或虚拟的人名、案件名，没有一个几要素齐全的完整典型事迹、典型案件，连具体、准确、精确的数据都没有几个。全文具体数据共13个，导语4个，为2009年来获奖作品18件，获一等奖4项，二等奖8项，三等奖12项。导语中的实例不能做论据。正文4000多字中，才9个数据：第一、二块为零；第三块2个：一是讲开了4次会，二是讲全校修订、新建各项惩防体系制度30多项，还不是个精确数据；第四块2个大概数据：一是300多次采购监督活动，二是领导干部报告个人事项700多人次；第五块2个：一是学校设立4个举报箱，二是收到61件信访件；第六块3个数据，算是精确到个位，分别为10名、16名、13名专职、兼职、聘用纪检监察人员。所有这些数据，都是孤独地存在，没有与任何其他要素有机结合，构成一个“六要素”或三五个要素结合的能够说明问题的事例、典型。第四块提到“进行300多次采购监督活动”，都没举一次具体的监督实例，连总共节省多少开支的数据也未举一个字。具体的实物、千种万种，未举一星半点。4000多字，未写一件鲜活、生动的人物、事物、实物，更别说新鲜活泼的人的思想和情感。这4000多字，到底写了些什么呢？主要写了一些孤立的、静止的、抽象的或模糊的概念、判断、大小标题、口号；还有一些，就是没有一点具体事实依据的形式上的推理、论理、结论等。比如，第二块“教育为先，营造风清气正廉洁氛围”的第三条“组合（这个词语搭配不当——评者注）各类教育形式，增强教育的辐射力”，下面列出集中教育、日常教育、网络教育三种形式，但没有一条有具体时间、经过、学员和讲授人员，具体教育内容、讲授课程、成绩、变化，没有一个反映量变、质变的数据。最简单的是网络教育一条："通过发送'廉政邮件'，做到勤打招呼，常鸣警钟"18个字。这不就只这18个空洞无物的18个字七八个词语吗？哪能是一条具体、生动的事实依据呢？又哪能"增强教育的辐射力呢"？

调研文章大都属实证性论文，不是纯理论文章，必须以事实、尤其要以典型事实为论据。没有强有力的典型事例是不行的，完全没有任何具体事实就更不行了。

3. 思想浅。没有说服力。调研文章的生命就是用事实说话，就事论理，以理服人。你思想浅，就是理论浅，理由短，没有深度，没有理由，没有说服力。我们前边举的第二块第三条就是如此。再看第一块"责任为重，落实党风廉政建设责任制"，仅看这个标题，前面4字是一个判断，一个观点；后边11个字，是句做法，合起来，既可以算作一个工作目标，又可以是一条经验。然而，毫无新意，20世纪80年代，我们就是这样立目标，定制度，抓党建。下边分列4条做法：领导重视到位、责任落实到位、安排部署到位、监督考核到位，看起来好像很完整，4个论据，形成一个论理，好像真的把党风廉政建设责任制落实到位了。其实不然，4条具体措施都空无一物，空无一人，空无一数，轻飘飘，什么都没有做，什么都看不见，摸不着。比如第一条，领导重视到位，共3个完全句，3个句号，句句都是郑重的空话。第一句说校领导"成立反腐倡廉建设工作领导小组，担负起反腐倡廉建设的政治责任"。全国上下，几乎所有单位都是这么做的，真是太一般了吧。第二句"……一起部署，一起落实，一起检查，一起考核"。第三句"……发挥了表率作用"，全是从空话到空话，从人云亦云到人云亦云，实在太无说服力了。

上边是完全没有具体数据的例子。下边看看运用了2个数据的第五块的第一条，看它到底有没有很好地证明学校纪委真正"扮好人民群众的'贴心人'，积极做好信访工作"了。这一条"首先是有章可循。制定了《××大学纪检监察信访工作管理办法》……其次是拓宽渠道。在校内设立了4个'电子举报信箱'"，另外配备一些举报设施。"最后是认真回复。2009年来，纪委共处理信访件61件，按照'事事有结果，件件有着落'的要求，对有调查线索的信访件，逐一进行调查核实。"到底调查核实了几件？什么内容？有没有腐败？多大的腐败？查处了没有？怎么查处？群众满意不满意？等等，什么都一字未提，就是"扮好人民群众的'贴心人'"了吗？这不就是小孩子过家家，哪里谈得上调研文章的理论深度和实践力度呢？而且，全文六块，莫不如此，可见文章思想是太浅了。浅而且旧，几乎没什么新意。

4. 结构散。调研文章应该开门见山，直击主题，大标题就应该表明作者观点，主张什么，反对什么，并以此选好切入点；导语开头几句话，就要上承大标题，明确总观点，进而给以适当展开，用三五句话确立主题，抽出主线，举纲张目，统领全篇，把全文几块组织成为一个推理链条，也可叫逻辑链条，一线穿珠，完成全篇。《申》稿却完全没有这样做，更未做好，使4000多字的大块文章，十分松散。前边说了，它大标题还不能算作一个文章标题，根本就没有角度、重点、侧重点和切入点。导语就是用大话、空话、套话开头，同后边的一大段光环一起，把本来可以成为全文核心和主线的四五句话给淹没了。正文6块，各自为政，又都空洞无物，空对空，没有一块能够就事论理，以理服人；没有一块能够强有力地证明和支撑本块的观点和做法；各块更未能形成一个完整统一的推理、论证链条，所以就各块各是各，各块下面的小块也是各是各。不仅如此，第一块落实党风廉政建设责任制，是全文的开篇、重点，本来就是统领纪检监察工作的主要的甚至是全部的制度，怎么在第三块又来了个“制度为基，提高反腐倡廉科学化水平”，提出“通过‘两个围绕’，推进制度建设，坚持用制度管权、管人、管事，规范权力运行”，难道落实党风廉政建设责任制，不包括这里的“管权、管人、管事”吗？这不明明是重复、交叉了吗？还有第六块的“履职为重”，与第一块的“责任为重”，在一篇文章中，有两个为重，就都不能为重了；而且责任为重和履职为重，“职”和“责”合起来不就是一个词吗？难道它们有很大的本质区别，一定要分开并列来说吗？我以为没有，在一篇文章中，像这么并列主项，就会造成逻辑混乱，是不合适的。加强干部队伍建设，是提高干部素质的需要，与履行职责在这里扯在一起，有点牵强附会，东扯西拉，也不妥当。

凡此种种，使《申》稿逻辑混乱，结构松散，就更加缺乏说服力。

（二）《朝》文的优点

1. 旗帜鲜明，主题突出。《朝》文大标题“责任重于泰山，工作只争朝夕”，前后两句都不是作者独创，前句过去很多人作过标题，后句来自毛泽东诗词，但前面加上“工作”二字，又与前句联为一个标题，用于该文，就显得十分新颖、独特，强烈明快，气势磅礴。从该标题的具体含义看，其意思为，纪检监察工作，在该文所述的长沙市国税部门，责任重于泰山，该纪委全体工作人员以只争朝夕的精神，投入工作，取得了辉煌的成绩，观点鲜明，主题突出，给人以很深的印象。从它对全文写作的引领作用看，也比较独特。一般来讲，大多数调研文章由前后两句组成的标题，前句为文章写作展开的重点，后句为落脚点。但此标题不同，前句为落脚点，后句才是全文写作展开的重点，这篇文章就是，该局全体纪检监察工作人员只争朝夕地工作，确保重于泰山的责任落到实处。导语开头一句，也是一句通常的套话，有穿靴戴帽之嫌；后边也同《申》稿一样，缀上一大段光环，中间只写了两句“紧紧围绕税收工作中心，狠抓党风廉政建设和反腐败工作，得到……高度评价”，而且未有直接点题，却把点题的话，放到全文结尾的时候说出，做到首尾呼应，余音缭绕，让读者回味。这样做，虽有不足，但也别具匠心，对于全文入题以后，顺利展开，未有太大不良影响，主要因为大标题旗帜鲜明，主题突出，也比《申》稿好了许多。

2. 内容丰富，真实生动。这一条是《朝》文最突出的特点和优点，是《申》稿所没有的。《朝》文全文 62 个真实、具体的数据。其中导语 3 个，正文 59 个。在 59 个数据中，有 13 个是表示时间的，其中 2 个数据精确到月份。全文有真实姓名的人物，不含领袖，共有 6 人。共使用时间、地点、人物（含群体人物）、事物、实物、原因、结果齐全的典型事例 8 个。如第五块“抓内部规范管理，夯实廉政基础”第一条“积极规范纪检监察内部管理”的第 5 小条：

五是购置了专门的计算机设备和《领导干部廉政管理信息系统》软件，为全市国税系统 290 名科所长以上干部建立了个人电子廉政档案。纪检监察档案室的建立和专业管理，得到了省国税局的高度赞扬，并被作为 2004 年全省国税系统党风廉政建设大会的经验交流内容进行现场观摩，在全省推广。2004 年 11 月，国家税务总局纪检组长贺邦靖等领导同志来长沙市局视察，对开辟纪检监察资料档案室进行规范管理的做法给予了充分肯定。

这一小条用 187 字完整记述了全市国税系统建立个人电子廉政档案的情况，既有全系统建立和管理该档案系统的工作情况，又有此项活动的经验在全省和全国国税系统的影响和推广情况。典型完整，事迹突出，声名远播，影响良好而巨大。

紧接着的第二条“狠抓纪检监察干部队伍建设”，仅是一个目下小概述，就记述得真实具体，面貌清楚，既生动，又活泼：

纪检监察工作的顺利开展离不开一支有过硬战斗力的监察队伍。长沙市局有一支由61名专职干部和118名兼职监察员组成的纪检监察队伍，为充分发挥这支队伍的作用，市局纪检监察室时刻注意狠抓监察队伍建设，积极争取党组的支持，确保纪检监察工作“要人有人、要钱有钱”。如今年全市系统就选调了20多名政治素质好、业务能力强的骨干充实到纪检监察部门；在经费上，市局与各区、县（市）局每年都为监察室列入一笔专项经费，并配备了照相、摄像、录音设备。市局纪检组长也亲自参与纪检监察工作每项活动，并随时为纪检监察干部加油鼓劲、充当执法后盾。

这一条接下来的一是明确岗位职责、二是加强纪检监察干部的培训、三是严格要求3条具体做法，也条条真实具体，人物、事物、实物，样样活灵活现，如闻其声，如见其人。

综观全文，不论大题小题，还是观点、做法，没有一条无事实证据，没有一条无道理和论理，没有一条不可信，没有说服力，真是力透纸背，掷地有声。

3. 就事论理，条分缕析。这也是《申》稿所没有的。比如《朝》文第一块，“抓反腐倡廉教育，筑牢廉政防线”。这既是一条做法，又是一个观点、一条经验，或者是一条理论。下面第一条是教育内容丰富。为了说明内容丰富，从学习政治理论，到廉政专题学习，到创办电子刊物，设置宣传栏，开展法纪和警示教育，既有正面先进英雄模范典型，又有反面教材，一口气列举六七种样板、教材。第二条是“教育形式多样”。一共列举了开展各种考试、竞赛，专题讲座，“纪念日”活动，对比算账等10多种形式方法。第三条是“教育效果明显”。几句简单介绍之后，就是近两年的统计数字：2年来，全市国税系统共谢绝纳税人和有关单位宴请1521次，拒收礼金礼券64300元；无法拒收上交监察部门处理的礼金礼券332600元，礼物折币48540元。2004年，全局系统通过税务人员和纳税人评选，选出廉政标兵6人，廉政典型的示范作用营造了一种“理直气壮反腐、一身正气倡廉”的良好氛围。

你只要读完这各小条内容，就不得不相信各小条标题总结正确。如果再把这3小条的结论合起来，你就相信长沙市国税局可真正是通过“抓反腐倡廉教育，筑牢廉政防线”了。

你再往下读，可真是条条如此。比如第三块的第4小条，“抓好执法监察”，下设六目，六目就分别是国税执法6条具体做法，不仅条条有做法，而且条条有事实、实例为证。比如第六目：

六是坚持督察到位，对各单位执法监察建议或决定进行督导检查。近2年，全局系统共完成执法监察项目 54 项，检查纳税户 879 户，发放廉政回执卡 2300 份，抽查区、县（市）局 16 个管理科室和 37 个征收分局（所），抽查 500 余名税务干部，检查税票 9830 余份，挽回经济损失 243.17 万元，避免经济损失 95.73 万元，提出建议 160 余条，协助建章立制 18 项，追究责任 95 人次，经济处罚 1.76 万元。

一连 14 个准确无误的具体数据，谁读了都会拍手称快，确信无疑。

4. 结构严谨，无懈可击。这更是《申》稿无法比拟的。《朝》文全文五块，依次是抓反腐倡廉教育，筑牢廉政防线；抓廉政文化建设，营造廉政氛围；抓“两权”监督，构建惩防体系；抓政风行风建设，优化税收环境；抓内部规范管理，夯实廉政基础，共是“五抓”。大标题旗帜鲜明，主题突出，高屋建瓴，飞流直下；入题以后，势如破竹，五抓到底，水到渠成；荡气回肠，余音绕梁。之所以如此，主要就在于《朝》文旗帜鲜明，主题突出；内容丰富，真实生动；就事论理，条分缕析；结构严谨，无懈可击。《申》稿与它的差距，就全在这里。

三、比较研究遇到的两个问题

《申》稿作者在电话里告诉我：纪检监察单位的先进材料不好写：一是纪检工作是一项“虚工作”，很多时候都是讲大道理、空理论；二是有些纪检的工作做了不能说。如无职务犯罪是纪检工作评选先进的一条标准，如果如实上报，有时先进就会被取消，所以领导不让写。这也是《申》稿事实材料不足的重要原因之一。

这两个问题都具有一定的普遍性。第一个问题是虚工作如何写实的问题。现实中，属于虚工作的工作还有很多，比如宣传工作、教育工作等，我在下边用一个专题去说。这里先说说第二个问题。

评选先进单位，包括所有的行政、事业、企业单位，不只是纪检监察单位，应该不应该设置无职务犯罪这一条标准是值得讨论的。一般来说，某单位明确有人职务犯罪，贪污腐败，应该不能评为先进单位。但是有些单位，虽然没有明确公布或者查实有人职务犯罪，但是，是不是就证明这个单位就一定真的没有人职务犯罪呢？我想不一定。有的犯罪分子隐藏很深，深藏不露，其犯罪事实长期未能被人发现，这样的单位被评为“老先进”，甚至数年、十数年“一贯制”先进；这样的犯罪分子也成为“一贯制”模范的例子屡见不鲜，这是有案不知的“典范”。这是一个方面。还有一个方面，我们除了有“家丑不可外扬”的“老传统”，还有报喜不报忧的“潜规则”，不少单位，明知有人职务犯罪，睁只眼闭只眼，有案不查；也有为了评上先进查案不处理、轻处理，处理不报、漏报，不准报的。《申》稿作者的难言之隐可能就在这里。

我以为，某单位大胆突破家丑不可外扬的传统观点和报喜不报忧“潜规则”的束缚，长期真抓实干，坚持不懈地加强党风廉政建设，一旦发现职务犯罪的苗头，就一查到底，依法惩处，如实上报，把当不当先进无所谓对待。对比起来，这样的单位即使不评上先进，应该也是货真价实的先进，比对本单位职务犯罪不查不报，瞒报而争当的先进是更为先进的。因此我建议，不论组织人事部门，还是纪检监察部门，都应该实事求是，解放思想，取消无职务犯罪才能评选先进这条规定，给在反腐倡廉方面真抓实干的单位和人员一个公道，也避免少数单位为了当先进，对所有贪污犯罪不查、不办、不报、瞒报、漏报，当假先进、假典型；同时，给《申》稿作者一类的调研写作人员以宽松的工作环境。

四、“虚工实做”与三分二化法及其运用

《申》稿作者抱怨纪检工作是虚工作，其先进材料难写，写实难的问题，首先就要弄清楚所有工作的“虚”与“实”的相对性和辩证性。对于这个问题，我曾经有过两次体验和认真思考。

一次是20世纪90年代初，我为单位到一个乡镇去征订《荆门研究》，那个镇管家的张书记一听我说我是《荆门研究》的干部，就本能地拒绝我：“不用说了，你是来找我订书的。我们是办实事的，每年完成市委下达的好多粮食、棉花任务就行了，不搞你们那些虚东西。”我知道，我对他讲大道理、空道理，甚至拿政治任务来压他都是没有用的。于是就顺着他的意思说：“你说得很对，我就是喜欢办实事的人！我若是你，也会这样说。不过，请你相信，我也是办实事的。不过，我们办的实事，与你们办的实事不同。你们的实事是完成市委下达的粮棉任务，我们的实事是每年办几期《荆门研究》，编辑出版多少册，发送到多少基层党组织。我是支持你们办实事的，也希望你能支持和帮助我们办的实事！”我这样一讲，就立刻与张书记拉近了距离，只听他转过话头：“你这样说，看来我还要支持你的工作才行！”“谢谢你，正是这个意思！”接下来，我的征订任务顺利完成。

二次是2010年3月，我受邀给某某部管理干部学院青年干部讲授调研写作，有

位青年女学员课堂提问：“陈老师，你讲的都是经济工作方面的例子，有斤有两，实打实，看得见，摸得着，文章好写；我们是搞思想政治工作的，都是磨嘴皮子的虚东西，怎么写得实呀？”这一下，还真把我“将”了一军。

略作思索，我首先给学员们讲了20多年前我到乡镇征订《荆门研究》的故事，帮助大家弄清这些所谓虚工作的虚与实的辩证关系；接着随手拿起刚刚讲过的一篇《非公有制企业团的基层组织发展缓慢》的例文说：“这篇文章揭示非公有制企业团的基层组织发展缓慢的问题，弯弯绕绕讲了很多空话，还是让读者不明白非公有制企业团的基层组织到底怎么缓慢的问题。如果我们换一种方式，不讲一句空话，只说某市共有多少需要建立团的基层组织的非公有制企业，从什么年到什么年只建立了多少企业团的组织，占应建数的百分比；又过了几年，又建了多少个基层组织，占应建数的百分比；这以后直至今天，又建了多少个基层组织，占应建数的百分比。我们只需把几个百分比一对照，不言自明，这个问题就清楚了。大家如梦初醒。

最后，我还抓住他们现在正在参与的某某部干部培训活动，兴致勃勃地说：“再拿干部培训来说，很多人都一直认为教育培训是一项虚工作。按我说，这也是可以把它写得实实在在，一点都不虚的。比如你们某某部，我听说今年的干部培训超过过去任何一年：一是办班规模大，参训人员所占在职人员比例比过去什么时候都大；层次多，部里集中办，全国划分几个片区联省办；省以下还要分片办；培训内容丰富，某某部所有职能部门的业务知识都列为培训内容；教授规格高，部里一般由部长、副部长和国家相关部门高级专家授课；成果……只要这么分门别类统计汇总，写一份今年某某部干部培训教育总结，应是十分精彩。

我最后说，万事万物都是可分的，只要划分科学合理，统计全面准确，不论哪种工作，都是实实在在进行着的，应该不存在什么虚工作写不实的问题。关键就在于我们是否善于划分。写文章的奥妙和本领主要就在这里。下课以后，不少学员主动与我拉话，称赞我讲得好。

就是这一次讲课，引发我创立了三分二化法（载拙著《领导干部值得一读的调研类文章写作规范与例文》，中国纺织出版社，2012）。三分二化法的“三分”就是横分门类；在门类内部纵分层次；在门类外部空间纵分时段，把时间也当作空间划分，这在我是一贯的做法。在划分的基础上，对事物主要类别、层次、时段各方面的构成因素进行细化和量化（即是“二化”）分解，然后进行分条列目、细致的调查访问。也就是在调查开始之前就这么三分二化，并在此基础上，制定全面、完整、详细的调查提纲，和必要的细化、量化分解的各种表格；再按照调查提纲进行调查访谈，向调查对象发问，引导对象思考回答，填报表格，取得符合要求的第一手材料。调查完成之后，再全面深入地分析所有调查得到的材料，再在这次分析研究的基础上制定好写作提纲。写作提纲的制定，仍要再一次按照写作要求，把事物重新进行一次三分二化。而此次三分二化，既是对前一次三分二化的检验和核实，又是在前一次三分二化基础上的一次质的飞跃，进入到新的三分二化水平。最后，在这个新的水平上进行写作，可能就会左右逢源，一挥而就，取得成功。

三分二化法来源于中国地方志编修的一条传统理论原则和方法，就是“横分门类，纵写历史；横分到边不缺主项，纵写到底不断主线”的基本原则和方法。修志工作，在横分纵写的基础上还要求点线面三结合。“点”即事物产生、发展、终结的起始点、转折点和落脚点这么三个关节点，称为“三点”。或事物发展最早、最后、最好、最坏这么四个时期“四期”的情况。“面”就是这三点、四期的面貌。“线”即以时间为线，点线面三者结合。只有这样，才能全面、准确、完整地反映事物发展的历史过程、基本规律和内在本质。笔者经过这么一系列的创新思维，逐步完善改进地方志编修横分纵写的基本原则和方法，建立起横分门类，在门类内部纵分层次，在门类外部纵分时段；在三个划分的基础上，将事物主要构成要素细化、量化分解，综合分析思考，做到点线面结合。这就是“三分二化法”的定义。

三分二化法也并不玄妙，许多没有看过三分二化法的朋友的三分二化工作也做得很好。比如《朝》文的作者就做得不错，他的实际做法，我以为就是三分二化，只是他没有进行过三分二化法的理论研究罢了。他若是看过三分二化法，我相信他会做得更为轻松。而初学调研写作的同志，如《申》稿的作者，如果参考并试用一下三分二化法，可能就会避免划分不合理、具体事实材料不足，导致文章逻辑混乱，结构松散和内容空洞等毛病了。

可以这样说，对比《朝》文，《申》稿写作效果不理想，除了其他主客观原因，在写作技巧上，可以全部归结为作者未能学会和掌握三分二化法所致。

首先，可以肯定，作者找来《朝》文照猫画虎是对的，我一向提倡初学调研写作者学会用好抄习法（载拙著《创新调研写作三十六讲》，北京：中国言实出版社，2011），抄而时习之，习而更超之；即使框架照抄，也就是照抄全部提纲、观点，只要题材内容完全换上自己的，能较好完成写作任务，应该是没有什么问题的。也就是说，如果《申》稿完全借用《朝》文的大小标题、观点，导语，正文全部换上自己大学的事实、典型事例和人物名字、数据，我可以保证，即使两篇文章摆在一起，也不是多大的问题，也没有谁追究抄袭责任的。我相信，《申》稿作者，也不致抄习得那么拙劣。

现在的问题是，《申》稿作者没有那样做，而是画虎不成反类犬，画蛇添足蛇不成。

再先说说画虎不成反类犬：

一是大标题没有照抄，变为实际上没有大标题，导致全文没有角度，没有重点、侧重点、切入点，也没有主线和中心思想。

二是导语没有照抄，自己却另外抄了更多正确的废话。

三是主体框架没有照抄，也没有正确地横分门类，却把《朝》文的“五抓”修改为六个“××为×”，结果犯了个一、三两条矛盾，一、六两条重复，一二三四五六条东扯西拉的毛病，导致全文逻辑混乱，结构松散，没有说服力。

四是纵分层次没有照抄，搞得不少片段层次不完整。如反腐倡廉教育一条没有照抄，而是把《朝》文的“教育内容丰富、教育形式多样、教育效果明显”三条，改为自己的“四力”，结果是本大学的反腐倡廉教育效果一点点都没有让读者，包括自己的领导看到，所以领导、读者都不满意。现在回头来看，《朝》文三条，才是真正的纵分层次，它正是从内容到形式，再到效果。内容是基础，是核心，形式是表现，效果是目的，是落脚点和归宿。一层比一层高，或者叫一层比一层深，反正三者不可颠倒，这就是纵分层次。《申》稿“四力”，也不能说完全不行，但与《朝》文三条相比，明显不及。

五是纵分时段也没有照抄，全文几乎完全没有具体的时间概念，所以全文也完全没有时间层次。虽然也有几个孤立的时间，但都因没有与具体的事实内容有机组合，也因全文基本上没有具体的事例，所以就完全没有时间层次，这就问题很严重。在所有记事性文字材料里，时间是第一要素，比什么要素都更为重要。比如在司法文书中，罪犯如果没有作案时间，就一切“铁证”都等于零。

六是一切量化都没有照抄，所以全文基本没有有用的数据，使全文空洞无物。在记事文里，它是又一个非常重要的要素，千万忽视不得。数字就是事实。真实准确的数字就是铁证，推不倒，打不破的。

七是细化没有照抄，所以全文都是虚文，让纪检监察工作更为虚工作。比如，同样是描述教育形式，如果把每一个表示一种具体事物的词都看成一种教育形式，我分别数了一下，《朝》文有近 40 种，《申》稿只有 10 多种，相差悬殊。

这里有个问题值得探讨：为什么《申》稿也同样写了 10 多种教育形式却不被认可，我还是觉得它空洞无物呢？很重要的一条是没有加上具体时间、地点、人物活动等要素，所以它那些东西仍然都是"死"的。它有好多地方的内容，都是这个原因造成的空洞无物。调研写作有一种艺术剪裁的方法叫使用表现全面的概括性材料和表现事物本质的个别材料结合的方法。《朝》文的好，主要就是这个方法运用得好；《申》稿的差，也主要差在这一点上。比如《朝》文第三块第二条"加强政府采购和基建招投标的监督"：

制定了《长沙市国税系统招标集中采购制度》，对采购范围、组织机构、运作程序、评标办法、资金支付等内容做出了具体的规定。对基建工程等都要与有关单位和部门签订廉政责任书，强化了项目主管部门和负责人的责任约束。2005 年，市局机关与基层局处置旧汽车 14 台，全部进行公开拍卖。全局系统大宗物品采购共 91 批次，监察室全程参与，共节约经费 672860 元。

从"制定了"到"负责人的责任约束"都是"表现全面概括性材料"；后面"2005 年……共节约经费 672860 元"是"表现事物本质的个别材料"。只要这二者有机结合，这个情节就活灵活现了。《申》稿的此类举例，几乎全部都只有前一半，没有后一半，所以使全文都空洞无物。调研文章，并不要求全部都是"表现事物本质的个别材料"，只要大部分这么做了，少部分只有前面的一半，也可被认为是全面而不空洞，详细而不具体，全文不会显得空洞无物。正因如此，《朝》文被评为好文章，《申》稿总是不被领导看好。

再说画蛇添足蛇不成。比如《申》稿把《朝》文的"五抓"，添加为六个"××为×"，尤其是添了个"职责为重"，不仅与第一条重复、打架，还与下文搭配不当，也算"一箭双雕"了，但却导致两个毛病。

语云：失败乃成功之母。《申》稿的作者大可不必悲观，几乎所有学习写作的人都可能有过这种经历，可这是一条从不会到会的自然规律。我真诚建议大家不妨学学我的三分二化法和抄习法试试，说不定，成功正在向你们招手。

阅读书目

[1] 陈方柱. 创新调研写作三十六讲. 北京：中国言出版社，2011.

[2] 陈方柱. 领导干部值得一读的调研类文章写作规范与例文. 北京：中国纺织出版社，2012.

第十三讲　比较同一人物在不同时期或场合先进事迹典型发言材料

湖北省钟祥市彭墩村党总支书记、主任张德华，原是该村四组村民，改革开放后，进城经商，创立荆富商贸有限公司，从当初的 30 万元启动资金 30 名员工，发展到 6000 万元资产 500 多名员工。2006 年，怀着回报家乡，建设新农村的宏愿，回村竞选村主任，并入党当上村支部书记。随后注册成立湖北青龙湖农业发展有限公司，以村企共建，统筹城乡发展模式，组建党总支，实行党总支书记、村主任和公司董事长“一肩挑”，坚持以企带村、村企共建，探索出一条强村富民新路子。村集体经济由空壳增长为 300 余万元，农民人均纯收入由 2005 年的 2500 元增长到 2011 年的 1.2 万元，增长 3.8 倍。先后获得“全国休闲农业与乡村旅游示范村”“全国生态文明村”“全国先进基层党组织”“湖北省文明村”“湖北省新农村建设示范村”等称号。他的先进事迹典型材料多次在全国、省、市各种荣誉表彰会议上交流传播，这里比较研究的是他 2008 年、2011 年分别在全国、省市相关会议上发言的三个先进典型材料。

一、典型材料的种类及其相互关系

典型材料是各级党政机关、企业事业单位，包括乡镇、街道使用最多的调研文体之一。每个年度或者一个阶段，一项专项性、部门性工作结束之后，上级机关或者本级都要召开总结表彰大会，交流经验，表彰先进集体、先进个人。在这种情况下，每个受到表彰的集体、个人都得认真回顾总结本年度、本阶段或者本专项工作的成绩、经验，形成典型材料，到会上交流及接受表彰。好的典型材料一般还会结集出版，永久保存、流传，教育当代，启迪后世。

从总体上划分，典型材料有正面典型材料和反面典型材料两种。在各级党政机关、企事业单位大量使用于交流表彰的典型材料主要指正面典型材料。正面典型材料又分为先进事迹典型材料和先进经验典型材料两种。先进事迹典型材料又分为先进个人事迹典型材料和先进集体事迹典型材料。先进事迹典型材料，主要通过对先进典型优秀事迹的介绍，凸显其先进的思想、观点和高尚的道德情操，给人们树立行为榜样的文字材料，着重叙述先进典型做了什么，取得了什么突出成绩等。先进事迹主要属某一个人的为先进个人事迹典型材料，属几个人共同的或者某一组织机构的为先进集体典型材料。

先进经验典型材料，是一种介绍先进典型的工作经验或成功做法的文字材料，它与专题经验总结相类似，着重于叙述典型“怎么做”，并且“做得好”“怎么好”，具有较强的经验性、条理性甚至理论性。先进经验典型材料少不了记述一定的先进事迹，只要是经验占主导，言正名顺地叫先进经验典型材料。反之，就叫先进事迹典型材料了。所以，先进事迹典型材料和先进经验典型材料是紧密联系的，不可以绝对分开，包括先进个人事迹典型材料，有时也夹叙夹议，总结成几条经验或做法。不过，以先进经验和做法为主的先进个人典型材料很少见。

先进经验典型材料主体一般为先进集体，或叫单位、组织机构，主体为个人的很少。当某一个人主体同时为此一集体、单位或组织机构法人代表时，该个人主体也可是此件先进经验典型材料主体。如本讲选择的样本一和样本二就都属于此种；样本三的发言人署名为彭墩村党总支、彭墩村村委会，虽然这两个职务实际由一人担任，发言人也是这个人，但这个材料的署名为组织机构，全文记述的事迹和经验又都是组织机构的，未有单独记述法人代表一个字，所以，其主体只能是组织机构，而与个人没有关系。

二、先进人物事迹典型材料与其他人物文章之异同

（一）与文学典型的不同点

文学典型是写实文学形象的高级形态和人类创造的艺术至境的基本形态之一，也是中西文论共同发现和阐释的符合审美理想的范型模式之一，对人类精神文化生活影响重大而又深远。它最为人们称道的是典型环境和典型环境中的典型性格。其创作方法：

一是可以虚构。文学典型可以通过作者采用各种典型化方法创造。它的情节、故事可以任由作者联想、想象、推理编造，只要符合生活的真实和逻辑要求就行。

二是可以剪接拼装。文学典型及其故事，可以东拼西凑，头在上海，手在北京，心在武汉都行。

三是可以改头换面。文学典型即使是按照现实中一个真人的模型塑造，它也可以“添油加醋”，甚至改头换面，写一种完全相反的性格特点、完全不同的姓氏名字、地理位置和环境条件等。

四是可以穷尽修辞手法。塑造文学典型，采用什么修辞手法都行，只要需要，只要用得上、用得好。先进人物事迹典型材料写作，在这些方面，一条都不能使用，它必须实事求是，是什么，就写什么；必须是已经做过的实事，不是计划、打算之类；必须真实、准确，一是一，二是二；不得虚构、拼凑和什么修辞手法都用。

五是文学典型正反两个方面的典型都可塑造，都可起到教育人、鼓舞人，发人深省，激人上进的正面作用。先进人物事迹典型材料只有正面典型材料，没有反面典型材料。反面人物典型材料，那就是纪检监察的专案材料或公检法司的案件材料。

（二）与新闻通讯的异同点

新闻通讯指以报道各条战线上的先进经验，先进事物或人物为主的新闻消息、新闻通讯等。

一是严格的真实性。通讯写作要求通过扎实细致的采访，广泛搜集、占有第一手材料；随后在纷繁的直接材料中剥离出典型材料、背景材料。这些材料不仅要求真实，而且要有意义，具有典型性、指导性，同时还要具有具体、完整、感人的生动性、情节性。在这般基础上根据深刻和新颖的原则提炼主题，呼应社会关注热点，反映时代风尚，宣传党的路线、方针、政策，从而以正确的舆论引导人，以先进的人物激励人，以真实的事件震撼人。通讯写的是真人真事，其主题必须从实际生活中提炼而来，不能随意“拔高”，更不能虚构夸大，它永远不能违背新闻的真实性原则。

二是报道的客观性。通讯离不开写事，事件通讯更须客观、完整地叙述事件的起因、人员、场面、结果等，以交代事件的复杂性和社会影响度。厘清主线、丰满细节。一个新闻事件的发生、发展过程中，有因有果，有人有事，头绪多而关系复杂，作者须厘清主线，按事件原貌将其完整地、动态地、立体地呈现给读者。而为实现这一目标，就须选择典型的细节。一篇优秀的事件通讯，必然有几个生动感人的细节来充分展示主线，使作品丰满而具现场感。

三是较强的时间性。通讯须有一定的时间要素。因为事件、故事总在一定的时间和空间中发生、发展。绘制好时空画面既是一个结构布局，也是一个表达方法问题。容量大而情节复杂的事件通讯常常运用时空交叉方式，以时间推进、空间变换等手段来切割事件，构成若干侧面。经过作者精心的组合剪辑将事件完整而利落地报告于世。新闻通讯的时间性，还表现在报道及时上，切不可拖延时间；要在选好时机的基础上，越快越好。

四是描写的形象性。通讯尤其是人物通讯具有一定的文学色彩。可以较多借用文学手段，可以描写、抒情、对话，可以用比喻、象征、拟人等修辞手法。因此通讯在语言和表达方法上都具有一定的文学性，它在报道真实的人和事的过程中，善于再现情景，平添许多生动性和形象性，给人以立体感、现场感。

典型材料在真实性、客观性、先进性、事迹性，注重写人物先进事迹，即“做了什么”“怎么做的”“做得怎么好”上，与新闻通讯是相同的。不同的是，先进人物事迹典型材料，不是发现了就及时报道，它一般有阶段性，如一个年度，一个专项工作的经验交流会议等，有组织地总结编写使用；也不能像人物通讯可以运用描写、抒情等多种手法，生动、形象地反映人物及其故事；它一般只限于某一阶段性的某一方面的先进事迹简介，用以推动这一方面的工作。

（三）与人物传的异同点

先进人物事迹典型材料和人物传（传记），都是记述现实人物事迹故事的文字材料。人物传记是人物志的主体，是地方志中的重要内容。人物传记的特征有两个：一是人物传记的真实性是人物传记的生命。“志属信史”，志传和史传一样，必须真实可靠，符合历史事实。对人物的记述也必须坚持实事求是的科学态度，一是一，二是二；功是功，过是过，不虚构渲染，不隐恶扬善，不拔高溢美，不贬责降低。只据事“直书”，做到人真、事真、言真、情真、形象真，以真取信，以真感人。（1）人物的姓名、性别、籍贯、民族。（2）人物的生卒年月。（3）人物的学历、简历、党派、职务。（4）人物的贡献功绩、科技成果、著作。（5）能反映人物思想风貌本质特征的典型事件。二是人物传记的另一个显著特征是生动。就是要把人物写活。写成既具有鲜明个性，又能体现时代特征和阶级特征，栩栩如生的血肉之躯，而不是干巴枯燥的偶像或只有动作没有思想的机器人。（1）要选材典型。要选择重大的有代表性的最能反映人物特征的事件详细记述。（2）要叙行记言。选择那些最典型、最能表现人物思想性格的行动和语言来写。（3）要讲究文采。人物传虽不能偏向华丽的辞藻，烦琐的描写，多余的形容，曲折的情节。但语言生动形象，用词精当贴切，句子流畅，层次分明，布局合理，一句话，文采是必须讲究的。

对照上述要求，先进人物事迹典型材料与人物传非常接近，最大的不同是前者一般只介绍人物当前时期的先进事迹，甚至是某项、某个方面的先进事迹，不是全面介绍人物一生的功过是非；最要突出的是人物在一定时期的典型事迹和先进思想，能够推动、带动当前时期的某项工作，当然也要具有永久的先进性。

三、典型材料的特征

（一）鲜明的时代性

典型是时代的精华，代表着时代的发展方向。真正的典型，是站在时代的高度，最符合时代要求，最具有时代特色的先进单位和个人。这需要写材料的人具有高瞻远瞩的眼光。高，就是立足于全局，不囿于己见；远，就是要看到未来，着眼于发展。一个典型，如果不能面向全局，放眼未来，是很难显示它的意义和作用的。典型的时代特色，就是同时代的需要扣得很紧。每个典型可以根据自已的特点反映一个侧面，如在一个方面能够突出地体现党的主张、人民的愿望和时代的要求，就可以作为典型来总结、宣扬、推广。

（二）普遍的指导性

一个典型能不能获得社会承认和群众首肯，固然要看典型的事迹本身是否过硬，但客观上需要不需要，针对性强不强，有没有普遍的指导意义，也至关重要。普遍的指导性，实际上就是典型要有“卖点”。有人说，典型在群众中的影响，就像物质产品在社会上的销路一样，要受“供求关系”的制约。这是有一定道理的。典型的普遍指导性，也就是典型的针对性，就是能针对社会上人民群众和人们的思想上、工作中普遍存在和亟须解决的问题，发挥典型的普遍指导作用，帮助人们解决这些问题。

（三）完全的真实性

典型必须真实，真实是典型的生命。典型经验、典型事迹是否完全真实，准确无误，是一个典型总结推广出去是否站得住脚的决定因素。典型的真实性主要包括：第一，构成典型材料的时间、地点、人名、事件都要真实可靠。第二，典型材料所反映的客观事实，包括事情发生的环境条件、过程和细节，人物语言和动作、原因和结果，都必须一是一，二是二，不能添枝加叶，更不能无中生有，也不能张冠李戴和移花接木。计划、规划、设想等不宜写进典型材料。第三，典型材料所涉及的各种资料，如背景资料、引用数字和史实都必须准确无误。第四，人物的心理活动、思想认识，也必须实事求是，不能“合理想象”，任意拔高。

（四）很强的政策性

这里所说的政策性，是指典型的经验、典型的事迹，符合党和国家的法规和现行政策，不能引起副作用。有些个人或单位的事迹很突出，群众反映也不错，但其事迹就是不符合党的现行政策，推广后会引起副作用。这就不是好的典型。树立一个好典型，实际上就是提倡一种思想，倡导一种风尚，体现一项政策。政策不允许，或宣扬后会引起副作用的人和事，不能算好典型。不可自作主张，为其撰写典型材料。

四、样本

样本一：回乡创业谋发展村企共建新农村

张德华

彭墩村位于湖北省钟祥市石牌镇西南，版图面积 18 平方千米，共有 9 个村民小组，317 户，1159 人，劳力 634 人，耕地面积 400 多公顷。几年来，我们依靠各级党委、政府的支持，走村企共建新农村之路，在基础设施建设、产业结构调整以及村容村貌等方面都发生了巨大变化。我们的主要做法是：

一、回报家乡搞建设，村容村貌换新颜

20年来，我一直在外从事贸易和餐饮业，现任荆富商贸有限公司董事长。2003年，我回到彭墩村投资 2000 万元建设农业园。最开始，我只是想在家乡租赁一块土地，发展种养业，为公司提供原材料，也带动乡亲们改变一下贫困面貌。到了2006年，全国上下开展新农村建设，让我看到了农村发展的远大前景。也就在这时，家乡的父老乡亲选举我为村主任。我深感责任重大，带领村委班子对彭墩村的建设和发展进行重新谋划。三年来，彭墩村以公司为投资主体，多方筹资3500多万元，加强基础设施建设，改善村容村貌。全村建成13.8千米村组水泥路和22千米通组碎石路，架通150户自来水管网，硬化450米街道，安装150户有线电视，完成150户生态家园建设，建成200平方米垃圾处理场，建成容纳20多位老人的老年公寓，修建容纳350人的农民科技培训中心，改造全村高压电线路，改建村部活动室和村医疗服务站，建成万册“农家书屋”，完成了近万平方米的绿化工程。

二、产业带动促增收，农企双赢求发展

农村落后，首先是经济落后，产业发展落后。近几年，我们依托园区经济发展，因地制宜调整产业结构，建立公司＋基地＋农户的生产经营模式，在全村形成了“三个1/3三分之一”格局，即：1/3农民种田，1/3农民从事畜禽水产养殖，1/3农民务工。2007年，彭墩村农民人均纯收入达到6500元，比2003年净增4000元。一是产业带动促发展。在抓好266.67公顷优质稻生产的基础上，重点带动发展高效种养模式，走规模化经营之路。全村形成了“五个五”的专业户队伍，即：50个土鸡养殖户、50个肉鸭养殖户、50个生猪养殖户、500亩精品蔬菜种植、500亩水产养殖。传统种养结构得到调整，规模优势逐步形成。在园区科学种养模式的带动下，2007年，彭墩村推广种植66.67公顷“黑美人”西瓜，村民户均增收1000元；发展无公害蔬菜基地133.33公顷，户均增收1000元；带动村民养猪3000头、养鸡（鸭）10万只，户均增收3000元。六组养猪大户胡家明2007年出栏生猪100多头，收入6万多元。同时，我村的农副产品与荆富商贸公司实现了有效对接，生产的无公害蔬菜、瓜果、畜禽产品不仅不愁销路，而且还高于市场价格供应给公司，生产的优质西瓜俏销香港等地。二是劳务对接保增收。目前，彭墩村农民在荆富商贸公司务工人员近200人，其中在“苏州府”务工人员25人，在农业科技园常年打工的80人，季节性打工的60人，人均每年从公司挣回的工资近万元。三是循环经济见效益。肉鸭集中养殖，鸭粪统一回收，投入大棚做有机肥料，生产绿色蔬菜。仅此一项，农民人均增收200元。四是公司补贴得实惠。近几年，荆富商贸公司用于迁户腾田、改电、改水、改厕、建沼气池等方面的补贴200万元以上。公司对符合发展标准的改厕户，每户奖励500元。对按要求建设沼气池的农户，在国家和地方补助的基础上，每户另外补助500元。公司每年资助彭墩村40名贫困村民，按人均400元的标准帮助贫困村民解决生产生活问题。五是依托产业建龙头。在市委、市政府的大力支持下，我们上山东，跑武汉，积极招商引资建龙头。经多方努力，目前已与山东六和集团和希望集团签订初步投资协议，成立钟祥六和股份有限公司，兴建年产20万吨鸭用配合饲料的加工厂和年屠宰分割2000万只肉鸭的家禽分割厂，力争用4年左右时间，建成国家级重点农业产业化龙头企业。

三、迁户腾地建新村，立足资源挖潜力

2007年春，我们邀请省、市专家对村庄建设进行了全面、科学的规划，在广泛征求村民意见后，提出了迁户腾田的思路。彭墩村现有宅基地173.33公顷，户均8.2亩，土地资源浪费严重，宅基地利用程度极低。全村实施迁户腾田工程后，加上有些宅基地周围荒地，共可复垦土地200多公顷。按照规划目标，2007年，我们选择四组进行迁户腾田建新村试点，先行搬迁26户，腾地16.67公顷。2008年合并一、九组，再建60户农民别墅，然后逐年推开。在开工建设之前，村委会先后召开了4次户主大会，让试点组的农户了解新村建设规划和新居设计方案，征求意见，完善方案，村民签字率达100%。同时，争取国土、农业、交通等部门的支持，捆绑投入资金35万元，配套扶持土地平整、沼气池和道路建设，荆富商贸公司投资160万元，建成26套三层农民别墅，做到“五通”（通水、通电、通沼气、通有线电视、通水泥路），每套新房总投资12万元，每个农户出资4.5万元，农民原有的房屋自行处理变现。2008年元月18日，26户村民乔迁新居。在坚持“不改变土地使用性质，不损害集体和群众利益，实行规模经营，对外招租”四条原则下，彭墩村将首批迁移户腾出的26.67公顷（含原有低洼地10公顷）土地，以每年每公顷1.5万元的价格租给荆富商贸有限公司建设彭墩村肉鸭养殖小区。该小区总投资8892万元，2008年种鸭将达到10万只，商品鸭达到300万只。肉鸭养殖小区采取农户租房自养和合同喂养两种方式，实行统一规划建设、统一供种回收、统一技术服务，分户管理、分户饲养、分户核算的“三统三分”饲养模式，每户每年可获纯利4.5万元左右。

四、转变观念抓培训，培育造就新农民

新农村建设，农民是主体，在抓产业富民和基础设施建设的同时，我们始终把着力提高农民素质放在首位，狠抓教育培训、文化建设和民主管理，努力培育造就新型农民。一是依托园区经济推广科学技术。农业园区与华中农业科技大学联姻，是学校的实习基地，常年聘请20多名华农大种植、养殖专业的大学生或硕士生在园区进行多项高科技试验，示范推广高科技种养模式。我们充分利用这一示范基地，让村民们在园区一边打工、一边学技术，全面加强村民种养技能培训，让群众的思想不断解放，观念不断更新，生产技能不断增强，致富渠道不断拓宽。我村先后引进了鄂中5号优质稻、优质绿色蔬菜等10多个品种，推广运用"测土配方施肥""生物频振灯杀虫"等多项实用新技术，科技在农民增收中的份额越来越大。二是依托阵地建设丰富群众文化生活。我村建成了集办公、会务、图书阅览、娱乐健身等多功能一体化农民活动中心，配备了20多种文体设施，同时成立农民健身队、高跷队等文体组织，逢年过节组织开展文体活动，并在钟祥市新农村建设文艺会演中取得了优异成绩。村风民风发生了极大改观，农民学技术，学文化，文明娱乐，礼貌待人，争做彭墩新农民蔚然成风。三是依托民主管理提高村民自治水平。大力推广"四六"民主管理决策法，即：在村务公开上实行"六统一"，统一机构设置、统一公开内容、统一公开形式、统一公开程序、统一公开时间、统一建档管理；在村务决策上推行"六步法"，包括村民提议、村委会受议、村"两委"动议、村民代表会议或村民会议形成决议、村干部组织实施、实施结果公开；在村民议事上确定"六日谈"，将每月6日定为村民议事恳谈日，由群众与干部之间面对面询问、咨询、申诉、解答及处理；在财务监督上实行"六字合章"，刻发"民""主""监""督""审""核"六枚字章，分别授予6名民主理财小组成员，对村财务收支实行集中审核，探索出了一条市场经济条件下新农村建设与管理的新路子。

样本二：以企带村　共建社会主义新农村

——一个农村村支书的工作与体会

彭墩村位于湖北省钟祥市西南角，毗邻荆门城区。全村9个自然小组320户1159人，版图面积10.5平方千米，耕地面积634公顷。2006年开展社会主义新农村建设以来，我们紧紧围绕新农村建设目标，充分发挥驻村企业优势，实施以企带村、村企共建，用企业理念管理农业，用社区模式管理农村，用员工要求培训农民，初步探索出一条强村富民的新路子。彭墩村过去曾是全市有名的贫困村，经过短短几年的建设，如今从基础设施到村容村貌、从产业结构到产业规模、从乡村文化氛围到村民精神面貌都发生了巨大变化，村集体经济由空壳增长为300余万元，农民人均纯收入由2005年的2500元增长到2011年的1.2万元，增长3.8倍。先后获得了“全国休闲农业与乡村旅游示范村”“全国生态文明村”“全国先进基层党组织”“湖北省文明村”“湖北省新农村建设示范村”等称号，我个人也先后获得“湖北省劳模”和“全国劳模”等荣誉称号。

今天，我将自己近几年担任村总支书记、村委会主任期间所做的工作主要归纳为四个方面，向大家汇报：

第一，开展组织联建，把党支部建成农民群众的主心骨

农村党组织是带领群众建设新农村的核心力量，农业生产能不能发展，农民生活能不能改善，群众关心的事能不能办好，关键就看组织核心作用发挥得好不好。改革开放以来，随着大量农村劳动力进城务工经商，村级组织选干部、配班子成了一道难题，为此，党组织把目光投向了外出创业的成功人士。我是土生土长的彭墩人，前些年从家乡到荆门城区创业经商。2005年，镇、村党组织多次派人上门做工作，动员我回乡创业，担任村主任。我想，如果没有党的改革开放好政策，自己就不可能先富起来；一个人富了只能叫成就家业，如果能让全村乡亲们都富起来，那才叫成就事业。于是，我回村注册成立了湖北青龙湖农业发展有限公司，希望以公司为龙头，带领村民增收致富。几年来，党组织给予我极大关怀，乡亲们寄予我很高期望，支持我竞选村主任，培养我入党，推选我担任党支部书记。2008年3月，在上级党委的关心下，以村企共建、统筹城乡建设的模式组建了新的党总支，下辖三个党支部，实行党总支书记、村委会主任和公司董事长“一肩挑”。凡重大村务、企务，都必须经过党总支集体决定；凡涉及村企双方利益的重大事项，都必须召集村企党员和群众代表共同商议。为发挥党员在村企共建中的带头作用，村党总支根据个人能力设岗定责，让老党员做群众工作，离退职干部党员出主意当参谋，致富能人党员双带示范，在职干部及企业党员开展结对帮困，做到了大事小事有人抓、大难小难有人解。几年来，我们党总支始终坚持开展四项工作：一是坚持加强全体党员和村民的思想教育，在全村开展“爱党爱国爱彭墩，爱村爱家爱自己”的六爱教育活动。二是坚持开展“创先争优”活动。三是坚持培养发展新党员。四是坚持农村社区管理体制建设，完善组织机构。2008年10月28日《人民日报》专题报道了彭墩统筹城乡党建和村企共建新农村的先进做法。2009年和2010年先后被评为全省和全国先进基层党组织。

第二，推动经济互助，把产业培植成强村富民的钱袋子

以企带村、村企共建，产业是支撑。彭墩村地处丘陵，国土面积10.5平方千米，耕地面积634公顷。长期以来单一种植水稻，资源闲置多、科技含量低、生产效益差。村党总支把发展现代农业作为村企共建新农村的首要任务，将多年来闲置的荒山野水租赁给公司经营。公司投资8000万元建成年孵化2000万只鸭苗、10万只蛋鸡、133.33公顷健康水产、133.33公顷优质设施蔬菜和农副产品加工等产业，让现代农业在彭墩生根，村党总支采取“公司＋基地＋农户”的经营模式，带动农民调整结构发展生产，目前全村已经形成种植、养殖、酒店服务和乡村旅游四大特色产业。同时，推行农民合作化、农民股份化，组建了农机、蔬菜、水稻和肉鸭4个专业合作社，鼓励农户以土地、劳力、资金入股，参与公司开发经营高效种植、养殖项目，农民年人均纯收入由过去的2500元增加到1.2万元，村集体积累由过去的空壳增加到300万元，为新农村建设提供了财力支持。

第三，探索社区共建，把村庄改造成生态文明的新家园

以企带村、村企共建，社区是载体。彭墩村过去居住散乱，环境较差，管理难度大。村党总支敏锐地意识到，农村社区化是新农村建设的方向，公司入驻给新型农村社区建设带来了难得机遇，在广泛调查、征求民意的基础上，决定由公司先行垫资，采取项目补一点、企业帮一点、农户出一点的办法，用三年时间对全村9个自然小组320户住房进行迁建改造，分片集中建新居。村党总支首先公示规划建设模型，发动党员干部挨家挨户上门宣传，统一思想认识。经过三期建设，一个规划整齐，建筑新颖，水、电、路、宽带、电视等设施配套的新彭墩展现在人们面前，所有农户高高兴兴搬进了宽敞明亮的别墅式楼房。村党总支又多方筹集资金，统一安装路灯、栽植风景树、配套沼气池、垃圾处理站；新建了党员群众服务中心、农民广场、老年人活动中心、游客接待中心、文化艺术中心、购物一条街、百户“农家乐”、彭墩花园酒店；改建了医疗服务站，开通了客运班车，农民住在村里，也能够享受城里人一样的服务。如今彭墩村通过迁村腾地、一建三改，已经形成路网、水网、电网、产业网纵横交织，绿化、亮化、净化、美化工程使彭墩面貌焕然一新。2011年被授予“全国生态文化村”和“湖北省宜居村庄”称号。

第四，实施文化同育，把村民培养成当家理事的主人翁

以企带村、村企共建，村民是主体。村党总支认为，村民的全面发展，既是新

农村建设的出发点，也是落脚点。建设新农村，不仅要富口袋，更要富脑袋。针对农民文化科技素质偏低的状况，我们依托建在我村的湖北省新农村干部培训示范基地，聘请专家教授直接对村民进行培训，要求每户能掌握1～2门生产技术。同时还成立了健身队、高跷队、腰鼓队等文艺团体，组织农民与公司员工开展文艺联欢、体育比赛，深入开展“美在农家”“五好家庭”和“星级农家乐”等创建活动，引导农民群众讲文明、树新风、培养团队意识和集体主义精神。我们还组建村民议事会、监事会和综治、计生协会等群众组织；凡涉及民生的重大村务、事务，都要实行“五议五公开”，引导农民参与村务管理，开展公益服务。全村呈现出村安人和的良好局面。

回顾这些年新农村建设的具体实践，就如何当好一个村党支部书记，我的体会主要有以下几点：

1. **一个好的村支书，必须学习三大知识。**过去当村干部，一靠嗓门大，二靠脾气大，现在当村干部要靠知识、靠文化。一要学习领导管理知识，要做到能把班子成员凝聚在一起，拧成一股绳；二要学习实用科技知识，要以科技产业做示范，引导群众靠科技致富；三要学习市场经济知识，要把农民生产的产品组织起来销售出去，形成产、供、销一条龙服务体系。一个村支书要做到这些如果没有知识，没有科技头脑显然是不行的。

2. **学习掌握党的政策，在大是大非面前才能旗帜鲜明。**村支书就是全村群众的领头人，所以要坚定对党的信仰，执行党中央的富民政策，既要创新又不偏离党的路线，始终与上级党委政府在思想上、行动上保持高度一致，在关键时刻头脑清醒，确保在声势浩大的新农村建设中不迷失方向。

3. **群策群力，是村支书的重要工作方法。**一个人的能力总是有限的，要盘活一个村，必须盘活村委一班人，在这个问题上，我们村委一班人既有明确分工，明确职责，又相互监督，相互协作，遇到重大事情按照民主集中制原则，按照村民意愿，把群众想办的事情办好。我们在调整产业结构、迁村腾地等系列决策中，采取这种方式，得到了群众拥护。

4. **发展农村经济，关键在于念好“六字经”。**一是善于“引”，就是引进专业人才。我们村的主导产业——肉鸭和设施蔬菜就是依靠从山东和武汉引进的专家逐步发展壮大。二是善于“带”，就是组织带动。着重培植核心产业和核心农民，靠典型带动产业发展，我们的核心产业是肉鸭和设施蔬菜，核心农民是种植、养殖专业户，在此基础上，我们成立了相应的专业合作社，带动了彭墩经济全面发展。三是善于“招”，就是招商引资。我们依托彭墩的土地、产业及环境优势，招引企业和大老板到彭墩发展设施农业等特色产业。四是善于“扶”，就是扶持能人发展。我们坚持扶持培养能人，扩大示范效应，在农机、运输、种植、养殖和加工等领域培育了200多个专业户，构建了彭墩跨越发展的中坚力量。五是善于“盘”，就是盘活资源。过去村民居住分散，造成大面积土地闲置，我们通过迁村腾地盘活了土地资源，促进了资产增值。六是善于“送”，就是送出去打工创业。我们依托新农村干部培训基地对全村富余劳动力进行技能培训，送出去打工创业，通过这种形式培植了许多新的专业户和富裕户。2011年，一组的陈锋、蔡强两个农户在杭州贩卖蔬菜，各获利20多万元。

5. 以企带村，是加快新农村建设的助推器。彭墩过去集体经济几乎是空壳，农民手头也捉襟见肘，想调整结构发展产业，没有启动资金只是空谈。通过实施以企带村，村企共建，充分利用双方的有效资源，农村有劳动力、有土地，企业有资金、懂管理，我们建立“公司+产业+农民”的生产经营模式，加大投入进行基础设施建设和发展种养殖产业，双方优势互补，相互促进，达到“双赢”。

当好村支书，还有一种责任意识也非常重要。我回乡当村支书的目的有两个：一是回报社会，因为我出去创业之所以能成功，主要是靠党的好政策和社会支持。二是带领群众致富。我个人虽然富了，但家乡人民还很贫困，我有责任帮助乡亲致富，所以我要倾其所有，只求奉献不求索取，自2006年以来，我一心一意带领群众谋发展，从未享受过村里一分工资、一分补贴，反而还先后从自已的公司拿出800多万元无偿支持村里的基础设施建设和农业产业发展，只要能帮助群众致富，付出再多我也觉得值。

样本三：盘活四大资源　发展彭墩经济

近年来，彭墩村依托村企共建，盘活土地、人力、旅游、品牌四大资源，发展家禽养殖、高效种植、健康水产和乡村旅游四大产业，成为全省新农村建设示范村、全省文明村、全国生态文化村和全国休闲农业与乡村旅游示范村。2011年，彭墩村农民人均纯收入达到1.2万元。

一、盘活土地资源，优化种养结构，不断提升农业效益

彭墩村过去的耕地只有634公顷。通过实施迁村腾地，腾出可利用的闲散土地200余公顷，开展规模经营，培植壮大三大特色种养业。一是种植优质水稻，发展无公害优质稻400公顷；二是建设彭墩蔬菜科技园，已建日光大棚33.33公顷，建生态水莲基地138.67公顷；三是建设养殖基地，建成占地133.33公顷的种鸭场、蛋鸡场和133.33公顷的健康水产养殖场。

二、盘活人力资源，推进科技兴农，不断增强发展活力

农业发展的根本出路在科技进步，农业科技进步的关键在人才。我们重点从三方面引进和培育农业科技人才。一是围绕特色产业，引进技术人才。我们从山东六合集团聘请畜禽养殖专家在彭墩兴建樱桃谷种鸭养殖基地，所建的种鸭场、孵化厂是省内最大规模的种鸭繁育基地，孵化的鸭苗质量好，品位高，产品十分俏销。目前，我们又在建设祖代种鸭场，实现了中南地区养殖祖代种鸭的新突破。我们从华中农大聘请蔬菜专家到彭墩发展日光大棚蔬菜，目前已建33.33公顷，生产出来的反季节蔬菜，在荆门市场供不应求。二是开展校村结对，交流适用人才。从2008年开始，彭墩村就与荆楚理工学院开展“校村结对”，理工学院将彭墩村定为大学生社会实践基地，每年将学校园艺系、旅游系的应届毕业生送到彭墩村实习，同时也为村民指导传授种植、养殖等方面的技术知识。去年9月，学院17名大学生自愿留在彭墩村参与新农村建设。三是发展劳务经济，培养创业人才。积极引导和鼓励有一定技能专长的村民出去务工、做生意，增加家庭经济收入。2011年，全村务工人员达到400人，在外打工和做生意的收入达到800万元，一组的陈锋、蔡强两个农户在杭州贩卖蔬菜，各获纯利20多万元。

三、盘活旅游资源，发展休闲农业，不断拓展农业功能

我们在新农村建设中，紧紧围绕休闲农业和乡村旅游大做文章，着力打造“农村中的城市，城市中的农村，田园中的公园，公园中的田园”这一特色彭墩景区。一是改善村容村貌。在道路、水电、绿化、亮化和农民住宅等基础设施建设中，采取高标准、高起点，科学规划和建设。如今，一条条宽敞的水泥路、步行道四通八达，两旁的草坪、行道树绿色成荫；一栋栋农民住宅如同城市小区；一排排路灯、庭院灯、霓虹灯一到晚上五颜六色，等等，为村民创造了舒适宜居的村庄环境。二是发展休闲农业。我们做好农业生产与旅游的结合文章，把种鸭场、孵化厂、大棚蔬菜、

水莲基地和水产养殖等产业都建成了现代科技农业、规模农业和休闲农业的示范点。三是加强生态建设。我们将彭墩200亩的自然生态林建设成彭墩“农民公园”，既保护了彭墩的自然生态，又给广大游客提供了休闲、观光、游乐的去处，让广大游客在彭墩享受独特的田园美景和自然风光。

四、盘活品牌资源，打造彭墩特色，不断发挥引领作用

近年来，彭墩村已成为湖北新农村建设的一面旗帜。下一步，我们将深刻领会和认真落实这次农村工作会议精神，围绕做大做强彭墩品牌，做好四个方面工作。一是抢抓“中国农谷”建设机遇，把彭墩经济板块做大，进一步延伸产业链，提高产品附加值，增加经济收入。二是整合资源，带动周边横店、皮集、胡冲、郑坪、胡刘五个村统一规划，开展建设，形成水网、电网、路网、产业网纵横交织的“四网”新格局，带领更多的农民走上致富之路。三是创新经营体制，推行合作生产和股份经营，壮大村级积累。四是扎实推进农村社会事业发展，努力提高村民的幸福指数。

五、比较同一人物在不同时期的先进事迹典型材料

这里比较的是张德华（同时为法人）分别于2008年初在湖北省荆门市农村工作会议上的典型发言材料，题名《回乡创业谋发展村企共建新农村》（简称《回》文），和2011年在全国农村先进党支部书记培训会上的典型发言材料，题名《以企带村共建社会主义新农村——一个农村村支书记的工作与体会》（简称《以》文）。前者记述的是彭墩村新农村建设起步阶段张德华的先进事迹，后者记述的是彭墩村新农村建设加快发展阶段张德华的先进事迹。两个材料都把同一人物，彭墩村党支部书记、党总支书记，村主任张德华的先进事迹同彭墩村村企共建的组织机构的先进事迹、先进经验融为一体，给人以新的启示和引导。

这两个材料发言的时间相隔3年多，彭墩村和全市、全省、全国的新农村建设都发生了很大变化，但比较起来，它们的相同点主要有“五个一样”。

（一）一样注重打上时代烙印，代表前进方向

打上时代烙印，代表前进方向，这是由典型材料具有鲜明的时代性特点决定的。新农村建设，是我国农村发展的必由之路，是新时代的要求。新农村建设，关键在于“新”。《回》《以》两文都注重抓住个“新”字，突出记述新农村建设的重大

新事，深刻揭示新农村建设的基本规律，打上时代烙印，代表前进方向，推动和带动新农村建设发展。迁户腾田建新村是彭墩村亘古以来未有的新事、大事，也是村企共建的启动点和突破口，《回》文突出记述了 2007 年，选择四组进行迁户腾田试点，先行搬迁 26 户，腾地 16.67 公顷；2008 年合并一、九组，再建 60 户农民别墅，不仅给本村，也给周边县市，树立了一个新农村建设的样板，高扬时代精神，突出代表农村经济和新农村建设的发展方向和党的新政策导向。2009 ~ 2011 年，村党总支瞄准农村社区化这个新农村建设的方向，坚持以企带村，村企共建，高起点规划，高标准建设，高质量管理，统一安装路灯、栽植风景树、配套沼气池、垃圾处理站；兴建党员群众服务中心、农民广场、老年人活动中心、游客接待中心、文化艺术中心、购物一条街、百户“农家乐”等，让农民住在村里，享受城里人一样的服务，把农村改造成生态文明新家园。2011 年，彭墩村被评为“全国生态文化村”和“湖北省宜居村庄”。这一切，《以》文作了详细记述，绘声绘色地向全国农村先进党支部书记培训会做了汇报，继续引领新农村建设的时代潮流。

（二）一样注重突出重点，特色鲜明

这两条都是典型材料的原则要求和显著特点。《回》《以》两文都把自己所述的先进事迹材料分成四条，每条都突出一个重点，并在突出重点的基础上凸显特色，包括时代特色、地方特色、行业或产业特色、产品特色等，使全篇重点突出，特色鲜明。如《回》文第二块“产业带动促增收，农企双赢求发展”，下分产业带动促发展、劳务对接保增收、循环经济见效益、公司补贴得实惠、依托产业建龙头 5 条做法，重中之重就是产业带动促发展：

在抓好 266.67 公顷优质稻生产的基础上，重点带动发展高效种养模式，走规模化经营之路。全村形成了“五个五”的专业户队伍，即：50 个土鸡养殖户、50 个肉鸭养殖户、50 个生猪养殖户、500 亩精品蔬菜种植、500 亩水产养殖。传统种养结构得到调整，规模优势逐步形成。在园区科学种养模式的带动下，2007 年，彭墩村推广种植 66.67 公顷“黑美人”西瓜，村民户均增收 1000 元；发展无公害蔬菜基地 133.33 公顷，户均增收 1000 元；带动村民养猪 3000 头、养鸡（鸭）10 万只，户均增收 3000 元。六组养猪大户胡家明 2007 年出栏生猪 100 多头，收入 6 万多元。同时，我村的农副产品与荆富商贸公司实现了有效对接，生产的无公害蔬菜、瓜果、畜禽

产品不仅不愁销路，而且还高于市场价格供应给公司，生产的优质西瓜俏销香港等地。

不仅详细记述了全村产业带动促发展的情况，突出了重点，还鲜明展示了彭墩村“五个五”的专业队伍，种植“黑美人”西瓜、无公害蔬菜，养猪大户胡家明养猪等地方特色、产业特色、产品特色。

《以》文把“推动经济互助，把产业培植成强村富民的钱袋子”当作重中之重，重点介绍了全村“推行农民合作化、农民股份化，组建了农机、蔬菜、水稻和肉鸭4个专业合作社，鼓励农户以土地、劳力、资金入股，参与公司开发经营高效种植、养殖项目，农民年人均纯收入由过去的2500元增加到1.2万元，村集体积累由过去的空壳增加到300万元，为新农村建设提供了财力支持”。也使全文重点突出，特色鲜明。

（三）一样注重把先进人物的先进事迹融合在先进集体典型经验之中

从标题上看，尤其《回》文的标题，好像只是单纯记述张德华个人事迹的，其实不然，它们都是把先进人物的先进事迹融合到先进集体的典型经验之中，使二者融为一体，使先进人物的先进事迹更为突出感人，鼓舞人心，有着更大的带动力和震撼力。《回》文第一块“回报家乡搞建设，村容村貌换村颜”，先着重简介张德华本人怎样从进城经商创业，到回村任职报效父老乡亲，又怎样带动乡亲们艰苦奋斗，旧村换新颜，把个人命运与新农村建设发展融为一体。接着展开记述后边并列的3块，把张德华个人先进事迹全部融入其中，既是张的个人先进事迹，又是全村村企共建的主要做法、主要经验和主要成绩，事迹突出，经验显著。

《以》文分前后两大块，前一块把张德华的个人命运、个人先进事迹融入到组织机构先进事迹先进经验之中，分4块记述之后，后一块单独记述张德华个人的心路历程，第4条“发展农村经济，关键在于念好‘六字经’”，则是把六条典型经验反过来融入到张德华个人的心得体会之中，更好地把先进人物的先进事迹，与先进集体的典型经验融合到了一起。这是很有特色的匠心独运。

（四）一样注重画龙点睛

典型材料要求画龙点睛，主要是为了防止“见事不见人”，尤其“见人不见思想”，也就是要求写出先进人物的思想面貌和精神世界，把材料和观点紧密联系在一起。

张德华的事迹材料之所以感人，最大的特点就是人物的思想面貌和精神世界往往在关键时刻凸显出来。如，在讲述他2003年，只是想在家乡租赁一块土地，发展种养业，为公司提供原材料，也带动乡亲们改变一下贫困面貌。到了2006年，“全国上下开展新农村建设，让我看到了农村发展的远大前景。也就在这时，家乡的父老乡亲选举我为村主任。我深感责任重大，带领村委班子对彭墩村的建设和发展进行重新谋划”。这就自然而然地把他的思想面貌和精神境界展现出来，给人以震撼。

《以》文像《回》文一样，把“人物的思想面貌和精神世界，把材料和观点紧密联系在一起的有3处之多：一处是在第一块第一条简介个人先进之后写道：“我想，如果没有党的改革开放政策，自己就不可能先富起来；一个人富了只能叫成就家业，如果能让全村乡亲们都富起来，那才叫成就事业……”第二处是第一块第三条回顾“彭墩村过去居住散乱，环境较差，管理难度大”以后，“村党总支敏锐地意识到，农村社区化是新农村建设的方向，公司入驻给新型农村社区建设带来了难得的机遇，在广泛调查、征求民意的基础上，决定由公司先行垫资……”这里的“党总支敏感地意识到”，作为党总支书记的张德华也在其中，这里就展示了张德华等人思想认识的升华。

第三处是最后一节，张德华直抒胸臆，认为“我有责任帮助乡亲们致富，所以我要倾其所有，只求奉献不求索取……”把人物的思想面貌和精神境界进一步提升到更高水平，更加感人肺腑。

（五）一样注重艺术剪裁

主要是在精选典型事例的基础上，善于使用表现全面的概括性材料和表现事物本质的个别性材料，并把这二者有机结合，这是艺术剪裁的核心技术之一。一些同志总喜欢罗列个别事例，好像多举几个例子就能凑成好文章。却不知道个别事例是有偶然性的，并不一定能推导出正确的结论；尤其是随意罗列事例，是没有任何意义或者会起完全相反作用的。然而，《回》和《以》文在这方面做得好的例子是不少的。如《回》文在第二块“五是依托产业建龙头”，就是“使用表现全面概括性材料和表现事物本质的个别材料”的较好例子：“在市委、市政府的大力支持下，我们上山东，跑武汉，积极招商引资建龙头。经多方努力，目前已与山东六和集团和希望集团签订初步投资协议，成立钟祥六和股份有限公司，兴建年产20万吨鸭用配合饲料的加工厂和年屠宰分割2000万只肉鸭的家禽分割厂，力争用4年左右时间，建成国家级重点农业产业化龙头企业。”前面几句“上山东，跑武汉……”就是表现概括性材料；后边介绍“目前已与山东六和集团……建成国家级重点农业产业化龙头企业”就是“表现事物本质的个别材料”。《以》文第二块第四条第6小条“六是善于“送”，就是送出去打工创业。我们依托新农村干部培训基地对全村富余劳动力进行技能培训，送出去打工创业，通过这种形式培植了许多新的专业户和富裕户。2011年，一组的陈锋、蔡强两个农户在杭州贩卖蔬菜，各获利20多万元。”前面的“六是善于送……专业户和富裕户”就是表现概括性材料；后边介绍“2011年，一组陈锋、蔡强两个农户在杭州贩卖蔬菜，各获利20多万元”就是“表现事物本质的个别性材料”。这样运用材料，就是既具体，又不烦琐；既概括，又不抽象；既生动形象，又很实在，就写得很有说服力。让人一看，便可得出够得上先进的结论。

艺术剪裁的核心技术之二是运用科学的归纳技巧。必要地归纳可以使认识的思路更加清晰。如《回》文第四块大力推广“四六”民主管理决策法，即：在村务公开上实行“六统一”，在村务决策上推行“六步法”，在村民议事上确定“六日谈”，在财务监督上实行“六字合章”，探索出了一条市场经济条件下新农村建设与管理的新路子。《以》文第二块第四条“凡涉及民生的重大村务、事务，都实行‘五议五公开’，引导农民参与村务管理，开展公益活动”。这样做，条理清晰，层次分明，使人印象深刻，好学好记。

《回》《以》两文主要有“三不同”：

（一）结构布局不同。《回》文采用传统横分门类并列4块写法，个人先进事迹和集体先进做法、经验融合在一起记述论证。《以》文则分第一、二两大块，第一块横分门类并列4条，综合记述先进人物事迹和集体先进做法、经验。第二块单独纵分层次，抒发个人思想认识、心得体会，还高度精练地把集体先进经验、做法融入其中，明显是一种创新性写法。

（二）内容组成不同。《回》文主要记述新农村建设的“生产发展、生活宽裕、乡风文明、村容整洁、民主管理”20个字的实施情况；《以》文则是综合介绍新农村建设成果、做法、经验之外，还全面介绍了村党总支的党建工作，适合交流对象阅读参考。

（三）人物形象及其塑造不同。《回》文单纯用于介绍主人公生平的文字才

200 多点字，人物的先进事迹几乎全部融合在先进集体的成绩、做法和经验之中，人物形象如同一幅速写，只有精练、精要的几大笔勾勒。《以》文大标题下面的副标题就明确交代了本文为“一个农村村支书的工作和体会”；全文除了整个第二部分为这个村支书的工作体会外，第一部分第一条用 200 多字介绍了主人公的主要生平事迹；第三条，结合介绍党总支的总结回顾和对实现农村社区化的认识，凸显党总支书记个人认识水平的提高和决策决断能力，全文主人公形象丰满，思路开阔，目标远大，“只要能帮助群众致富，付出再多我也觉得值”较好地展示了张德华的博大胸怀和崇高思想境界。

六、比较同一人物在同一年的不同场合的典型发言材料

这里比较的是张德华（同时为法人）于 2011 年分别在全国农村先进党支部书记培训会上的典型发言材料和在全省新农村建设情况汇报会上的典型发言材料，题名为《盘活四大资源发展彭墩经济》（简称《盘》文），同为彭墩村加快发展阶段的先进事迹和先进经验典型材料。二者的不同点，主要有五：

（一）发言场合不同

前者为全国农村先进农村党支部书记培训会，后者为全省新农村建设情况汇报会，顾名思义，这两个会议规格的主体内容不同，对于典型发言材料的要求是不一样的。前者要求综合，也即本单位全面工作情况，尤其要以农村基层党组织建设和工作情况为重点；后者主要汇报新农村建设情况，以国土资源开发利用为重点。

（二）题材不同

前者的题材要求不必重复；后者针对全省会议的要求，突出选择了以土地资源为核心的盘活土地、人力、旅游、品牌四大资源的题材，其他方面只字未提。选材专一，干净利落，一点也不拖泥带水，所以全文短小精悍，强烈明快，十分动人。

（三）作者身份不同

前者署名为“湖北省钟祥市彭墩村党总支书记、主任张德华”，既是法人代表，又是张德华本人，与其发言材料内容相称、相当。后者为“彭墩村党总支彭墩村村

委会”，全为组织机构，如果融入个人先进事迹就不合适了。

（四）文体不同

前者为先进人物先进事迹典型发言材料，以先进人物的先进事迹为主，集体的先进做法、经验为辅。这一点，从会议主题、会议场合和发言材料的具体内容看，就属这种文体。后者为先进集体先进经验典型材料，其文体特征一目了然。

（五）结构布局不同

这也是一目了然的。前者的布局结构特点，我们在上一节讲了，这里不必重复；后者就是典型横分 4 块的传统调研文章写法。

第十四讲　比较湖北省荆门市20年与30年调研回顾

——兼谈工作总结如何综括情况升华思想

2013年是湖北荆门建市30周年庆典年。这年7月，《荆门研究》《荆门社会科学》两刊负责人约我写一篇《荆门调研30年回顾》的文章以示纪念。

有人立刻为我叫困难：“那资料可很难找呀！还有各县市区，市直那么多部门，怎么写得全呀？！”

我点点头，又摇摇头说：“那就看怎么把握。把握得好，莫说30年，就是300年、3000年也不难；反之，3年、3个月也很难的。6年前，我不是写过一篇《从〈荆门研究〉的成长看荆门调研写作的进步》吗？那就是个《荆门调研20年回顾》（简称《20年回顾》）大家都说不错。”

于是，我花10来天时间，收集了近几年的《荆门研究》《荆门社会科学》和荆门市委、市政府办公室等的若干有代表性简报、《荆门年鉴》之类，边收集边看，边做点记录，加上我原有的一些资料；翻阅得差不多了，我就花了两天时间，轻轻松松地写成了《荆门调研30年回顾与思考》（简称《30年回顾》）。给大家一看，都说，比你写的那个《20年回顾》还好！

下面，我们来把这个《30年回顾》和《20年回顾》作个比较。

一、样本

样本一：荆门调研30年回顾与思考

2013年是荆门建市30周年庆典年。全市上下，各行各业，各出心裁，纷纷采取不同方式纪念。本文以回顾和思考方式，总结荆门调研30年发展的主要成绩和经验，献给荆门建市30周年庆典。

一、荆门调研30年回顾

1983年8月，荆门撤县入市，为湖北省辖市。自此时起，荆门市委、市政府历届领导班子，坚持转变作风，带领全市各级干部深入实际，深入群众，认真调查了解改革开放和经济社会发展的新情况、新问题，分析研究，制定措施，克难攻坚，勇敢拼搏，取得了一个又一个胜利，使荆门由一个传统农区，建设成为一个布局合理、功能完善、生活方便、环境友好的现代化中等城市。同时，全市调查研究蔚然成风，调研写作及其理论研究和调研文化建设不断发展，使荆门这个荆楚文化发祥地，不断向调研文化之乡迈进。

（一）调研队伍，不断壮大

荆门建市（地级）之前，县、市（县级）委、政府办公室分别只能承担一般性调研任务；稍大点的课题，就向省求援，或从外部借力。1984年，成立中共荆门市委政策研究室，与市委办公室为两块牌子、一套班子，专业调研人员实际只有市委办公室下设的一个调研科3人，调研力量和条件十分有限。京山县、钟祥县和五三农场等的调研机构和人员也十分薄弱。在调查研究上，市县委领导一边身体力行，身先士卒，一边扩编增人，建立专门调研、政研机构，抓调研人才引进、培训，加强调研队伍建设。1986年，市委政研室与市委办公室分开；1989年市委政研室设农村经济研究科、城乡经济研究科、综合科，定编13人。1990年，从全省当年大学毕业选调生中抽选4人充实调研力量。市委政研室为了加快全市调研、政研人才成长，提高调研政研质量和效率，在全市相关单位和部门聘请特邀政研员24名，后来成为惯例，每两年换届，人员增到60名。1996年，市委办公室采取公开考试方式，选拔5名经过两年以上实际工作锻炼的优秀人才，增强调研力量。期间，市、县（市、区）“四大家”和市、县（市、区）直机关和事业、企业单位，均把加强调研队伍建设纳入重要议事日程，分别采取措施，设立调研、政研、研究机构，引进、培训调研、政研人员，全市调研人才队伍不断壮大。1998～2000年，市委政研室为加快调研人才成长，实行有进有出，搞活人才流动，先后从县（市、区）和市直部门选调5名年富力强，有一定调研实践经验和能力的人员到市委政研室试用锻炼，增长才干。当时，市委政研室有人写了一首七绝《欢送会》赞美：

铁打营盘流水兵，年年我室有送迎。

迎来才是半才子，送走已成文曲星。

至此，调研人才队伍遍布全市各个地区、部门、企业事业单位，甚至街道、居委会，农村乡镇、村组；许多基层干部能调会研，能写会说，说荆门话，写荆门文，研究荆门，宣传荆门，加快荆门发展。

（二）调研领域，不断拓宽

建市初期，荆门本土调研人才奇缺，仅有的人员受传统小农经济影响，视野狭窄，仅限于粮棉猪蛋等的调研；引进人才，对荆门情况不熟，也存在视野狭窄问题。随着改革深入，开放扩大和经济社会迅猛发展，荆门调研逐步向新领域、深（高）层次、多环节、全方位、大课题拓展。20世纪90年代，市委政研室采取冷热结合、远近结合、长短结合方法，拓宽调研范围，提高调研层次，把调研工作这片“责任田”经营出新水平：

一是稳定“高产田”。农业和农村经济是我们的一块“高产田”，我们一直稳定力量、稳定投入，以求稳产、优质、高产。每年被国家级报刊采用的文稿在20篇以上，在中央有关部门小有影响。二是改造“中低产田”。工业和城市经济方面的调研活动，有段时间，我们虽也有些调研成果，但质量不优、档次不高，被称为“中低产田”。后来，大家集中优势兵力改造，很快收到较好成果，一年就在中央七大报纸发表了几十篇文章。三是开发“荒山荒水”。主要指在党建和意识形态方面调研基础弱。后来，我们对这片“荒山荒水”进行开发，当年见效，4篇党建文章分别在《求是》、中组部《党建研究参考资料》和中央党校《党校科研信息》上发表，一部所有制改革研究专著由人民出版社出版。

市直部门和各县（市、区）及基层调研人员坚持与时俱进，并分别结合自身特点，向新的领域和层次调研拓展。如经济部门调研围绕改革攻坚、职工再就业、节能减排等领域探索；科教部门围绕科教兴市，发展高新技术产业研讨。2009年，市教科文委员会、市社会科学联合会联合调研组（由李柏武、赵铮等执笔）《荆楚门户休闲之都——关于打造鄂西生态旅游圈荆门文化品牌的调研报告》，深入探讨地域文化资源及其特色、荆门主打文化品牌的选择、打造荆门文化品牌的途径及建议（载《文化荆门》，湖北人民出版社，2010年版）荣获当年湖北省委调研成果三等奖。

（三）调研园地，不断提质

1．简报。1983年以前，荆门县、市委办公室只有不定期油印简报刊登调查报告、情况汇报等类调研文章。1984～1987年，荆门市委、市政府办公室，市委政研室、市政府发展研究中心均只有不定期简报。

1984年7月至1986年2月，市委政研室与市委办公室只能合办不定期简报《调查研究》《荆门通讯》《市内情况》《参阅件》《综合与摘报》等。1986年3月，市委政研室独立设置后，主办《调查研究》《市内情况》《荆门情况》。1984～2005年，市委政研室办简报5种，出481期。1996年7月，《调查研究》更名《调研与决策》，2000年更名《决策参考》。至2013年，每年编发20～30期，主送市委、市人大、市政府、市政协领导，少量印发市直各部门和县（市、区）领导。重点文章由市领导批示，批示率占30%～40%。市委办公室长期不定期编印《工作简报》《参阅件》等简报，每年各为20期左右。市政府办公室、政府研究室各自独立或者合署办公，都坚持编发不定期《荆门政报》《调查研究报告》《政府参阅件》等，每年印发10～20期。县（市、区）委办公室、县（市、区）政府办公室，均分别编印不定期《工作简报》《领导参考》等简报。市直不少部门长期编印不定期《荆门××》简报，如《荆门城建》《荆门财政》等。2006年后，荆门门户网站、东湖社区·荆门论坛和荆门市直单位、县（市、区）网站相继开通，为调查研究搭建网络园地。

2．期刊。1988年3月，荆门市委政研室创办《荆门情况》。初为季刊。1988年开始，获湖北省报刊登记荆字（16）号刊号；每期印制1000册，发送市级领导、市直各部门、东宝区、沙洋区及各乡（镇、街办）。1990年，《荆门情况》更名《荆门研究》，1992年起改为中共荆门市委机关刊物，中共荆门市委主办，中共荆门市委政研室承办，1993年改为双月刊。2002年第3期起，免费赠阅范围为全市镇（乡、街办）以上各级党组织。2004年起，由中共荆门市委办公室与政研室联合承办。2012年，实现全彩印刷，优化栏目设置，提高录稿“门槛”，赠阅发行量从2000册增至3000册。至2012年底，出刊153期，刊发4860人次各类文章4590篇。坚持说荆门话，撰荆门文，宣传荆门，服务荆门崛起。《社会科学研究》杂志为荆门市社科联会刊，1989年5月创办，初为季刊，归口市社科联。1993年，主办单位变更为市委宣传部、市社科联、市职研会。改为双月刊。1995年起，主办单位变更为市委宣传部、市社科联、湖北省社科院荆门分院。1996年更名为《荆门社会科学》。1998年起，改为大16开，与全国28个省市自治区近300个大中等城市建立互换刊物合作关系。2008年起，为全国交流期刊，页面增至96页，至今出刊130期，共发3450人次各类文章3260篇，其中调研文章2970篇。

3. 网络。2005年后，荆门门户网站及各县（市、区）和各部门网站相继开通，也各自辟有调研园地。

（四）调研成果，不断丰硕

建市30年中，由于市委、政府领导率先垂范，带头调研；各级领导和专兼职调研人员共同努力，调研成果丰硕，且特点鲜明：

1. 数量大。据新编《荆门市志》记载，仅荆门市委政研室1984～2005年围绕"当高参、做文胆、出精品、创一流"工作目标，紧贴中心，服务大局。完成综合文稿4000篇。其中调查报告500余篇，计2600余万字；省及省以上媒体采用近1000篇；市委领导批示300多篇。《荆门研究》从1988年创刊至2005年，出刊114期，刊发3400人次各类文章3200余篇。2006年市委办公室、政研室紧扣市委工作重点、热点、难点问题开展调研，50多篇材料直接进入市委决策；全年在中央、省、市三级报刊发表各类文章639篇。其中省级及其以上494篇，14篇分别被《人民日报》《求是》《经济日报》《农民日报》等国家级刊物采用。市政府研究室除了5篇重点调研文章被省级刊物采用外，全年编发《参阅件》20期，《调查研究报告》16期，用稿42篇；汇编《荆门发展论丛》，收录上年度全市政府系统及相关部门优秀调查报告56篇，由武汉理工大学出版社出版。1984～2012年，全市以市委办公室、政研室，市政府办公室、研究室，市社科联杂志等主打期刊、简报为主，加上市直部门和县（市、区）委、政府办公室及有关单位、部门调研简报，共编发调研文章约3万篇（不含网络）。

2. 范围广。荆门调研30年涉及的内容广泛，尤其2008年，新一轮思想解放以来，调查研究无禁区，改革开放和经济社会发展的方方面面，各个领域，各个层次，各个环节，都有所调查，有所研究，如节能环保，生态宜居城市建设，尤其围绕新型工业化、城镇化建设，文化软势力建设，既探寻荆楚文化起源，又展望未来发展，取得了不少举世瞩目的辉煌成果。除了调研内容广泛，调研成果转化的范围更为广泛而又精彩纷呈。不少调研成果被转化成公文、新闻、公务信息和编史修志材料，还通过多种形式，转化为各种物质和精神产品，广为流传；有的甚至形成链条式、连续性回环转化。比如1999年11月，市委政研室姜永健执笔的《关于石牌镇土地流转情况的调查报告》，被荆门市委领导批示以《荆办通报》形式，印发全市基层党组织参阅，较好推动了全市土地合理流转。2004年，农业税被全部取消后，农村土地流转出现了许多新问题，京山县委办公室郑万新、张品军针对这种新情况，发表《农村土地制度面临的困惑与未来取向》，提出四条建议，深化了对农村土地流转的调研。2005年夏，荆门市经营管理局联系实际，印发《荆门市农村土地承包经营权流转管理制度》，对农村土地流转作出9条规定，再次加快了全市土地合理流转。2012年5月，市委政研室、市农办联合调研组《关于我市农村土地流转情况的调查报告》，被市委书记王玲批示印发市"四大家"及相关部门和各乡镇党委、政府参阅。至此，这个历经14年的土地流转调研成果的精彩转化，还只是进入了一个新的历史阶段，它的精彩可能还在后边；它精彩流转的意义，可能要远远大于它的流转本身，把调查研究的作用发挥到了极致。

3．品种全。按各种不同的分类标准，可分为：

①按文体划分的品种。有调查报告、情况汇报、工作总结、工作经验、工作研究、典型材料、述职报告、学习考察报告、发展战略研究、可行性研究、工作计划、工作要点等。

②按调研成果形成的方式分类的品种，有献策调研（含市委、政府领导向省和中央建言献策的调研）、决策调研、施策调研、受命调研、自选课题、联合调研等。

③按调查研究环节分类的品种：实用调研文章；调研及其写作理论研究文章（如市委政研室《努力提高自身素质》，马大鸿、秦尊文《把握四种关系办好〈荆门研究〉》，陈方柱《调研文化新概念解》等）；调研及其写作理论论著，如陈方柱《怎样写好调研文章》《创新调研写作三十六讲》等。

4．层次多。

①调研主体或作者层次多。从村组干部，到市级领导干部；从普通公务员、市民到国企、民企高级管理人员，都可以成为调研主体或调研文章作者。

②调研内容层次多。调研内容一般都与调研主体或调研文章作者对应。因为调研主体，或调研文章作者层次多，所以调研内容层次多。

③调研成果应用和转化层次多。荆门调研成果的应用和转化层次，可从乡镇村组，街道居委会，企业班组、车间，直至中央领导，《人民日报》《求是》《经济日报》《农民日报》编者等。

1994年12月，中共荆门市沙洋区蔡庙乡杨林村党支部书记袁治华在《荆门研究》发表《脚踏实地富民强村》，总结交流他本人从1991年3月当选杨林村党支部书记后，紧紧依靠和团结村支部、村委会一班人抓住机遇，用好、用活、用足党的富民政策，大力发展村办企业，走出一条稳粮兴工，富民强村之路的经验和体会。他任村党支部书记4年，杨林村用村积累兴建标准化教学楼、水泥篮球场、办公楼，还向农业提供周转资金15万元。1994年秋季，各项合同兑现顺利，90%以上群众自觉兑现合同任务；干群党群关系进一步改善。

2001～2007年，市畜牧业局局长彭敬宝带领全局干部、职工及全市畜牧业科技人员，长期深入群众、深入实际调研，撰制了70多篇畜牧业经济发展调研文章，对畜牧业面临的新情况、新问题作出较好回答，有力地推动了全市畜牧业发展。其中《湖北京山畜禽防疫新模式》（简称《京山模式》）发表后，被时任中共中央政治局委员、国务院副总理回良玉批示全国推广，在国内外产生了重大而积极的影响。

二、荆门市调研写作与调研文化建设的实践与思考

（一）调查研究蔚然成风，使调查研究成为各级党政企事业干部安身立命的基本功和多种写作的前提和基础

由于荆门市委、市政府领导始终把调查研究当作干部转变作风的切入点和主要抓手，并身先士卒，做出表率，各级各类干部自觉把调查研究当作安身立命的基本功和写好多种文章的前提和基础，痛下决心，坚持深入、心入实际和群众，学习调查研究，苦练写啥像啥的十八般武艺，全面提高自身素质。

不经风雨，怎见彩虹？如现任湖北省商务厅副厅长、党组成员胡道银同志，就是在荆门市委办公室、政研室调研政研岗位上摸爬滚打20年，经年累月为市委领导起草报告、讲话、署名文章数以千计，才成就了他做人、做事、做官的优秀业绩。他当上县市领导干部后，仍不放下调查研究的十八般武艺。2004年，他在浙江省桐乡挂职任市委副书记两个月，就写了篇《勇于担起加快发展的责任》的学习考察报告，传遍大江南北，成为领导干部挂职锻炼学习考察报告的经典。他“既要无为而治，更要有为而进；既要讲出道理，更要干出道理；既要为人发展，更要靠人发展；既要学人之鱼，更要学人之渔”的体会，振聋发聩，掷地有声，给了不少人以真切而深刻的启示。

（二）课题调研“接力”与调研成果链式转化，使调研写作真正成为经国之大业，不朽之盛事

由于人类社会的发展历史无限绵长，许多事物除了自身的构成繁复，还变化万千，对其发展演进的调查研究，本来就是世纪课题、千年课题，非经很多人数代接力，不可能完成。远的不说，只说荆门粮食，在计划经济时代是荆门调研的重中之重；在市场经济条件下，也是调研热点问题。我来荆门的20多年中都“接力”撰写了20多篇粮食调研文章，不少被市、省和中央领导、报刊采用，可说是个世纪接力的调研课题。前边讲的农村土地流转问题的调研成果与法定公文互相转化的链条连接，14年，才只经历了一个精彩的开头，往后的精彩，还将由数代调研者接力续写。中国农谷调研，于2011年7月，由市社科联李柏武、市委政研室郑黎明、鲁长春《打造“屈家岭·中国农谷”的初步构想》，提出“屈家岭·中国农谷”的定位和指导思想，被省、市领导批示，转化为法定公文至今，刚两年时间，由调研成果与公文、新闻、信息多次反复地良性互动、转化，使农谷建设初显成效。省、市领导，各方学者、专家，调研人员和荆门市全体干部群众，牢牢把握历史机遇，积极主动作为，中国农谷建设高点起步、全面推进。不断完善顶层设计，确定“四化”样板、“三农”特区、中国高度、世界知名的核心价值，“四化”同步的基本原则，全地域、全产业、全体系推进的发展思路，以及产业、绿色、创新、富民“四谷”同建的工作重点。全面对接落实省委、省政府支持中国农谷建设的政策措施，策划储备基础设施、产业发展、社会民生三类重点项目129个，总投资达640多亿元。其中核心区53个，投资70多亿元。紧扣劳动力和土地这两个生产要素做文章，大力推进土地流转、农民转移，加快土地向规模经营集中、居住向城镇和农村新型社区集中、产业向园区集中、商贸向市场集中，探索出龙头带动型、土地整治型、股份合作型、合作社经营型等“两转”新模式和新农村建设新路子，涌现出石龙镇、荆钟村、虎山村等一批新典型。全市土地承包经营权流转面积达到50万亩，农民转移超过9万人。创新招才引智机制，大力实施中国农谷·院士工作站、院士村、人才特区等重点人才工程，吸引袁隆平、傅廷栋、张启发等领军人才设立6家院士工作站。

上述种种课题接力调研及其成果的链式互动转化，使荆门的调研写作真正成为魏文帝曹丕所说的“盖文章，经国之大业，不朽之盛事”，必将被载入荆门、湖北，乃至中国之历史，直至影响世界。

（三）调研人才，从引进解燃眉之急，到人才济济，走出荆门，走向全国

过去很长一段时间，荆门都因基础薄弱、地域封闭，调研人才奇缺。建市初期，有个比较庞大的市级政府组成部门三年换了10位主要办文的办公室副主任，还是每年年终无人写工作总结。不少市级机关和企事业单位的调研、政研工作主要靠引进人才担任；即使这样，还是青黄不接。1986年，荆门市委政研室独立，一篇出席湖北省横向经济联合理论研讨会的发展战略文章，也是荆门市委政研室的开山之作的《发展与大中型企业联合加快荆门经济建设的步伐》，还是由我这名刚从仙桃市农村引进来的“农村人”，被“赶鸭子上架”完成。1987年《荆门研究》创刊号上14篇文章，有9篇主要靠引进人才完成。荆门市的调研写作由“引进”向“本土”转变：一是荆门市建市初期及后来一段时期引进的调研人才，扎根荆门，融入荆门，随着时间的推移，向“本土化”转变。二是随着行政区划调整，钟祥市、京山县等1996年底划入荆门管辖，其原本雄厚的调研力量，使成长中的原荆门市的调研力量，产生了“1+1 > 2”的突变。三是由于经济社会的发展和各级领导的重视，加上本土人士的加倍努力，本土人才大量涌现。其中最杰出的调研精英是秦尊文。他出生荆门，于建市后不久进入荆门市委政研室工作。至1989年就硕果累累。1999年被调任湖北省社会科学院；现为经济学博士，博士研究生导师，湖北省社会科学院副院长，国家科技部特聘专家，省委党内法规专家，省人大立法顾问，省政府咨询委员，省学位委员会学科评议组成员，兼任长江中游城市群研究中心主任，系省重点学科“应用经济学”负责人，是国家批准的《武汉市江汉区服务业改革试点方案》和《湖北荆州国家承接产业转移示范区方案》的编制专家组长，是省政府批准的《湖北长江经济带总体规划》《湖北小池滨江新区开放开发总体规划》和《富强湖北建设纲要》编制专家组组长；参加过湖北省“十五”“十一五”“十二五”规划研究，参加过武汉市和全省所有市州的战略规划咨询。2008年应美国国务院邀请，作为高级学者访问美国考察城市群和区域发展；2010年应美国环境保护署邀请，赴美考察湖泊和流域开发保护。发表学术论文、调研报告共计500多篇，出版著作20余部，科研成果获得省委、省政府颁发的一等奖1项、二等奖3项、三等奖3项。

邓宏永先后担任荆门市委办公室科长、副主任，市委副秘书长兼政研室主任，调研功底深厚，在申论考试中每次取胜。2012年，凭“申考”高分冲出湖北，走上广州市发展和改革委员会副主任岗位。

（四）调研写作理论研究从“零”的突破，到为全国奠基，助推荆门调研更加蓬勃发展

调查研究既是一项工作又是一门科学。任何一门科学都是从实践的需要和实践中产生。当它在实际应用中，发展到一定阶段时，才产生对方法的总结和创新；当方法的总结和创新发展到一定时期才逐步上升到理论，进而创立一门新的科学。我国是人类社会最早进行调研及其写作的国家，但在调研理论方面却长期落后于西方。18世纪末至20世纪初，在西方调查报告作品大量流入我国时，才有调查报告这一文体及其专用名称。当一批有志于调查研究的学者和一批中共精英深入调研实践，新的调研文体和调研及其写作方法大量创新和产生，至20世纪80年代，才零零星星地有了真正意义上的调研及其写作方法和理论创新。笔者的《简报要简还要减》（《荆州简报》1979年）、《浅谈总结写作》（《秘书》1988年）问世；荆门市委政研室及马大鸿、秦尊文等的《努力提高自身素质》《增强五种意识搞好调查研究》《把握四种关系办好〈荆门研究〉》等系列文章相继发表，初步形成了荆门市调研写作理论研究的雏形。90年代中后期，为适应荆门市直和县（市、区）调研写作能力培训的需要，笔者尝试用“实例法”讲授调研及其写作方法，积累了20多篇讲义。2006年，《调研文化新概念解》的问世，催生了拙著《怎样写好调研文章》《调研写作分类精讲》《创新调研写作三十六讲》《领导干部值得一读的调研类文章写作规范与例文》《调研写作能力培训速成》五姊妹篇调研写作专著，于2007～2013年分别由中国言实出版社和中国纺织出版社出版，初步形成了调研写作理论研究的理论化、系统化、模式化、实例化、本土化、简易化、普适化、完整化“八化”特点。2011年，中国公文写作研究会在中国公文研究网发文推介《三十六讲》时，称“陈方柱系我国调研写作理论研究奠基人，在当代应用写作界独树一帜”，获得不少读者认同。

2006年10月，《秘书工作》发表拙文《说说我的自学人生》。文中刚刚透露出拙著《怎样写好调研文章》即将问世的信息，全国就有不少读者到处求购，宁夏科技厅办公室张儒第一个打电话告诉我，他一看到这个书名就想买，可惜他跑遍银川所有书店，都没买到。待到该书问世不久，全国不少读者、编者、教师、领导邀我讲座、编稿，传播调研写作理论、方法。待到后四姊妹篇陆续出版，数百名读者、学者、编者、教师与我结为调友，让我“粉丝”遍天下，并且十数次走出荆门，到全国不少高校和县、市党政部门讲坛，传播调研及其写作理论、方法和调研文化理念、知识等。2012年底，我的《建立现代调研写作学的思考与建议》在《应用写作》和中国公文研究网发表，全国读者十分期待。此书稿现已基本完稿，不日将与读者见面，调研写作学将成为一门新兴学科宣告创立。

调研写作理论研究及调研写作学在荆门产生，应该感谢和回报荆门这片热土的培育。2009年6月，中共荆门市委办公室、政研室、市社科联联合举办陈方柱调研著作理论研讨会，全市30多名领导、学者、专家出席。荆门市委常委、市委秘书长周友坤同志出席，并讲话要求全市上下加强调研写作理论培训，造成一种氛围，给广大调研人员增强勇气和信心，加快我市调研事业和调研文化发展，对我市调研工作、调研及其写作理论研究和调研文化的发展，起到巨大的号召和推动作用。

（作者系中共市委政研室退休干部、省社科院荆门分院所长）

样本二：从《荆门研究》的成长看荆门市调研写作的进步

一、《荆门研究》的成长

第一阶段，从1988年3月创刊至1992年起步阶段。（略）

第二阶段，1993～1999年，为成长阶段。（略）

第三阶段，2000～2006年，为成熟阶段。（略）

二、《荆门研究》的作用

一是形象作用。（略）

二是园地作用。（略）

三是参谋作用。（略）

四是纽带作用。（略）

三、荆门市调研写作进步

《荆门研究》的成长与荆门市调研写作的进步呈正比关系，它首先让人看到的是荆门市调研写作的“五个转变”：

（一）由“引进写作”向“本土写作”转变

“引进写作”指主要靠引进或借用外地人才调研和写作；“本土写作”指主要靠土生土长的人才调研和写作。荆门市建市之初至市委机关刊物《荆门研究》创办期间较长一段时间，都因基础薄弱、地域封闭，调研人才奇缺。有个比较庞大的市级政府组成部门三年换了10位主要办文的办公室副主任，还是每年年终无人写工作总结。不少市级机关和企事业单位的调研、政研工作主要靠引进人才担任；即使这样，也还是青黄不接。1987年《荆门研究》创刊号上14篇文章，有9篇主要靠引进人才完成。其中，《深化荆门市战略研究的几点浅见》一文，为聘请华中农业大学一位副教授撰写。荆门市的调研写作由“引进”向“本土”转变：一是荆门市建市初期及后来一段时期引进的调研人才，扎根荆门，融入荆门，随着时间的推移，向“本土化”转变。二是随着行政区划调整，钟祥市、京山县等于1996年底划入荆门管辖，其原本雄厚的调研力量，使成长中的原荆门市调研力量产生了“1+1＞2”的突变。三是由于经济社会的发展和各级领导的重视，加上本土人士的加倍努力，本土人才大量涌现，其中不少成为出类拔萃的调研精英。其中杰出者，一是秦尊文，二是胡道银。他俩都出生于20世纪60年代，于建市后不久分别进入荆门市委办公室、政研室，从事调研、政研工作。《荆门研究》创刊时期，他俩同在政研室工作，对《荆门研究》的创办、成长，功不可没；他俩的调研写作能力也随《荆门研究》的成长提升。秦尊文仅1989年就在中国社科院的《中国农村经济》《财贸经济》和国务院办公厅办的《中国行政管理》等刊物上发表论文7篇，他于1993年破格晋升社科副研究员，随后在人民出版社、经济科学出版社等国家级出版社出版《当代中国所有制变革》等调研专著数部。由于调研能力强、发表成果多，于1999年调任湖北省社会科学院副所长，现为所长、研究员、博士、研究生导师。由于在荆门市委政研室10多年打下了深厚的底子，他到省社科院后如鱼得水，取得的成果更多、档次更高。2002年被遴选为院学术委员会委员、学科带头人，2004年被湖北省委组织部定为高级专家。胡道银后为市委主管文字工作的副秘书长，主持过许多大的调研活动，调研成果丰硕；担任荆门市东宝区区长、区委书记后，调研不辍，几乎每年搞一次大调研，既较好地推动了全区经济社会的发展，又相继出版了《东宝区经济社会发展战略研究》《经营城郊》《东宝先锋工程资料汇编》《勇于担起发展重任》等专著和重要文章，丰富了荆门市调研文化宝库，现任荆门市委常委。

（二）由粗放写作向精品写作转变

“粗放”一词来源于农耕社会的“粗放耕作”，广种薄收；在商品经济时代又有了“粗放经营”之说，就是只求好买好卖，不计成本、利润、效益的做法。调研上的粗放写作，主要是随意性、盲目性大，只求数量，不求质量。从《荆门研究》

1988～1989年两年7期共162篇文章看，共同的毛病一是浅。层次浅，内容肤浅，缺乏深入的分析研究，没有思想深度。二是旧。观念陈旧，内容陈旧，老一套写法。三是平，平平淡淡、冗长、拖沓，没有重点，没有侧面。四是内容比较单一。162篇文章除去一期廉政建设专辑24篇文章，剩下的138篇平常用稿中，40%为农情调研。由于改革的深入，开放的扩大，经济社会的发展，许多固有矛盾和深层次矛盾逐步显露，领导决策对调查研究的需求增多；也由于全市上下干部职工整体素质和调研力量的增强，加上需求驱动，多出、快出、出好、出精品调研成果成为广大调研者和调研需求者的共识，调查研究蔚然成风，并伸向了经济社会的各个领域，使调研领域不断拓宽；不少调研人员创新思维，采用逆向思维、扩散思维等方法，既调研领导布置的课题，又调研领导没有布置的课题；既调研暴露的问题，又调研潜在的问题；既调研本地情况，又调研外地甚至国外情况，努力寻找新的切入点和闪光点，调研质量不断提高。2004年春，时任共青团荆门市委书记，现任荆门经济开发区（高新区）管委会书记、常务副主任周文霞参加湖北省第三期中国青年干部出国学习考察培训班，在美国俄亥俄大学培训三个月，对美国社会及一些地方政府的工作进行实地考察，回国后向市委提交了《可资借鉴的美国政务理念——赴美学习培训的思考》，分别在荆门市委办公室《决策参考》和共青团湖北省委《青年工作纵横》上刊发，产生了较大反响。

（三）由注重任务完成向既注重任务完成更注重调研成果转化为生产力转变

随着广大调研人员能力增强，尤其调研理论水平提高，不少人把调查研究与“科学技术是第一生产力”的理论相联结，更希望调研成果在更高层次上采用，在更大范围内转化为生产力。因此，全市各地、各级、各部门，对于相关调研成果，不仅全力争取提高批示率和采用率，还全力争取更高层次的批示和采用。2005年，市委办公室、政研室全年有50篇调研文章直接进入市委决策；494篇被省级以上报刊发表，比上年增加184篇，增幅为59.4%。其中《构建和谐社会的着力点》《抓执政能力建设要善于结合实际》等14篇反映全市有关工作的文章分别被《人民日报》《求是》《经济日报》《农民日报》等国家级刊物采用，进一步扩大了荆门的对外影响。

（四）由“单兵独进”向“兵团推进”转变

过去由于人员整体素质不高，调查研究只是少数调研人员单打独斗，默默无闻地东奔西忙；不少人把调查研究看得很神秘，认为那只是少数“秀才”的专利，不敢涉足。近年来，由于全市上下抓调查研究，人们的整体素质也不断提高，凡是大一点的调研活动，都会吸收更多的人员参加，把过去较长时期由少数人完成的调研工作，变成众多人参与的大兵团作战。2004年，荆门市政府办公室实行专题调研向多维调研、一般性调研向重点调研、室内调研向组织政府系统调研转变，形成一批有价值的成果，有的被省、市领导批示，和被上级报刊发表，为各级领导科学决策提供了依据。他们还重点围绕实施“兴工富市”战略，组织全市政府系统和市直各部门“一把手”开展“大调研”活动，汇集一批调研成果，编辑出版《荆门发展论丛》一书，在市内外产生了较大影响。市房地产局普昭房地产业是经济社会发展的基础产业，国民经济的先导产业和政府财政收入的重要来源，局长张立杰带领局领导班子，组织全局干部、职工及房地产企业家等，深入调查研究两年时间，撰写了60多篇理论和调研文章，对当前房地产业面临的一些新情况、新问题作出了较好回答，有力地推动了房地产业发展。2006年，他们把这些成果汇集成《荆门房地产业发展论丛》一书出版，较好地显示了兵团作战的力量和效果。

（五）由“三（两）段式”结构向多样化转变

以《荆门研究》刊登的文章为例，其第一阶段刊发的调研文章2/3以上为传统“三（两）段式”结构，即每篇文章都是问题、原因、对策三大段，或问题、对策两大段，按照事物的发展过程布局，有的还是完全按时间顺序布局：成绩、经验、问题、原因、下段工作打算，跟工作汇报的写法差不多，打着小农经济和计划经济的时代烙印。随着经济社会的发展和科技的进步，尤其信息时代的到来，全市调研文体发生了巨大变化，新闻调查、电视访谈等多媒体形式不断出现，新闻写作与调研写作互相渗透、融合，“四不像”文章大量涌现。荆门市广大调研者与时俱进，不断探索新的写作形式，在多样化写作上取得了突破性进展。如：《坚持实施“兴工富市”战略——中共荆门市委书记袁良宽访谈》（《中国城市经济》2005年第12期）、《“十五”回眸·荆门篇·荆门工业步入快车道》（湖北电台2005年12月11日播出）等，就是调研写作形式创新的代表作之一二。绝大部分调研者学会并习惯了横式结构写作方法，对于涉及面广，事件线索比较复杂的调研材料，都采用此法，从几个不同侧面阐述问题，每个问题冠上小标题，并相互并列，眉目清楚，重点突出，让人一目了然。如2005年《荆门年鉴》上刊发的沙洋县委、县政府的《重点抓工业突出抓招商着力实施“兴工富县”战略》、掇刀区时任区长何平的《推进新型工业化进程实现掇刀跨越式发展》就写得很好。不少纵横结构的调研文章也十分漂亮。如2005年《荆门年鉴》上刊发的京山县委、县政府的《始终坚持城乡统筹大力发展县域经济》，全文共三个部分，第一部分是2004年工作情况；第二部分是主要做法，从四个方面横向展开，条分缕析，全面深入；第三部分是2005年发展目标及措施，层层深入，从全局上把思路和措施讲得清清楚楚。

二、样本比较

（一）两文的相同点

1. 题材相同

《30年回顾》和《20年回顾》都是总结回顾荆门市的调研及其写作工作。

2. 文体相同

在《现代汉语词典》里，回顾一词的释义为：回过头来看。顾的释义：①转过头看，比如环顾。②注意、照管：兼顾。③拜访：三顾茅庐。回顾一词，一般用作“回顾过去，展望未来”，指对某个地方、行业、单位较长时期工作、历程的总结、回忆，但不是回忆录，回忆录指一种文体，记叙个人所经历的生活或所熟悉的历史事件。《30年回顾》和《20年回顾》从原标题看，两个都是总结一个地方较长的时期调研及其写作工作的工作总结文体，这一点是相同的。《从××××看××××》的标题明显是工作总结、经验总结一类的标题。

3. 同样是综括情况，升华思想

（1）什么是情况和思想。情况的释义比较简单，就是情形和指军事上的变化。思想的释义较为复杂多样，我们采用较简单的新近的释义：①客观存在反映在人的意识中经过思维活动而产生的结果，是人类一切行为的基础，人因思想而伟大，因思想而崇高；②想法；③考虑；④想念；⑤观念，观点，意识形态等。

（2）什么是综括情况、升华思想。《总揽情况结晶思想创新写作》是湖北省委政研室余爱民处长2011年5月在全省党委系统政研培训班所作的一个辅导报告。它对工作总结写作进行别开生面的探讨和归纳，可称总揽结晶总结法，是工作总结的一种创新的方法，其总揽情况的重点是要从情况汇总到情况总揽：情况总汇是“半天说不完”，情况总揽是“几句话可以说明白”。前者是说情况了解得全面丰富，后者是说情况掌握得准确要害。用两个词形容，前者可以“铺天盖地”，后者一定“顶天立地”。前者是基础，后者是升华。总汇需要花功夫，总揽需要有能力，这种能力是从总体上驾驭，从宏观上把握，能够提纲挈领的能力。这是一种高度，是“一览众山小”的高度。

其结晶思想，是理性，是本质和规律；它以总起来的事实为依据、前提和基础，从总起来的事实中寻找发掘带本质性规律性的东西，以指导今后的工作，指导性是总结报告的核心基本特点。这其中的功夫，就是结的功夫。总结总结，易总难结，相对而言，结比总难，所以说结是总结中的“上乘功夫”。要求坚持正确的指导思想，实事求是的根本原则，运用科学方法，与时俱进和具体情况具体分析，从本质规律上寻找结论，反映本质特点，找出根本规律及带规律性的经验教训，指导当前和今后的工作。这就是撰写工作总结的核心和灵魂。

（3）综括情况、升华思想的难点、重点在哪里。任何事物，在自然状态下，一眼望去，都是漫无边际，不见首尾、门类、大小、多少、深浅、厚薄，不知从何说起。实际上，它都各有其本质自身的结构特点，变化规律；仅从状况而言，就都既有表面层次的状况，又有深层次的状况；既有静态状况，又有动态状况；既有现实状况，又有历史状况等等；并且多种状况互相联系，互相区别，错综复杂，叫人不知南北东西。这些就是综括情况、升华思想的难点所在。至于重点，完全不在事物一方，自然状态下的所有事物，它自身是没有重点、次点之分的。所谓重点、次点，均由文章写作的要求而定，调研写作者自己决定和把握。正是这一点，在不少写作者脑子里是一盆子浆糊，让他综括情况，升华思想难办。

前不久，笔者分别碰到两位这样的作者，一位想总结他们那个镇近几年发展养鸡业的情况、做法，仅是情况，他怎么都未说清楚，虽然一次划分五六条，但每次的五六条，不是交叉、重复，就是都不在同一个层次，或叫同一个级别上，总是祖孙父子四世同堂，让人看不明白。另一位是研究他们那个开发区资金运转情况，稿子修改了三四遍，始终未能把他们资金的总需求是多少，总来源是多少，总缺口是多大；通过努力，能够解决多少，最后还缺多少，几笔大账算清楚。

由此看来，在当前到底怎么综括情况，升华思想的问题，对于不少调研写作者都还是个难题，值得认真解决。

（4）《30年回顾》和《20年回顾》是怎样综括情况，升华思想的。先说《30年回顾》的综括情况。

必须说明，《30年回顾》在综括情况之前，所面临的荆门调研30年的自然状态下的情况，与前述的各种自然状态下的情况绝对一样；一样是漫无边际，不知从何说起。然而，当大家看了《荆门调研30年回顾》一文的调研队伍，不断壮大；调研领域，不断拓宽；调研园地，不断提质；调研成果，不断丰硕，尤其调研成果，不断丰硕的下一个层次的数量大、范围广、品种全、层次多及其每个再下一个层次成果的表述，会感到条理分明，层次清楚，深入浅出，说服力强。这就是笔者较好做到了余爱民所说的“从情况总汇到情况总揽”；较好做到了从总体上驾驭，从宏观上把握；较好做到了提纲挈领，顶天立地。

再说《30年回顾》的升华思想。

我是用《荆门市调研写作与调研文化建设的实践与思考》来升华的。因为这里面还有一些工作只是正在做，还将继续探索、开拓，无限发展，所以，用了“思考”两字。

我之所以能够升华这4条做法，也是4条经验，主要是我较好地做到了余爱民所说的“从总起来的事实中寻找发掘带本质性规律性的东西，以指导今后的工作”；较好抓住了工作总结写作的基本特点、核心和灵魂。

可能有人会说，这可就是余爱民帮你的大忙了。这一点不可否认，但是，也非完全如此。《20年回顾》写在余爱民讲稿问世之前5年，我怎么也能够较好地综括情况，升华思想呢？这是因为条条道路通罗马，加上许多事物是触类旁通的；有时，还可异曲同工、殊途同归。所以，我在六七年前写的《20年回顾》，对荆门调研20年情况的综括，主要是综括了《荆门研究》三个发展阶段的情况和《荆门研究》4个作用发挥的情况。因为《荆门研究》是荆门市调研写作最主要的园地和窗口，它的20年成长，聚焦了荆门调研的总体情况，只要综括了它的情况，就是综括了荆门调研20年的情况。

荆门调研前20年的思想，我是分两个方面升华的：

（1）在内容上概述荆门市调研写作的进步，从由“引进写作”向本土写作转变，由粗放写作向精品写作转变，由注重任务完成向既注重任务完成更注重调研成果转化为生产力转变，由“单兵独进”向“兵团推进”转变，由“三（两）段式”结构向多样化转变，升华出5条做法，也是5条经验、观点。

（2）着力总结荆门市调研写作不断进步的主要经验：层层领导身体力行，率先垂范；注重抓好领导者身边的秘书调研队伍建设；各级党政注重调研经验的总结交流和调研理论的指导引导；多层次、多形式、多渠道选拔和培训各级各类调研人才；公务人员刻苦自学，不断提高自身素质。这 5 条经验，条条都是思想观点，也都如同余爱民所说的从总起来的事实中寻找发掘带本质性规律性的东西，可指导当前和今后的工作，较好收到了异曲同工的效果。

4. 同样侧重于工作成绩和经验、做法的总结回顾

工作总结，除了综括情况，升华思想之外，还可直面失败，总结教训；分析问题，制订对策；安排下段工作。总结教训，分析问题，制定对策，也是升华思想。不过，这两文都带有纪念性，都侧重于总结成绩和经验，未提问题和教训，这也是可以的。

5. 对成绩、做法、经验的总结回顾同样全面完整

尽管调研及其写作是一项单项性的工作，但它时间跨度长，涉及面广，头绪繁多，在总结回顾中，挂一漏万是可能的。当初听说我打算写《30 年回顾》，为我叫困难的同志是有道理的。但关键在于总结回顾的人是否能够高屋建瓴，全局在胸，思虑严密；综括情况，升华思想；能够突出重点，鲜明物色；内容翔实，典型齐全；能够结构完整，无懈可击。《30 年回顾》站在改革开放的历史高度，综括荆门市调研及其写作全局，在情况回顾方面，抓住调研队伍、调研领域、调研园地、调研成果 4 个方面，多层次、多角度、全方位总览；在升华思想方面，抓住重点，突出特色，在理论和实践紧密结合上，寻找发掘带本质性规律性的东西，用以指导当前和今后的工作。全文使用数据 184 个，20 个完整典型；这些典型，分别代表了全市调研写作的 20 个方面：最突出的，在人才队伍建设方面，有荆门出生，在荆门市委政研室经过 15 年摔打，成长为省社科院副院长、省委省政府高级参谋的秦尊文；在调研成果使用方面，有被国务院副总理亲笔批转全国推广的畜禽防疫“京山模式”；在调研写作广泛参与方面，有沙洋区杨林村党支部书记袁治华和他撰写的《脚踏实地富民强村》的经验文章；在地域的广泛性方面，有钟祥市、京山县和荆门市经管局的农村土地流转调研文章和文件互促共进；在调研理论研究的成果方面，有陈方柱调研写作五姊妹篇专著为国内分类研究先河等。也都比较恰到好处。任何一篇文章的全面完整，都只要把那些能够反映事物本质特征的典型事例或内容纳入其中，窥一斑而见全豹就行了。绝不可以事无巨细，全盘录入，如果那样，不仅做不到，即使做到了，也不能叫文章，只能叫大杂烩。

在这方面，《20年回顾》也毫不逊色。全文共用数据166个，完整典型事例21个，典型性、代表性、针对性、可读性都较强。

值得一提的是，尽管二者所使用的数据总数和典型事例总数基本相当，但在数据方面，除了少数固定数据简单相同外，动态数据没有一个简单相同。典型事例，更是各具特色，各不相同；即使同一个人的事迹材料，也有五六年的事迹材料不同；即使前期相同的材料，也在新的历史阶段，用新的视角，进行了新的概括提炼，赋予了新的认识和色彩。原因是较好地坚持了实事求是和与时俱进原则。

6. 篇幅基本相当

两文都在9000字左右，相差无几。这不是文章字数的简单耦合，而是笔者对荆门调研及其写作不同时期总体情况的烂熟于心和对于余爱民总览情况结晶思想总结法的较好运用的结果。

（二）两文的不同点

1. 大标题不同

《30年回顾》直截了当，明显是一个时间跨度较长的总结回顾文章，不是个人回忆录的纪实文体，文体特征明显。开口较大，没有角度和侧重点。

《20年回顾》“从××××看××××的进步”，让人一看就觉得是个议论文体标题，实证性很强的议论文标题。开口小，在命题上很有特色。

2. 切入点不同

《30年回顾》虽然标题开口大，无角度和侧重点可言，在标题上找不到切入点，但开头语以荆门建市30周年的庆典年为切入点，且开口小，直击主题，仅用简单明了的3句话、88个字（含标符号）开头，上能承接总标题，下能统领全文，把切入点问题解决得很好。

《20年回顾》以《荆门研究》的成长为切入点，因为《荆门研究》是荆门市委主管，市委办公室、政研室合办，是荆门市的头号主打期刊和全市调研及其写作的“总窗口”，全市所有主要调研成果均从这里亮相，抓住它，就是抓住了全市调研及其写作的“牛鼻子”，以此为切入点，可说是开口小，开口好，匠心独运。

3. 时间跨度不同

这是由二文的写作起因和目的的不尽相同决定的。《30年回顾》是为了荆门建市30周年庆典，《20年回顾》是为了《荆门研究》创刊20年纪念。而二者的起始时间不同。后者创刊比前者建市晚4年，后者时间完全在前者的包容之中。而二者写作的落脚点却又不期而遇，同样落脚到了荆门调研及其写作的发展进步上，收到殊途同归和异曲同工的效果，这就又有了不同中的相同，为二者大大增加了可比性，加大了我们对二者进行比较研究的意义。

4. 升华思想、理论的高度和深度不同

这是调研工作总结坚持从实际出发，实事求是，用事实说话和与时俱进原则，以及《30年回顾》比《20年回顾》延长6年发展进步时间的实际所决定的。而这6年时间，又正是荆门调研，无论在队伍建设，还是调研文章的作用发挥，尤其调研精英人才和调研写作理论研究冲出湖北，走向全国，都取得最好成绩的6年。所以，尽管《20年回顾》中，荆门市调研写作的进步，总结了“五个转变”的经验和做法，而《30年回顾》的“荆门市调研写作与调研文化建设的实践与思考”只升华了4条思想，其思想高度、理论深度、学术厚度，无论哪一条都为前边的“五个转变”不可望其项背；尤其第二条“使调研写作真正成为经国之大业，不朽之盛事”，第四条“调研写作理论研究从零的突破，到为全国奠基”，较好体现了余爱民所说的总结写作中的“上乘功夫”。

5. 综括情况的侧重点和方法不同

《30年回顾》的侧重点是综括荆门建市30年调研写作的动态发展，其综括的方法，就是动态综括的方法。整个发展情况的动态综括，从调研队伍、调研领域、调研园地、调研成果4个主要方面，在时间上，从建市起，到建市30周年庆典年的整整30年，从始至终的动态情况全程综括，并实行了多层次横分门类，纵分层次；既逐层综括，又逐项综括；不空档，不缺位；既精细入微，又条理分明；既深刻、生动，又机动、灵活，较好地实现了余爱民所说的从情况总汇，到情况总揽，“一揽众山小”。

《20年回顾》虽然也有动态综括，但只是把《荆门研究》分为三个发展阶段的动态综括。这个动态的门类和重点不够突出。在综括《荆门研究》作用时，虽然分出4种作用，但综括的多为静态情况，不及《30年回顾》厚重笃实。

（三）两文的另外两种联系和区别

《30 年回顾》和《20 年回顾》两文除了上述 6 个相同和 5 个相异点的联系和区别外，另外还有两种联系和区别：

1. 两文各自作为单篇文章的联系和区别

《30 年回顾》和《20 年回顾》各自作为单篇文章，各自独立，各具特色，在内容上互不重复、雷同，也不反对，相互区别。但是，如果把《20 年回顾》的第四块"荆门市调研写作不断进步的主要经验"，复制到《30 年回顾》后边，作其第三块，全文也一样结构紧密，无懈可击，丝毫没有豹尾续貂或画蛇添足的毛病，说明这两文的内容实质和结构特点都完全一致，存在本质自身的内在联系。

2. 两文写作过程上的联系和区别

从两文上述的两种联系和区别看，许多人都会以为在写作《30 年回顾》的时候，作者一定以《20 年回顾》为参照，才使两文形成了那么多的联系和区别。实话实说，刚好在这一点上，正好相反，《30 年回顾》从收集资料起，一直到初稿写成，笔者都有意摆脱、绕过和"忘记"了《20 年回顾》，连《20 年回顾》的影子都未瞟一眼，主要是为了完全避免它对《30 年回顾》的写作产生负面影响和束缚，以便自己热情奔放，放开思考和写作。最后，果真成功了，连所有数据和典型事例，几乎没有一个与《20 年回顾》简单重复和雷同（除个别固定数据外）。我的这种违反常规的做法，连我自己也还未能想得十分明白。但我觉得它可供广大同仁参考，故特意附此，以抛砖引玉。

后 记

《比较》一书最初成书的时间，是拙著调研写作专著第五姊妹篇《调研写作能力培训速成》出版的 2013 年 1 月；2 月 6 日，《比较·前言》在百度网发表，百度是从中国公文研究网转载。有朋友见笔者出版第一本至第三本书时是每两年出一本；出第四本、第五本书时是每年出一本，节律有点频繁，建议笔者应该多一点沉淀时间好。笔者从善如流，将其沉淀下来，谁知这一沉淀，竟然从 2013 年初一直沉淀到了 2016 年 10 月，加上其作为拙著《三十六讲》剩下的 1/3 部分待字闺中的 2 年，先后共沉淀了 6 年之久。这可是人生一个甲子 60 年的 1/10 呵！其《前言》在网络上发表后的两三年，尤其一二年内，有好多读者打电话、发短信问笔者该书出版的具体时间。开始时，笔者总说"马上""不久吧"；后来就语焉不详；再后来就大家都淡忘了，再无人问起。

好在民间有一句古语："姜是老的辣，酒是陈年的香。"这可也一点不假。除了 2013 年下半年增补了第八讲比较西安市地税局 54 篇工作总结习作及部分点评之外，2014 年又增补了第十三、十四讲；在文字上笔者又作了进一步打磨。现在重读，还真的像多了一点浓香。这或许是笔者一人的自我感觉良好或孤芳自赏，即使如此，笔者也高兴，并把高兴说出来与全国读者共享。

时值本书付梓之际，首先，谨向中国文史出版社的各位编辑老师表示衷心感谢！其次，谨向中国公文研究网和百度网及所有期待本书早日出版的广大读者、学者朋友表示衷心感谢！最后，谨向提供习作的所有单位和个人表示衷心感谢！

限于笔者水平，书中错误在所难免，敬请广大读者批评指正！

陈方柱

2016 年 10 月 25 日于荆门

电子邮箱：13774008838@163.com